Diversität in Bibliotheken

Bibliotheks- und Informationspraxis

Herausgegeben von Klaus Gantert
und Ulrike Junger

Band 71

Diversität in Bibliotheken

Theorien, Strategien und Praxisbeispiele

Herausgegeben von
Julia Hauck und Sylvia Linneberg

DE GRUYTER
SAUR

Bibliotheks- und Informationspraxis ab Band 42:
Herausgegeben von Klaus Gantert und Ulrike Junger
Das moderne Bibliotheks- und Informationswesen setzt sich mit vielfältigen Anforderungen auseinander und entwickelt sich ständig weiter. Die Reihe *Bibliotheks- und Informationspraxis* greift neue Themen und Fragestellungen auf und will mit Informationen und Erfahrungen aus der Praxis dazu beitragen, Betriebsabläufe und Dienstleistungen von Bibliotheken und vergleichbaren Einrichtungen optimal zu gestalten.
Die Reihe richtet sich an alle, die in Bibliotheken oder auf anderen Gebieten der Informationsvermittlung tätig sind.

Diese Publikation wurde gefördert im Programm „360° – Fonds für Kulturen der neuen Stadtgesellschaft" der Kulturstiftung des Bundes.

ISBN 978-3-11-135670-9
e-ISBN (PDF) 978-3-11-072621-3
e-ISBN (EPUB) 978-3-11-072625-1
ISSN 2191-3587
https://doi.org/10.1515/9783110726213

Dieses Werk ist lizenziert unter der Creative Commons Attribution-4.0 International Lizenz.
Weitere Informationen finden Sie unter https://creativecommons.org/licenses/by/4.0

Library of Congress control Number: 2021947436

Bibliografische Information der Deutschen Nationalbibliothek
Die Deutsche Nationalbibliothek verzeichnet diese Publikation in der Deutschen Nationalbibliografie; detaillierte bibliografische Daten sind im Internet über http://dnb.dnb.de abrufbar.

© 2023 bei den Autoren/-innen, Zusammenstellung © Julia Hauck und Sylvia Linneberg, publiziert durch Walter de Gruyter GmbH, Berlin/Boston
Dieser Band ist text- und seitenidentisch mit der 2022 erschienenen gebundenen Ausgabe.
Dieses Buch ist als Open-Access-Publikation verfügbar über www.degruyter.com.
Korrektorin: Dr. Annett Fischer
Satz: bsix information exchange GmbH, Braunschweig
Druck und Bindung: CPI books GmbH, Leck

www.degruyter.com

Grußwort

Seit 2018 unterstützt die Kulturstiftung des Bundes mit dem Programm *360° – Fonds für Kulturen der neuen Stadtgesellschaft* bundesweit 39 Kulturinstitutionen dabei, sich intensiver mit Migration und kultureller Vielfalt auseinander- und eine diversitätsbezogene Öffnung in den Bereichen Personal, Programm und Publikum umzusetzen. Darunter befinden sich acht Bibliotheken, die infolge ihres Selbstverständnisses als sowohl Bildungs- als auch Kulturinstitution über langjährige Erfahrung mit interkultureller Arbeit verfügen und mit dem Programm auf vorhandene Strukturen aufsetzen konnten.

Nicht zuletzt ist es der Diskurs um „Dritte Orte", in dessen Zentrum sich Bibliotheken selbst verorten, der die Öffnungsprozesse in den Häusern schon seit Jahren vorangetrieben und geprägt hat. Neu ist, dass mit der Stellenschaffung für Diversitätsagent*innen durch das Programm das Thema Diversität nicht länger als ein Einzelaspekt unter vielen im Portfolio einer Bibliothek betrachtet wird, sondern als ganzheitliche Querschnittsaufgabe in den Einrichtungen implementiert werden kann. Vom Personalmanagement und Maßnahmen zur Mitarbeiter*innensensibilisierung über den Bestandsaufbau und die Konzeption von Begleitprogrammen bis zur zielgruppenspezifischen Öffentlichkeitsarbeit wirkt sich der Öffnungsprozess auf alle Arbeitsbereiche aus.

Insbesondere auf der Ebene der Diversifizierung ihres Personals nehmen Bibliotheken im *360°*-Programm eine Vorreiterrolle ein. Sie haben zahlreiche Maßnahmen zur Nachwuchsförderung aus der migrantischen Gesellschaft realisiert. Dabei können sie auf ein breites Netz an Kooperationspartnern wie etwa Schulen mit einem hohen Anteil an Jugendlichen aus Einwandererfamilien bauen, mit denen sie gemeinsam Formate wie „Berufsfelderkundungen", Schülerpraktika oder Peer-Programme durchführen. Auch die Programmgestaltung ist vielfach geprägt von einer engen Zusammenarbeit mit Akteur*innen aus der migrantischen Gesellschaft. Partizipative Projekte werden gemeinsam mit Vereinen, Künstler*innen oder Autor*innen entwickelt und durchgeführt, wodurch neue Narrative und neue ästhetische Herangehensweisen entstehen.

Neben der finanziellen Förderung bringt die Teilnahme an *360°* für die Bibliotheken nicht zu unterschätzende immaterielle Vorteile mit sich: Zum einen werden die umfassenden Transformationsprozesse, die auf dem Weg zur diversitätsorientierten Öffnung der Institution notwendig sind, durch die Teilnahme am Programm innerhalb des Hauses legitimiert. Zum anderen bietet die gemeinsame Bearbeitung des Themas Diversität mit Theatern und Museen den oftmals vor allem als Bildungseinrichtung wahrgenommenen Bibliotheken die Möglichkeit, sich als wichtiger Kulturakteur in den Städten zu positionieren. Innerhalb der spartenübergreifenden Initiative haben sich die Bibliotheken als Vernetzungsexperten etabliert: Sie leben schon lange eine Kultur des kollegialen Austauschs und gegenseitiger Unterstützung.

Aufgrund ihrer diversitätsbezogenen Innovationskraft sind die teilnehmenden Bibliotheken unverzichtbare Partner innerhalb des Programms 360° und wir freuen uns sehr, dass mit dieser Publikation ein Einblick in die Arbeitsweisen und Diskurse innerhalb der Bibliothekslandschaft geschaffen wird.

Anna Zosik
Programmleiterin
360° – Fonds für Kulturen der neuen Stadtgesellschaft
der Kulturstiftung des Bundes

Bahareh Sharifi
Vorwort

Auf den ersten Blick wirkt es so, als ob Bibliotheken im Gegensatz zu vielen anderen Kulturinstitutionen wie Theatern, Opern und Museen zumindest in der Zusammensetzung ihrer Besucher*innen gesellschaftliche Diversität aufweisen: In vielen Stadtbibliotheken treffen Menschen unterschiedlichen Alters aufeinander – jenseits von beispielsweise Klassen- und Rassismuserfahrungen. Wesentlich dafür ist, dass im Gegensatz zu Kulturstätten der bildenden und darstellenden Künste die Nutzung von Bibliotheken nicht an Zugangsbarrieren wie Eintritt gebunden ist.

Und dennoch bilden auch öffentlich geförderte Bibliotheken in ihrer programmatischen und personellen Zusammensetzung nicht die tatsächliche gesellschaftliche Vielfalt ab. Denn wie anderen Kulturinstitutionen ist Bibliotheken eine Geschichte von Ausschlüssen und Zugangsbarrieren eingeschrieben.

Die Debatte um fehlende Pluralität im Kulturbereich wird in Deutschland schon lange geführt. Dabei blieb die Kritik an struktureller Diskriminierung jedoch oft unberücksichtigt. Vielmehr dienten die Diskurse um Vielfalt der deutschen Mehrheitsgesellschaft zur Selbstvergewisserung eines homogenen kulturellen Selbstverständnisses. Mit der sogenannten Ausländerpädagogik wurde ab den 1960er Jahren in der Nachkriegs-BRD die Vorstellung einer wie auch immer gearteten einheitlichen Nationalkultur etabliert, in die sich Migrant*innen einzufügen hatten. Zwar stellten die Diskurse um Multikulturalismus ab den 1980ern nicht mehr den Assimilationsgedanken in den Vordergrund, aber auch hier dominierten Vorstellungen von kulturellen Entitäten, die es mit- und nebeneinander in Einklang zu bringen galt. Ohne Fragen der gesellschaftlichen Hegemonie der vermeintlich deutschen Hochkultur und der daran anschließenden Ressourcenverteilung an öffentlich geförderte Kulturinstitutionen zu verhandeln, entwickelten sich Narrative, das Fehlen gesellschaftlicher Pluralität im Kulturbereich zu erklären. So konnten Forderungen im öffentlich geförderten Kulturbetrieb lediglich unter dem Aspekt der „Teilhabe" vorgebracht werden. Aber der durch die deutsche Wiedervereinigung erstarkte Nationalgedanke führte zu einem Backlash, der Errungenschaften hinsichtlich mehr Beteiligung und Partizipation zurückdrängte. In den darauffolgenden Jahren etablierten sich dementsprechend Diskurse um Leitkultur und Integration, die einen homogenen Wertekonsens behaupteten und damit ein Regelwerk, in das es sich ein- bzw. dem es sich unterzuordnen galt.

Auch wenn sich die unterschiedlichen Diskurse über die Jahre hinweg veränderten und sich punktuell voneinander unterschieden, lag ihnen doch zumeist der Mechanismus zugrunde, eine homogene unveränderliche (Hoch)Kultur zu behaupten und damit die bestehenden institutionellen Strukturen, Normen und Verständnisse zu rechtfertigen. Das Fehlen zahlreicher sozialer Gruppen im Kulturbereich wurde mit der vermeintlichen Kulturferne dieser Menschen begründet. Vermittlungsformate sollten deswegen dazu dienen, ihnen die deutsche (Hoch)Kultur näherzubringen.

Erst durch Bewegungen wie das Postmigrantische Theater und die Skandalisierung von Rassismus – beispielsweise in Form von Blackfacing am Theater oder diskriminierender Sprache in Kinderbüchern –, wurden im letzten Jahrzehnt auch Forderungen nach Mitgestaltung und Zugängen zu Infrastrukturen und Ressourcen hör- und sichtbar.

Der in den vergangenen Jahren etablierte Diversity-Ansatz greift die Forderung nach Repräsentation auf und erweitert den Blick auf unterschiedliche Perspektiven von Geschlechtsidentitäten und sexueller Orientierung, Behinderung und auch Klassenfragen, die in ihrer Heterogenität im Kulturbereich bisher nicht abgebildet werden. So allmählich verbreitet sich die Einsicht, dass das Fehlen der diversen Publika in den Kulturinstitutionen auf unzureichende Repräsentation vielfältiger Perspektiven im Programm und damit auch in der Belegschaft zurückzuführen ist.

Doch erst die globalen, aber auch lokalen Anti-Rassismus- und #metoo-Bewegungen eröffneten den Raum dafür, Diskriminierung benennen zu können.

Dabei wurde bereits mit dem Inkrafttreten des Allgemeinen Gleichbehandlungsgesetzes (AGG) im Jahr 2006 eine rechtliche Grundlage geschaffen, um den Diskriminierungsschutz zum Bestandteil der Verpflichtungen von Arbeitgeber*innen zu erklären. Dennoch wird Diversitätsentwicklung im Kulturbereich noch zu wenig an Antidiskriminierung geknüpft. Viele Kulturinstitutionen setzen die rechtlichen Bestimmungen des AGG unzureichend um, da sie beispielsweise keine Schutzstrukturen schaffen, die im Diskriminierungsfall Betroffene unterstützen können. Die zahlreichen Fälle von Sexismus und Rassismus, die in den vergangenen Jahren an die Öffentlichkeit gelangt sind, haben die weitreichenden Konsequenzen von Diskriminierung und Machtmissbrauch in Kulturinstitutionen offengelegt und Fragen nach gerechten Arbeitsbedingungen aufgeworfen. Diversitätsentwicklung muss daher an macht- und diskriminierungskritische Ansätze gekoppelt sein, um Schutz vor Diskriminierung und Benachteiligung zu gewähren. Gleichzeitig muss sie durch positive Maßnahmen und gezielte Förderung Zugänge und Stärkung ermöglichen, um nachhaltig gesellschaftliche Diversität in Institutionen abzubilden. Denn sonst werden weiterhin zahlreiche Perspektiven nicht nur aus dem gesellschaftlichen Kulturverständnis sondern auch von gesellschaftlichen Ressourcen ausgeschlossen.

Abseits der öffentlich und institutionell geförderten Sphäre haben marginalisierte Communitys unter prekären Bedingungen eigene Wissensarchive geschaffen, um kulturelle, literarische und analytische Erzeugnisse ihrer Community zu materialisieren und zu dokumentieren. Sie haben damit Orte für eine eigene Geschichtsschreibung etabliert, da diese im Kulturkanon nicht nur nicht vorkam, sondern auch negiert wurde. Diese Orte bündeln Privatarchive, um marginalisierte Stimmen und Perspektiven für die eigene Community hör- und sichtbar zu machen und damit Räume für (Selbst-)Repräsentation und Identifikation zu schaffen.

Ein Beispiel für einen solchen Ort ist die 2014 in Berlin gegründete EOTO-Bibliothek, die aus der Privatsammlung der Afro-Deutschen Aktivistin Vera Heyer hervorgegangen ist. Heyer begann ab den 1970ern Jahren, die Werke Afrikanischer, Afrodiasporischer und Schwarzer Autor*innen zu sammeln. Da sie die Bücher nicht in herkömmlichen Buchhandlungen und Bibliotheken fand, musste sie akribisch in Antiquariaten und bei kleinen Verlagen recherchieren, um Spuren und Erzeugnisse der Afro-Deutschen Community zu finden. Nach ihrem frühen Tod sollten noch 20 Jahre vergehen, bis ihr Wunsch erfüllt werden konnte, ihre Sammlung der Öffentlichkeit und besonders der eigenen afro-deutschen Community zugänglich zu machen. Mittlerweile ist der Bestand der EOTO-Bibliothek um weitere Privatsammlungen ergänzt worden und zu einer beachtlichen Sammlung angewachsen. Die Bibliothek ist sowohl ein Kulturort als auch eine Inspirationsquelle für junge Schwarze Menschen in Deutschland. Der um die Bibliothek entstandene Verein EOTO e. V. (each one teach one) macht Bildungs-, Kultur- und Antidiskriminierungsarbeit. Nach jahrelanger ehrenamtlicher und prekärer Arbeit konnte in den vergangenen Jahren durch die Einwerbung von Strukturförderung der Verein zu einer Institution mit bundesweiter und internationaler Strahlkraft aufgebaut werden.

Ähnlich wie die EOTO-Bibliothek sind auch zahlreiche andere Archive und Bibliotheken auf Initiative einzelner bzw. kleiner Vereine entstanden. Der 2018 gegründete Verein RomaniPhen e. V. hat zum Ziel, aus selbstrepräsentierender Perspektive einen Ort für die Wissensbestände der Romnja* und Sintezzi* Community zu schaffen, der feministisch, rassismuskritisch und empowernd zugleich ist. Wesentlicher Teil der Vereinsarbeit ist das Archiv, das verschiedene politische Bewegungen sowie individuelle Biografien dokumentiert und sichtbar macht. Zentral ist für RomaniPhen dabei, in den Diskurs um Deutungshoheit der Mehrheitsgesellschaft zu intervenieren, der durch stereotype und rassifizierende Zuschreibungen die Komplexität und Pluralität der Community(s) nivelliert. Als Bewegungsgeschichte sind das Archiv und die Arbeit des Vereins durch Kultur- und Bildungsarbeit im ständigen Austausch mit der bzw. den Communitys.

Auch hier dauerte es ein Jahrzehnt, um aus der Frauengruppe* IniRomnja den Verein und das Archiv zu gründen. Die Arbeit des Vereins ist bis heute prekär, fußt auf einzelnen Projektförderungen und kann nur als Ehrenamt bestehen.

Insbesondere für mehrfachmarginalisierte Personen ist der Zugang zu gesellschaftlichen und kulturellen Ressourcen erschwert, zum Teil auch nicht gegeben. Davon zeugt die extrem prekäre Situation der 2001 gegründeten persischen Hörbücherei, die in der Trägerschaft der Kontakt- und Beratungsstelle für Flüchtlinge und Migrant_innen e. V. (KuB) ist. Gegründet wurde die Hörbücherei auf Initiative eines Mitarbeiters, der selbst als persisch sprechende blinde Person erschwerten Zugang zu persischsprachigen Wissensbeständen hat – mittlerweile koordiniert er die Hörbücherei seit 20 Jahren. Die Audiobücher werden in Eigenregie produziert, der Bestand umfasst inzwischen weit über 1 000 Hörbücher, die digital bereitgestellt werden. Die Hörbücher werden weltweit abgerufen. Dennoch hat die Hörbücherei in diesem Jahr (2021) keine öffentliche Förderung erhalten und kann ihre Arbeit lediglich durch Spenden aufrechterhalten.

Öffentlich geförderte Bibliotheken können durch Kooperationsprojekte mit Community-Archiven dazu beitragen, den Wissensbeständen und -produktionen marginalisierter Communitys mehr Sichtbarkeit zu geben und sie zu einem Teil des Kulturkanons zu machen. Außerdem können sie sich kulturpolitisch dafür einsetzen, dass Community-Archive in die reguläre institutionelle Kulturförderung aufgenommen werden.

Dies wird aber nur gelingen, wenn die Bibliotheken Diversitätsentwicklung und Antidiskriminierungsarbeit als Querschnittsaufgabe für alle ihre Bereiche definieren und ein Selbstverständnis entwickeln, Ungleichheit entgegenzuwirken und auszugleichen.

Inhalt

Grußwort —— V

Bahareh Sharifi
Vorwort —— VII

Abkürzungsverzeichnis —— XV
Abbildungsverzeichnis —— XVII

Julia Hauck & Sylvia Linneberg
Diversität: Konzepte, Begriffe und Perspektiven —— 1

Teil I: Alles eine Frage der Haltung

Leslie Kuo
Powervolle Lesende: Wir BIPoC in der diskriminierungskritischen Bibliotheksarbeit —— 21

María del Carmen Orbegoso Alvarez
Partizipation: Nur ein Märchen? Zusammenarbeit auf Augenhöhe zwischen Migrant*innenselbstorganisationen und Bibliotheken —— 41

Shorouk El Hariry
Coming Out as a Migrant Diversity Worker: The Perspective of a 360° Agent at the Bücherhallen Hamburg —— 51

Shorouk El Hariry (deutsche Übersetzung von Anya Lothrop)
Coming-out als Diversity-Fachkraft mit Migrationsgeschichte: Die Perspektive einer 360°-Agentin in den Bücherhallen Hamburg —— 67

Teil II: Ran an die Strukturen!

Denise Farag & Ruth Hartmann
Diversitätsorientierte Öffnung als Prozess der Organisationsentwicklung in Bibliotheken —— 87

Sylvia Linneberg
Beteiligung ermöglichen – Kommunikationsräume schaffen: Die Entstehung der Diversity-AGs bei den Bücherhallen Hamburg —— 107

Anni Steinhagen & Julia Hauck
Das Leitbild: Verstetigung eines gelebten Öffnungsprozesses —— 119

Teil III: Veränderung kommt von innen

Ruth Hartmann
Diversitätsorientierte Personalgewinnung und -entwicklung im Bibliothekssektor —— 131

Melisa Bel Adasme
Vielfältiger FaMI-liennachwuchs?! Diversitätsorientierte Strategien zur Gewinnung neuer Auszubildender —— 147

Melisa Bel Adasme
Vielfalt (er)leben und gestalten: Diversity-Schulung zur Sensibilisierung von Mitarbeitenden und zur nachhaltigen Etablierung diversitätsorientierter Arbeit im Bibliotheksalltag —— 159

Sylvia Linneberg
Vielfalt@Bücherhallen: Fortbildung als Grundstein für Veränderungsprozesse —— 171

Teil IV: Von, für und mit alle(n)

Melisa Bel Adasme
It's up to you! Bibliotheksarbeit mit Jugendlichen partizipativ und diversitätsorientiert gestalten —— 185

Julia Hauck
Mehr als nur „Mitmach-Angebote": Partizipation am Beispiel einer Schreibwerkstatt mit Geflüchteten —— 209

Tina Echterdiek & Ruth Hartmann
Lyrik grenzenlos! So viel Partizipation wie möglich, so wenig Rahmen wie nötig —— 219

Christina Jahn & Denise Farag
Diversity auf Social Media und vor Ort: #MontagGegenDiskriminierung —— 227

Julia Hauck & Prasanna Oommen
Diversitätssensible Öffentlichkeitsarbeit: Herausforderungen und Möglichkeiten —— 233

Julia Hauck
Eine für alle?! Leichte Sprache als Alternative zur Mehrsprachigkeit —— 247

Teil V: Perspektivisch planen

Sarah Hergenröther
Der digitale Dritte Ort? Diversitätsentwicklung im virtuellen Raum – ein Werkstattbericht —— 261

Dan Thy Nguyen
Wege in die menschliche Institution: Über Transformation und Handlungsvakuum —— 283

Julia Hauck & Sylvia Linneberg
Diversität als Selbstverständnis: Die Zukunft der Bibliotheken als Orte des gesellschaftlichen Diskurses —— 289

Über die Autor*innen —— 297

Register —— 303

Abkürzungsverzeichnis

AG	Arbeitsgruppe
AGG	Allgemeines Gleichbehandlungsgesetz
AK	Arbeitskreis
BIB	Berufsverband Information Bibliothek e. V.
BIC	Bank Identifier Code
BIPoC	Black, Indigenous and People of Color
BLM	Black Lives Matter
BRD	Bundesrepublik Deutschland
Bsp.	Beispiel
bspw.	beispielsweise
BuB	Forum Bibliothek und Information, Fachzeitschrift des BIB
bzgl.	bezüglich
bzw.	beziehungsweise
CILIP	The Library and Information Association
d. h.	das heißt
dbv	Deutscher Bibliotheksverband e. V.
DO	Diversitätsorientierte Öffnung
e. V.	eingetragener Verein
EDV	Elektronische Datenverarbeitung
EU	Europäische Union
FaMI	Fachangestellte*r für Medien- und Informationsdienste
ggf.	gegebenenfalls
GLAM	Galleries, Libraries, Archives, Museums
GST	Gleichstellungsstelle für Frauen
HEG	Historically Excluded Group
HR	Human Ressources
IBAN	International Bank Account Number
IFLA	International Federation of Library Associations and Institutions
IKÖ	Interkulturelle Öffnung
IT	Informationstechnik
KGL	Koordinierungsstelle zur Gleichstellung von LGBTIQ*
KSB	Kulturstiftung des Bundes
LSBTIQ*	auch LGBTIQ oder LGBTIQA*: Lesbisch Schwul Trans* Bi Inter* Queer
m. E.	meines Erachtens
MORGEN e. V.	Netzwerk Münchner Migrantenorganisationen e. V.
MSO	Migrant*innenselbstorganisation(en)
NRW	Nordrhein-Westfalen
o. Ä.	oder Ähnliche(s)
OE	Organisationsentwicklung
PoC	Person/People of Color
p. p.	page(s), Engl.: Seite(n)
PUMA	Projekt-Umfeld-Analyse
RAA	Regionale Arbeitsstellen für Bildung, Integration und Demokratie e. V. (Berlin)

 Open Access. © 2021 Julia Hauck & Sylvia Linneberg, publiziert von De Gruyter. Dieses Werk ist lizenziert unter der Creative Commons Attribution 4.0 Lizenz.
https://doi.org/10.1515/9783110726213-204

S.	Seite(n)
SWOT	Strengths (Stärken), Weaknesses (Schwächen), Opportunities (Chancen) und Threats (Risiken)
u. a.	unter anderen/m
u. E.	unseres Erachtens
u. v. a.	und viele andere
u. v. m.	und viele(s) mehr
UN	United Nations
USA	United States of America
usw.	und so weiter
vgl.	vergleiche
VR	Virtual Reality
WLAN	Wireless Local Area Network
z. B.	zum Beispiel

Abbildungsverzeichnis

Abb. 1: Diversität in Bibliotheken
Abb. 2: Grafische Dokumentation der Auftaktveranstaltung des Projekts Powervolle Lesende am 14.11.2020 zum Thema „Verletzende Inhalte in Medien". (2020: Tuffix / Soufeina Hamed)
Abb. 3: Cover of the Stimmen aus dem Exil Anthology (Copyright: Larissa Bertonasco)
Abb. 4: Schritte im Veränderungsprozess. Ruth Hartmann (2020)
Abb. 5: Soziogramm. Denise Farag (2021)
Abb. 6: Veränderungskurve. Ruth Hartmann (2020)
Abb. 7: Beispiel eines Steckbriefes einer Diversity-AG
Abb. 8: Leitbild der Fachstelle Interkulturelle Öffnung in Jena
Abb. 9: Zuschreibung zum Berufsbild FaMi
Abb. 10: Einladung zur Ausbildungsführung in der Stadtbibliothek Bremen (2019)
Abb. 11: Diversity-Rad nach Gardenswartz und Rowe, Stadtbibliothek Bremen (2020)
Abb. 12: Wege zu einem vielfaltsbewussten Personalmanagement in der Stadtbibliothek Bremen. Auszug aus dem Vortrag von Nora Neuhaus de Laurel auf dem Fachtag am 24./25.09.2020.
Abb. 13: Strategische Vorgehensweise zur Gewinnung neuer Auszubildender
Abb. 14: Bausteine der Schulungsreihe
Abb. 15: Flipchart „Ziele der Anti-Bias-Arbeit" (Panesar & Wazinski, 2019)
Abb. 16: Flipchart „Barrieren" (Panesar & Wazinski, 2019)
Abb. 17: Prozesshafte Strategie von „It's up to you!"
Abb. 18: Übersicht zur Schreibwerkstatt
Abb. 19: Teilnehmerin bei Lyrik grenzenlos! (Stadtbibliothek Bremen)
Abb. 20: Stufenmodell nach Lüttringhaus (2003)
Abb. 21: Übersicht zum Thema „Leichte Sprache"

Julia Hauck & Sylvia Linneberg
Diversität: Konzepte, Begriffe und Perspektiven

> Mehr Chancen, mehr Optionen, mehr Bilder müssen angeboten werden. Mehr Geschichten müssen erzählt werden. Und ganz wichtig: Menschen mit unterschiedlichen Hautfarben, Herkünften, Körpern, Geschlechtern und sexuellen Orientierungen müssen mitentscheiden. [...] Vielfalt ist wichtig, weil sie real ist. (Hasters, 2020, S. 7)

Die Forderungen der Journalistin und Buchautorin Alice Hasters sind nicht neu, verdeutlichen jedoch die anhaltenden Diskussionen um eine gerechtere Gesellschaft, Anti-Diskriminierungsmaßnahmen und den Umgang mit Vielfalt in unserer postmigrantischen Gesellschaft (Foroutan, 2015). Als Schnittstelle zwischen Kultur und Bildung, als Begegnungsstätte und Forum der (Stadt-)Gesellschaft setzen sich Öffentliche Bibliotheken mit den gesamtgesellschaftlichen Veränderungen, den Forderungen nach Teilhabemöglichkeiten und sich verändernden Ansprüchen der (potenziellen) Nutzer*innen auseinander.

Bereits 2011 nahmen der Deutsche Bibliotheksverband e. V. (dbv) und der britische Bibliotheksverband The Library and Information Association (früher: Chartered Institute of Library and Information Professionals, CILIP) mit dem Positionspapier *Bibliotheken und die Diversität in der Gesellschaft* (dbv & CILIP, 2011) Stellung – wobei vorrangig auf Geflüchtete und sogenannte ethnische Minderheiten als Zielgruppe der Bibliotheken eingegangen wurde. Auch die Kommission *Interkulturelle Bibliotheksarbeit* des dbv beschäftigte sich viele Jahre mit Angeboten für Menschen mit Migrations- oder Fluchterfahrung (vgl. Deutscher Bibliotheksverband e. V., 2017). Nach dem Ankommen vieler Geflüchteter 2015 wurden vielfältige Vermittlungs- und Begegnungsangebote speziell für diese Zielgruppe aufgebaut und Erfahrungen dazu ausgetauscht (vgl. Forum Bibliothek und Information, 2017). Viele dieser Bemühungen entsprechen Herrmann Röschs' Beschreibung zu den Aufgaben der Bibliotheken im 21. Jahrhundert (Rösch, 2013, S. 7–25): So wurde auf eine Verbesserung der Partizipationschancen, konkret auf die Integration von Menschen mit Migrationshintergrund hingearbeitet. Empfohlen werden „Medienangebote in der jeweiligen Muttersprache und Veranstaltungen zur Herkunftskultur; Sprachkurse und andere Medien zum Deutschlernen, Material zur Einführung in die Grundlagen der deutschen Gesellschaft und Kultur" (Rösch, 2013, S. 13). Seither sind einige bibliotheksspezifische Veröffentlichungen zum Thema *Diversität* entstanden, bspw. der Sammelband *Diversity Management und interkulturelle Arbeit in Bi-*

bliotheken von Kristin Futterlieb und Judith Probstmeyer (2016) und jüngst die Ausgabe *Diversity* der Fachzeitschrift *BuB* (Berufsverband Information Bibliothek [BIB], 2021). Sie erweitern die interkulturelle Perspektive auf Vielfalt in Bibliotheken um Dimensionen wie Alter, Behinderung und Geschlecht und nehmen dabei nicht nur die Nutzer*innen, sondern auch das Personalmanagement in den Blick. Der Anspruch einer „Bibliothek für alle" und die „Emanzipation benachteiligter Gruppen" (Rösch, 2013, S. 13) gehören mittlerweile vielerorts zum Selbstverständnis Öffentlicher Bibliotheken.

Die Beiträge des vorliegenden Bandes greifen die Forderung einer „Bibliothek für alle" auf, zeichnen Entwicklungen nach und reflektieren aktuelle Diskussionen, um so einen Beitrag zur strukturellen und praktischen Weiterführung der Öffnungsbestrebungen im deutschsprachigen Bibliothekswesen zu leisten. Konkret stellt sich dieser Sammelband der Aufgabe, Expertisen zu bündeln, Theorien und Strategien darzustellen sowie Praxisbeispiele vorzustellen. Entstanden ist die Idee zum Band im Rahmen der Vernetzung über das bundesweite Programm *360° – Fonds für Kulturen der neuen Stadtgesellschaft*, gefördert durch die Kulturstiftung des Bundes, welches an acht Bibliotheken seit 2018 durchgeführt wird bzw. wurde. Der Sammelband stellt verschiedene Maßnahmen aus den Bereichen *Personal, Publikum* und *Programm* vor. Hinzu kommen grundlegende Erläuterungen zur Diversifizierung und Diversitätsorientierten Öffnung (DO) in Bibliotheken. So sollen engagierte Einzelpersonen, Funktionsträger*innen und Führungskräfte gleichermaßen einen Mehrwert aus der Lektüre der Beiträge gewinnen können.

Die Autor*innen des Sammelbandes stellen sich der Herausforderung, ein sich wandelndes und hoch-diskursives, dynamisches Feld der Organisationsentwicklung zu bearbeiten. Unweigerlich bleiben einige Erkenntnisse dabei Momentaufnahmen, Status-quo-Analysen oder Zukunftsprognosen. Einige Projekte in den *360°*-Bibliotheken sind noch nicht abgeschlossen, weshalb Zwischenevaluationen präsentiert werden. Der vorliegende Sammelband lädt dazu ein, durch die beschriebenen Themen und Projekte über Herausforderungen und Möglichkeiten in der eigenen Bibliothek nachzudenken. Die Beiträge möchten Anstoß geben, strategisches Vorgehen zu fördern und Lust auf Veränderungen machen.

Folgende universale Beobachtungen zur Diversitätsorientierten Öffnung können konstatiert werden:
- Es ist eine Haltungsfrage: Die eigene Perspektive muss selbstkritisch reflektiert werden. Das heißt auch, den defizitären Blick auf bestimmte Zielgruppen abzulegen (Dewitz, 2016, S. 15) und so eine Kommunikation auf Augenhöhe zu ermöglichen.

- Es funktioniert nur, wenn DO mit einer diskriminierungs- und rassismuskritischen Haltung einhergeht.
- DO ist ein Querschnittsthema und damit Aufgabe aller Bereiche einer Organisation.
- DO ist ein Prozess der stetigen Selbstreflexion und Evaluation von Maßnahmen und Strategien.
- DO ist ein Prozess der Organisationsentwicklung, in welchem u. a. auf eine diskriminierungskritische Organisationskultur hingearbeitet wird.

Nicht universell sind jedoch die Rahmenbedingungen, in denen sich Öffentliche Bibliotheken bewegen. Ob sich die Bibliothek im ländlichen Raum, einer mittelgroßen Stadt oder einer Großstadt in West- oder Ostdeutschland befindet, zu den kleinen, mittleren oder großen Einrichtungen gezählt wird, situiert ist in einer Umgebung mit eher homogener oder eher diverser Bevölkerungsstruktur, spielt eine große Rolle für die Ausgangssituation, aus der heraus diversitätsorientierte Öffnungsprozesse eingeleitet werden können.

(Kultur-)politische Rahmenbedingungen können dies maßgeblich erschweren oder befördern. Gibt es Anknüpfungspunkte an bereits bestehende politische Instrumente (wie z. B. in Hamburg einen Landesaktionsplan Inklusion oder ein Integrationskonzept)?[1] Hat das Thema bereits Eingang gefunden in die politischen Debatten? Oder ist sogar bereits eine umfassendere Sensibilisierung in den politischen Gremien vollzogen? Je nachdem wird es für eine Öffentliche Bibliothek viel leichter sein, als wenn sie diejenige ist, die den Start macht.

Die Mehrzahl der im Buch vorgestellten Projekte fokussiert die Dimensionen „Herkunft", „Ethnie" und „Alter" und bildet damit einen bestimmten Teil der Diversitätsdimensionen ab. Aspekte von Gender, sexueller Orientierung oder auch körperliche Behinderung u. v. a. können nur in den theoretischen Überlegungen eingebunden werden. Zu beachten ist auch der zwar professionelle, jedoch auch durch ihre eigene Sozialisation beeinflusste Blick der Mehrzahl der Autor*innen: weiblich, akademisch und städtisch geprägt. Einige haben eine eigene oder familiäre Migrationsgeschichte oder sind Black, Indigenous and People of Color (BIPoC) – andere nicht. Die meisten Autor*innen sind nicht klassisch bibliothekarisch ausgebildet, verfügen jedoch über Expertise im Bereich DO. Das heißt, auch die Perspektiven der Beitragenden sind geprägt durch ihre Umfelder, ihre Bildungslaufbahnen und sie sind nicht frei von erlernten Vorurteilen.

Hinzu kommt, dass auch die politisch-gesellschaftlichen Debatten und ihre Dynamiken einen Einfluss auf die *360°*-Projekte hatten und haben: sei es der

---

[1] Vgl. *Landesaktionsplan Behinderung Hamburg* (2013) sowie *Wir in Hamburg* (2017).

Einzug der *Alternative für Deutschland* (AfD) in den Bundestag 2017, der rassistische Terroranschlag in Hanau im Frühjahr 2020 oder die Black-Lives-Matter-Bewegung (BLM) im Sommer 2020 – und nicht zuletzt die zum Zeitpunkt des Verfassens der Beiträge anhaltende Corona-Pandemie, die viele Rahmenbedingungen und Möglichkeiten veränderte.

Das Programm 360° – Fonds für Kulturen der neuen Stadtgesellschaft

Im Jahr 2017 legte die Kulturstiftung des Bundes (KSB) das Programm *360° – Fonds für Kulturen der neuen Stadtgesellschaft* auf (www.360-fonds.de). Das Programm zielt auf stärkere Sichtbarkeit, Teilhabe und Repräsentation von Menschen mit Einwanderungsgeschichte in den großen Kultureinrichtungen Deutschlands ab. Die Initiative *Vielfalt entscheidet* von *Citizens for Europe*, die die KSB bei der Entwicklung des Programms beriet, bringt die Notwendigkeit eines solchen Programms folgendermaßen auf den Punkt:

> In den Kulturinstitutionen herrscht ein Repräsentationsdefizit. Den hochsubventionierten Einrichtungen gelingt es bisher nicht, genügend Menschen mit familiärer Migrationsgeschichte, People of Color, und Schwarze Menschen zu erreichen. Weder in Entscheidungspositionen noch im Publikum oder Programm entspricht der Anteil von Menschen mit familiärer Migrationsgeschichte ihrem Anteil an der Bevölkerung. Der Kultursektor steht vor der Herausforderung, als gutes Beispiel für Inklusion voranzugehen und die Vielfalt der Gesellschaft widerzuspiegeln. (Vielfalt entscheidet – Diversity in Leadership – Ein Projekt von Citizens for Europe, 2021)

Das *360°*-Programm ist somit ausgerichtet auf Veränderungen in den Strukturen der Kultureinrichtungen – bezogen auf die Bereiche Programm, Publikum und Personal. Die beteiligten Institutionen sollen Öffnungsprozesse einleiten, Barrieren identifizieren, Maßnahmen zu deren Beseitigung entwickeln und neue Zugänge schaffen. Sie sollen vertrauensvolle Beziehungen zu den diversen Akteur*innen und Netzwerken der Stadt aufbauen und sich zu Orten der Teilhabe und der Zugehörigkeit entwickeln.

An dem Programm nehmen bundesweit 39 Kulturinstitutionen teil, darunter acht Öffentliche Bibliotheken: Stadtbibliothek Berlin Pankow, Stadtbibliothek Bremen, Bücherhallen Hamburg, Stadtbibliothek Heilbronn Ernst-Abbe-Bücherei Jena, Stadtbibliothek Köln, Stadtbibliothek München und die Stadtbibliothek Wismar. Der Förderzeitraum für das Programm beträgt vier Jahre. Hausleitungen und Agent*innen stehen in einem regelmäßigen Erfahrungs-

und Wissensaustausch. Flankierend werden für die Agent*innen wie auch weitere Mitarbeitende der teilnehmenden Einrichtungen vertiefende Fortbildungen angeboten.

Kern der Programmförderung ist die Übernahme der Personalkosten für eine auf vier Jahre angelegte Vollzeitstelle. Der/die sogenannte Agent*in ist bei der geförderten Kultureinrichtung angestellt und somit Teil des Kollegiums. Vorgabe der KSB ist die Anbindung der Agent*innen an die Hausleitung, denn nur aus dieser Position heraus können sie Veränderungsmanagement vorantreiben. Eine wichtige Voraussetzung für das Gelingen der Öffnungsprozesse ist die volle Unterstützung der Hausleitung. Sie muss hinter den Zielen des Programms stehen, offen sein für Veränderungsprozesse und bereit sein, eigene Ressourcen beizusteuern, insbesondere Zeit für einen regelmäßigen Austausch mit der*dem Agent*in.

Die Rolle der*des Agent*in liegt in der Beratung und Prozessbegleitung, sie*er stiftet an, gibt Impulse und Denkanstöße und hinterfragt etablierte Abläufe und Vorgehensweisen. Sie*Er ist somit nicht vorrangig operativ tätig, kann aber durchaus in die konzeptionelle und durchführende Veranstaltungs- und Programmarbeit involviert sein. Zu ihren*seinen großen Aufgabenfeldern gehören u. a.:

1. im Bereich Organisationsstrukturen und Personalentwicklung:
   - Initiieren eines Leitbildprozesses,
   - Gründung einer internen Steuergruppe,
   - Beauftragung von Trainings und Fortbildungen für Mitarbeiter*innen,
2. im Bereich Publikum und Vernetzung:
   - Aufbau von Netzwerken und Kooperationen mit lokalen Akteur*innen aus Kunst, Kultur, Gesellschaft, Politik,
   - Vernetzung mit Migrant*innenorganisationen (MSO),
   - neue Räume eröffnen für bislang unterrepräsentierte Zielgruppen,
   - Beauftragung von Befragungen, z. B. zu Nicht-Besucher*innen,
3. im Bereich Programmarbeit:
   - Entwicklung von partizipativen Veranstaltungsformaten,
   - neue Räume eröffnen für und Kooperationen eingehen mit Künstler*innen und anderen engagierten Personen aus unterrepräsentierten Communitys.

Dementsprechend muss die*der Agent*in in ihren*seinen Qualifikationen, Kompetenzen und Fähigkeiten breit aufgestellt sein: Sie*Er benötigt Kenntnisse in der Organisationsentwicklung, Diversitätskompetenz, Erfahrung in der Zusammenarbeit mit Communitys, Sprachkenntnisse, Kenntnisse der Mechanismen von Rassismus und Diskriminierung.

In der Praxis zeigt sich, dass die*der Agent*in vor allem bereit sein muss, eine lernende Person zu sein, die ihre Hausleitung und ihre Kolleg*innen dafür motivieren und begeistern kann, sich ebenfalls auf diese Lernreise zu begeben. Ihre*Seine Kernaufgabe ist es, die Organisation dazu zu bewegen, sich mit ihren eigenen ausschließenden, diskriminierenden und rassistischen Strukturen auseinanderzusetzen.

Begriffe und Ansätze

In der Erarbeitung des Sammelbandes haben sich die Autor*innen mit den unterschiedlichen Definitionen der Begriffe zum Thema auseinandergesetzt und sich für eine möglichst einheitliche Herangehensweise entschieden. Um ein gemeinsames Verständnis für die Leser*innen zu schaffen, werden die wiederkehrenden Begriffe nun kurz vorgestellt.

Diversität und Intersektionalität

Das Aufkommen des Diversitätsbegriffs geht mit den verschiedenen Anti-Diskriminierungs- bzw. Bürgerrechts-Bewegungen der 1960/70er in den USA einher (Salzbrunn, 2014, S. 28 ff.) und ist eng verknüpft mit soziologischen und philosophischen Theorien (Salzbrunn, 2014, S. 30 f.). Im Sammelband *Diversity Management und interkulturelle Arbeit in Bibliotheken* wird auf die einzelnen Dimensionen und die existierende Diskriminierung von Bevölkerungsgruppen eingegangen (Dewitz, 2016, S. 15).

Diversity meint den bewussten Umgang mit Vielfalt in der Gesellschaft. Der Begriff beschreibt ein organisatorisches sowie gesellschaftspolitisches Konzept, das einen bewussten, wertschätzenden und respektvollen Umgang mit Verschiedenheit und Individualität zum Ziel hat. Der Abbau von Diskriminierung und die Förderung von Chancengleichheit sind dabei zentral:

> Diversity ist nicht ‚die Vielfalt, die mich bereichert', ist keine Ressource oder Möglichkeit zur Steigerung von Produktivität. Diversity als radikale Verschiedenheit ist vielmehr relevant für die Frage, warum bestimmte Menschen Strukturelle Diskriminierung erfahren, andere hingegen Privilegien haben. (Czollek et al., 2019, S. 30)

Damit grenzen sich die Autor*innen des vorliegenden Sammelbandes ab von ausschließlich ökonomisch geprägten Definitionen von Diversity, die in erster Linie Nutzen- und Produktivitätssteigerung formulieren.

Gleichzeitig orientiert sich Diversity nicht an Defiziten oder versucht Lösungen für vermeintliche Probleme aufzuzeigen. Vielmehr geht es bei Diversity darum, die vielfältigen Leistungen und Erfahrungen von Menschen anzuerkennen und sie als Potenzial zu begreifen.

Als sogenannte Kerndimensionen von Diversity, die die Vielfalt der Menschen darstellen und gleichzeitig die Anlässe für Diskriminierung und Rassismus bieten, gelten: Alter, Geschlecht und geschlechtliche Identität, ethnische Herkunft, Religion und Weltanschauung, soziale Herkunft, sexuelle Orientierung sowie körperliche und geistige Fähigkeiten. Selbstverständlich trifft auf den einzelnen Menschen nie nur eine dieser Dimensionen zu. Der Mensch ist in sich vielfältig und fühlt sich unterschiedlichsten Gruppen zugehörig. Es kann auch Mehrfachdiskriminierung auftreten, wobei sich verschiedene Diskriminierungsformen überlagern und gegenseitig verstärken können.

Der mit Zuschreibungen verbundene Blick eines „Wir" auf die „Anderen", die es zu integrieren/inkludieren gilt, ist grundlegend problematisch und muss überwunden werden. Die Zuschreibung einer Person zu einer Gruppe bzw. Community aufgrund eines Merkmals, also einer einzigen Dimension von Vielfalt, spiegelt die Identitäten derjenigen nicht adäquat wider[2]. Vielmehr muss Diversität die Multiplizität, Relationalität und Fluidität von Identitäten einbeziehen (vgl. Salzbrunn, 2014, S. 66).

Kimberlé Crenshaw verwendete in diesem Kontext das Konzept der Intersektionalität.[3] Die US-amerikanische Professorin beschreibt damit eine Interaktion von Rassismus, Geschlecht und Klassismus, wodurch eine Form von Diskriminierung entsteht, vor der kein rechtlicher Schutz besteht. Crenshaws

---

[2] Der alleinige Fokus auf Minoritäten geht am Konzept der Diversität vorbei: „Zugehörigkeiten falten sich in der diachronen und synchronen Ebene auf, sie können sich zum Teil im Verlauf des Lebens ändern, und sie weisen zu einem Zeitpunkt vielfältige Dimensionen auf." (Salzbrunn, 2014, S. 17) Identitäten sind weder statisch (vgl. Dewitz, 2016, S. 17) noch eindimensional. Kritisch betrachtet werden somit Diversity-Ansätze, die sich auf Ethnizität und Nationale Herkunft konzentrieren, Diskussionen um „Parallelgesellschaften" und „Multikulturalismus" anführen (Salzbrunn, 2014, S. 55 ff.) oder ein eng gefasstes Konzept der Interkulturellen Öffnung vertreten (RAA, 2017).
[3] Laut Kimberlé Crenshaw (1991) können Konzepte wie „Gender, Herkunft, Klasse, Behinderung und mehr nicht voneinander isoliert betrachtet werden" (Tanyılmaz & Greve, 2018, S. 10). „Intersektionalität bedeutet hier, verschiedene Diversitätsprädikatoren und die daraus resultierenden Diskriminierungsformen einzeln, aber auch in ihrer Verknüpfung und Wechselwirkung wahrzunehmen und aufzugreifen", so Dewitz (2016, S. 17). Diese Überlegungen sind auch für die Planung von konkreten Projekten in Bibliotheken wichtig, denn allein aufgrund bspw. der Herkunft/Religion Zielgruppen zu definieren, führt meist auf beiden Seiten zur Unzufriedenheit (eachoneteachone_official, 2021).

Anliegen war es, durch das Konzept der Intersektionalität auf diese Lücken in der Gesetzgebung hinzuweisen (Crenshaw, 1989).

Laut *Diversity Arts Culture* (2021) wurde in „Deutschland [...] der Begriff Intersektionalität unter anderem von Schwarzen Frauen, Frauen of Color, lesbischen Frauen, jüdischen und muslimischen Frauen und Frauen mit Behinderungen verwendet, um Kritik an der Eindimensionalität der Frauenbewegung zu üben, die ihre Lebensrealitäten nicht genug berücksichtigte" (Diversity Arts Culture, 2021).

Diversitätsorientierte Öffnung

Den Rahmen der vorliegenden Beiträge bildet ein diskriminierungskritischer Ansatz der Diversitätsorientierten Öffnung, bei dem durch diversitäts*sensibles* Handeln auf eine diversitäts*orientierte* Organisationskultur hingearbeitet wird. In Anlehnung an die Definition der Regionalen Arbeitsstellen für Bildung, Integration und Demokratie e. V. (RAA) wird im Folgenden *Diversitätsorientierte Öffnung* als Strategie verstanden, „um Chancengleichheit zu erhöhen und Diskriminierung entgegenzuwirken" (RAA, 2017, S. 1). Sie „dient der Abbildung gesellschaftlicher Vielfalt und unterschiedlicher Lebenslagen und Lebensentwürfe in Organisationen. Ihr Ziel ist es, in Organisationen gleichzeitig Verschiedenheit und Gleichberechtigung zu ermöglichen." (RAA, 2017, S. 2) Der RAA versteht DO explizit als „rassismuskritische[n] Prozess", als „eine umfassende und präventive Strategie, um Benachteiligungen in allen Bereichen von vornherein zu verhindern" (RAA, 2017, S. 2). Wie dieser Prozess angestoßen und durchlaufen werden kann, hängt größtenteils von den Rahmenbedingungen der einzelnen Organisationen ab.

Diversitätsorientierte Öffnung bezeichnet damit auch einen Veränderungsprozess im Rahmen von Organisationsentwicklung, der in alle Arbeitsbereiche und Teams hineinwirkt.

Viele Texte zum Thema – aus denen auch in diesem Sammelband zitiert wird – sprechen von *Interkultureller* anstelle von *Diversitätsorientierter Öffnung*, daher soll hier eine kurze Einordnung des Begriffes erfolgen: Als in den Einrichtungen der Sozialen Arbeit in den 1980er Jahren die Forderung nach Interkultureller Öffnung aufkam, war dies eine Antwort auf eine „als defizitär erkannte Wahrnehmung und Darstellung von Migrantinnen sowie die Ausgrenzung und Separation dieser Gruppe in speziellen Einrichtungen und Institutionen" (Vanderheiden & Mayer, 2014, S. 33 f.). Dahinter stand zwar die gutgemeinte Absicht, Zugangsbarrieren abzubauen, jedoch blieben die Perspektive und damit auch die Konzepte und die Richtung des Handelns einseitig vom „Wir" (der „Aufnahmegesellschaft") in Richtung der „Anderen" (die „Dazugekommenen"). Jedoch standen „die Kultur der Institution selbst, ihre impliziten Ein- und Ausschlussmechanismen [...] selten zur Disposition" (Terkessidis, 2013, S. 134). In der jüngeren Literatur zur Interkulturellen Öffnung wird diese eindimensionale, auf Herkunft und Nationalität begrenzte Herangehensweise kritisch betrachtet und es werden differenziertere Definitionen von Interkultureller Öffnung vorgenommen, die die unterschiedlichen Diversity-Dimensionen berücksichtigen, diskriminierungskritische Ansätze vorschlagen und Intersektionalität benennen (z. B. Panesar, 2017).

Der Begriff *interkulturell* birgt generell die Gefahr der *Kulturalisierung*, d. h. dass die Ursachen für ungleiche Teilhabemöglichkeiten in den vermeintlichen kulturellen Unterschieden gesucht werden, sodass es zu einer Überbewertung des Kulturellen gegenüber anderen gesellschaftlichen Faktoren kommt (Fuchs-Heinritz, 1994). Mecheril und Kalpaka (2010) geben gar zu bedenken, dass der Begriff *Kultur* als neuer Platzhalter für den Begriff *Rasse* fungiert, wenn z. B. äußere Unterschiede von Menschen mit ihren Verhaltens- und Denkweisen verknüpft und bewertet werden. Vor dem Hintergrund dieser Diskurse sprechen die Autor*innen des vorliegenden Sammelbandes von Diversitätsorientierter Öffnung im eingangs genannten Sinne.

Rassismus und Diskriminierung

Gesetzlich ist seit 2006 im Allgemeinen Gleichbehandlungsgesetz (AGG) verankert, dass eine Benachteiligung und Diskriminierung aufgrund „der Rasse oder wegen der ethnischen Herkunft, des Geschlechts, der Religion oder Weltanschauung, einer Behinderung, des Alters oder der sexuellen Identität zu verhindern oder zu beseitigen" sei (Allgemeines Gleichbehandlungsgesetz [AGG], 2006).

Dem gegenüber stehen empirische Studien, die aufzeigen, dass fast ein Drittel der in Deutschland lebenden Menschen Diskriminierung aufgrund eines der im AGG genannten Merkmale erfährt (Antidiskriminierungsstelle des Bundes, 2017). Bei näherer Betrachtung der Gründe für Diskriminierung stellt sich heraus, dass die ethnische Herkunft der häufigste Diskriminierungsgrund ist und die Anzahl der gemeldeten Vorfälle zwischen 2015 und 2019 um mehr als das Doppelte anstieg (Antidiskriminierungsstelle – Publikationen – Jahresbericht 2019). Hier wiederum zeigt sich, dass Sinti*zze und Roma*nja, Jüdinnen und Juden, Schwarze Menschen und muslimische Menschen bzw. Menschen, die als Muslim*innen gelesen werden, am stärksten von rassistischer Diskriminierung betroffen sind (Ahyoud et al., 2018, S. 13).

Zu unterscheiden sind Diskriminierungen auf individueller, kultureller und institutioneller Ebene, die ineinandergreifen und deren Zusammenspiel als Strukturelle Diskriminierung bezeichnet wird:

> Die *individuelle* Ebene von Diskriminierung bezieht sich auf das Handeln und Sprechen von Einzelpersonen. Die kulturelle Ebene erfasst diskursive und epistemische Dimensionen von Diskriminierung, d. h. Wissen, Normen, Werte und Sprach-/Bilder, die in öffentlichen Diskursen [...] vermittelt werden.
> Die *institutionelle* Ebene von Diskriminierung verweist auf diskriminierende Politiken und Gesetze, rechtlich verankerte Praxen, sowie Regeln, Normen und Sitten, die von Institutionen durchgesetzt und durchgeführt werden. (Czollek et al. 2019, S. 26)

Diskriminierte und Diskriminierende stehen sich keinesfalls immer eindeutig gegenüber. Im Rahmen von Diversitätsorientierter Öffnung ist jeder Mensch dazu aufgefordert, die eigenen Privilegien und Benachteiligungen zu reflektieren. Dazu bedarf es einer anti-rassistischen und anti-diskriminierenden Grundhaltung.

„Rassismus ist in unserem System" (Hasters, 2020, S. 4) und bestimmt den Alltag vieler Menschen. Im Rahmen der Diversitätsorientierten Öffnung muss allen Beteiligten klar sein, dass auch die Akteur*innen der zu verändernden Organisation nicht frei von einem rassistischen Weltbild sein können. Dies anzuerkennen und von Rassismus[4] betroffenen Menschen (Kolleg*innen, Nutzer*innen), einen geschützten Raum zu geben und ihre Erfahrungen zu teilen (wenn sie dies möchten), ist ein wichtiger erster Schritt auf dem Weg zur Diversitätsorientierten Öffnung. Ein offenes, wertschätzendes Arbeitsklima und die Fürsorge der Arbeitgeber*innen für diese Mitarbeitenden sind dafür essenziell. Vielerorts sind diese Rahmenbedingungen jedoch (noch) nicht gegeben oder werden unterschätzt.

---

4 Eine Definition von Rassismus in der Alltagspraxis bietet Maisha Auma (2018, S. 1): „Rassismus ist eine Lehre, die eine hierarchische Unterscheidung von Menschen vornimmt. Grundlage dieser Unterscheidung sind biologische Merkmale, die als wesentliche Voraussetzung für soziale und kulturelle Leistungsfähigkeit sowie für gesellschaftlichen Fortschritt gedacht werden." Dass es keine biologischen Menschenrassen gibt, ist wissenschaftlicher Konsens (Fischer et al., 2019). Zwar wird Rassismus vielerorts als „unrecht" markiert und wortreich abgelehnt, jedoch zumeist nicht diskutiert, obwohl er tief in der Gesellschaft verwurzelt ist (Auma, 2018, S. 10). Ausweichend wird stattdessen oft aber über Fremdenfeindlichkeit, Ausländerfeindlichkeit, Xenophobie, Ethnozentrismus und vermeintliche „kulturelle Unterschiede" gesprochen (Auma, 2018). Die Autorin empfiehlt von „durch Rassismus markierten oder rassistisch markierten Personen und Gruppen zu sprechen" (Auma, 2018, S. 3) oder den Prozess der „Rassistischen Markierung" als „Rassifizierung" (Auma, 2018, S. 3) zu benennen.

Diskriminierungssensible Sprache

> Letztlich ist es so: ‚Man' kann alles sagen. Doch Menschen so zu bezeichnen, wie sie bezeichnet werden wollen, ist keine Frage von Höflichkeit, auch kein Symbol politischer Korrektheit oder einer progressiven Haltung – es ist einfach eine Frage des menschlichen Anstands. (Gümüşay, 2020, S. 12)

Dem Zitat folgend soll im vorliegenden Sammelband besonderes Augenmerk auf die Verwendung möglichst diskriminierungsarmer Sprache gelegt werden. Wichtig ist den Herausgeberinnen wie den Autor*innen, dass die Nutzung von Fremdzuschreibungen für bestimmte Personen(-gruppen) vermieden werden soll. Dies ist u. E. auch eine wichtige Komponente für die Zusammenarbeit mit Migrant*innenselbstorganisationen (MSO) und anderen Interessenvertretungen, die eine Kommunikation auf Augenhöhe ermöglicht. Dabei ist es nicht notwendig, jede/n Akteur*in einzeln zu befragen, wie sie/er* bezeichnet werden möchte. Vielmehr kann auf die Expertise von verschiedenen Vereinen und Organisationen zurückgegriffen werden. Die Autor*innen der Beiträge orientieren sich dabei sowohl am Glossar der *Neuen Deutschen Medienmacher*innen* (Vassiliou-Enz et al., 2017; Neue Deutsche Medienmacher*innen, 2021) wie auch an den Empfehlungen des RAA (2017).[5]

Ein prominentes Beispiel der Debatten sei hier vorgestellt: Die Bezeichnung *Mensch mit Migrationshintergrund* kommt aus der Verwaltungssprache und bezeichnet „nach statistischer Definition in Deutschland lebende Ausländer*innen, eingebürgerte Deutsche, die nach 1949 in die Bundesrepublik eingewandert sind sowie in Deutschland geborene Kinder mit deutschem Pass, bei denen sich der Migrationshintergrund von mindestens einem Elternteil ableitet" (Neue Deutsche Medienmacher*innen, 2021). Doch diese Bezeichnung ist mittlerweile negativ konnotiert, da umgangssprachlich oder medial meist nicht der Hintergrund im statistischen Sinne interessant ist, sondern bestimmte nicht-weiße, arabisch-muslimisch gelesene Menschen gemeint sind (vgl. Peşmen, 2021). Die Neuen Deutschen Medienmacher*innen empfehlen daher eher von „Menschen aus Einwandererfamilien" oder „Menschen mit internationaler Geschichte" zu sprechen (Vassiliou-Enz et al., 2017; Neue Deutsche Medienmacher*innen, 2021).[6] Als *People of Color* (PoC) oder BIPoC bezeichnen sich viele Menschen, die Rassismuserfahrungen machen:

---

[5] Zusätzlich können Begriffe und ihre Einordnung u. a. im Wörterbuch des Projektbüros Diversity Arts Culture oder dem Glossar für diskriminierungssensible Sprache von Amnesty International Deutschland online nachgeschlagen werden.
[6] Auch die Begriffe „Ausländer*innen", „Asylbewerber*innen", „Spätaussiedler*innen", „Übersiedler*innen" oder ähnliche sind nicht (synonym) zu verwenden, sondern zu reflektieren.

> People of Color ist eine Selbstbezeichnung von Menschen mit Rassismuserfahrung, die nicht als weiß, deutsch und westlich wahrgenommen werden und sich auch selbst nicht so definieren. PoC sind nicht unbedingt Teil der afrikanischen Diaspora, ursprünglich ist der Begriff u. a. zur Solidarisierung mit Schwarzen Menschen entstanden. Schwarz und weiß sind dabei politische Begriffe. Es geht nicht um Hautfarben, sondern um die Benennung von Rassismus und den Machtverhältnissen in einer mehrheitlich weißen Gesellschaft. Inzwischen wird häufiger von BPoC (Black and People of Color) gesprochen, um Schwarze Menschen ausdrücklich einzuschließen. Etwas seltener kommt hierzulande die Erweiterung BIPoC (Black, Indigenous and People of Color) vor, die explizit auch indigene Menschen mit einbezieht (Neue Deutsche Medienmacher*innen, 2021).

Ebenso ist bei der Benennung vieler weiterer Gruppen zu beachten, dass Selbstbezeichnungen verwendet werden, um Sexismus, Ableismus, Antisemitismus sowie Rassismus und Diskriminierung gegenüber Muslim*innen, Sinti*zze und Rom*nja oder der LSBTIQ*-Community usw. sprachlich entgegenzuwirken.

Ein weiterer Aspekt ist die durchgängige Verwendung von möglichst gendersensibler Sprache. Die Autor*innen des vorliegenden Sammelbandes haben sich für die Verwendung des Gender-Sternchens entschieden. Ebenso wie der Gender-Gap (Autor_innen) oder der Doppelpunkt (Autor:innen) bietet das Gender-Sternchen eine sprachliche Abbildung für Menschen, die sich nicht im binären Geschlechtermodell wiederfinden können oder wollen und macht Geschlechtervielfalt sichtbar (Universität Bielefeld, 2021).

Untersuchungen zeigen, dass das Gendern positive Effekte hat. So fühlen sich Frauen und queere Personen deutlich stärker angesprochen, beispielsweise in Stellenangeboten (Sczesny et al., 2016), Mädchen und Jungen, die nach ihren Berufswünschen gefragt werden, wählen seltener stereotype „Frauen- oder Männerberufe", wenn die Berufe in geschlechtergerechter Sprache präsentiert werden (Vervecken & Hannover, 2015).

Kritiker*innen argumentieren oft, dass das Gendern den Lesefluss verschlechtere und dadurch Texte schwerer verständlich würden. Untersuchungen entkräften dies – allerdings nur in Bezug auf Personen ohne Einschränkungen (Braun et al., 2007). Berechtigt ist diese Kritik jedoch hinsichtlich der Barrierefreiheit einer Schrift. Beispielsweise lesen die gängigen Screenreader das Sternchen nicht als Sprechpause sondern sprechen das Wort „Stern" aus (Mitarbeiter Stern innen). Für Menschen mit Lernschwierigkeiten oder Autist*innen kann das Gendern die Schrift unleserlich machen (Kunert, 2020).

Heiko Kunert plädiert für eine konstruktive Auseinandersetzung, erinnert an die Gründe für das Gendern, weist auf die Dynamik des gesellschaftlichen Diskurses hin und appelliert an die Solidarität benachteiligter Menschen untereinander:

Das Gendern entspringt aus einem Akt der Emanzipation. Zunächst ging es darum, die Gleichheit von Mann und Frau auch sprachlich auszudrücken. Mit dem Gender-Gap fand in den vergangenen Jahren u. A. die Perspektive nichtbinärer Menschen einen Ausdruck in Sprache und Schrift. Dabei entwickelt sich Sprache prozesshaft. Betroffene und die Gesellschaft streiten und diskutieren über den richtigen Weg. Irgendwann hat sich ein Standard etabliert, andere Varianten verschwinden. [...] Antidiskriminierungskampf ist in erster Linie nämlich der Kampf gegen die Mächtigen, gegen etablierte Strukturen, die einzelne gesellschaftliche Gruppen dauerhaft benachteiligen. Antidiskriminierungskampf sollte aber niemals der Kampf gegen andere marginalisierte Gruppen sein. (Kunert, 2020)

Zusammenfassung der Beiträge

Der vorliegende Sammelband stellt nicht nur Ergebnisse des *360°*-Programms in Bibliotheken vor, sondern bietet auch Impulse von Vertreter*innen von MSO sowie Expert*innen auf dem Gebiet der Diversity Studies und der Organisationsberatung. Sie zeigen einzelne Initiativen und Projekte und geben eine Einführung in Theorien und Strategien. Die Abbildung „Diversität in Bibliotheken" (vgl. Abb. 1) zeigt die Komplexität der Thematik, die in den Beiträgen allenfalls angesprochen, aber nicht in vollem Umfang diskutiert werden kann. Neben den abwechslungsreichen Thematiken wurde auch auf die Variation der Textformen Wert gelegt: So wechseln sich theoretische Texte mit Expert*innen-Interviews ab und werden durch knappe Praxisbeispiele und Werkstattberichte ergänzt.

Im ersten Teil stellt Leslie Kuo als Autorin grundlegende Fragen zur rassismuskritischen Bibliothek(sarbeit) an Katja Kinder, Peggy Piesche und Maisha Auma. Der Beitrag beleuchtet die Entscheidungsmacht von BIPoC und reflektiert die Basis diskriminierungskritischer Veränderungsprozesse. Im Anschluss darin stellt María del Carmen Orbegoso Alvarez vom Berliner Verein *MigraUp!* die Kooperation zu den jährlichen Märchentagen in der Stadtbibliothek Pankow aus ihrer Sicht vor. Shorouk El-Hariry zeigt in ihrem Beitrag, was es heißt, sich als PoC in einer mehrheitlich weißen Kulturbranche wiederzufinden. Schlaglichtartig zeigen die drei Beiträge, welche essenzielle Rolle Haltung im Prozess der Diversitätsorientierten Öffnung spielt.

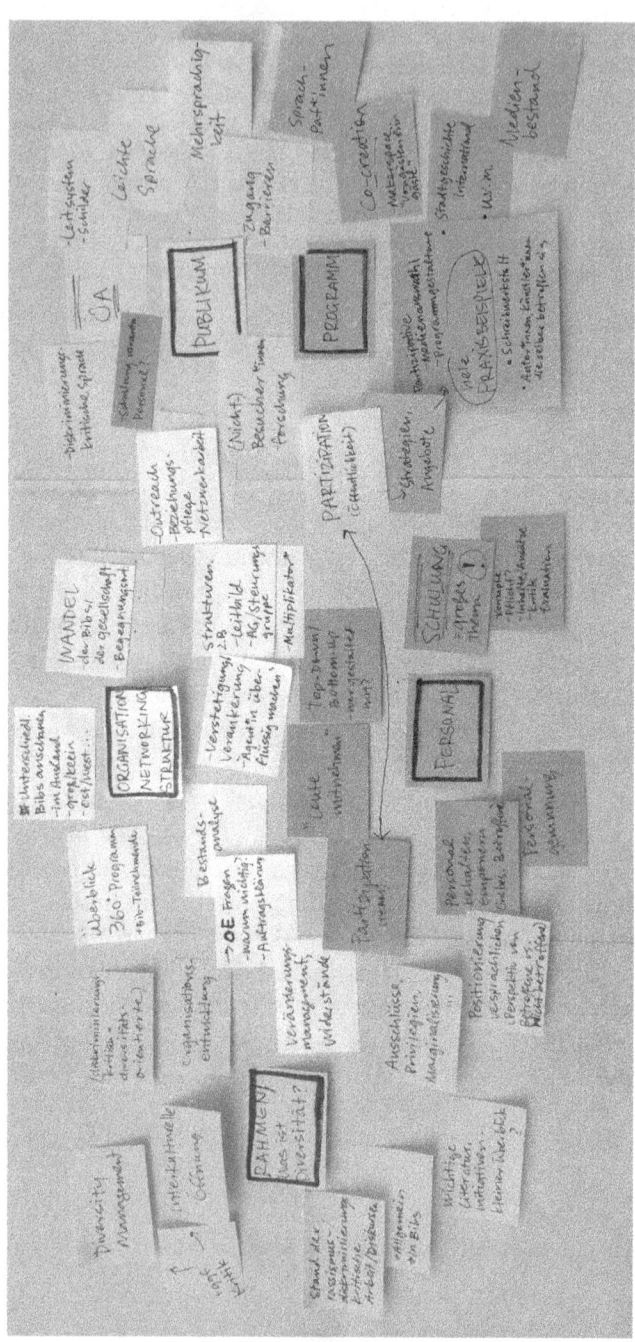

Abb. 1: Diversität in Bibliotheken (eigene Abbildung)

„Ran an die Strukturen!" lautet die Aufforderung der Autorinnen des zweiten Teils des Sammelbandes. Dass Diversitätsorientierte Öffnungsprozesse immer auch Teil von Organisationsentwicklung sind, zeigen Ruth Hartmann und Denise Farag in ihrem Artikel. Hier berichten sie auch, wie interne Partizipation vonstattengehen kann, am Beispiel des „Diversity-Labors" der Stadtbibliothek Heilbronn und der „AG-Diversity" der Stadtbibliothek Bremen. Auch Sylvia Linneberg berichtet darauf folgend von der Entstehung und Arbeitsweise der „Diversity-AGs" bei den Bücherhallen Hamburg. Anschließend widmen sich Anni Steinhagen und Julia Hauck ganz praktisch dem Thema „Leitbild".

Welche Maßnahmen für eine diversitätsorientierte Personalgewinnung und -entwicklung im Bibliothekssektor notwendig sind, stellt Ruth Hartmann im ersten Beitrag des Kapitels „Veränderung kommt von innen" vor. Aus der Praxis berichtet diesbezüglich Melisa Bel Adasme, die über die Gewinnung von diversen Auszubildenden berichtet sowie das in Köln durchgeführte interne Schulungsprogramm vorstellt. Auch in den Bücherhallen Hamburg wurden im Rahmen des *360°*-Programms Fortbildungen durchgeführt. Sylvia Linneberg reflektiert in ihrem Text das Feedback der Mitarbeiter*innen dazu.

Eine Bibliothek „von, für und mit alle(n)" kann nur durch die Kommunikation und Kooperation mit externen Partner*innen funktionieren. Wie dies auf Augenhöhe ausgestaltet werden kann, beschreibt Melisa Bel Adasme am Beispiel der Bibliotheksarbeit mit Jugendlichen der Stadtbibliothek Köln. Partizipation ist auch das Thema der Schreibwerkstatt mit Geflüchteten in der Ernst-Abbe-Bücherei Jena, die Julia Hauck vorstellt. Hinzu kommt die Vorstellung des Veranstaltungsformats „Lyrik grenzenlos!" von Tina Echterdiek und Ruth Hartmann aus der Stadtbibliothek Bremen.

Neben partizipativen Angeboten spielen auch Öffentlichkeitsarbeit und Kommunikation eine essenzielle Rolle, um neue Kooperationen aufbauen zu können und „neue" Zielgruppen zu erreichen. Christina Jahn und Denise Farag aus der Stadtbibliothek Heilbronn zeigen im Beitrag „Diversity auf Social Media und vor Ort: #MontagGegenDiskriminierung", wie Bestands- und Öffentlichkeitsarbeit partizipativ verknüpft werden können. Über Herausforderungen und Möglichkeiten einer diversitätssensiblen Öffentlichkeitsarbeit diskutiert Julia Hauck mit der „Medienmacherin" Prasanna Oommen. Zudem widmet sich ein Beitrag der Frage nach dem Einsatz von Leichter Sprache in Bibliotheken.

Die abschließenden Beiträge des Sammelbandes sollen dazu anregen, die Perspektiven zu weiten. Wie dies durch digitale Angebote gelingen kann, schildert Sarah Hergenröther von der Stadtbibliothek München. Dan Thy Nguyen erörtert schließlich die Frage, wie tiefgreifend Transformationsprozesse in Kulturinstitutionen eigentlich sein müssen, um nachhaltig zu wirken.

Literaturverweise

Ahyoud, N., Aikins, J. K., Bartsch, S., Bechert, N., Gyamerah, D. & Wagner, L. (2018). Wer nicht gezählt wird, zählt nicht. Vielfalt entscheidet – Diversity in Leadership, Citizens For Europe. Kostenlose Kopie kann angefragt werden unter: www.vielfaltentscheidet.de/publikationen (1.4.2021).

Antidiskriminierungsstelle des Bundes und der in ihrem Zuständigkeitsbereich betroffenen Beauftragten der Bundesregierung und des Deutschen Bundestages. (2017). Diskriminierung in Deutschland – Dritter Gemeinsamer Bericht der Antidiskriminierungsstelle des Bundes und der in ihrem Zuständigkeitsbereich betroffenen Beauftragten der Bundesregierung und des Deutschen Bundestages. http://www.antidiskriminierungsstelle.de/SharedDocs/Downloads/DE/publikationen/BT_Bericht/Gemeinsamer_Bericht_dritter_2017.pdf (1.4.2021).

Auma, M. M. (2018). Rassismus: Eine Definition für die Alltagspraxis (Nader, A., Hrsg.). Regionale Arbeitsstellen für Bildung, Integration und Demokratie (RAA) e. V.

Berufsverband Information Bibliothek (BIB). „Diversity." BuB, vol. 73, Nr. 2–3, 2021.

Braun, F., Oelkers, S., Rogalski, K., Bosak, J. & Sczesny, S. (2007). „Aus Gründen der Verständlichkeit …": Der Einfluss generisch maskuliner und alternativer Personenbezeichnungen auf die kognitive Verarbeitung von Texten. Psychologische Rundschau, 58(3), S. 183–189. https://doi.org/10.1026/0033-3042.58.3.183 (1.4.2021).

Crenshaw, K. (1989). „Demarginalizing the Intersection of Race and Sex: A Black Feminist Critique of Antidiscrimination Doctrine, Feminist Theory and Antiracial Politics". University of Chicago Legal Forum 139.

Crenshaw, K. (1991). Mapping the Margins: Intersectionality, Identity Politics, and Violence against Women of Color. Stanford Law Review, 43(6), S. 1241–1299. https://doi.org/10.2307/1229039 (1.4.2021).

Deutscher Bibliotheksverband e. V. (4.2.21) Bibliotheksportal: Interkulturelle Bibliothek (Bibliotheksportal). https://bibliotheksportal.de/ressourcen/management/zielgruppen/interkulturelle-bibliothek (5.4.2021).

Dewitz, L. (2016). Diversitätsansätze und bibliothekarische Arbeit. In K. Futterlieb & J. Probstmeyer (Hrsg.), Diversity Management und interkulturelle Arbeit in Bibliotheken, S. 15–24. De Gruyter Saur. https://www.degruyter.com/document/doi/10.1515/9783110338980-003 (1.4.2021).

Diversity Arts Culture. (2021). Intersektionalität. https://diversity-arts-culture.berlin/woerterbuch/intersektionalitaet (1.4.2021).

eachoneteachone_official. (7.3.2021). Trailer „Anti Schwarzer Rassismus intersektional". https://www.youtube.com/watch?v=JGaD34q9C2A (1.4.2021).

Fischer, M. S., Hoßfeld, U., Krause, J. & Richter, S. (2019). Jenaer Erklärung – Das Konzept der Rasse ist das Ergebnis von Rassismus und nicht dessen Voraussetzung. Biologie in unserer Zeit, 49(6), S. 399–402. https://doi.org/10.1002/biuz.201970606 (1.4.2021).

Foroutan, N. (20.4.2015). Die postmigrantische Gesellschaft | bpb. bpb.de. https://www.bpb.de/gesellschaft/migration/kurzdossiers/205190/die-postmigrantische-gesellschaft (1.4.2021).

Forum Bibliothek und Information. „Dossier Integration". BuB, 2017. https://b-u-b.de/wp-content/uploads/dossier-integration.pdf (1.4.2021).

Fuchs-Heinritz, W. (Hrsg.). (2013). Lexikon zur Soziologie (5., überarb. Aufl. 2011). Springer VS.

Gümüşay, K. (2020). Die Sprachkäfige öffnen. Gedanken zur Bedeutung von „freier Rede". APuZ, 12–13/2020, S. 4–7.

Hasters, A. (2020). Mückenstiche mit System. Zum Umgang mit Alltagsrassismus. ApuZ, 42–44 ([Anti-]Rassismus), S. 4–7. https://www.bpb.de/apuz/antirassismus-2020/316756/mueckenstiche-mit-system-zum-umgang-mit-alltagsrassismus (1.4.2021).

Kaiser, W. (2008). Diversity Management – eine neue Managementkultur der Vielfalt – für ein neues Image der Bibliotheken. Simon Verlag für Bibliothekswissen.

Kunert, H. (8.11.2020). Diskriminiert das Gender-Sternchen blinde Menschen? Heikos.blog. https://heikos.blog/2020/11/08/diskriminiert-das-gender-sternchen-blinde-menschen/ (1.4.2021).

Landesaktionsplan Behinderung Hamburg. (2013). hamburg.de. https://www.hamburg.de/veroeffentlichungen-behinderung/3919538/landesaktionsplan-behinderung/ (1.4.2021).

Mecheril, P., Castro Varela, M. do M., Dirim, İ., Kalpaka, A. & Melter, C. (2010). Migrationspädagogik. Beltz Verlag.

Neue Deutsche Medienmacher*innen. (2021). *Glossar*. https://glossar.neuemedienmacher.de/glossar/filter:a/ (1.4.2021).

Panesar, R. (2017). Wie interkulturelle Öffnung gelingt, Leitfaden für Vereine und gemeinnützige Organisationen.

Peşmen, A. (23.1.2021). Debatte über Begriff – Fünf Gründe gegen das Wort „Migrationshintergrund". Deutschlandfunk Kultur. https://www.deutschlandfunkkultur.de/debatte-ueber-begriff-fuenf-gruende-gegen-das-wort.2165.de.html?dram:article_id=491346 (1.4.2021).

RAA. (2017). Diversitätsorientierte Organisationsentwicklung: Grundsätze und Qualitätskriterien. Ein Handlungsansatz des RAA. Regionale Arbeitsstellen für Bildung, Integration und Demokratie (RAA) e. V. https://raa-berlin.de/wp-content/uploads/2018/12/RAA-BERLIN-DO-GRUNDSAETZE.pdf (1.4.2021).

Salzbrunn, M. (2014). Vielfalt, Diversität. transcript Verl.

Sczesny, S., Formanowicz, M. & Moser, F. (2016). Can Gender-Fair Language Reduce Gender Stereotyping and Discrimination? Frontiers in Psychology, 7. https://doi.org/10.3389/fpsyg.2016.00025 (1.4.2021).

Stadtverwaltung Jena. (2019). Migrationsbericht Jena 2019. https://rathaus.jena.de/sites/default/files/2020-09/Migrationsbericht%202019_10_01%20final.pdf (1.4.2021).

Statistisches Bundesamt (Destasis). (2019). Bevölkerung mit Migrationshintergrund – Ergebnisse des Mikrozensus 2018. https://www.destatis.de/DE/Themen/Gesellschaft-Umwelt/Bevoelkerung/Migration-Integration/Publikationen/Downloads-Migration/migrationshintergrund-2010220187004.pdf (1.4.2021).

Terkessidis, M. (2013). Interkultur. Suhrkamp.

Tanyılmaz, T. & Greve, E. (2018). Vielfalt intersektional verstehen: Ein Wegweiser für diversitätsorientierte Organisationsentwicklung. Kompetenzverbund Kulturelle Integration und Wissenstransfer (KiWit). https://www.kiwit.org/media/material-downloads/vielfalt-intersektional-verstehen-barrierefrei.pdf (1.4.2021).

Universität Bielefeld. (2021). Gendersternchen: Was ist das? – Universität Bielefeld. https://www.uni-bielefeld.de/verwaltung/refkom/gendern/gendersternchen/ (13.4.2021).

Vanderheiden, E. & Mayer, C.-H. (Hrsg.). (2014). Handbuch interkulturelle Öffnung: Grundlagen, best practice, tools. Vandenhoeck & Ruprecht.

Vervecken, D. & Hannover, B. (2015). Yes I Can! Social Psychology, 46(2), S. 76–92. https://doi.org/10.1027/1864-9335/a000229 (1.4.2021).

Vassiliou-Enz, K., Ataman, F., Lanzke, A., Laubenstein, S. & Kumai, S. (2017). Glossar der Neuen deutschen Medienmacher: Formulierungshilfen für die Berichterstattung im Einwanderungsland (6. Aufl.). Neue deutsche Medienmacher e. V.

Vielfalt entscheidet – Diversity in Leadership – Ein Projekt von Citizens for Europe. (2021). https://vielfaltentscheidet.de/diversitaetsentwicklung-im-kultursektor/ (1.4.2021).

Wir in Hamburg! Hamburger Integrationskonzept 2017. (2017). Hamburg. https://www.hamburg.de/contentblob/128792/4fa13860dcb7a9deb4afdfb989fc78e2/data/konzept.pdf (1.4.2021).

Teil I: **Alles eine Frage der Haltung**

Leslie Kuo

Powervolle Lesende: Wir BIPoC in der diskriminierungskritischen Bibliotheksarbeit

Im Gespräch mit Maisha Auma, Katja Kinder und Peggy Piesche

Einführung

Wer gestaltet die Antirassismus- und Diversitätsarbeit in den Öffentlichen Bibliotheken in Deutschland und wie dürfen Menschen mit Rassismuserfahrung (BIPoC[1]) mitgestalten? Die Notwendigkeit dieser Arbeit wird von der Fachwelt und auch der Kulturpolitik zunehmend wahrgenommen, insbesondere im Zusammenhang mit dem *Programm 360°* der Kulturstiftung des Bundes. Ich bin die 360°-Agentin der Stadtbibliothek Pankow in Berlin und dort eine der wenigen BIPoC, was für die Bibliotheksfachwelt in Deutschland leider noch symptomatisch ist – sogar in der Diversitätsarbeit. Umso wichtiger ist es, dass auf vielen anderen Wegen Menschen mit Rassismuserfahrung die Diversitätsvorhaben von Bibliotheken mitgestalten.

Darüber sprach ich mit drei Expertinnen*, die sowohl die wissenschaftlichen Diskurse als auch die Praxis der diskriminierungs- und rassismuskritischen Diversitätsarbeit in Deutschland, ausdrücklich aus der Positionierung als Schwarze queerfeministische Frauen* heraus, seit langem prägen (Auma et al., persönliche Kommunikation, 21.12.2020).

Prof. Dr. Maisha Auma ist Professorin für Kindheit und Differenz an der Hochschule Magdeburg-Stendal und übernahm Gastprofessuren u. a. der Berlin University Alliance, der Technischen Universität Berlin sowie der Humboldt-Universität zu Berlin. Ihre Forschungsschwerpunkte sind Diversität in Bildungsmaterialien und Kinderliteratur, Sexualpädagogisches Empowerment für BIPoC im deutschsprachigen Raum, Kritische *Weiß*seinsforschung, Kindheitsfor-

---

[1] Zur solidarischen Selbstbezeichnung „Black, Indigenous and People of Color" (BIPoC) siehe die Einführung dieses Sammelbands. „Schwarz" ist in diesem Text als solidarische, politische Selbstbezeichnung gemeint und wird deshalb großgeschrieben. Hingegen wird „*weiß*" klein und kursiv geschrieben um zu verdeutlichen, dass dies ein Konstrukt in der rassistischen Hierarchie ist.

Open Access. © 2021 Leslie Kuo, publiziert von De Gruyter. Dieses Werk ist lizenziert unter der Creative Commons Attribution 4.0 Lizenz.
https://doi.org/10.1515/9783110726213-002

schung, Intersektionalität im Kontext von Critical Race Theory und Rassismuskritik.

Katja Kinder ist Erziehungswissenschaftlerin und Mitbegründerin von ADEFRA (Schwarze Frauen* in Deutschland) sowie Geschäftsführer*in der RAA Berlin (Regionale Arbeitsstellen für Bildung, Integration und Demokratie e. V.). In den unterschiedlichen Kontexten ihrer Arbeit denkt sie Diskriminierungskritik und Diversitätsorientierung zusammen, um Veränderungen in der eigenen wie in anderen Organisationen anzustoßen. In diesem Zusammenhang sind Konfliktmanagement und Empowerment zentral. Ihre Blickrichtung generiert sich dabei aus einer kontinuierlichen Auseinandersetzung mit rassismuskritischer, intersektionaler und geschlechtertheoretischer Theorie und Praxis.

Peggy Piesche ist Literaturwissenschaftler*in und arbeitet in der Bundeszentrale für politische Bildung zu den Schwerpunkten Diversität, Intersektionalität und Dekolonialität. In der Arbeit ihres Fachbereiches „Politische Bildung und plurale Demokratie" werden gesellschaftliche Diskriminierungsdimensionen in den Blick genommen und gemeinsam mit BIPoC-Communities Strategien der Überwindung entwickelt. Solche zielen sowohl auf gesellschaftliche Veränderungsprozesse, wie den Abbau von strukturellem Rassismus, als auch auf die Bestärkung der eigenen Communities, z. B. durch Empowerment Prozesse.

Zu dritt arbeiten sie seit vielen Jahren bei ADEFRA als wissenschaftliches Team unter dem Namen *Diversifying Matters*. An dieser Stelle sei auf drei „Must-Reads" hingewiesen, die sie geschrieben bzw. mitgestaltet haben:
- *Rassismus: Eine Definition für die Alltagspraxis* (Auma, 2018)
- *Diversitätsorientierte Organisationsentwicklung: Grundsätze und Qualitätskriterien.* (RAA Berlin, 2017)
- *Diversitätsorientierte institutionelle Restrukturierungen – Differenz, Dominanz und Diversität in der Organisationsentwicklung* (Auma et al., 2019)

Im unserem Gespräch über die Rollen von BIPoC in der diskriminierungskritischen Arbeit schlagen wir den Bogen von den theoretischen Ansätzen zu dem von ihnen initiierten Projekt *Powervolle Lesende*, einer Kooperation zwischen der Bundeszentrale für politische Bildung, der RAA Berlin und der Stadtbibliothek Pankow.

Powervolle Lesende unterstützt die Selbstermächtigung (Self-Empowerment) von BIPoC-Kindern und -Jugendlichen, um ihre eigenen Diskriminierungserfahrungen zu reflektieren und eine *diskriminierungskritische, diversitätsbewusste Lesekompetenz* zu entwickeln. Sie können sich in Workshops befähigen, diskriminierungsrelevante sowie empowernde Inhalte zu erkennen und andere junge BIPoC kennenlernen, mit denen sie sich dazu austauschen können. Gibt es in den Büchern verletzende, diskriminierende Bezeichnungen oder Darstellungen? Wessen Perspektiven und Lebensrealitäten werden repräsentiert? In welchen Büchern finden sie sich und ihre eigenen Erfahrungen wieder? Sie werden auch befähigt, eigene Texte und Medien zu erschaffen, um ihre Auswertung von Büchern nach außen zu kommunizieren, je nach Interesse z. B. via Social Media oder Podcasts oder auch Feedback an Bibliotheken und Verlage. Dadurch soll die Diversifizierung der Kinder- und Jugendliteratur demokratischer und partizipativer werden, ohne das Thema und das darin enthaltene Diskriminierungswissen zu verflachen.

Leslie Kuo: Vielen Dank, dass wir heute zusammen darüber sprechen können, wie die Arbeit von BIPoC in der diskriminierungskritischen Theorie und Praxis aussieht: Was wir leisten, was wir fordern und was das mit Bibliotheken, Lesekompetenz und Literatur zu tun hat. Obwohl immer mehr Bibliotheksfachleute sich mit dem Begriff Diversität beschäftigen, kennen m. E. nicht viele die zeitgenössischen diskriminierungskritischen Diskurse, an denen ihr ja stark beteiligt seid. Für Bibliotheken finde ich aber Konzepte wie gesellschaftliche Positionierung und Machtverhältnisse sehr relevant. Denn je nach meiner Positionierung sind meine Perspektiven, meine Lebensrealitäten und mein Wissen unterschiedlich in der Gesellschaft sichtbar – und damit auch in der Bibliothek.[2] Meine Positionierung beeinflusst auch den Grad meiner gesellschaftlichen Teilhabe – und damit auch meine Zugänge zur Bibliothek.

Erfahrungswissen und Zugänge zur Bibliothek hängen mit der gesellschaftlichen Positionierung zusammen.

Peggy Piesche: Alles beginnt schon vor der Tür der Bibliothek, nämlich bei der Frage, für wen die Bibliothek ist und wie sich die Bibliothek selber darstellt, damit jugendliche BIPoC den Weg hineinfinden. Das bringt uns zu dem Punkt: Wie ist Wissen? Wissen ist nicht neutral. Wir haben hier schon mit zwei Wissensfeldern zu tun. Auf der einen Seite: was BIPoC-Jugendliche mitbringen, also ihr implizites Wissensarchiv über Bibliotheken. Das baut oft schon mal

---

2 „[...] not all positioned perspectives are equally valued, equally heard, or equally included. From the perspective of critical race theory, some positions have historically been oppressed, distorted, ignored, silenced, destroyed, appropriated, commodified, and marginalized – and all of this, not accidentally. Conversely, the [structures] simultaneously and systematically privileges subjects who are white" (Bell, 1995, S. 901).

eine Barriere auf. „Ist das eigentlich für uns? Kann ich dort hingehen? Finde ich dort etwas, was für mich gut ist? Literatur für mich, Medien für mich?" Auf der anderen Seite dieses Wissensfeld der Bibliothek, was sich gerne als neutral oder auch universell selber generiert: „Wir sind doch für alle da. Wir sind doch für alle offen." Dann haben die Bibliotheken oft diese Momente der Verstörung, wenn sie feststellen: „Oh, da erreichen wir aber nicht alle." Das ist der Moment, in dem wir uns einsetzen müssen: auf der einen Seite mit unserem Projekt Powervolle Lesende für junge BIPoC und auf der anderen Seite in dieser Verstörung zu bleiben, dieser Verstörung auf allen Seiten.[3]

Katja Kinder: Meine Erfahrung mit Büchern ist eher eine Zwangserfahrung – um präziser zu sein, es war eine Zurichtungserfahrung. Zurichtung, weil wir als BIPoC gezwungen sind, Bücher und Texte zu lesen, in denen wir beleidigt und dehumanisiert werden. Es ist eine enorme Anpassungsleistung, diese Inhalte genauso zu normalisieren, wie sie uns angetragen werden. Ich habe bis heute eine Aversion zu lesen. Eine Freundin von mir geht nicht ins Theater, weil sie Befürchtungen hat, dass sie etwas Rassistischem beiwohnen muss und/oder, dass *weiße* Leute sich und ihre Lebensrealitäten, ihr Begehren, ihre Weltauslegung überall zentral setzen. So geht es mir ebenfalls mit kulturellen Produkten insgesamt, eben auch mit dem Lesen. Ich habe *Pippi Rassismus* gelesen.[4] Es war das einzige Buch, in dem ein Mädchen stark und unabhängig war. Damit wollte ich mich identifizieren. Dazu musste ich aber systematisch den rassistischen Teil der Geschichte normalisieren. Das meine ich mit „zurichten". Bibliotheken als Aneihungen von Büchern sind mir bis heute nicht zugänglich. Ich mochte jedoch immer die Ruhe in Bibliotheken, sich zurückziehen zu können, den Geruch. Und ich verliere die Hoffnung nicht, dass sie Orte des Ausdrucks und der Information werden, die uns alle einschließen.

Maisha Auma: Für mich sind es zwei Sachen. Einmal die Personen, die im Bibliothekswesen engagiert sind: Diese habe ich in meiner wissenschaftlichen und pädagogischen Arbeit eher als offen wahrgenommen. Als Personen, die versuchen, Erziehungs- und Selbstbildungsprozesse zu unterstützen und auch Einflüsse zu vermitteln. Jetzt komme ich zur zweiten Ebene. Da gibt es ein ganz großes Gefälle: Die Personen, die im Bibliothekswesen repräsentiert sind, mit ihrer Selbst- und Weltsicht, sind relativ homogen, nämlich eher bildungsbür-

---

[3] Verstörung ist ein wichtiges Konzept für *Diversity Matters* (Kinder & Piesche, 2020).
[4] Gemeint sind Astrid Lindgrens *Pippi Langstrumpf*-Bücher, die viele rassistische und kolonialistische Erzählstränge beinhalten (Auma, 2018; Bordo, 2014).

gerliche, *weiße* Frauen.[5] Das reproduziert sich über viele Arenen, in denen es um Kinder- und Jugendliteratur geht[6], auch die verschiedenen Koalitionen die versuchen, Kinder- und Jugendliteratur zu diversifizieren.[7] Welche Veränderungen sind nötig, um für BIPoC-Kinder und -Jugendliche Anschluss zu schaffen? Da sind bestimmt verschiedene Stränge, die wir bearbeiten müssen.

Implizites Wissen über Differenz, Dominanz und Diversität ist unterschiedlich besprechbar und sichtbar.

Leslie Kuo: Ihr schreibt, dass Institutionen sich nur wirklich verändern können, wenn sie sich mit „Differenz, Dominanz und Diversität" auseinandersetzen.[8] Was meint ihr damit und was bedeutet das für Bibliotheken?

Maisha Auma: Bestimmte Wissensbestände werden normalisiert. Differenzwissen, also Wissen über rassistisch dehumanisierte Menschen, wird normalisiert. Wir können in bestimmte Bücher, die weiterhin sehr stark nachgefragt sind, schauen: Wie kommen BIPoC darin vor? Da ist eher Wissen, das sie karikiert und das sie auf ein „ganz weit weg" verweist. Also wir BIPoC leben nicht im Hier und Jetzt, an diesem geopolitischen Ort; sondern die Leute in den Geschichten landen auf einer einsamen Insel und dort stolpern sie über BIPoC. Dieses Differenzwissen wird normalisiert. Dann gibt es Dominanzwissen: Wissen, das *Weißsein* zentriert und die Perspektive von *weißen* Menschen als die Ausgangsposition normalisiert. Wenn in Kinderbüchern soziale Hierarchien „niedlich" gemacht oder nicht hinterfragt werden, das ist Dominanzwissen. Was fehlt ist Diversitätswissen. Dieses entsteht aus einer tiefgreifenden Auseinandersetzung mit dem komplexen Zusammenhang von Differenzverhältnissen und Dominanzverhältnissen.

---

5 Z. B. wurde in 2018 den Öffentlichen Bibliotheken Berlins der Anteil von Mitarbeitenden mit einem sogenannten Migrationshintergrund (BIPoC und weiß) als weniger als 1 % geschätzt (Kuo, in der Veröffentlichung).
6 U. a. in Bezug auf Personen die Bücher verlegen, schreiben und illustrieren (Sandjon, 2020).
7 Z. B. räumte das Team des KIMI-Diversity-Siegels für Kinderbücher ein, „[...wir wünschen] uns noch deutlich mehr Repräsentanz an Vielfaltsperspektiven in den Kinder- und Jugendjurys, um gesellschaftlich vorhandene Lebensrealitäten und die dazugehörigen Expertisen besser berücksichtigen zu können" (KIMI Siegel, 2018).
8 Z. B. in einer Handreichung von Deutsch Plus (Auma et al., 2019).

Peggy Piesche: Die große Herausforderung ist für uns alle, dieses Fehlen von Diversitätswissen, wodurch strukturelle Ausschlüsse reproduziert werden, Barrieren immer wieder hochgefahren werden, auch in der Bibliothek für BIPoC-Kinder und -Jugendliche. Aber dieses Fehlen gibt es auf allen Seiten. Das ist auch bei uns BIPoC und unseren Kindern und Jugendlichen angelegt.[9] Deswegen ist es wichtig, Räume der Besprechbarkeit zu gestalten, eine Sprache dafür zu entwickeln. Denn hier ist diese Verbindung von Wissen und Sprache. Für das, was wir nicht vermitteln und nicht vermittelt bekommen, haben wir auch keine Sprache.

Maisha Auma: Unsere Erfahrung ist, wenn Menschen feststellen, dass Exklusionsmuster in ihren Institutionen wirken, dann denken sie, es gibt ein „quick fix", einen ganz schnellen Weg. „Uns fehlt Diversität, wir holen uns Diversität, fertig." Aber Diversität muss eingebettet sein in einem Spannungsfeld von Differenz und Dominanz. Es wird viel mehr über Differenz gesprochen, über People of Color und Schwarze Menschen aber nur als Klientel, also in eine Klientifizierung zu gehen: „Wieso nehmt ihr unser Angebot nicht an?" oder sogar „Lest ihr überhaupt?" Also aus einer Defizit-Perspektive heraus. Deswegen arbeiten Peggy, Katja und ich mit diesem Konzept von Klientifizierung. Es geht uns um öffentliche Institutionen, die erst mal sagen, sie sind neutral und für alle da und trotzdem historische Exklusion reproduzieren. Jetzt stehen sie vor dem Problem, dass BIPoC nicht leicht den Weg zu ihnen finden oder sich nicht wohl genug fühlen, um wieder zu kommen. Wie können sie das anders angehen statt die klientifizierende Perspektive zu nehmen? Zu sagen, „Wie bekommen wir die rein?", ohne darüber nachzudenken, dass z. B., wenn ihr Personal sehr homogen bleibt, dass viele Menschen sich nicht gespiegelt sehen. Das nennen wir Klientifizierung, wenn marginalisierte Menschen nur das Angebot annehmen sollen und nicht in Gestaltungs- und Entscheidungspositionen sein sollen. Es wird darüber geschwiegen, dass das ein Ergebnis von dominanzgesellschaftlichen Realitäten ist. Wenn du nicht über Dominanz redest – nur über Differenz – wirst du nie zu Diversität kommen.

Leslie Kuo: Dominanzwissen ist implizites Wissen und damit vielen Menschen nicht einmal bewusst. Ich sehe in meiner Arbeit, dass eine Auseinandersetzung damit ein schmerzhafter Prozess sein kann, für Leute, die zur Norm gehören

---

9 „Bei unseren Lernprozessen bekommen wir unterschwellig beigebracht, wie sich der idealisierte Mensch [...] versteht; nämlich weiß, männlich, heterosexuell und bürgerlich. [...Für BIPoC ist das] zu unserer zweiten Haut geworden. Dadurch verinnerlichen wir früh ein destruktives Potential, gegen uns zu kämpfen und (selbst)zerstörend zu wirken." (Kinder, 2019, S. 74–75)

und somit (oft ohne es zu begreifen) von den Dominanzverhältnissen profitieren. Als ich 2018 in Pankow die Diversitätsstelle angetreten habe, hatte ich das Gefühl, ich muss bei dem Thema auf Zehenspitzen gehen, weil ich befürchtete, dass wenn ich zu schnell oder direkt über Machtverhältnisse und Privilegien spreche, manche Kolleg*innen den diversitätsorientierten Öffnungsprozess nicht gerne unterstützen würden. Sie sahen kein Problem darin, neue Angebote für Zielgruppen, die unterrepräsentiert sind, zu entwickeln. Das ist bereits im Bibliothekswesen normal. Neu und gewöhnungsbedürftig ist die Auseinandersetzung mit implizitem Wissen über Dominanzverhältnisse, weil bisher wenig darüber gesprochen wurde.

Peggy Piesche: Da wo wir normalisieren, normalisieren wir auch mit Sprache. Es gibt auf der einen Seite für Dominanz keine Sprachangebote, weil immer von einem universellen „wir" gesprochen wird. Dabei ist aber implizit klar, dass dieses „wir" *weiß*, oft männlich, eurozentrisch und nördlich ist und alle anderen als Abweichung markiert. Gleichzeitig haben wir diese extreme Versprachlichung von Differenz. Auf dieser Ebene fungieren wir und jonglieren wir meist Diversität. Deswegen machen wir nur eine Addition und keine Transformation, wenn Diversitätsarbeit weiterhin in der Markierung der Abweichung passiert. Dann zählen wir lediglich ab: Wie viel haben wir von den „Anderen", von den als anders markierten? Als Besucher*innen, Kolleg*innen, oder in unseren Medien? Was uns fehlt, ist auch Dominanz zu versprachlichen und wahrzunehmen, auch in der eigenen Institution.

Differenz- und Dominanzwissen prägen auch Kinderbücher.

Peggy Piesche: Ich muss die ganze Zeit an die Kinderbuch-Debatte denken, bei der du ja sehr viel mitgearbeitet hast, Maisha. Diese ist ausgelöst worden durch ein Bedürfnis eines Schwarzen Kindes, einer Leserin, die abends mit ihrem Vater ein Buch lesen wollte und darin nicht rassistisch beleidigt und markiert werden wollte.[10] Sie haben in einem Brief an den Kinderbuchverlag gefragt, ob das geändert werden könnte. Aus diesem Nicht-Wahrnehmen bzw. dieser Normalisierung von Dominanzwissen entstand die Debatte. An dieser kollektiven Angst und dieser Panik konnte man viel ablesen. Faszinierend war, dass viele nicht in

---

10 Der Vater war Mekonnen Mesghena. Einen rassismuskritischen Überblick zu dieser Debatte bietet die Heinrich-Böll-Stiftung an (Dossier: „Ich mache mir die Welt, wie sie mir gefällt!" Vorurteilsbewusste Kinderliteratur jenseits hegemonialer Weltbilder, 2014).

der Lage waren, diese Dominanz zu versprachlichen, sondern das sofort ins Moralische geleitet haben.[11] Oder: „Ihr könnt mir doch nicht meine Kindheitserinnerungen wegnehmen." Aber niemand verlangte das. Nicht die Expert*innen und schon gar nicht das kleine Mädchen. Sie wollte nur ihre Expertise, ihre Lebenserfahrung auch mit reinbringen. Wir müssen dahinkommen, dass die Räume da sind, wo so etwas versprachlicht werden kann und ernst genommen wird und dass BIPoC-Kinder und -Jugendliche den Schutz haben, das zu tun, was dieses Mädchen gemacht hat.

Maisha Auma: Diese Kinderbuchdebatte 2012 und 2013 drehte sich um *Die kleine Hexe* von Otfried Preußler. Es ging vor allem um das N-Wort aber es gibt auch Aneinanderreihungen von mehreren verschiedenen verletzenden Bezeichnungen und Darstellungen auf Text- und Bildebene.[12] Was ich spannend finde, ist die Frage nach der Lernbewegung: „Was heißt Dominanz? Was passiert, wenn jemand über Dominanz spricht?" Dominanz heißt, Gruppen von Menschen zu erhöhen und zentral zu setzen – auf Kosten von anderen Menschen, von ihrer Würde, von der Empathie ihnen gegenüber. Ich glaube, dass dieses Schwarze Mädchen sieben Jahre alt war, als sie sich damals an den Verlag gewendet hat und erfolgreich war, insofern, dass das N-Wort rausgenommen wurde. Der Verlag hat aber die anderen verletzenden, rassistischen Bezeichnungen trotzdem drin gelassen, hat also seine Position nicht grundsätzlich hinterfragt. Das macht Dominanz aus: einer Gruppe zugehörig zu sein, die idealisiert und erhöht wird, also in einer Hierarchie positioniert zu sein, gegenüber andere Gruppen, die an den Rand gedrängt, untergedrückt und entmenschlicht werden und dann die Kritik zu verkennen, worum es geht.

In Bibliotheken betrifft das die Ebene der Kinder- und Jugendliteratur, also der Medieninhalte, aber auch die Prozesse, die Organisationsstrukturen, das Personal, die Räumlichkeiten und mehr. Alles wird die Ungleichheitsverhältnisse in der Gesellschaft reproduzieren, es sei denn, sie brechen den Zyklus bewusst. Das sind die Dimensionen in denen Dominanz hinterfragt und verschoben werden muss.

Dieses Missverhältnis, über Dominanz zu schweigen und die ganze Zeit über Differenz zu sprechen, verhindert Diversität. Weil Diversität würde heißen, dass es viele Optionen gibt, die gleichberechtigt sind; mal hat die eine Position mehr Raum und Öffentlichkeit und mal die andere Position. Und nichts ist die Norm. *Weiß*, heterosexuell, aus der Mittelschicht: Das sind alles Dinge, die erhöht und

---

11 Z. B. wurde über Zensur und den Wert von Literatur geschrieben (Ayivi, 2013).
12 Im Mittelpunkt der Geschichte stehen ein Faschingsumzug und die Kostüme der Kinder dort. Die meisten davon basieren auf rassistischen Zuschreibungen von verschiedenen Menschengruppen. 2013 erschien die überarbeitete Ausgabe (Preußler, 2013).

in einem hierarchischen Verhältnis als die Norm platziert wurden. Um mehr Raum für andere Optionen zu machen und sie lebbar zu machen, müssen die Normen zu einer Option herunter-dimensioniert werden, damit andere Optionen Platz haben.

Verstärkter „Library Anxiety" von marginalisierten Menschen müssen wir machtkritisch entgegenwirken.

Leslie Kuo: Auch mit den räumlichen Aspekten können Bibliotheken lediglich die Norm bedienen, oder die Leute nach Differenzen trennen, oder aber wirklich inklusiv, willkommend und beteiligend sein. Zum Beispiel hat die Zentralbibliothek von Madison, Wisconsin, in den USA bei der Renovierung vieles inklusiver gestaltet, ohne Menschengruppen zu stigmatisieren.[13] Etwa wurden die öffentlichen Computerarbeitsstationen viel größer gemacht, damit Leute unter den Tischen mehr Platz für ihre Sachen haben. Es war vorher ein Konfliktpunkt gewesen, dass manche obdachlosen Benutzer*innen viele Taschen bei sich hatten und diese in den Wegen standen. Man muss sie nicht *othern* und einen gesonderten Bereich für sie machen, sondern fragen: Was braucht es, damit alle den Raum gemeinsam nutzen können?

Peggy Piesche: Das verdeutlicht nochmal unser internalisiertes Archiv von Wissen, also wovon wir erst mal ausgehen. Jede*r hat eine eigene Idee, was eine Bibliothek ist und eine Idee von bestimmten Architekturen oder Häusern, die nicht einladend für uns sind. Davon müssen wir ausgehen: dass die gesellschaftlichen Ausschlüsse in allem eingeschrieben sind. Man muss sich genau solche Gedanken machen, wie bei der Amerika-Gedenkbibliothek[14], die ich so gut finde. Es ist eine interessante Bibliothek, die davon ausgeht, andere Räume zu schaffen. Damit erreichst du auch Leute, die sonst nicht so erreicht werden würden.

Leslie Kuo: Die Amerika-Gedenkbibliothek tritt so auf, weil in der Organisationsstruktur die Benutzer*innen-Services und die Gestaltung der Räume sehr hohe Prioritäten haben. Die inklusive Wirkung entsteht nicht zufällig.[15]

---

13 Die Zentralbibliothek von Madison, Wisconsin (Lesneski, 2018).
14 Eines der zwei Häuser der Zentral- und Landesbibliothek Berlin.
15 In nur zwei Minuten kann man den Ansatz der ZLB-Abteilung Publikumsdienste, Bibliothek als „Wohn- und Arbeitszimmer der Stadt", erleben (dbv bibliothekskanal, 2016).

Maisha Auma: Ist das machtkritisch? Diese Frage sollten wir immer stellen. Dein Beispiel aus den USA mit den Wohnungslosen – zu sagen, es gibt Konfliktpunkte zwischen Leuten, die wohnungslos sind und Leuten, die wohnen (was eher die normalisierte Option ist) und sie können den Raum mit einem einigermaßen gleichberechtigten Zugang nutzen. Das finde ich machtkritisch. Ich sage nicht, dass es kreative Ideen nicht geben soll, wie der Raum genutzt werden kann, aber sie müssen schon auch machtkritisch sein, um Dominanz anzugehen.

Leslie Kuo: Ja, es geht dort nicht um etwa schöne Farbkombinationen, sondern schon um Zugänglichkeit. Also das merkt man schon.
Natürlich ist keine Bibliothek perfekt. z. B. haben mir Mitarbeitende der Amerika-Gedenkbibliothek berichtet, dass die imposanten Beratungstheken „wie eine Burg" auf die Benutzer*innen wirken. Das war im Zuge meines Forschungsprojekts zu Bibliotheksmitarbeitenden mit Migrationshintergrund 2018.[16] Peggy erwähnte, dass viele Menschen mentale Bilder von Bibliotheken haben, die sie abschrecken. Neben diesen Bildern gibt es auch konkrete Strukturen, die denselben Effekt haben können. Die Bibliothek ist traditionell ein regelndes System mit strengen Vorschriften, impliziten Verhaltenserwartungen und einer eigenen Logik, ein System, das oft leider einschüchtert. Es gibt dafür sogar einen wissenschaftlichen Fachbegriff: *Library Anxiety*.[17] *Library Anxiety* wurde ursprünglich bei Studierenden beschrieben, d. h. auch Menschen mit akademischem Bildungsbezug sind davon betroffen. Manche Menschen, die in der Gesellschaft Diskriminierung erfahren, werden noch stärker verunsichert, z. B. weil sie schlechte Erfahrungen mit Behörden hatten und die Bibliotheken als Behörde wahrnehmen. Das alles kann zu einem Unwohlsein führen.

Der Zugang zu Bibliotheksressourcen ist eine Frage der Gerechtigkeit.

Leslie Kuo: Bei dem Planungsfachgespräch für *Powervolle Lesende* 2020 haben wir gehört, wie Menschen durch konkrete Handlungen von Bibliotheksmitarbeitenden verunsichert wurden oder sich ausgegrenzt fühlten.[18] Das bringt mich zu einem Spannungsfeld, einer Frage. Wir wollen in *Powervolle Lesende* ja jun-

---

16 Im Verbund Öffentlicher Bibliotheken Berlins (Kuo, in der Veröffentlichung).
17 Library Anxiety beschreibt, dass viele Benutzer*innen die Bibliothek mit Angst, Verunsicherung oder Überforderung verbinden (Mellon, 2015).
18 Das Fachgespräch fand am 25. September 2020 statt (Interne kollektive Gesprächsnotizen, Fachgespräch Powervolle Lesende, 2020).

ge BIPoC an der Gestaltung der Bibliotheksmedien beteiligen. Aber bringen wir sie damit nicht in ein System, in eine Umgebung, wo sie Strukturen, Menschen, Regeln, Medien, Informationen begegnen werden, die verletzend für sie sind?

Peggy Piesche: Aber da setzt ja gerade das Projekt ein: Räume zu schaffen, die es BIPoC-Kindern und -Jugendlichen ermöglichen, eine Sprache zu finden – für ihre Lebenserfahrung, für ihre kollektive Eingebettetheit. Räume, in denen sie auch (deshalb „powervoll") ermächtigt werden. Ich würde es nicht so sagen, dass das Projekt junge BIPoC in einen schwierigen oder gefährlichen Raum bringt, sondern dass wir eine Art gleichzeitige Arbeit machen. Wir haben nicht umsonst in der Entwicklungsphase festgestellt, dass wir uns im ersten Jahr der Workshops auf BIPoC konzentrieren wollen. Wir haben deutlich gemerkt, was es bedeutet, wenn wir gesellschaftlich diese Sprache über Dominanz nicht haben und diesen als Abweichung markierten Kindern und Jugendliche nur die Sprache von Differenz anbieten. Wir wollen sie befähigen, empowern, eine eigene Sprache für ihre Erfahrungen zu finden. Es geht nicht darum, dass sie die Diversitätsarbeit für die Bibliothek machen. Es kann nicht sein, dass BIPoC-Kinder und -Jugendliche, die auf Grund ihrer eigenen Lebenserfahrungen schneller als viele der Mitarbeitenden verstehen, wo Leerstellen und Defizite der Institution sind, das Problem fixen müssen. Das nicht. Aber sie brauchen Räume, wo sie diese Sprache, die sie in der Gesellschaft nicht finden, entwickeln können.

Katja Kinder: Wir werden potenziell verletzende Orte nicht sofort verändern. Was wir verändern können, ist die Besprechbarkeit dieser Verletzungserfahrung. Wir brauchen Sprache für den Umgang mit dehumanisierenden Ausdrucksformen. Deshalb bin ich in diesem Projekt. Mir ist es wichtig, mit Kindern und Jugendlichen Erfahrungen und den Umgang mit Erfahrungen zu besprechen, einen Resonanzraum mit der Realität zu ermöglichen. Als ich damals *Pippi Rassismus* gelesen habe, wussten alle um mich herum, dass es rassistisch war. Mir hätte es geholfen, das zu besprechen: warum kann dieses *weiße* Mädchen anscheinend nur stark sein, wenn es andere Menschen beleidigt?

Maisha Auma: Ich finde es gerade wichtig, vermachtete Räume anzugehen. Die Schule ist auch ein vermachteter Raum, der nicht ausweichbar ist. Es ist auch nicht sinnvoll, Schule auszuklammern. In deiner Beschreibung höre ich, dass die Bibliothek als ein sehr normierender und disziplinierender Raum erfahren wird. Ich habe unheimlich gerne gelesen aber war kaum in Bibliotheken. Ich habe die sozialen Aspekte von Bibliotheken erst in Gesprächen mit Bibliotheksleuten, die mit diverser Literatur arbeiten, wahrgenommen. Also Menschen, mit denen ich klicke, mit denen ich eine gemeinsame Ebene finde. Aber von den Gebäuden her, den Abläufen, den Routinen waren sie für mich erstmal nicht besonders attraktiv. Aber ich sehe die gesellschaftlichen Ressourcen dort. Wir müssen Menschen, die mehrfachmarginalisiert sind, fit machen, damit sie einen Puffer haben und nicht beim ersten Mal, wenn sie rassistisch angesprochen werden, gleich in sich zusammenbrechen (wofür ich Verständnis habe). Bei anderen Leuten sind Dominanz und Mehrfachprivilegierung Puffer um Puffer um Puffer. Ich will das Konzept nicht reproduzieren, aber ich will Veränderungen an entscheidenden Stellen und deswegen sagen wir nicht „fix the excluded", sondern „fix the institutions".[19] Wir wollen die Institutionen verändern.

Rassismuskritische Bibliotheksarbeit braucht uns BIPoC. Was brauchen aber wir?

Maisha Auma: Wir kommen nicht darum herum: Es gibt keine rassismuskritische Veränderung, keine Restrukturierung von Institutionen, ohne dass rassismuserfahrene Menschen beteiligt sind, als Expertise, als Personal – und zwar in Entscheidungspositionen und nicht in vorübergehenden Stellen. Sonst wird es die Veränderung nicht geben. Das ist auch ein Bereich von Dominanz, über die die Menschen wenig sprechen wollen: Wenn es wirklich um Ressourcen geht, diese Institutionen zu beeinflussen, zu verändern, zu restrukturieren und zwar von innen heraus, dann geht es nur, wenn BIPoC auch in Entscheidungspositionen sind. Da muss es hingehen.

Leslie Kuo: Ja! Man muss aber auch stets fragen, welche Verantwortung *möchten* rassismuserfahrene Personen übernehmen und wie fair ist es, einfach von ihnen zu erwarten, dass sie Antirassismusarbeit machen? Das ist ein Spannungsfeld, für das es keine abschließende Antwort gibt. Ja, ohne uns BIPoC geht es nicht, aber die anderen dürfen auch nicht die rassismuskritische Arbeit einfach komplett bei uns abladen. Über dieses Spannungsverhältnis in den 39 Kultureinrichtungen im Förderprogramm *360°* tauschen wir Agent*innen uns oft aus. Diejenigen meiner Mit-Agent*innen, die nicht selber BIPoC sind, merken, dass ihnen diese Perspektive fehlt. Aber für Betroffene kann diese Arbeit schwierig und teilweise auch verletzend sein, sodass einige von uns immer wieder in Supervision gehen müssen, um Erlebnisse aufzuarbeiten. Wir brauchen auch den Austausch mit anderen BIPoC-Aktivist*innen. Sonst fühlt man sich

---

19 *Diversity Matters* beziehen sich auf das Konzept der Dekolonialität. Bei Reformversuchen kann man den Fokus auf das „Abholen" von Exkludierten legen, oder in der Institution machtkritisch ändern (Auma et al., 2019).

manchmal sehr alleine.[20] Und ich denke, das betrifft auch externe Akteur*innen, die an Bibliotheksstrukturen und an Medien und Büchern arbeiten. Einer der Schwerpunkte in *360°* ist es, dass die Bibliotheksmitarbeitenden ihre Gestaltungsmacht über die Medien und Veranstaltungen mit Communities teilen. Was finden aber diese Communities bei uns vor?

Peggy Piesche: Ich finde es interessant und wichtig, dass du sagst: „Manche von uns sind in Supervision, damit wir wieder fit gemacht werden, damit wir mit den anderen auch noch weiterarbeiten können." Das zeigt nochmal die Dringlichkeit, dass wir durch *Powervolle Lesende* diese Reflektionsräume schaffen, weil diese Arbeit gerade den rassistisch markierten Kollektiven so viel mehr abverlangt. Wir sollen nicht in diese Dynamik kommen, da etwas auffangen zu müssen, doppelte Arbeit machen zu müssen und letztendlich dem System zuzuliefern! In Räumen zu sein, in denen man schauen kann, was einen selbst empowert, ist gerade für Kinder und Jugendliche wichtig, damit sie nicht vom Lesen, von ihrer Leidenschaft wegkommen. Wir haben im ersten Jahr mit so coolen Kids gearbeitet. Die haben eine Leidenschaft, sie sind mittendrin. Es wäre einfach herzzerreißend, wenn ihnen passiert, was unserer Generation passiert ist. Wir Erwachsene sind zum Teil auch in diesem Projekt drin, weil wir eine Brucherfahrung hatten, wie wir über diese Markierung als das Andere in der Literatur, in dieser Leidenschaft zumindest angeknackst wurden. Ich kann das ganz klar für mich sagen: Ich habe früher gar nicht gerne gelesen. Erst als ich ein Angebot bekommen habe, mich in Literatur wieder zu sehen, konnte sich eine Leidenschaft, die eigentlich in mir drin war, durchschlagen. Für mich waren Bibliotheken dabei nicht hilfreich. Deshalb ist dieses Projekt so wichtig, um diese Räume zu schaffen.

Leslie Kuo: Ich komme ja aus den USA und bin mit den Bibliotheken dort aufgewachsen. Dort gibt es zwar auch viel Verbesserungsbedarf im Bereich Diskriminierungsabbau, z. B. bei der Personalzusammensetzung.[21] Trotzdem habe ich diese Orte als Nutzerin, als Kind, als anders zugänglich empfunden als in Deutschland, insofern dass ein viel breiterer Teil der Bevölkerung die Bibliotheken besucht. Hier besuchen etwa zehn Prozent der Bevölkerung regelmäßig die Öffentlichen Bibliotheken,[22] während es in den USA über vierzig Prozent sind.[23]

---

20 Vgl. Studien von und über BIPoC-Bibliotheksfachleute, die Diversitätsarbeit machen (Brown et al., 2021; Moore & Estrellado, 2018).
21 In einem aktuellen Sammelband behandeln BIPoC-Autor*innen Rassismus auf vielen verschiedenen Ebenen in US-Bibliotheken anhand von Critical Race Theory (Leung & López-McKnight, 2021).
22 Deutscher Bibliotheksverband e. V. & Institut für Lese- und Medienforschung der Stiftung Lesen, 2012, S. 11
23 Horrigan, 2016, S. 21

Peggy Piesche: Wow!

Leslie Kuo: Ich habe z. B. kurz in einer Bibliothek auf Hawaii gearbeitet. Auch auf anderen Ebenen gab es dort Diversität. Meine Chefin war eine indigene Hawaiianerin. Indigene Aktivist*innen haben Veranstaltungen bei uns gemacht, z. B. einige der Menschen, die das Hochseekanu *Hōkūle'a* auf Basis indigener Technologie gebaut und navigiert haben, also anhand von Wissen, das durch die Kolonialisierung nahezu ausgelöscht wurde. Überhaupt sind die Aufgaben der US-Bibliotheken breiter konzipiert. Die Bibliotheken in Deutschland waren historisch anders ausgelegt. Es gibt hier eher in den letzten paar Jahrzenten eine Bewegung, die Bibliothek als Community-Treffpunkte neu auszurichten versucht. Deutsche Fachleute merken, dass das Ausleihen von Büchern weniger relevant wird und wir ein anderes Modell brauchen, und versuchen deswegen Aspekte der Modelle aus Skandinavien oder den USA nachzuahmen. Manche agieren dabei bereits aus ethischer und diskriminierungskritischer Überzeugung. Die Bibliothek ist jetzt ein Treffpunkt zum Mitgestalten. Das war früher einfach nicht die Ausrichtung von Bibliotheken in Deutschland. Vor einhundert Jahren gab es ja die Thekenbibliothek, wo der Bibliothekar (damals männlich) dir die Bücher auswählte und sagte: „Das und das müssen Sie lesen, um gebildet zu werden!"[24]

Maisha Auma: Also bei diesem Wandel von dem hin zu einer Pluralisierung von Medien gibt es eine Diversifizierung auf verschiedenen Ebenen: gleichzeitige Prozesse, die eine Öffnung mit sich bringen; Möglichkeiten, um das ganze Konzept „Bibliothek" neu zu konfigurieren. Und darüber nachzudenken, welche Personen, welche Teile der Stadtgesellschaft noch schlecht den Weg in die Bibliotheken finden. Das finde ich einen interessanten Ansatzpunkt, Diversitätsarbeit in diesen grundsätzlichen Wandel einzubetten.

Leslie Kuo: Ich möchte auch Each One Teach One e. V. (EOTO) in Berlin ansprechen, mit dem ihr stark zusammenarbeitet.[25] Im Zentrum dieses Bildungs- und Empowerment-Projekts stehen ja ein Archiv und eine Bibliothek. Ich sehe diese als Gegenentwurf zu den staatlichen Bibliotheken. Sie werden von Schwarzen Menschen selbstorganisiert, um Schwarze, afrikanische und afrodiasporische

---

24 Der deutsche Bibliothekar der 1920er Jahren habe seine Aufgabe so verstanden: „[...] eine gewisse, verantwortliche Führung des Lesers, die der größtmöglichen Freiheit des Lesers z. B. in der amerikanischen und skandinavischen Bücherarbeit entgegensteht; der deutsche Volksbibliothekar fühlt sich in ganz besonderem Maß zu geistiger Führerschaft, nicht nur zu sachverständiger Auskunft und betrieblicher Büchervermittlung verpflichtet" (Thauer & Vodosek, 1990, S. 107).
25 https://www.eoto-archiv.de

Autor*innen sichtbar zu machen. Aber EOTO besteht nicht nur aus Büchern, sondern ist auch ein Community-Center mit Lesungen und auch informellen Veranstaltungen, wo z. B. Schwarze Teenager freitagabends einen sicheren Raum haben, um einfach zusammen zu sein. Ich habe einen Workshop für Mitarbeitende der staatlichen Öffentlichen Bibliotheken organisiert und den damaligen Bibliotheksleiter von EOTO, Philipp Khabo Koepsell, für einen Vortrag gewinnen können. Er hat ihr Verständnis davon, was „Community-Beteiligung" heißt, stark geändert. Ich hoffe, wir können mit *360°* sowie mit *Powervolle Lesende* die Bibliotheken in diese Richtung bewegen.

Powervolle Lesende: Wir machen unsere Geschichten sichtbar.

Maisha Auma: Ich denke viel darüber nach, was es bedarf, um diese gesellschaftlichen Ressourcen, die mit Bibliotheken zusammenhängen, in Bewegung zu bringen. Hin zu mehr Rassismuskritik, mehr Intersektionalität und zu mehr Umverteilung. Das ist ja ein wichtiger Grund, warum wir dieses Projekt überhaupt begonnen haben: um Gespräche auf unterschiedlichen Ebenen dazu zu führen. Vor allem die Gespräche mit den Kindern und Jugendlichen finde ich interessant. Wir Organisator*innen haben eine bestimmte Diagnose zum Bibliothekswesen, von der Kinder- und Jugendliteratur. Es ist interessant, mit dem echten Leben der jungen BIPoC und was sie beschäftigt, konfrontiert zu werden. Wir haben letztes Jahr gemeinsam mit ihnen über das eigene Lieblingsmedium, über verletzende Inhalte, über Empowerment gesprochen und uns gefragt: Was sind die Momente von Empowerment? Unter welchen Bedingungen gelingt mehr Community-Beteiligung? Wir haben gemeinsam eine Suchbewegung angefangen.

Peggy Piesche: Wir haben dieses Projekt in einem schwierigen Jahr angefangen,[26] zum Glück aber noch in einem physischen Raum, mit einem Fach- und einem Werkstattgespräch. Die dritte Veranstaltung mussten wir dann wegen Corona digital machen, aber selbst in diesem Format wurde die Kraft, die in dem Projekt steckt, transportiert. Ich möchte gerne eines der Kinder zitieren: „Machen wir das jetzt jedes Wochenende?" Wir waren schon ein bisschen gebeutelt von dem Jahr und dachten: „Was?! Jedes Wochenende?" Aber es zeigt die Leidenschaft der Kinder und Jugendlichen und dass sie solche Räume brauchen.

---

[26] 2020, das erste Jahr der COVID-19-Pandemie.

Wie möchten sich BIPoC beteiligen? Hier geht es nicht um eine abschließende Antwort, sondern darum, immer wieder zu fragen.

Anhand des vorliegenden Gesprächs wird deutlich, dass es nicht einfach ist, als BIPoC in der diskriminierungskritischen Arbeit auf der einen Seite ein Mitgestaltungsrecht einzufordern und auf der anderen Seite nicht instrumentalisiert zu werden. Diese Gratwanderung macht diskriminierungskritische Prozesse in Bibliotheken komplex und nuanciert. Sie fordert jede beteiligte Person, ob BIPoC oder *weiß*, immer wieder heraus, ergebnisoffen zu handeln, die Bedürfnisse der anderen wahrzunehmen und bereit zu sein, die eigene Rolle zu ändern. Das veranschaulicht die bisherige Arbeit in Powervolle Lesende.

Abb. 2: Grafische Dokumentation der Auftaktveranstaltung des Projekts Powervolle Lesende am 14.11.2020 zum Thema „Verletzende Inhalte in Medien". (2020: Tuffix / Soufeina Hamed)

In dem Fachgespräch und dem Werkstattgespräch 2020 haben insgesamt ca. 50 Menschen mit Marginalisierungserfahrung zusammen ausgelotet, wie eine diskriminierungskritische, diversitätsorientierte Lesekompetenz aussehen und entwickelt werden kann. Ein Ausgangspunkt war das Konzept „Bücher als Fenster, Spiegel und Schiebetüren" der amerikanischen Bibliothekswissenschaftlerin Rudine Sims Bishop (Bishop, 1990). Nach einer Positionierungsübung in der großen Runde, haben wir in Kleingruppen jeweils das eigene Lieblingsbuch bzw. Lieblingsmedium vorgestellt. Infolgedessen wurde nach dem Konzept von Bishop darüber gesprochen, in welchen Erzählungen die Teilnehmenden ihre Positionierungen, ihre gelebten Erfahrungen gespiegelt sehen („Bücher als Spiegel") und durch welche Bücher wir andere Perspektiven und Lebensrealitäten kennenlernen („Bücher als Fenster"). Wir sprachen auch über Bücher, die wir als verletzend empfunden haben und solche, die uns empowern oder wie Katja Kinder es formulierte, „Bücher, die mir guttun". Gemeinsam haben wir außerdem festgestellt, dass für viele der Anwesenden das Buch gar nicht das Medium ist, das ihnen am meisten „guttut". So sammelten wir zusammen viele andere Medienarten, in denen empowernd erzählt wird, von Blogs über WhatsApp-Gruppen bis hin zu Beyoncés Auftritt beim Super Bowl (Schwarz, 2016).

In der dritten Veranstaltung setzten wir uns dann gemeinsam mit Medien auseinander, die uns gar nicht guttun. Diesen Prozess dokumentierte eine Graphic-Recorderin namens Tuffix in Echtzeit in Illustrationsform (vgl. Abb. 2). „Wenn ich diskriminierenden Medien begegne," haben wir uns gefragt, „wie fühle ich mich?" Es kamen antworten wie „Verletzt", „Wütend" oder: „Das verscheißt mir den Tag." Tuffix malte eine BIPoC, die ihr Nase in ein Buch steckt und nur ein *weißes* Gesicht findet. Wir haben außerdem verschiedene Punkte versprachlicht, die uns in verletzenden Medieninhalten auffielen: z. B.: „BIPoCs haben oft keine Namen", „rassistische Bezeichnungen", „Menschen werden in Schubladen gesteckt", „Rassismus und Sexismus werden oft verknüpft" oder: „Nur (hetero)normative Lebensmodelle kommen vor." Nach diesen Prozessen stellten wir uns die zentrale Frage, für die weitere Ausrichtung des Projekts – und für uns als Menschen: „Wie kann ich mich empowern"?

Die Antworten halte ich hier fest:
- Laut werden, Rassismus in Medien beim Namen nennen,
- Forderungen stellen,
- Safer-Spaces, geschützte Räume schaffen, in denen ich mich mit anderen BIPoC austauschen kann,
- Reflektieren, schreiben, zeichnen.

Dabei stießen wir aber auch immer wieder auf die Frage: *Muss* ich als BIPoC immer laut werden, Forderungen stellen, mich angreifbar machen? Und immer wieder erinnerten wir uns gegenseitig daran, dass niemand von uns verlangen darf, dass wir Menschen, die Rassismus erfahren, das Problem auch lösen müssen.

Genau das ist die Herausforderung der Antirassismusarbeit von BIPoC: Es ist eine Arbeit, für die wir besondere Expertise aus der eigenen Lebenserfahrungen mitbringen, die uns aber genau deswegen auch viel emotionale Arbeit und Kraft abverlangt. Es ist ein Einsatz, der in der diskriminierungskritischen Diversitätsarbeit in Bibliotheken unabdingbar ist. Für diese Arbeit fordern wir Anerkennung, Entlohnung, Ressourcen, Raum und Sichtbarkeit.

Literaturverweise

Auma, M. M. (2018). Kulturelle Bildung in pluralen Gesellschaften: Diversität von Anfang an! Diskriminierungskritik von Anfang an! In: Kulturelle Bildung Online: https://www.kubi-online.de/artikel/kulturelle-bildung-pluralen-gesellschaften-diversitaet-anfang-diskriminierungskritik-anfang (28.9.2021).

Auma, M. M. (2018). Rassismus: Eine Definition für die Alltagspraxis (Dr. A. Nader, Hrsg.). Regionale Arbeitsstellen für Bildung, Integration und Demokratie (RAA) e. V. http://raa-berlin.de/wp-content/uploads/2019/01/RAA-BERLIN-DO-RASSISMUS-EINE-DEFINITION-F%C3%9CR-DIE-ALLTAGSPRAXIS.pdf (28.9.2021).

Auma, M. M., Kinder, K., & Piesche, P. (2019). Diversitätsorientierte institutionelle Restrukturierungen – Differenz, Dominanz und Diversität in der Organisationsentwicklung. In DeutschPlus e. V. (Hrsg.), Impulse zu Vielfalt 2018/2019: Grundlagen und Handlungsfelder diskriminierungskritischer Organisationsentwicklung, S. 12–29. https://www.deutsch-plus.de/wp-content/uploads/2019/12/izv-deutschplus-sammelband.pdf (28.9.2021).

Auma, M. M., Kinder, K., & Piesche, P. (21.12.2020). Interview zu BIPOC in der diskriminierungskritischen Bibliotheksarbeit (L. Kuo) [Persönliche Kommunikation].

Ayivi, S. D. (18.1.2013). Rassismus in Kinderbüchern: Wörter sind Waffen. Der Tagesspiegel. https://www.tagesspiegel.de/kultur/koloniale-altlasten-rassismus-in-kinderbuechern-woerter-sind-waffen/7654752.html (28.9.2021).

Bell, D. A. (1995). Who's Afraid of Critical Race Theory? University of Illinois Law Review, 1995, S. 893–910.

Bishop, R. S. (1990). Mirrors, windows and sliding glass doors. Perspectives, 6(3), ix–xi.

Bordo, O. (14.2.2014). Vermittlung von Vorurteilen und Stereotypen im Kindesalter – „Pippi Langstrumpf" als Buch und als Film. Heimatkunde: Migrationspolitisches Portal der Heinrich-Böll-Stiftung. https://www.heimatkunde.boell.de/de/2014/02/24/vermittlung-von-vorurteilen-und-stereotypen-im-kindesalter-pippi-langstrumpf-als-buch-und (28.9.2021).

Brown, J., Cline, N., & Méndez-Brady, M. (2021). Leaning on our labor: Whiteness and hierarchies of power in LIS Work. In S. Y. Leung & J. R. López-McKnight (Hrsg.), Knowledge justice: Disrupting Library and Information Studies through Critical Race Theory, S. 95–110. The MIT Press. https://doi.org/10.7551/mitpress/11969.003.0007 (28.9.2021).

dbv bibliothekskanal. (20.4.2016). dbv-Interviewreihe: „2 Minuten mit..." Jonas Fansa. https://www.youtube.com/watch?v=yq1aiCjYxNs (28.9.2021).

Deutscher Bibliotheksverband e. V. & Institut für Lese-und Medienforschung der Stiftung Lesen. (2012). Ursachen und Gründe für die Nichtnutzung von Bibliotheken in Deutschland.

https://www.bibliotheksverband.de/fileadmin/user_upload/DBV/projekte/2012_04_26_Ursachen_und_Gr%C3%BCnde_zur_NN_lang.pdf (13.5.2021).

Dossier: „Ich mache mir die Welt, wie sie mir gefällt!" Vorurteilsbewusste Kinderliteratur jenseits hegemonialer Weltbilder. (24.2.2014). Heimatkunde: Migrationspolitisches Portal der Heinrich-Böll-Stiftung. https://heimatkunde.boell.de/de/vorurteilsbewusste-kinderliteratur-jenseits-hegemonialer-weltbilder (28.9.2021).

Horrigan, J. B. (2016). Libraries 2016, S. 29. Pew Research Center. http://www.pewinternet.org/2016/09/09/2016/Libraries-2016/ (28.9.2021).

Interne kollektive Gesprächsnotizen, Fachgespräch Powervolle Lesende. (2020).

KIMI Siegel. (2018). Die Jurys 2018. KIMI – Das Siegel für Vielfalt in Kinderbüchern. https://kimi-siegel.de/die-jury/ (28.9.2021).

Kinder, K. (2019). Kimberlé Crenshaws Einfluss auf mein pädagogisches Handeln. In I. Kappert, P. Piesche, E. Roig, & H. Lichtenthäler (Hrsg.), „Reach Everyone on the Planet …" – Kimberlé Crenshaw und die Intersektionalität. Gunda-Werner-Institut in der Heinrich-Böll-Stiftung In Kooperation mit dem Center for Intersectional Justice. https://www.boell.de/de/2019/04/16/reach-everyone-planet (28.9.2021).

Kinder, K., & Piesche, P. (2020). Wahrnehmung – Haltung – Handlung: Diskriminierungskritische Bildungsarbeit: Eine prozessorientierte Intervention. Regionale Arbeitsstellen für Bildung, Integration und Demokratie (RAA) e. V. https://raa-berlin.de/wp-content/uploads/2021/02/RAA-BERLIN-DO-WAHRNEHMUNG.pdf (28.9.2021).

Kuo, L. (in der Veröffentlichung). Library staff with migration backgrounds in Germany: Lived experiences, challenges, and opportunities. Institut für Bibliotheks- und Informationswissenschaft, Humboldt-Universität zu Berlin URL noch nicht bekannt.

Lesneski, T. E. (26.8.2018). Welcome to all: Design's role in creating an inclusive, safe, and beloved community destination. IFLA World Library and Information Congress 2018. http://library.ifla.org/2218/ (28.9.2021).

Leung, S. Y., & López-McKnight, J. R. (Hrsg.). (2021). Knowledge justice: Disrupting Library and Information Studies through Critical Race Theory (1. Aufl.). The MIT Press. https://doi.org/10.7551/mitpress/11969.001.0001 (28.9.2021).

Mellon, C. A. (2015). Library anxiety: A grounded theory and its development. College & Research Libraries, 76(3). https://doi.org/10.5860/crl.76.3.276 (28.9.2021).

Moore, A. A., & Estrellado, J. (2018). Identity, activism, self-care and WOC Librarians. In R. L. Chou & A. Pho (Hrsg.), Pushing the margins: Women of color and intersectionality in LIS (S. 349–389). Library Juice Press.

Preußler, O. (2013). Die kleine Hexe. Thienemann.

RAA Berlin (Hrsg.). (2017). Diversitätsorientierte Organisationsentwicklung: Grundsätze und Qualitätskriterien. Regionale Arbeitsstellen für Bildung, Integration und Demokratie (RAA) e. V. http://raa-berlin.de/wp-content/uploads/2018/12/RAA-BERLIN-DO-GRUNDSAETZE.pdf (28.9.2021).

Sandjon, C.-F. (8.10,2020). Schwarze Kinder, weiße Perspektiven. Wie divers ist die Kinderbuchbranche? Heimatkunde: Migrationspolitisches Portal der Heinrich-Böll-Stiftung. https://heimatkunde.boell.de/de/2020/10/08/schwarze-kinder-weisse-perspektiven-wie-divers-ist-die-kinderbuchbranche (28.9.2021).

Schwarz, F. (8.2.2016). Beyoncé macht den Super Bowl politisch. jetzt.de. https://www.jetzt.de/super-bowl/beyonce-beim-super-bowl-hommage-an-die-black-panther (28.9.2021).

Thauer, W., & Vodosek, P. (1990). Geschichte der öffentlichen Bücherei in Deutschland. Otto Harrassowitz Verlag.

Weiterführende Literatur aus BIPoC-Perspektiven

Ahmed, S. (2012). On being included: Racism and diversity in institutional life (1. Aufl.). Duke University Press.

Chou, R. L., & Pho, A. (2018). Pushing the margins: Women of color and intersectionality in LIS (1. Aufl.). Library Juice Press.

Dewitz, L. (2015). Diversität als Basis für Informationsgerechtigkeit (1. Aufl.). Simon Verlag für Bibliothekswissen.

Diversity Arts Culture. (2020, April 7). Arbeitskoffer für das Selbststudium [zum Thema Antidiskriminierung]. https://diversity-arts-culture.berlin/magazin/arbeitskoffer (28.9.2021).

Honma, T., & Chu, C. M. (2018). Positionality, epistemology, and new paradigms in LIS: A critical dialog with Clara M. Chu. In R. L. Chou & A. Pho (Hrsg.), Pushing the margins: Women of color and intersectionality in LIS (1. Aufl., S. 447–465).

Leung, S. Y., & López-McKnight, J. R. (Hrsg.). (2021). Knowledge justice: Disrupting Library and Information Studies through Critical Race Theory (1. Aufl.). The MIT Press. https://doi.org/10.7551/mitpress/11969.001.0001.

Lorde, A. (2021). Die Verwandlung von Schweigen in Sprache und Handeln. In A. Lorde, Sister Outsider: Essays (1. Aufl.), S. 34–39. Hanser.

Otoo, S. D. (2019). LIEBE. In F. Aydemir & H. Yaghoobifarah (Hrsg.), Eure Heimat ist unser Albtraum (1. Aufl.), S. 56–68. Ullstein fünf.

Park Dahlen, S., & Atwood Halko, G. (Hrsg.). Research on Diversity in Youth Literature. Zeitschrift der St. Catherine University. https://sophia.stkate.edu/rdyl/ (28.9.2021).

Vázquez, S. L. (2021). The development of US children's librarianship and challenging white dominant narratives. In S. Y. Leung & J. R. López-McKnight (Hrsg.), Knowledge Justice: Disrupting Library and Information Studies through Critical Race Theory (1. Aufl.), S. 177–195. The MIT Press. https://doi.org/10.7551/mitpress/11969.003.0013 (28.9.2021).

María del Carmen Orbegoso Alvarez
Partizipation: Nur ein Märchen? Zusammenarbeit auf Augenhöhe zwischen Migrant*innenselbstorganisationen und Bibliotheken

Über das Projekt Migra Up!

Migra Up! (www.migra-up.org) ist ein Modellprojekt des Berliner Bezirksamtes Pankow. Seit 2015 unterstützt der/die Integrationsbeauftragte*r damit, die Arbeit der migrantischen Selbstorganisationen zu professionalisieren. In den vergangenen Jahren bis 2014 wurde das Konzept „Fachberatung für MSOs in Pankow" entwickelt und zur Einreichung von Vorschlägen für dessen Umsetzung aufgefordert.

Nach einem längeren Entscheidungsprozess wurde 2014 das von zwei MSOs vorgestellte Tandemprojekt ausgewählt. Hauptziel dieses Projektes war es, die Arbeit der MSOs und ihre Vertretung im Bezirk Pankow zu stärken. Wichtige Strategien, um dies zu ermöglichen, waren und sind die professionellen Netzwerke zu verschiedenen Themen, in denen die MSOs ihre Interessen und ihr Fachwissen vertreten können, um auf dieser Grundlage Sichtbarkeit auf institutioneller Ebene zu erlangen. Die Förderung der Mehrsprachigkeit war ein wichtiger gemeinsamer Ansatzpunkt – mit diesem Teilziel begann die Arbeit.

Es wurde nach dem „Bottom-up-Prinzip" gearbeitet, um die Organisationen zu mobilisieren und ihre Interessen herauszufinden. Dies erfolgte beispielsweise durch eine mobile Beratung und Befragungen. Durch diesen ersten Austausch wurden die Migrant*innenverbände gleichberechtigte Partnerinnen, die ihre eigenen Interessen vertreten konnten.

Innerhalb von sechs Jahren leistete das Projekt der Fachberatung einen großen Beitrag zur Interkulturellen Öffnung der Pankower Verwaltung. Seit 2020 wird das Projekt unter einem neuen Namen fortgesetzt: „Migra up!" Dabei handelt es sich um eine Kooperation zwischen dem OASE Berlin e. V. (www.oase-berlin.org/beteiligung/migra-up) und dem VIA e. V. – Verband für interkulturelle Arbeit e. V. (www.via-in-berlin.de).

Open Access. © 2021 María del Carmen Orbegoso Alvarez, publiziert von De Gruyter. Dieses Werk ist lizenziert unter der Creative Commons Attribution 4.0 Lizenz.
https://doi.org/10.1515/9783110726213-003

Zusammenarbeit mit den Bibliotheken

Um die Interkulturelle Öffnung der Verwaltung zu unterstützen und voranzutreiben, förderte das Projekt eine aktive Zusammenarbeit zwischen den migrantischen Organisationen der Zivilgesellschaft (MSOs) und den Ämtern in Pankow (Verwaltung). Ein Ergebnis dieses Austausches waren die Märchentage in Pankow, die mit der Unterstützung der Pankower Bibliotheken organisiert wurden. Seit 2016 organisieren wir jedes Jahr die Veranstaltung *Märchen erzählt ... in deiner Sprache*, deren Inhalte von den MSOs zusammengestellt werden. Die finanzielle und infrastrukturelle Unterstützung erfolgt durch die Bibliotheken, welche auch die Orte für die Veranstaltungen auswählen. Diese erfolgreiche Zusammenarbeit zwischen den lokalen MSOs und den acht Stadtbibliotheken des Bezirks Pankow werden nachfolgend als *good practice* vorgestellt.

Grundlage für Partizipation

Die Einbeziehung der Bürger*innen in verschiedene Prozesse der öffentlichen Verwaltung in Lateinamerika geht auf eine Tradition zurück, die Ende der 80er Jahre speziell in Brasilien begann. Inspiriert durch die Erfahrungen in diesen Prozessen, versuchten ich und viele andere Menschen uns auch in Deutschland einzubringen. In Berlin fehlte diese Perspektive, und geringe Sprachkenntnisse machten die Teilnahme noch schwieriger. Dieses Thema war für mich nicht nur von beruflichem, sondern auch persönlichem Interesse. Ich versuchte, mich an den möglichen Foren zu beteiligen, die ich in meinem Bezirk (Pankow) entdeckte. Das Ziel war es, als engagierte Bürgerin teilzunehmen und im Dialog mit der öffentlichen Verwaltung zu versuchen, einige Themen wie Mehrsprachigkeit zu positionieren (MaMis en Movimiento e. V., 2017).

Ich bin überzeugt, dass die Zusammenarbeit zwischen der organisierten Zivilgesellschaft und dem Staat wichtig ist. Mit anderen Worten: Die Beteiligung der Bürger*innen an der Verwaltung kann neue Perspektiven eröffnen oder einen größeren Einfluss auf die *Public Policy* haben. Nach Ana Díaz Aldret (2017) wird Bürgerbeteiligung als „der Prozess verstanden, durch den Bürger, die keine öffentlichen Positionen oder Funktionen innehaben, versuchen, die Entscheidungen über Angelegenheiten, die sie betreffen, in gewissem Maße mit staatlichen Akteuren zu teilen und sie zu beeinflussen" (S. 341–379) [Anmerkung: Übersetzung der Autorin]. Ausgehend von diesem einfachen und praktischen Konzept stütze ich mein Anliegen auf einige Maßnahmen, die nicht nur für Migrant*innenorganisationen wichtig, sondern auch für Bibliotheken gleichermaßen von Interesse sind.

In den letzten Jahren war das Thema Interkulturelle Öffnung in verschiedenen Selbstreflexionsprozessen der öffentlichen Verwaltung in Pankow stark präsent. Als positive Beispiele kann man das Jugendamt (Bildungsteam Berlin-Brandenburg e. V., 2020) oder die Beteiligung an diversitätsorientierten Veranstaltungen der Pankower Bibliotheken (Bezirksamt Pankow, 2019) erwähnen. Der Begriff ist verbunden mit der Gestaltung einer demokratischen Gesellschaft, der Förderung von Bürger*innensinn und politischem Engagement. In diesem Zusammenhang konnte auch über Partizipation und die Bedeutung der gegenseitigen Zusammenarbeit für das Gemeinwohl in der Gesellschaft gesprochen werden.

Der Einbezug und die Mitbestimmung von Menschen anderer Herkunft, die in Deutschland eine bessere Zukunft finden wollen, stellt eine große Herausforderung für Stadt und Staat dar. Bürgerliches Engagement und der Status von Migrant*innen scheinen als zwei gegensätzliche Kategorien gesehen zu werden – und das umso mehr, wenn sich diese Gruppe von Menschen in einem Anpassungsprozess befindet. Dieser Prozess wird häufig als individuelle Verantwortung gesehen und weniger als eine Aufgabe des Staates. Selbst wenn Menschen mit Migrationshintergrund bereits in die Arbeitswelt integriert sind oder zum Steuersystem beitragen, bleibt das Gefühl, als „anders" gesehen zu werden.

Um Menschen, die neu in Deutschland sind, einzubeziehen, begann man in den Nullerjahren von „Integration" als ein alternatives Konzept zur „Assimilation" (Anpassung) zu sprechen (vgl. Bertelsmann Stiftung, 2010). Der große rechtliche Schritt in Berlin war das Integrationsgesetz, welches 2010 verabschiedet wurde (PartIntG, 2010). Ein Jahrzehnt später ist nach einer Überarbeitung nun eine der wichtigsten Änderungen der Fokus auf „Partizipation" statt auf „Integration". Ein wichtiges Dokument auf lokaler Ebene ist der Bericht von Dr. Jutta Aumüller, die 2014 ihre Studie „Vielfalt in Pankow" veröffentlichte (Aumüller, 2021).

Professionelle Netzwerke bzw. Fachvernetzung

Eine der wichtigsten Strategien von Migra Up! war der Aufbau professioneller Netzwerke auf Grundlage von Fachkenntnissen der Pankower MSOs. Ein zentrales Thema war die Förderung von Zweisprachigkeit und Interkulturalität. Um das Thema wirksam auf die politische Ebene zu bringen, war es notwendig, alle

Sprachen ohne Hierarchien zu benennen. Mit anderen Worten: Die Grundlage unserer politischen Botschaft war eine demokratische Beteiligung aller Gemeinschaften, ihrer Kulturen und Sprachen gleichermaßen.

Im Rahmen der Gespräche über Mehrsprachigkeit entstand 2015 der „Arbeitskreis Lingua Pankow" (Arbeitskreis Lingua Pankow, 2020), durch den verschiedene Veranstaltungsformate entwickelt wurden. Daraus gingen auch die Märchentage hervor, an denen alle Pankower MSOs teilnahmen. Es war zu Beginn jedoch nicht einfach, systematisch mit den Stadtbibliotheken Kontakt aufzunehmen. Dennoch konnten wir nach einigen Bemühungen viele ertragreiche Austauschgespräche mit der Leitung der Pankower Bibliotheken organisieren und in Zusammenarbeit mit den MSOs nicht nur eine, sondern mehrere zweisprachige Veranstaltungen vorschlagen.

Das Hauptziel dieses „Märchentags in Pankow" ist es, die Präsenz der MSOs als Kooperationspartner*innen der Bibliotheken durch die Präsentation zweisprachiger Märchen – einschließlich der deutschen Sprache – zu stärken. Diese Veranstaltungen fördern sowohl den Austausch der Kulturen und Muttersprachen in unserem Bezirk als auch die Interkulturelle Öffnung der Bibliotheken.

Im Jahr 2016 begannen wir mit acht Veranstaltungen; nach nunmehr fünf Jahren konnte die Anzahl der Akteur*innen sowie der Sprachkonstellationen immer mehr vergrößert werden. Jede Veranstaltung wird jeweils von MSOs anstatt von Einzelpersonen organisiert. Das Publikum ist von Vielfalt geprägt. Pro Veranstaltung nehmen zwischen 20 und 30 Familien, natürlich auch herkunftsdeutsche, an den Märchentagen teil.

Planung, Durchführung und Ressourcen

Für Migra Up! gab es bis zu den Märchentagen wenige Kooperationen und Projekte mit staatlichen Einrichtungen, deswegen musste erst eine Zusammenarbeit auf verschiedenen Ebenen etabliert werden. Es ist nicht immer eine Frage der ökonomischen Ressourcen, obwohl diese natürlich hilfreich sind, sondern es geht darum, Funktionen, Aufgaben, Möglichkeiten und auch Grenzen beim Handeln oder beim Treffen von Entscheidungen zu erkennen. Eine entsprechende Klarheit ist eine wesentliche Hilfe für eine gute Prozessentwicklung. Wie die Arbeit in Pankow zeigte, können auch feste Vereinbarungen getroffen werden. Seit 2018 ist die jährliche Organisation der bilingualen Märchentage an einen Kooperationsvertrag geknüpft, der Orientierung und Verantwortlichkeiten fest-

legt. Um einen Einblick in die Arbeitsteilung zwischen MSOs und Bibliotheken zu bekommen, werden im Folgenden einige Punkte daraus vorgestellt:
- Jeder Verein muss sein zweisprachiges Märchen mit dem jährlichen Titel des gesamten Märchentages in Berlin synchronisieren.
- Die Märchen müssen immer zweisprachig sein (Muttersprache und Deutsch) und sich an der Zielgruppe (Vorschulkinder oder Schulkinder von drei bis zehn Jahren) orientieren.
- Es ist besser, wenn ein Märchen von zwei Erzähler*innen vorgetragen werden. Der Stil und das Format sind frei. Jeder Verein muss eine Veranstaltung von maximal einer Stunde vollständig gestalten.
- In unserem Konzept der Zweisprachigkeit ist es sehr wichtig, die Sprache mit der Kultur oder den Kulturen der Vereine zu verbinden, die eine Geschichte präsentieren. Man kann versuchen, Geschichten zu erzählen, die die Kinder mit der Geschichte und dem Leben in dem jeweiligen Land verbinden können. Eine Übersetzung europäischer oder deutscher Märchen ist nicht das Ziel des Märchentages.
- Es ist sehr wichtig, dass ein Verein bzw. ein/eine Koordinator*in persönlich mit der Leitung jeder Bibliothek in Verbindung tritt. Das Projekt Migra Up! schickt einen Kalender mit den aktuellen Kontaktinformationen im März oder April jeden Jahres an alle Teilnehmer*innen. Dadurch hat jeder Verein die Möglichkeit, logistische und andere Aufgaben zu konkretisieren.
- Seit 2018 bezahlen die Bibliotheken die Erzähler*innen. Jeder Verein stellt sicher, dass jede Kontaktperson rechtzeitig über die erforderlichen Dokumente verfügt.

Öffentlichkeitsarbeit

Um möglichst viele Menschen für die Märchentage zu begeistern, braucht es eine gute Öffentlichkeitsarbeit. Durch die Netzwerke der MSOs werden Familien verschiedener Herkunft angesprochen und kommen so (vielleicht zum ersten Mal) als Gäste in die Stadtteilbibliotheken. Folgende konkrete Kommunikationsaufgaben übernimmt Migra Up! dabei:
- Das Migra Up!-Projekt bereitet alle Dokumentationen und öffentlichen Veranstaltungen bis Oktober des jeweiligen Jahres vor.
- Von der Migra Up!-Facebook-Seite kann man einen Flyer zum Märchentag in Pankow oder ein entsprechendes Poster herunter laden (fertig im Oktober).
- Im Oktober werden alle Geschichten in den verschiedenen Sprachen gedruckt und/oder veröffentlicht. Sie werden sowohl den Teilnehmer*innen

der Veranstaltungen als auch den Stadtbibliotheken zur Verfügung gestellt[1].
- Für die Veröffentlichung unserer Veranstaltungen in der umfangreichen Broschüre des Märchenland e. V. benötigen wir alle Informationen – in beiden Sprachen – für das ganze Jahr bis Ende März: Titel der Märchen, kurze Beschreibung, Name der*des Erzähler*in, Sprachen, Name des Vereins und Logo (in hoher Auflösung).

Aufgabe der Vereine

Des Weiteren wurde jeder teilnehmende Verein auf folgende Punkten hingewiesen:
- *Vertrag*: Die Bibliotheken übernehmen die Honorarkosten jeder Veranstaltung. Es ist notwendig, einen Vertrag zwischen der Bibliothek und den Erzähler*innen auszufüllen. Konkrete Informationen sind dabei wichtig: Name, Vorname, E-Mail-Kontakt, Postadressen und Bankinformationen (BIC und IBAN).
- *Spendenbasis*: Es wurde mit den Bibliotheken abgesprochen, dass es möglich ist, die Teilnehmer*innen um Spenden zu bitten. Das gesammelte Geld geht dann an den jeweiligen Verein.
- *Planung*: Es ist wichtig, das Märchentag-Programm zu überprüfen. Das Projekt Migra Up! hatte jede Veranstaltung auf das Portal Märchenland e. V. aufgenommen.
- *Eröffnung/Klausur*: Wir haben zwei wichtige zusätzliche Veranstaltungen im gleichen Rahmen: die Eröffnung und die Schließung der Bibliothek am Wasserturm (dies wurde in der Lingua Pankow-Sitzung 2016 entschieden). Unabhängig davon, wer der/die Veranstalter*in ist, freuen wir uns, wenn mehrere MSOs von Lingua Pankow teilnehmen.

Zeitplan

Es ist wichtig, ein gutes Zeitmanagement zu führen, indem bestimmte Fristen für die von beiden Parteien festgelegten Aufgaben bestimmt werden. Wir schlagen die folgende Zeitplanung vor:

---

[1] Aufgrund der Corona-Pandemie fanden 2020 die Veranstaltungen online statt und die Texte wurden digital weiter gegeben.

Januar
- Bilaterale Koordination zwischen Ansprechpartnerinnen: Maria Orbegoso (Migra Up!-Projekt) und Ina Täge (Bibliotheken Pankow).
- Sammlung der Auswertung der Bibliotheken und MSOs des vorherigen Jahres.
- Migra Up! verteilt die Bewertungsbögen und -ergebnisse an jeden Verein.

Februar: Vorbereitung der Märchentage
- Festlegung des Themas der Märchentage für das jeweilige Jahr
- Bilaterale Kommunikation mit allen Vereinen
- Gestaltung des Programms / der Veranstaltung an den jeweiligen Bibliotheksstandorten
- Sammlung der Märchen der jeweiligen MSOs zum Jahresthema des Berliner Märchentages

März
- Absprache mit den acht Bibliotheksstandorten in Pankow, welche zweisprachigen Erzählungen an welchem Ort vorgetragen werden können
- Anfragen an alle MSOs von Lingua Pankow bezüglich entsprechender Erzählungen (Titel, kurze Beschreibung der Geschichte, Name der Erzählerin oder des Erzählers, die als freie Honorarmitarbeiter*innen im Projekt arbeiten)
- Erstellen einer Kontaktliste mit allen Organisationen und Erzähler*innen
- Endgültige Abnahme des Programms nach Absprache mit den Bibliotheksstandorten und den MSOs.

April bis September
- Inhaltliche Vorbereitung, Gestaltung sowie Produktion einer mehrsprachigen Broschüre und eines Plakats (Fertigstellung im September)
- In der Pandemie: digitale Veranstaltungen planen – Anfrage an alle MSOs
- Bestätigung des Formats und der Bedingungen für jedes digitale oder analoge Event
- Virtuelle Sitzung über Zoom: Erzähler*innen + Bibliotheken + Migra Up! (Die Idee ist, die technische Unterstützung zu definieren, die jede/r Akteur*in benötigt. Wer ist für welches digitale Tool verantwortlich, wer macht das Streaming, wer teilt auf welcher Plattform die Links je Event? Die Liste der Kontaktpersonen und bestimmten Drehorte ist erforderlich.)

Oktober
- Ankündigung des Märchentages in den sozialen Netzwerken und über gedruckte Medien

November
- Ansprechpartner*in für alle arbeitsorganisatorischen Fragen der Erzähler*innen bestimmen
- Durchführung der Märchentage

Dezember
- Austausch in Lingua Pankow-Sitzung oder über Zoom
- Auswertung

Lernprozess/Nachhaltigkeit

Durch die Zusammenarbeit mit Politik, Ausschüssen und anderen Institutionen können sich für die MSOs neue Möglichkeiten eröffnen, wodurch sie sich langfristig unabhängiger bewegen können. Partizipation kann das gegenseitige Verständnis zwischen den verschiedenen Akteure*innen fördern und damit auch die Demokratie langfristig stärken.

Die Bereitstellung von Arbeitshilfen und Materialien dient dazu, die MSOs bei ihrer täglichen Arbeit zu unterstützen. Die Materialien (Flyer, Plakate, Broschüren) bleiben verfügbar und können für die eigene Arbeit verwendet werden. Darüber hinaus erhalten die MSOs im Rahmen der Maßnahmen zum Sichtbarmachen ihrer Arbeit professionelle PR-Tools. Diese Tools tragen auch dazu bei, langfristig das Bewusstsein für ihre Arbeit im Bezirk zu stärken. Die MSOs erhalten damit Wissen, Instrumente und Möglichkeiten, um ihre Position nachhaltig zu festigen. Erfolgserlebnisse und Tools können über den Austausch im Netzwerk verbreitet und weitergegeben werden.

Ein Zeichen für den Erfolg des Märchentages war, dass diese Veranstaltung in Pankow institutionalisiert wurde. Das bedeutet, dass alle Veranstaltungen bereits im Finanzplan des Kulturamts enthalten und als Folge davon Teil der regelmäßigen Planung der Bibliotheken sind.

Der Lernprozess der letzten fünf Jahre hat uns geholfen, neue Kenntnisse und Fähigkeiten zu erwerben, die wir langfristig für die eigene Arbeit nutzen und an andere Organisationen und Multiplikator*innen weitergeben können. Die guten Erfahrungen in Pankow werden bereits von anderen Berliner Bezirken positiv wahrgenommen. Wir würden uns freuen, wenn auch andere Bibliotheken in Deutschland eine ähnliche Zusammenarbeit mit MSOs eingehen.

Literaturverweise

Arbeitskreis Lingua Pankow. (2020, 9. November). https://www.berlin.de/ba-pankow/politik-und-verwaltung/beauftragte/integration/gremien/artikel.275692.php (14.6.2021).

Aumüller, J. (2021, 8. Januar). Studie „Vielfalt in Pankow". https://www.berlin.de/ba-pankow/politik-und-verwaltung/beauftragte/integration/artikel.250000.php (14.6.2021).

Bertelsmann Stiftung (Gütersloh, G., Germany [West] & Bundesministerium des Innern). (2010). Erfolgreiche Integration ist kein Zufall: Strategien kommunaler Integrationspolitik. Verlag Bertelsmann Stiftung. http://public.ebookcentral.proquest.com/choice/publicfullrecord.aspx?p=802131 (14.6.2021).

Bildungsteam Berlin-Brandenburg e. V. (2020): Erfahrungen diversitätsorientierter Interkultureller Öffnung in vier Jugendämtern, Wege zur diskriminierungssensiblen Organisation. https://www.berlin.de/jugendamt-pankow/_assets/startseite/bbb_ikoe_broschuere_2020_online.pdf (14.6.2021).

Díaz Aldret, A. (2017). Participación ciudadana en la gestión y en las políticas públicas. Gestion y Politica Publica, 26(2), S. 341–379.

Internationale Wochen gegen Rassismus – Pankower Bibliotheken gegen Diskriminierung. (2019, 19. August). https://www.berlin.de/ba-pankow/aktuelles/pressemitteilungen/2019/pressemitteilung.790650.php (14.6.2021).

MaMis en Movimiento e. V. (2017). Partizipation und Zweisprachigkeit // Participación y bilingüismo. https://issuu.com/mamis_en_movimiento/docs/partizipation_und_bilinguismo (14.6.2021).

Partizipations- und Integrationsgesetz des Landes Berlin (PartIntG). (2010) (testimony of Berlin). https://gesetze.berlin.de/bsbe/document/jlr-PartIntergrGBEpP1 (14.6.2021).

Shorouk El Hariry
Coming Out as a Migrant Diversity Worker: The Perspective of a 360° Agent at the Bücherhallen Hamburg

In October 2020, I was asked by Studio Marshmallow to moderate a conversation within the Fluctoplasma Festival programme. The first of its kind in Hamburg, a festival for and by Black, Indigenous, and People of Colour (BIPoC), Fluctoplasma 2020 brought together artistic explorations of the festering open wounds of our society, with 'Blue Burning' as a motto. At that point, I was only a little more than two months into my employment as an *Agentin für interkulturelle Öffnung* at the Bücherhallen Hamburg. The conversation was joined by a small round of actors who are engaged in the city's cultural scene on both the institutional and grassroots levels. Right before we kicked off, a participant – an older white German man – approached me with a remark along the lines of *"it is very brave of the Bücherhallen to hire someone like you for this position"*.

My initial reaction, naturally, was self-defence: *"what do you mean 'someone like me'?"*

I am a woman who arrived in Germany in the post-2011 wave of Arab migration to Europe that has been continuously morphing in the past decade. I, and several of my generation, have not had a 'smooth sailing' into accessing the culture scene in Hamburg, having initially been barred by language and other systematic tools that enable individuals such access. This, in turn, entailed a non-linear learning process as a diversity worker. I could not un-see how, all along, a primary component had been missing in the equation of the labour we do: emotions. That diversity work is, inherently, psychological in its very essence. Now, several months into my time at the Bücherhallen, I certainly have acquired a different disposition to that man's question. I will never truly know what his intentions were, but I can agree with him on one thing: it is indeed brave – and it is precisely this bravery that should be the primary driving force for both cultural institutions and minority communities in our way forward.

In a way, it has certainly been a process of coming out, too. Being a diversity worker has been a critical point in the continuum of my long-term relationship to the migration experience – as an individual and as part of the Arabic-speaking diaspora in Germany. This new generation of immigrants has only recently begun to tap into its distinctive, independent voice between the *here* and *there*. And it is time we came out, and bravely so.[1]

Diversity Work as Emotional Labour

The conversation and discourse on diversity work is classically dominated by two famous core components: theory and practice; thought and behaviour; abstraction and implementation. In the theoretical realm, social scientists and researchers have made greater strides than ever in untangling the composite mesh behind intercultural communication and societal inclusion in the 21st century (Schramm et al., 2019). There is a whole industry of "diversity speakers" who have worked with institutions, public and private, to communicate thought-provoking models, some speculative, some applicable, in an endeavour to integrate diversity-oriented practices in institutional structures (Deardorff, 2009; Leung et al., 2014).[2] Meanwhile, the implementation, the labour, has been nothing short of challenging. Society has been evolving at an exponential rate, and this evolution is yet to be matched by an equally rapid transformation within the cultural institutions serving the public. Only very recently have these institutions begun to question their ability to maintain their relevance to society in the future. It does indeed take time to integrate or adapt certain structures and practices into workflows and establish a sense of regularity within larger systems in the public domain. Processes are slow to change, let alone instil. Nevertheless, these difficulties do not excuse the public culture sector from the responsibility that lies upon its shoulders. The difficulty level might as well prompt some to start asking: "We've been doing quite alright; why not just leave things as they are and hope for the best?" As you have gathered throughout this volume, the motive to strive for better is clear: cultural fairness. It is about the identity and the cultural belonging of the people who live in our urban society. About cultural citizenship – *kulturelle Bürgerschaft*.

Shortly after the encounter at Fluctoplasma Festival, I delved into the nitty gritty of my work. The hand I was dealt was far from easy to play: a 15-hour workweek, 35 different locations spread across the city, over 400 employees, a

---

[1] I would like to thank my colleague and the editor of this volume, Sylvia Linneberg, who was first to mention the term "coming out" in discussing the first sketch for this article and inspired its writing.
[2] These models include the Multicultural Personality Model, Global Leadership Competency, the Developmental Model of Cultural Sensitivity, amongst others. See Leung et al.'s "Intercultural Competence" for further examples.

100-year-old institution, and only 20 months to generate and implement a comprehensive strategy for community outreach and participatory event formats. Not accounting for the hampering restrictions imposed upon the culture sector, nationwide and globally, owing to the COVID-19 outbreak. Obstacles notwithstanding, it has been quite the stimulating experience. I gradually started realizing that diversity work is not merely the aggregation of socio-scientific thought and its application in the real world. As other contributors to this volume have highlighted, diversity is a mindset that one adopts – an attitude.

Taking the "attitude" as a point of departure has allowed me to contemplate the triangulation of its three main components: thoughts, behaviours, and feelings. I noticed that, while we spend a lot of time and effort contemplating ideas and their implementation in practice, we have yet to start seriously discussing the emotional component underlying the work we do as diversity workers. This reflection has been bidirectional – both inwards and outwards, the self and the other(s).

Inwards: The Process of Coming Out

Probing inwards, I realized that I am in a situation where I am both the beneficiary and the enactor of the work I do, as a brown queer woman and an institutional diversity worker in the public culture sector. There have been many parallels and points of intersection between my personal experiences and the work I do – the inner often being a microcosm of the outer world. Meanwhile, I was zealously reading the work of Sara Ahmed, *Living a Feminist Life* (2017), and Nina Simon, *The Art of Relevance* (2016) – literature that strongly reaffirms my worldview. Their work stems from, reflects, and encourages a global intellectual and grassroots-led movement towards the intersectional dismantling of repressive social structures, ideally supported by institutional work. One cannot simply speak of gender representation within institutional structures without considering the fights for the social, economic, political, and cultural rights of BIPoCs, queer individuals, or people with disabilities. Historically Excluded Groups (HEGs), marginalized due to ethnicity, place of origin, gender, sexual orientation, age, or bodily limitations, are finding their voices united by an intersectional ideology of questioning, deconstructing, and dismantling. Racist, colonial, and patriarchal structures, which reinforce sexism, heteronormativity, ageism, and able-bodyism, are being challenged by HEGs and their allies. Add to that the complexity of 21st century migration as a temporality, a point in history, a backstory upon which all these different forms of civic action move, interact, and complement one another. A significant portion of this civic action aims at the right to emancipate, disclose, and represent the self (Batzke, 2019). It is an announcement of divergence from the "norm", or societal constructs of *how things are done*. Essentially, it aims at coming out.

In queer studies, the notion of coming out entails a *process*. It does not entirely spin around or orient itself to a singular, defining moment, but rather a continuous labour of weaving narratives into one's own identity work. Surely, some individuals choose to come out through the pinnacle of public announcement, a one-time life instance. However, all coming out experiences are extended and perpetual – encompassing the lifespan (Ali, 2015; Gray, 2009). With an intersectional approach in mind, I wondered: How could I fruitfully borrow the term "coming out" from queer theory and apply it to the cultural rights context? What is its discursive and heuristic place in this equation? In the realm of psychology, coming out is understood as a process that comprises three different layers: awareness, assessment, and decision. The recognition of one's own identity is followed by a conscious and subconscious analysis of whether it is necessary, warranted, or appropriate to disclose oneself, as well as an exploration of alternatives regarding action or inaction. Finally, there comes a decision: a commitment to disclosing or withholding one's identity (Ali & Barden, 2015).

With these layers in mind, I was prompted to narrativize my coming out experience as a migrant in terms of my encounters with culture in Hamburg, my so-called "host city". In this introspective self-narrativizing experiment, I recalled many events, places, individuals, plot twists, climatic moments, and disappointments. I recalled how, for many years, I barely spoke a word of Arabic with anyone in my physical vicinity, to the point that I forgot the Arabic word for *eggplant* in a telephone conversation with my mother. That was the case from July 2014 until March 2017, when I finally met a community of like-minded Arabic-speaking people with whom I could vent my frustration with the Egyptian military dictatorship through sarcasm and memes. I recalled how, for many years, I was unable to find a space in the city where amateur writers could share their poetry in English or Arabic. And how, in 2018, I started getting paid for performing my own monologues at a state theatre in Hamburg. I recalled being unable to pursue certain career paths because they would not qualify as sufficient reasons to convince the German state that I was worthy enough of being granted the basic right to stay. And how, in 2016, I was confronted with a drunk man with a knife on the bus who muttered racial slurs at me following the AfD's win in parliamentary elections. I also recalled dancing in demonstrations against racism following the Chemnitz events in 2018. And how now, I am able to contribute to an edited volume where I have the validated space to disclose, represent myself, and share my experience as a migrant and a diversity worker – to come out and to participate.

To me, migration is not only a temporal backdrop, but a self-evident point of departure.

Awareness: Becoming a Migrant

I have been a migrant for most of my life, having spent less than half of it in Egypt, my place of birth. But I was not always aware of my semi-perpetual status of migration. When I was 40 days old, I migrated with my family to Kuwait where my father worked. In this Arab quasi-*Gastarbeiter* narrative, migration did not play such a profound role in my childhood. I owe this to a privilege – the prioritization of education in my family, who sent me to a British school that prided itself on including students, teachers, and workers of 64 different nationalities. My classmates were Sri Lankan, Syrian, British, Kuwaiti, Palestinian, and South African. In this constellation, my Egyptianness was not relevant. Nor was my Arabness, my ethnicity, or my skin tone. Nobody talked to me about it; it was almost not part of my conscious experience. Although, as a child, I was oblivious to my national or racial identity, my parents felt quite differently about it – something I would only learn way later in my life. In 2000, my family moved back to Cairo, which I ended up leaving two weeks after the 2013 mass massacre perpetrated by the military against the Muslim Brotherhood and its supporters, also known as the Rabaa Massacre. I left Egypt to become a scholarship student doing her master's degree in Europe – first in Denmark, then in Germany.

The awareness of migration as an integral component of my identity only occurred to me in Germany. Although I went to journalism school in Egypt, formal education on racism or migration studies were simply not included in my generation's curricula, and the public discourse was flooded with other issues at home, the revolution against the Mubarak regime basking in the limelight of our consciousness. Everything was spun around the revolution; every narrative extracted its validation or legitimization from its dialectic. When I moved to Europe in 2013, I started off with a typical "international student" experience; my cohort boasted of a diversity of 109 students from over 45 different countries. In my eyes, this kind of diversity was rather axiomatic. I did not take the opportunity for granted, but it was nothing entirely new to me. Meanwhile, the place and time, Europe in the 21st century, were preoccupied by a broader discourse on migration, and the discourse contributed to shaping my consciousness. I even participated in this discourse as a young journalist and a media studies student. I accompanied my European classmates as a "fixer" of sorts on their trips to Bazaar Vest where they would write about "Arab migrants in Denmark", pitching their stories to digital news outlets to improve their journalistic portfolios.[3] Back then, I did not identify as an Arab migrant myself; I was simply a student of journalism and a peer to my (mostly white) colleagues who were narrating stories about a societal phenomenon. I had not yet placed myself in the discourse – a subconscious act of dissociation.

I cannot pinpoint the exact moment where I became aware of my place in the migration narrative, but it must have happened after the arrival of Syrian refugees en masse to Germany in 2015. This coincided with my decision to stay in Germany, when I started realizing that *how things are done* was working against *me*. That my lived experience and the broader discourse on migration were intertwined, that the personal and the political are inseparable, and that my experiences occur in a broader context and are a reflection thereof. The stories of daily racism I read about and empathized with could no longer be categorized as isolated incidents; they have been, all along, symptoms of systematic repression. I recognized that there is *us* and *them*: those who are white, and those who are not. In this narrative, I am part of the suppressed group, those who are not white – a suppression that was imposed on me, one that I naively had not anticipated. As if the privilege of neo-colonial education had created some sort of division between the personal and the worldly. I realized that I am an immigrant, and I had to locate and position myself in the broader migration narrative. And this awareness was fairly revealing.

Assessment: (Neo)colonial Anxiety and Anger

Have you ever read someone's work and felt an immense gratitude for their ability to precisely capture a feeling you never really had words for? Frantz Fanon does that for me.[4] His work was among the first to speak to speak to me on a

---

[3] Bazaar Vest is the famous Arab market of Brabrand, the underserved "ghetto" of Aarhus. I experienced it as a parallel universe to Aarhus, the city, where Arabs and migrants of other ethnicities lived with very little interaction with Danes – an implicit geographical segregation.
[4] Fanon did not have a very long life; born in 1925 in the then-French colony of Martinique, he moved to France to join the French Free Forces at the age of 18, where he was first confronted with his own blackness. He returned to Martinique in 1945 but left again only a few years later to study medicine and psychiatry in France. He actively campaigned for the liberation of Algeria from French colonialism and died from leukaemia at the age of 36. He was buried in Algeria.

wavelength I had not yet grasped, to confront me with a reality I did not want to see. Set in a different time and space, Fanon's writing on the psychology of colonialism is a timeless contribution to intellectual history and the history of ideas that are relevant to this day – fortunately or unfortunately.

Fanon contextualized his lived experience and his expertise as a psychiatrist, most notably in *Black Skin White Masks* (1967) and *The Wretched of the Earth* (1963). In *Black Skin White Masks*, he psychoanalyzes the colonial experience from the perspective of the Black man, highlighting how colonialism is internalized by the colonized, resulting in the inculcation of an inferiority complex and a performance of 'whiteness' as a reaction thereto. The first 'mask' refers to the dialectic of recognition; the second to the affirmation of the self – self-perception as inherently inferior and the enactment of the self that ensues. Together, internalized and societal racism function as controlling mechanisms which maintain colonial relations as 'natural' occurrences (Dorlin, 2016).

> Historically, it must be understood that the Negro wants to speak French because it is the key that can open doors which were still barred to him fifty years ago. In the Antilles Negro who comes within this study we find a quest for subtleties, for refinements of language – so many further means of proving to himself that he has measured up to the culture (Fanon, 1967, pp. 38–39).

Fanon's work resonated with me quite profoundly. It made me wonder; is the colonial experience of the black man and the neo-colonialist experience of the Arab migrant comparable? Am I the black man in Fanon's story? Had I internalized racism myself? And how had I not seen it before? It was as if the ocean I had been standing in front of, constantly observing, had finally crashed a wave on me, leaving me soaked; there was no alternative to jumping in headfirst. Becoming a migrant in Europe entailed accepting fear as part-and-parcel of my life: fear of losing basic life security, of being perceived as a lesser creature, of not being treated humanely. The average migrant's encounters with fear and anxiety are countless, but as Fanon shows, one could simply start with something as instantaneously rudimentary and complicated as language. Language is so obvious and so subtle, something we use rather intuitively and daily. It is an acquired skill that contributes to the formulation of our thoughts and emotions, the ability to express them through participating in discourse, as well as the ability to assert the self. Language is weaponized when it is used to "objectify, depersonalize, dehumanize, to create an 'other'" (Pipher, 2007, p. 4). It is a fundamental cornerstone of power and, in this case, a tool to counter the (neo)-colonial inferiority complex.

Up until the point of acknowledging migration and its multiple connotations as part of my identity, I could simply afford to avoid questioning my relation to the colonial aftermath. This is a privilege that directly stems from the fact that I had packed a colonial language in my arsenal, having received education in English my entire life. My language skills were applauded by others – especially in Egypt, a former British colony. Language was a primary factor, if not the most important one, in my professional advancement in life. Coupled with and surrounding this language is an entire persona that speaks, acts, and performs it. I realized that my entire behaviour, my performance, in the first four years of my experience living in Europe, was a subconscious endeavour to self-assimilate. My internalized racism manifested itself in a perpetual self-enacted whitewashing through language, clothing, social behaviour, and other aspects of cultural expression. In this performance, I incessantly tried to wipe off any traces of where I come from, in attempt to create a world where my ethnicity and my faith were entirely irrelevant, and to distance myself from my identity as an Arab. There was no urgency to realize let alone question this performance; many white people would tell me I was "progressive", "not like other Arabs", and not fitting "the stereotype" – things they presented as compliments. What such compliments actually meant was that nothing about my cultural performance made them feel uncomfortable. I exhibited absolutely no symptoms to Arabness. My relatively smooth so-called integration was conditional on me not performing my culture in any way, not disrupting *how things are done*. I was a good immigrant – a performance I subconsciously crafted out of fear. The fear of rejection and inferiority worked together with my desire to prove my worth in the eyes of the society I was navigating. This is by no means unique to my case or that of Arab migrants and displaced individuals (Pyke & Dang, 2003; Pattynama, 2000).

> (You might) sense something is amiss. You have to get closer to the feeling; but once you try to think about a feeling, how quickly it can recede. Maybe it begins as a background anxiety, like a humming noise that gradually gets louder over time so that it begins to fill your ear, cancelling out other sounds. And then suddenly it seems (though perhaps it is not sudden) what you tried so hard not to notice is all you can hear...Attending to the feeling might be too demanding: it might require you to give up on what otherwise seems to give you something; relationships, dreams; an idea of who it is that you are; an idea of who it is that you can be. You might even will yourself not to notice certain things because noticing them would change your relation to the world; it would change the world to which you exist in relation (Ahmed, 2017, pp. 27–28).

Fear is a reaction to protect and maintain the self and the constructs one takes for granted about oneself and the world. Although Sara Ahmed was explicitly writing about feminism, one could replace feminism in this narrative with any movement standing for the rights of HEGs. The anxiety she speaks of is so familiar; it is a tiny flame signalling *this feels wrong*. But in the moment, one cannot isolate this feeling and or delve deeper into it. Perhaps one cannot afford to question *how things are*. The moments then start accumulating, and this aggregation becomes scarier; it begins to burn. The burning turns into a wound, and the wound eventually turns into anger.

The bad news was that my identity confusion was a by-product of (neo)-colonialism. The good news was that I got angry.

Both anxiety and anger, in my opinion, are emotions plugging the grey zone between the harsh reality and the ideal imaginary, or *how things are* and *how they should be*. And although anger has quite a bad reputation, I am a fan. Unlike anxiety, which was rather paralyzing, anger was a productive emotional reaction; I started to connect the dots much faster and much more intuitively. Gradually, somewhere on the anxiety/anger nexus, I start seeking comfort in confirmation, in verbalization, in expression and self-disclosure. The "this is exactly how I feel!" confirmation coming from someone else – a community of like-minded individuals – was a gamechanger.

Decision: Community and the Grassroots Level

Like language, space is power. We often overlook space as a very basic requirement for people to be able to commune, to get together. Physical space and the built environment play quite a critical role in people's ability to navigate their cultural and ethical identities. In fact, there is a dialectic relationship between this built environment and the abstract "space"; space can emerge from space. This means that physical space can enable and reinforce discourse and culture, and vice versa, which is particularly relevant for diasporic communities.

By 2016, two of Hamburg's biggest theatres, Thalia Theater and Kampnagel, had dedicated physical spaces on their premises to alternative creative projects. Kampnagel describes Migrantpolitan as "a place that leaves behind the social classifications of 'refugees' and 'locals' and whose actors jointly create cosmopolitan visions – (a) constellation of people, opinions, artistic and political practices (that) has given rise to concepts that are already bearing fruit in the Kampnagel program…" (Migrantpolitan – Kampnagel, 2017). Similarly, the Embassy of Hope Café, located in the foyer of the Thalia Gaußstraße, was dedicated to serving the legal, social, and (eventually) cultural needs of People of Colour, especially refugees. In parallel, both spaces have been managed by Syrian men. They started off by utilizing the creative skills and artistic talents of the Arabic-speaking migrant community to build their program, while including and collaborating with other communities as well in multiple formats. While I regularly frequented Migrantpolitan, I was personally invested in the Embassy of Hope.

By 2017, through Thalia's Embassy of Hope, I became part of an ensemble that is now known as *Stimmen aus dem Exil*. What started off as a simple *szenische Lesung*[5] organically evolved into an events series that reverberated in the cultural scene in Hamburg. Arabic, Farsi, English, Turkish, Korean, Spanish, and German were spoken and heard. Amateur writers, students, performance artists, and professional actors and technicians worked together. Our audience grew. We collaborated with musicians and collectives from other cities, too, even beyond Germany. At the intersection of the migration experience and our love for theatre, we formed a community, one of the first of its kind in Hamburg. Every six-to-eight weeks, we critically engaged with compelling themes that mattered to us: identity, belonging, longing, family, racism, multilingualism. We artistically articulated our thoughts and feelings: our fear, rage, and frustration, our selves. And in the summer of 2019, we travelled beyond Hamburg as part of a campaign against right-wing extremism ahead of the state elections in Saxony and Brandenburg.

Reaching the point where we felt like the artistic 'product' we created was sufficiently valued or appreciated was not smooth or effortless. There were, as one would expect, challenges and setbacks in our attempt to grow and take up the space we felt entitled to as residents with authentic cultural input in the city. The Embassy of Hope manager often had to scramble for resources. Most of the time, we, the writers, performed our pieces and expected nothing in return. But it was worth it, and we persisted. Because it was *our* project. Taking ownership in a competitive cultural environment is tricky, especially for those who did not have a straightforward path to taking up cultural space. For our group to take up space and be on stage, the only requirement was interest and the quality of the work one presented. None of us had a degree or a career in theatre, but we created art, participated, learnt, grew, and evolved – as individuals and as a group. By late 2020, *Stimmen aus dem Exil* published its anthology to mark its conclusion, a collage of its many episodes, with texts in their original languages accompanied by German translations (Fig. 3).

---

5 German for a staged reading of poetry or prose.

Fig. 3: Cover of the *Stimmen aus dem Exil* Anthology (Copyright: Larissa Bertonasco)

So what made this experiment work?

What guaranteed the success of *Stimmen aus dem Exil* was its grassroots participatory nature. Thalia Theater did not conceptualize the events series, but it made space (both physically and in its program) for a community of diverse people to co-create something valuable. Together, we were *Kulturschaffende* – creators of culture. The ensemble worked with directors, actors, and technicians from the theatre, and it was a mutual learning process. And this co-creation was relatively accessible; one did not have to work for a cultural institution to qualify. Even though the institutional structures imposed some relative restrictions, the classical barrier between institute and community was blurred. And because *Stimmen aus dem Exil* was ours just as much as it was Thalia's, its sustainability was a mutual effort. As a community, one main reason why we persisted is that we had recognized our right to take up space and language. We did not want to be perceived as inferior, as a charity project, or some pseudo-art-therapy happening. We had to speak for ourselves and demand cultural space that we rightfully earned, especially amidst a toxic discourse of conflicting opinions about migration at large. We claimed a legitimate platform for expressing our anxieties, our stories, our anger – for coming out.

When we arrived in Germany, we were confronted with a world of limitations – legal, linguistic, and financial, just to name a few. These limitations characterized the first few years of our reality as migrants. As long as one is barely surviving, contemplating one's own visibility in culture feels like a luxury problem. But once a certain threshold was crossed, we were here to stay. We had to be brave enough to position ourselves in the discourse and to act upon this positioning.

I realized that, in Hamburg, the only cultural spaces where this first generation of Arabic-speaking migrants could represent and speak for themselves were not more than a quota – an insignificant portion handed out by larger, established institutions. But after six years of residing in Germany, I was finally at a point where I could play my part, and that is when I landed at the Bücherhallen Hamburg. Although I had been flirting along the margins of the culture scene in the city for several years, the Bücherhallen marked my first hands-on institutionalized encounter in the manner of formal employment. One particular reason why I had the courage to apply was a statement in the Bücherhallen's job ad, that applications from BIPOCs, migrants, and refugees were strongly encouraged. I had never had the courage to formally engage with the culture sector out of the assumption that I would not be able to undertake my job in German, to put an application together, let alone go through an interview process, compete with qualified fluent German speakers, or communicate effortlessly in an unfamiliar institutional setting. Looking back, this fear was some unfounded insecurity. Luckily, my frustration with *how things are* was much more potent, and the vacancy's announcement was both motivating and fitting to my profile. Since August 2020, I have shared the position as a diversity worker with my colleague Sylvia Linneberg, who has been incredibly supportive with all the experience and knowledge she shares with me.

A Way Forward: Participation at the Institutional Level

> What happens when you discover that becoming relevant to a community of interest requires profound institutional change? At that point, you have to make a decision about your willingness to restructure your room for this community. Transformative relevance work is intense. It takes time. It requires all parties to commit. Institutional leaders have to be willing and able to reshape their traditions and practices. Community participants have to be willing to learn and change too. And everyone has to build new bridges together (Simon, 2016, p. 173).

What distinguishes the Bücherhallen as an institution is the duality of being instantaneously centralized and decentralized, an aspect that eases accessibility. It has the advantage of being spread all over the city with 32 district libraries, 2 book-buses, and a central library (Barckow, 2019). The Bücherhallen set itself on a goal to "open" its doors – doors which were never closed to begin with. But the questions were: How can the institution's efforts to diversify its practices become more authentic, more impactful? How can it truly strive for cultural fairness and ensure better representation of the city's diverse communities? And instead of talking about minority groups in our contributions to public discourse, what if we talk *to* them?

At the very core of my work is the design and implementation of a strategy for *35 Offene Türen*, or 35 Open Doors, an initiative that aims at inviting members of the city's different communities to co-create the Bücherhallen's cultural programme. So far, the programme has been typically designed on the receptive and interactive levels, where the public is a mere recipient of culture and is occasionally given the room for feedback and suggestions. But co-creating goes one step further: the collaborative and participatory level. Members of the city's diverse communities are invited to join us on an eye-level platform, converse with us, express their wishes, and contribute to conceptualizing our cultural output. In the participatory scenario, the institute's relevance is derived from society itself.

So here is the equation: one goal, one strategy, and 35 locations, right? Wrong. I found myself in a living example of what Nina Simon calls a "one core, many doors" setting, whereby the institution has one mission and many ways for many people to participate. As Simon (2016) remarks, "this is the strongest path – and the most difficult. It takes courage and focus to maintain one core. It takes open-heartedness and humility to open many doors. It takes trust to hold it all together" (pp. 156–157). There was no way one could implement the same practices and have the same conversation with everyone, especially in a city like Hamburg, where the multiplicity of the urban setting dictates a unique urban makeup for every district. Moreover, taking the psychological aspect of diversity work into consideration entails understanding that the goal, the attitude, was to be communicated and strategized in a way that is adaptable and humanly relatable to an incredibly diverse set of people: my colleagues working at the district libraries.

Participatory practices are brave, and that goes for both the community and the institutional levels. Along with the urgency to remain relevant, it takes courage and stamina for institutions to structurally and behaviourally adapt themselves and their working cultures. For decades, institutions have been fundamentally built upon top-down philosophies, a dynamic that has only fortified barriers to accessing culture as creators and producers, rendering it exclusive to those already at the top of the cultural rights hierarchy. The participatory approach, on the other hand, prioritizes the grassroots level. It places the institution in the position of the mediator and the facilitator who makes room for different stakeholders to take ownership of culture. It requires flexibility, change, conversation, trial and error, and is prone to negotiation and change. For an institution, this is a tedious and laborious task that takes many years to accomplish. The task we are undertaking, for now, is only the first step in the right direction, laying the foundational bricks for the future.

In fact, we are not only working on laying these foundational bricks, and this is precisely why cultural diversity work is so demanding. Intrinsically, diversity work is a labour of disruptive nature. It aims at interrupting, even breaking, continuities. It is a labour of change, of rewriting systematic norms that triumph (and are upheld by) white, cis-gendered, and heteronormative actors. These "norms" have centuries-old historical roots that are deeply entrenched in society's ways of being, our ways of doing. We commonly hear of diversity practitioners experiencing institutions as resistant to their work. We hear of rigidity, lethargy, and brick walls (Ahmed, 2012). That is because the labour we do is an act of simultaneous doing and undoing. Building and destroying. Wiring and unwiring. Undoing the work of structural, systematic repression that has, for centuries, been passed on, reproduced, and channelled through cultural dynamics, institutions being representative thereof. And this process of simultaneous doing and undoing is de-facto psychological labour.

"Mrs El Hariry, by the end of your time here, you will have learnt quite a lot…," Susanne Wilkin, Head of the District Libraries Department, once said to me.

"About German working culture?" I interrupted.

"No," she said. "About people."

Bibliography

Ahmed, S. (2012). On being included: racism and diversity in institutional life. Duke University Press.

Ahmed, S. (2017). Living a feminist life. Duke University Press.

Ali, S. (2015). The Coming Out Journey: A Phenomenological Investigation of a Lifelong Process. In American Counseling Association Conference. Orlando, FL; VISTAS Online. https://cdn2.psychologytoday.com/assets/2017_ali_coming_out_journey_.pdf (24.5.2021).

Ali, S. & Barden, S. (2015). Considering the Cycle of Coming Out: Sexual Minority Identity Development. The Professional Counselor, 5(4), pp. 501–515. https://doi.org/10.15241/sa.5.4.501 (16.6.2021).

Barckow, A. (2019). Vielfalt@Bücherhallen. Interkulturelle Bibliotheksarbeit. In Hauke, P. (Hrsg.), Öffentliche Bibliothek 2030: Herausforderungen, Konzepte, Visionen, pp. 145–151. https://doi.org/10.18452/20201 (16.6.2021).

Batzke, I. (2019). From "coming out" to "Undocuqueer": intersections between illegality and queerness and the US undocumented youth movement. In Bonifacio, G. T. (Ed.), Global perspectives of gendered youth migration: Subjectivities and modalities, pp. 125–142. Policy Press.

Deardorff, D. (2009). The SAGE handbook of intercultural competence. SAGE.

Dorlin, E. (2016). To be beside of oneself: Fanon and the phenomenology of our own violence. In Latimer, Q. & Szymczyk, A. (Eds.), South as a state of mind: Documenta 14 #2, pp. 40–47. Documenta und Museum Fridericianum GmbH.

Fanon, F. (1963). The wretched of the earth. Grove Press.

Fanon, F. (1967). Black skin, white masks. Grove Press.

Gray, M. (2009). Negotiating Identities/Queering Desires: Coming Out Online and the Remediation of the Coming-Out Story. Journal Of Computer-Mediated Communication, 14(4), pp. 1162–1189. https://doi.org/10.1111/j.1083-6101.2009.01485.x (16.6.2021).

Leung, K., Ang, S. & Tan, M. L. (2014). Intercultural Competence. Annual Review of Organizational Psychology and Organizational Behavior, 1(1), pp. 489–519. https://doi.org/10.1146/annurev-orgpsych-031413-091229 (16.6.2021).

MIGRANTPOLITAN – Kampnagel. (2017). https://www.kampnagel.de/en/programmreihe/refugee-i-ism/?programmreihe=17 (16.6.2021).

Pattynama, P. (2000). Assimilation and Masquerade: Self-Constructions of Indo-Dutch Women. European Journal of Women's Studies, 7(3), pp. 281–299. https://doi.org/10.1177/135050680000700304 (16.6.2021).

Pipher, M. B. (2007). Writing to change the world. Riverhead Books.

Pyke, K. & Dang, T. (2003). "FOB" and "Whitewashed": Identity and Internalized Racism Among Second Generation Asian Americans. Qualitative Sociology, 26(2), pp. 147–172. https://doi.org/10.1023/A:1022957011866 (16.6.2021).

Schramm, M., Moslund, S., Petersen, A., Gebauer, M., Post, H., Vitting-Seerup, S., & Wiegand, F. (2019). Reframing migration, diversity, and the arts: the postmigrant condition (1st ed.). Routledge Ltd.

Simon, N. (2016). The art of relevance. Museum 2.0.

Thalia Theater. (2020). Stimmen aus dem Exil.

Shorouk El Hariry (deutsche Übersetzung von Anya Lothrop)
Coming-out als Diversity-Fachkraft mit Migrationsgeschichte: Die Perspektive einer 360°-Agentin in den Bücherhallen Hamburg

Im Oktober 2020 wurde ich von Studio Marshmallow gebeten, ein Gespräch im Rahmen des fluctoplasma Festivalprogramms zu moderieren (www.fluctoplasma.de). Es war das erste Festival dieser Art in Hamburg, bei dem unter dem Motto „Blue Burning" Black, Indigene und People of Colour (BIPoC) die Organisation übernahmen und zusammentrafen, um mittels künstlerischer Projekte die klaffenden Wunden unserer Gesellschaft zu erkunden. Zu diesem Zeitpunkt war ich erst seit etwas mehr als zwei Monaten als Agentin für interkulturelle Öffnung bei den Hamburger Bücherhallen tätig. Dem Gespräch wohnte auch eine kleine Gruppe von Akteur*innen bei, die sich in der Kulturszene der Stadt sowohl auf institutioneller Ebene als auch an der Basis engagieren. Kurz bevor wir loslegten, sprach mich ein Teilnehmer – ein älterer, weißer deutscher Mann – mit einer Bemerkung an, die in etwa lautete: „Es ist sehr mutig von den Bücherhallen, jemanden wie Sie für diese Position einzustellen."

Ich ging sofort in die Defensive: „Was meinen Sie mit 'jemanden wie mich'?"

Ich bin eine Frau, die ihren Weg nach Deutschland in der nach 2011 begonnenen und sich in den letzten zehn Jahren kontinuierlich weiterentwickelnden Welle der arabischen Migration nach Europa gefunden hat. Wie viele meiner Generation hatte auch ich es nicht leicht, in der Hamburger Kulturszene Fuß zu fassen, da mir anfangs die systematischen Instrumente, die anderen einen solchen Zugang ermöglichen, verwehrt blieben – darunter auch die Sprache.

Und so war mein Weg zur Diversity-Fachkraft ein nichtlinearer Lernprozess. Nachdem ich es einmal verstanden hatte, war für mich nicht mehr zu übersehen, dass bei der Arbeit, die wir leisten, eine wesentliche Komponente fehlte: Emotionen. Mir wurde klar, dass die Arbeit im Bereich Diversity einen starken psychologischen Aspekt beinhaltet. Nachdem ich nun seit mehreren Monaten in den Bücherhallen tätig bin, hat sich meine Einstellung zu der Bemerkung dieses Mannes durchaus gewandelt. Ich werde nie wirklich wissen, was er mit diesem Satz bezweckte, aber ich kann ihm in einem Punkt zustimmen: Es ist in der Tat mutig – und genau dieser Mut ist es, der die primäre treibende Kraft sowohl für Kultureinrichtungen als auch für Minderheitengemeinschaften auf unserem Weg nach vorne sein sollte.

In gewisser Weise war und ist diese Arbeit für mich auch ein Coming-out-Prozess. Eine Diversity-Fachkraft zu sein ist ein wichtiger Zwischenschritt im Kontinuum meiner langfristigen Beziehung zur Migrationserfahrung – als Individuum und als Teil der arabischsprachigen Diaspora in Deutschland. Diese neue Generation von Einwanderern hat erst vor kurzem damit begonnen, ihre unverwechselbare, eigenständige Stimme zwischen dem Hier und dem Dort zu erheben. Und die Zeit ist reif für unser Coming-out, und zwar ein mutiges.

Diversity-Arbeit als emotionale Arbeit

Zwei Kernkomponenten dominieren klassischerweise Gespräch und Diskurs über Diversity-Arbeit: Theorie und Praxis; Denken und Verhalten; Abstraktion und Umsetzung. Im theoretischen Bereich haben Sozialwissenschaftler*innen und Forscher*innen größere Fortschritte denn je dabei gemacht, das komplizierte Geflecht von interkultureller Kommunikation und gesellschaftlicher Inklusion im 21. Jahrhundert zu entwirren (Schramm et al., 2019). Heute existiert eine ganze Industrie von „Diversity-Speakern", die mit öffentlichen und privaten Institutionen zusammenarbeiten, um – in dem Bemühen, diversitätsorientierte Praktiken in institutionelle Strukturen zu integrieren – mehr oder zum Teil auch weniger anwendbare Denkanstöße und Modelle zu vermitteln (Deardorff, 2009; Leung et al., 2014). Die tatsächliche Umsetzung, die tatsächliche Arbeit, hat sich derweil als große Herausforderung erwiesen. Die Gesellschaft entwickelt sich mit exponentieller Geschwindigkeit weiter. Eine ebenso schnelle Transformation innerhalb der kulturellen Institutionen, die der Öffentlichkeit dienen, hat es bisher allerdings nicht gegeben. Erst in jüngster Zeit haben diese Institutionen begonnen, ihre Fähigkeit in Frage zu stellen, auch in Zukunft eine gewisse Relevanz für die Gesellschaft zu bewahren. Es braucht in der Tat Zeit, um bestimmte Strukturen und Praktiken in Arbeitsabläufe zu integrieren und eine Art Routine innerhalb größerer Systeme im öffentlichen Bereich zu etablieren. Prozesse lassen sich nur langsam verändern, geschweige denn verinnerlichen. Dennoch entbinden diese Schwierigkeiten den öffentlichen Kultursektor nicht von der Verantwortung, die auf seinen Schultern liegt. Der Schwierigkeitsgrad könnte genauso gut dazu verleiten zu fragen: „Wir haben uns doch bisher ganz gut geschlagen; warum lassen wir die Dinge nicht einfach so, wie sie sind, und hoffen auf das Beste?" Wie Sie in diesem Sammelband erfahren, ist das Motiv dafür, nach Höherem zu streben, jedoch klar: kulturelle Fairness. Es geht um die Identität und die kulturelle Zugehörigkeit der Menschen, die in unserer Stadtgesellschaft leben – um kulturelle Bürgerschaft.

Kurz nach der Begegnung auf dem fluctoplasma-Festival begann ich, tiefer in meine Arbeit einzutauchen. Meine Aufgabe war alles andere als einfach: eine 15-Stunden-Woche, 35 verschiedene Standorte, die über die ganze Stadt verteilt waren, über 400 Mitarbeitende, eine 100 Jahre alte Institution und nur 20 Monate Zeit, um eine umfassende Strategie für Community-Outreach und partizipative Veranstaltungsformate zu entwickeln und umzusetzen. Ganz zu schweigen von den erschwerenden Einschränkungen, die dem Kultursektor aufgrund des COVID-19-Ausbruchs bundes- und weltweit auferlegt wurden. Ungeachtet der Hindernisse ist es bisher eine sehr anregende Erfahrung gewesen. Allmählich begann ich zu begreifen, dass Diversity-Arbeit nicht nur die Ansammlung sozialwissenschaftlicher Gedanken und deren Anwendung in der realen Welt ist. Wie in anderen Beiträgen zu diesem Buch bereits hervorgehoben wird, ist Diversity eine Denkweise, die man sich aneignet – eine Haltung.

Diese „Haltung" als Ausgangspunkt zu nehmen, hat es mir ermöglicht, die Beziehung zwischen ihren drei Hauptkomponenten zu betrachten: Gedanken, Verhaltensweisen und Gefühle. Mir ist aufgefallen, dass wir zwar viel Zeit und Mühe darauf verwenden, über Ideen und deren Umsetzung in die Praxis nachzudenken, dass wir aber noch nicht ernsthaft damit begonnen haben, über die emotionale Komponente zu sprechen, die unserer Arbeit als Diversity-Fachkräfte zugrunde liegt. Diese Betrachtung war bidirektional – sowohl nach innen als auch nach außen, auf das Selbst und auf andere gerichtet.

Nach innen: Der Prozess des Coming-outs

Als ich nach innen blickte, erkannte ich, dass ich mich in einer Situation befinde, in der ich als queere Woman of Colour und als institutionelle Diversity-Fachkraft im öffentlichen Kultursektor sowohl Nutznießerin als auch Ausführende meiner Tätigkeit bin. Im Laufe der Zeit habe ich viele Parallelen und Schnittpunkte zwischen meinen persönlichen Erfahrungen und meiner Arbeit entdeckt – das Innere ist oft ein Mikrokosmos der äußeren Welt. Während ich mich in das Thema einarbeitete, habe ich eifrig die Arbeiten von Sara Ahmed, Living a Feminist Life (2017), und Nina Simon, The Art of Relevance (2016), gelesen – Literatur, die meine Weltanschauung enorm bekräftigte. Ihre Arbeit reflektiert und ermutigt eine globale intellektuelle und von der Basis geführte Bewegung zum intersektionalen Abbau repressiver gesellschaftlicher Strukturen, die idealerweise durch institutionelle Arbeit unterstützt wird und der sie auch entspringt. Man kann nicht einfach von Geschlechterrepräsentation innerhalb institutioneller Strukturen sprechen, ohne die Kämpfe um die sozialen, ökonomischen, politischen und kulturellen Rechte von BIPoCs, queeren Menschen oder Menschen mit Behinderungen zu berücksichtigen. Historisch ausgegrenzte Gruppen (Historically Excluded Groups, HEGs), die aufgrund ihrer ethnischen Zugehörigkeit, ihres Herkunftsortes, ihres Geschlechts, ihrer sexuellen Orientierung, ihres Alters oder ihrer körperlichen Einschränkungen marginalisiert werden, finden zunehmend ihre Stimmen, vereint in einer intersektionalen Ideologie des Hinterfragens, Dekonstruierens und Auflösens. Rassistische, koloniale und patriarchale Strukturen, die Sexismus, Heteronormativität, Altersdiskriminierung und Behindertenfeindlichkeit verstärken, werden von HEGs und ihren Verbündeten in Frage gestellt. Hinzu kommt die Komplexität der Migration des 21. Jahrhunderts als ein vorübergehender Zustand, ein Punkt in der Geschichte, ein Hintergrund, vor dem all diese verschiedenen Formen zivilgesellschaftlichen Handelns interagieren, sich bewegen und sich gegenseitig ergänzen. Ein bedeutender Teil dieses Engagements zielt auf das Recht ab, sich zu emanzipieren, das Selbst offenzulegen und zu repräsentieren (Batzke, 2019). Es ist eine Ankündigung der Abweichung von der „Norm" oder von den gesellschaftlichen Konstrukten darüber, wie die Dinge zu tun sind. Im Wesentlichen zielt es darauf ab, sich zu outen.

In den Queer Studies beinhaltet der Begriff des Coming-outs einen Prozess. Dieser dreht sich nicht um einen singulären, definierenden Moment und orientiert sich auch nicht daran, sondern ist ein kontinuierlicher Vorgang des Verwebens von Narrativen in die eigene Identitätsarbeit. Sicherlich entscheiden sich einzelne Personen für ein Coming-out durch drastische Mittel wie eine öffentliche Bekanntgabe, ein einmaliges Ereignis im Leben. Alle Coming-out-Erfahrungen sind jedoch langwierig und andauernd – sie werden zeitlebens fortgesetzt (Ali, 2015; Gray, 2009). Von einem intersektionalen Ansatz ausgehend fragte ich mich: Wie könnte ich den Begriff „Coming-out" aus der Queer-Theorie fruchtbar machen und ihn auf den Kontext der kulturellen Rechte anwenden? Wo ist sein diskursiver und heuristischer Platz in dieser Gleichung? In der Psychologie wird das Coming-out als ein Prozess verstanden, der drei verschiedene Ebenen umfasst: Erkenntnis, Bewertung und Entscheidung. Auf das Gewahrwerden der eigenen Identität folgen eine bewusste und unbewusste Analyse, ob es notwendig, gerechtfertigt oder angemessen ist, sich zu offenbaren, sowie eine Sondierung von Alternativen hinsichtlich des Handelns oder Nichthandelns. Schließlich kommt es zu einer Entscheidung: ein verbindlicher Entschluss, die eigene Identität entweder offenzulegen oder geheim zu halten (Ali & Barden, 2015).

Während mir diese Ebenen im Kopf herumgeisterten, wurde ich aufgefordert, meine Coming-out-Erfahrung als Migrantin in Bezug auf meine Begegnungen mit der Kultur in Hamburg, meiner sogenannten „Gastgeber-Stadt", zu schildern. Im Rahmen dieses introspektiven Experiments der Selbstdarstellung gingen mir viele Ereignisse, Orte, Personen, Begebenheiten, Höhepunkte und Enttäuschungen durch den Kopf. Ich erinnerte mich daran, wie ich viele Jahre lang kaum ein Wort Arabisch mit den Menschen in meiner näheren Umgebung sprach, was dazu führte, dass ich irgendwann in einem Telefongespräch mit meiner Mutter das arabische Wort für Aubergine vergessen hatte. Diese Phase dauerte von Juli 2014 bis März 2017, bis ich endlich eine Gemeinschaft gleichgesinnter arabischsprachiger Menschen traf, bei denen ich meinem Frust über die ägyptische Militärdiktatur durch Sarkasmus und Memes Luft machen konnte. Ich erinnerte mich auch daran, wie ich jahrelang keinen Ort in der Stadt finden konnte, an dem Amateurschriftsteller ihre Dichtkunst auf Englisch oder Arabisch unter die Menschen bringen konnten. Und wie ich dann 2018 zum ersten Mal für die Aufführung eigener Monologe an einem renommierten Hamburger Theater bezahlt wurde. Ich erinnerte mich daran, dass ich bestimmte Karrierewege nicht einschlagen konnte, weil sie nicht ausreichten, um den deutschen Staat davon zu überzeugen, dass ich es würdig war, mir das Grundrecht auf Aufenthalt zu gewähren. Und wie mir 2017 nach dem Einzug der AfD in den Bundestag im Bus ein betrunkener Mann mit Messer rassistische Beleidigungen zu murmelte. Ich erinnerte mich auch daran, wie ich nach den Ereignissen in Chemnitz 2018 auf Demonstrationen gegen Rassismus tanzte. Und wie es mir nun möglich ist, zu einem Sammelband beizutragen, in dem mir der Raum anerkannt worden ist, meine Erfahrungen als Migrantin und Diversity-Fachkraft offenzulegen, darzustellen und zu teilen – mich zu outen und zu partizipieren.

Migration ist dabei für mich nicht nur ein zeitlicher Hintergrund, sondern ein selbstverständlicher Ausgangspunkt.

Erkenntnis: Eine Migrantin werden

Ich bin den größten Teil meines Lebens eine Migrantin gewesen, denn ich habe weniger als die Hälfte davon in meinem Geburtsland Ägypten verbracht. Allerdings war ich mir meines fast unaufhörlichen Zustandes der Migration nicht von Anfang an bewusst. Als ich 40 Tage alt war, wanderte meine Familie mit mir nach Kuwait aus, da mein Vater dort eine Stelle angenommen hatte. In diesem arabischen Quasi-Gastarbeiter-Narrativ spielte Migration in meiner Kindheit dennoch keine besonders tiefgreifende Rolle. Das verdanke ich einem Privileg: dem hohen Stellenwert, den Bildung in meiner Familie einnahm. Sie schickten mich auf eine britische Schule, die sich damit rühmte, Schüler*innen,

Lehrer*innen und Angestellte aus 64 verschiedenen Nationen zu vereinen. Meine Klassenkamerad*innen waren sri-lankisch, syrisch, britisch, kuwaitisch, palästinensisch und südafrikanisch. In dieser Konstellation war mein Ägyptisch-Sein nicht relevant. Auch nicht mein Arabischsein, meine ethnische Zugehörigkeit oder meine Hautfarbe. Niemand sprach mit mir darüber; fast könnte ich sagen, dass diese Dinge in meiner bewussten Erfahrung keine Rolle spielten. Obwohl ich mir als Kind meiner nationalen oder ethnischen Identität nicht bewusst war, sahen meine Eltern das ganz anders – doch dies sollte ich erst viel später in meinem Leben erfahren. Im Jahr 2000 zog meine Familie zurück nach Kairo, das ich jedoch 2013 wieder verließ, zwei Wochen nach dem Massaker, das das ägyptische Militär an den Muslimbrüdern und ihren Anhänger*innen verübte und das auch als Massaker von Rabaa bekannt ist. Ich nahm abermals von meinem Geburtsort Abschied, um als Stipendiatin ein Masterstudium in Europa zu absolvieren – zunächst in Dänemark, dann in Deutschland.

Das Bewusstsein für Migration als integraler Bestandteil meiner Identität ist mir erst in Deutschland gekommen. Obwohl ich in Ägypten die Journalismus-Schule besuchte, war eine formale Bildung zum Thema Rassismus oder Migrationsstudien nicht Teil der Lehrpläne für meine Generation, und die öffentliche Debatte war mit anderen Themen im eigenen Land übersättigt, wobei die Revolution gegen das Mubarak-Regime im Rampenlicht unseres Bewusstseins stand. Alles drehte sich um die Revolution; jedes Narrativ bezog seine Bestätigung oder Legitimation aus ihrer Dialektik. Als ich 2013 nach Europa zog, war es für mich zunächst die typische Erfahrung eines „internationalen Studiums"; in meinem Jahrgang gab es 109 Studierende aus über 45 verschiedenen Ländern. In meinen Augen war diese Art von Diversität ziemlich selbstverständlich. Ich nahm diese Chance nicht als selbstverständlich hin, aber sie war auch nichts völlig Neues für mich. Gleichzeitig aber waren Ort und Zeit – Europa im 21. Jahrhundert – von einem breit angelegten Diskurs über Migration geprägt, und dieser Diskurs trug dazu bei, mein Bewusstsein zu formen. Als junge Journalistin und Studentin der Medienwissenschaften nahm ich sogar an diesem Diskurs teil. Ich begleitete meine europäischen Kommiliton*innen als eine Art Vermittlerin auf ihren Touren zum Bazaar Vest, wo sie über „arabische Migranten in Dänemark" schrieben und ihre Geschichten dann an digitale Nachrichtenagenturen verkauften, um ihre journalistischen Portfolios zu verbessern. Damals fühlte ich mich nicht als arabische Migrantin; ich war einfach eine Journalismus-Studentin und meinen (größtenteils weißen) Kommiliton*innen gleichstellt, welche über ein gesellschaftliches Phänomen debattierten. Ich hatte mich selbst noch nicht in diesem Diskurs platziert – was ein unbewusster Akt der Distanzierung war.

Ich kann mich nicht an den genauen Moment erinnern, in dem ich mir meines Platzes im Migrationsnarrativ bewusst wurde, aber es muss nach der massenhaften Ankunft syrischer Flüchtlinge in Deutschland im Jahr 2015 passiert sein. Diese Erkenntnis fiel mit meiner Entscheidung zusammen, in Deutschland zu bleiben, als ich anfing zu realisieren, dass die Art und Weise, wie Dinge getan werden, gegen mich arbeitete: dass meine persönlichen Erfahrungen und der umfassendere Diskurs über Migration miteinander verwoben sind, dass das Persönliche und das Politische untrennbar miteinander verbunden sind, und dass meine Erfahrungen in einem größeren Kontext stattfinden und sich darin widerspiegeln. Ich konnte die Geschichten über alltäglichen Rassismus, von denen ich las und mit denen ich mitfühlte, nicht länger als isolierte Vorfälle einordnen; sie waren von Anfang an Symptome systematischer Unterdrückung gewesen. Ich erkannte, dass es uns und sie gibt: diejenigen, die weiß sind, und diejenigen, die es nicht sind. In diesem Narrativ bin ich Teil der unterdrückten Gruppe, derjenigen, die nicht weiß sind – eine Unterdrückung, die mir auferlegt wurde und die ich naiverweise nicht erwartet hatte. Als ob das Privileg meiner neokolonialen Erziehung eine Art Trennung zwischen dem Persönlichen und dem Weltlichen geschaffen hätte. Mir wurde klar, dass ich eine Immigrantin bin, und ich musste mich nun in diesem größeren Migrationsnarrativ lokalisieren und positionieren. Und dieses Bewusstsein war für mich recht offenbarend.

Bewertung: (Neo)koloniale Angst und Wut

Haben Sie jemals jemandes Werk gelesen und eine immense Dankbarkeit für die Fähigkeit dieser Person empfunden, ein Gefühl, für das Sie nie wirklich Worte finden konnten, präzise auszudrücken? Frantz Fanon ist für mich ein solcher Autor. Sein Werk war eines der ersten, das mich auf einer Ebene ansprach, die zuvor niemand erreicht hatte, das mich mit einer Realität konfrontierte, die ich nicht hatte sehen wollen. Obwohl sie in einer anderen Zeit und an einem anderen Ort angesiedelt ist, leistet Fanons Abhandlung über die Psychologie des Kolonialismus einen zeitlosen Beitrag zur intellektuellen Geschichte und zur Geschichte der Weltanschauungen, der – zum Glück bzw. leider – bis heute relevant ist.

Fanon kontextualisierte seine gelebte Erfahrung und seine Kompetenz als Psychiater vor allem in Black Skin White Masks (1967) und The Wretched of the Earth (1963). In Black Skin White Masks (Schwarze Haut, weiße Masken) psychoanalysiert er die koloniale Erfahrung aus der Perspektive der Schwarzen und hebt hervor, wie der Kolonialismus von den Kolonisierten verinnerlicht wird, was zur Entstehung eines Minderwertigkeitskomplexes und zu einem aufgesetzten „Weißsein" als Reaktion darauf führt. Eine erste „Maske" bezieht sich auf die Dialektik des Erkennens, eine zweite auf die Affirmation des Selbst – die Selbstwahrnehmung als inhärent minderwertig und die daraus resultierende Inszenierung des Selbst. Verinnerlichter und gesellschaftlicher Rassismus fungieren gemeinsam als Kontrollmechanismen, die koloniale Verhältnisse als „natürliche" Erscheinungen rechtfertigen (Dorlin 2016).

> Historisch gesehen muss man verstehen, dass der Negro [i. O.] Französisch sprechen will, weil es der Schlüssel ist, der ihm Türen öffnen kann, die ihm vor fünfzig Jahren noch verschlossen waren. Im Antilles-Negro [i. O.], der in dieser Studie eingeschlossen ist, finden wir ein Streben nach Feinheiten, nach Verbesserung der Sprache – also nach vielen weiteren Instrumenten, anhand derer er sich selbst zu beweisen versucht, dass er der Kultur gewachsen ist. (Fanon, 1967, S. 38–39; Übersetzung: A. Lothrop)

Fanons Werk hat mich sehr berührt. Ich fragte mich: Sind die koloniale Erfahrung der Schwarzen und die neokolonialistische Erfahrung der arabischen Migrant*innen vergleichbar? War ich die Schwarze in Fanons Geschichte? Hatte ich den Rassismus selbst verinnerlicht? Und warum war ich mir dessen vorher nie bewusst geworden? Es war, als ob das Meer, vor dem ich schon immer gestanden und das ich ständig beobachtet hatte, endlich eine Welle über mich hereinbrechen ließ und mich durchnässt zurückließ; es gab keine Alternative, als kopfüber hineinzuspringen. Eine Migrantin in Europa zu werden bedeutete, die Angst als wesentlichen Bestandteil meines Lebens zu akzeptieren: Angst, die elementare Geborgenheit des Lebens zu verlieren, als minderwertiges Wesen wahrgenommen zu werden, nicht menschlich behandelt zu werden. Die Begegnungen, die Menschen aufgrund von Migration mit Angst und Furcht machen, sind zahllos, aber wie Fanon zeigt, könnte man genauso gut mit etwas so unmittelbar Rudimentärem und Kompliziertem wie der Sprache beginnen. Sprache ist gleichzeitig offensichtlich und überaus subtil, etwas, das wir ziemlich intuitiv und täglich benutzen. Sie ist eine erworbene Fähigkeit, die zur Formulierung unserer Gedanken und Emotionen beiträgt, zur Fähigkeit, diese durch die Teilnahme am Diskurs auszudrücken, sowie zur Fähigkeit, das Selbst zu behaupten. Wenn Sprache dazu benutzt wird, „zu objektivieren, zu entpersönlichen, zu entmenschlichen, die ‚Anderen' zu schaffen" (Pipher, 2007, S. 4), wird sie zur Waffe. Sie ist ein grundlegender Eckpfeiler der Macht und in diesem Fall ein Werkzeug, um dem (neo)-kolonialen Minderwertigkeitskomplex zu begegnen.

Bis zu dem Punkt, an dem ich die Migration und ihre vielfältigen Konnotationen als Teil meiner Identität anerkannte, konnte ich es mir einfach leisten, meine Beziehung zur Hinterlassenschaft des Kolonialismus nicht zu hinterfragen. Dies ist ein Privileg, das direkt aus der Tatsache resultiert, dass ich eine koloniale Sprache zu meinem Rüstzeug zählen konnte, da ich mein ganzes Leben lang englischsprachige Schulen besucht hatte. Ich hatte aufgrund meiner Sprachkenntnisse immer ein hohes Maß an Anerkennung erfahren – besonders in Ägypten, einer ehemaligen britischen Kolonie. Die Sprache war in meinem Leben ein primärer, wenn nicht sogar der wichtigste Faktor für mein berufliches Weiterkommen. Mit dieser Sprache gekoppelt und um diese Sprache herum existierte eine ganze Persona, die sie spricht, handelt und vorführt. Ich erkannte, dass mein gesamtes Verhalten, mein Auftritt in den ersten vier Jahren meiner Erfahrung in Europa, von dem unbewussten Bestreben motiviert war, mich zu assimilieren. Mein verinnerlichter Rassismus manifestierte sich in einer fortwährenden selbstinszenierten Beschönigung, durch Sprache, Kleidung, soziales Verhalten und andere Aspekte des kulturellen Ausdrucks. In dieser Selbstinszenierung versuchte ich unaufhörlich, alle Spuren meiner Herkunft zu verwischen, um eine Welt zu schaffen, in der meine ethnische Zugehörigkeit und mein Glaube völlig irrelevant waren, und um mich von meiner Identität als Araberin zu distanzieren. Ich hatte keinen Grund, mir dieser Inszenierung bewusst zu werden, geschweige denn sie zu hinterfragen; viele weiße Menschen sagten mir, ich sei „fortschrittlich", „nicht wie andere Araber" und ich entspreche nicht „dem Klischee" – Aussagen, die durchaus positiv gemeint waren. Was solche Komplimente in Wirklichkeit bedeuteten, war, dass nichts an meinem kulturellen Auftritt ihnen Unbehagen bereitete. Ich zeigte absolut keine Symptome für „Arabischsein". Meine relativ reibungslose so genannte Integration war davon abhängig, dass ich meine Kultur in keiner Weise lebte, nichts daran änderte, wie die Dinge getan werden. Ich war eine gute Immigrantin – eine Rolle, die ich unbewusst aus Angst entwickelt hatte. Die Angst vor Ablehnung und Minderwertigkeit arbeitete mit meinem Wunsch Hand in Hand, meinen Wert in den Augen der Gesellschaft, in der ich mich bewegte, zu beweisen. Und darin bin ich weder ein Einzelfall noch manifestiert sich dieses Verhalten nur unter arabischen Migrant*innen und Vertriebenen (Pyke & Dang, 2003; Pattynama, 2000).

> (Vielleicht haben Sie) das Gefühl, dass etwas nicht in Ordnung ist. Sie müssen sich dem Gefühl nähern; aber sobald Sie versuchen, über ein Gefühl nachzudenken, wie schnell kann es wieder verschwinden. Vielleicht beginnt es als Hintergrundangst, wie ein summendes Geräusch, das mit der Zeit immer lauter wird, so dass es beginnt, Ihr Bewusstsein auszufüllen und andere Geräusche auszulöschen. Und dann scheint es plötzlich (obwohl es vielleicht nicht plötzlich ist), dass das, was Sie so sehr versucht haben, nicht zu bemerken, alles ist, was Sie hören können... Dem Gefühl Beachtung zu schenken, könnte Sie überfordern: Es könnte von Ihnen verlangen, dass Sie das aufgeben, was Ihnen sonst etwas zu geben scheint; Beziehungen, Träume; eine Vorstellung davon, wer Sie sind; eine Vorstellung davon, wer Sie sein können. Vielleicht schaffen Sie es sogar, bestimmte Dinge

nicht zu bemerken, weil das Bemerken dieser Dinge Ihr Verhältnis zur Welt verändern würde; es würde die Welt verändern, zu der Sie in Beziehung stehen. (Ahmed, 2017, S. 27–28; Übersetzung A. Lothrop)

Angst ist eine Reaktion zum Schutz und zur Aufrechterhaltung des Selbst und der Konstrukte, die man über sich selbst und die Welt für selbstverständlich hält. Obwohl Sara Ahmed explizit über Feminismus schreibt, könnte man den Feminismus in dieser Schilderung durch jede Bewegung ersetzen, die für die Rechte von HEGs eintritt. Die Angst, von der sie spricht, ist überaus vertraut; sie ist eine winzige Flamme, die signalisiert: Das fühlt sich falsch an. Aber im ersten Moment kann man dieses Gefühl nicht isolieren und auch nicht weiter in die Tiefe gehen. Vielleicht kann man es sich nicht leisten, das Wie-die-Dinge-sind zu hinterfragen. Doch die Momente werden häufiger und diese Anhäufung wird unheimlicher; sie beginnt im Inneren zu brennen. Das Brennen wird zu einer Wunde, und die Wunde wird schließlich zu Wut.

Was mich betrifft, so war die schlechte Nachricht, dass meine Verwirrung um die eigene Identität ein Nebenprodukt des (Neo)-Kolonialismus war. Die gute Nachricht war, dass ich begann, die Wut zu spüren.

Sowohl Angst als auch Wut sind meiner Meinung nach Emotionen, die die Grauzone zwischen der harten Realität und dem idealen Imaginären, oder dem Wie-die-Dinge-sind und dem Wie-sie-sein-sollten, überbrücken. Und obwohl Wut einen ziemlich schlechten Ruf hat, bin ich ein Fan davon. Im Gegensatz zur Angst, die eher lähmend war, war die Wut für mich eine produktive emotionale Reaktion; ich begann, die Verbindung viel schneller und viel intuitiver herzustellen. Irgendwo in der Verflechtung zwischen Angst und Wut begann ich allmählich, Trost in der Bestätigung zu suchen, in der Verbalisierung, im Selbstausdruck und in der Selbstoffenbarung. Die Bestätigung „Genauso fühle ich mich!" durch andere Menschen – durch eine Gemeinschaft von Gleichgesinnten – war für mich ein Wendepunkt (Abb. 3).

Abb. 3: Cover der Sammlung *Stimmen aus dem Exil* (Copyright: Larissa Bertonasco)

Entscheidung: Gemeinschaft und die Basis

Wie die Sprache bedeutet auch der Raum Macht. Wir übersehen oft, dass der Raum eine Grundvoraussetzung dafür ist, dass Menschen miteinander kommunizieren können, dass sie zusammenkommen können. Der physische Raum und die von uns gestaltete Umwelt spielen eine ganz entscheidende Rolle für die Fähigkeit des Menschen, seine kulturellen und ethischen Identitäten zu koordinieren. Tatsächlich gibt es eine dialektische Beziehung zwischen dieser gestalteten Umwelt und dem abstrakten „Raum"; Raum kann aus Raum entstehen. Daraus ergibt sich, dass der physische Raum Diskurs und Kultur ermöglichen und verstärken kann und umgekehrt, eine Tatsache, die besonders für Gemeinschaften in der Diaspora relevant ist.

2016 hatten zwei der größten Hamburger Theater, das Thalia Theater und Kampnagel, physische Räume in ihren Häusern für alternative Kreativprojekte zur Verfügung gestellt. Kampnagel beschreibt Migrantpolitan als einen „Ort, der die gesellschaftlichen Zuordnungen in ‚Refugees' und ‚Locals' hinter sich lässt und dessen Akteur*innen gemeinsam kosmopolitische Visionen entwerfen. Aus dieser Konstellation von Menschen, Meinungen, künstlerischer und politischer Praxis heraus sind Konzepte entstanden, die im Kampnagel-Spielplan (und nicht nur dort) bereits Früchte tragen [...]" (Migrantpolitan – Kampnagel, 2017). In ähnlicher Weise widmete sich das Café Embassy of Hope im Foyer des Thalia Theaters in der Gaußstraße den rechtlichen, sozialen und (später auch) kulturellen Bedürfnissen von PoCs, insbesondere von Geflüchteten. Beide Räume wurden von syrischen Männern geleitet. Sie begannen damit, die kreativen Fähigkeiten und künstlerischen Talente der arabischsprachigen Migrant*innen-Community anzuzapfen, um ihr Programm aufzubauen, während sie durch unterschiedliche Formate auch andere Communities einschlossen und mit ihnen zusammenarbeiteten. Migrantpolitan besuchte ich zwar regelmäßig, jedoch war das Embassy of Hope mein persönlicher Aktionsraum.

2017 war ich durch die Embassy of Hope des Thalia Theaters Teil eines Ensembles geworden, das heute als *Stimmen aus dem Exil* bekannt ist. Was mit einer einfachen szenischen Lesung begann, entwickelte sich nach und nach zu einer Veranstaltungsreihe, die in der Hamburger Kulturszene hohe Wellen schlug. Die Veranstaltungen fanden auf Arabisch, Farsi, Englisch, Türkisch, Koreanisch, Spanisch oder Deutsch statt. Amateurautor*innen, Student*innen, Performancekünstler*innen und professionelle Schauspieler*innen und Techniker*innen arbeiteten zusammen. Unser Publikum wuchs. Wir kollaborierten mit Musiker*innen und Kollektiven, auch aus anderen Städten und sogar über die Grenzen Deutschlands hinaus. Am Schnittpunkt der Migrationserfahrung und unserer Liebe zum Theater bildeten wir eine Gemeinschaft, eine der ersten ihrer Art in Hamburg. Alle sechs bis acht Wochen setzten wir uns kritisch mit Themen auseinander, die uns wichtig waren: Identität, Zugehörigkeit, Sehnsucht, Familie, Rassismus, Mehrsprachigkeit. Auf künstlerische Weise artikulierten wir unsere Gedanken und Gefühle: unsere Angst, unsere Wut, unsere Frustration, unser Selbst. Und im Sommer 2019 reisten wir im Rahmen einer Kampagne gegen Rechtsextremismus im Vorfeld der Landtagswahlen in Sachsen und Brandenburg in den Osten Deutschlands.

Der Weg zu dem Punkt, an dem wir das Gefühl hatten, dass das künstlerische „Produkt", das wir schufen, ausreichend geschätzt oder gewürdigt wurde, verlief nicht problem- oder mühelos. Wie nicht anders zu erwarten, gab es Herausforderungen und Rückschläge bei unserem Versuch, zu wachsen und den Raum einzunehmen, der uns als Einwohner*innen mit authentischem kulturellem Input in der Stadt unserer Meinung nach zustand. Der Manager der *Embassy of Hope* musste oft um Ressourcen ringen. Die meiste Zeit haben wir, die Autor*innen, unsere Stücke aufgeführt, ohne eine Gegenleistung dafür zu erwarten. Aber das war es wert, und wir blieben hartnäckig. Denn es war unser Projekt. Die Übernahme von Verantwortung in einem kulturellen Umfeld mit einem hohen Maß an Wettbewerb ist mit Schwierigkeiten verbunden, besonders für diejenigen, deren Weg in den kulturellen Raum kein direkter war. Die einzige Voraussetzung für unsere Gruppe, um den Raum zu besetzen und auf der Bühne zu stehen, war das Interesse und die Qualität der Arbeit, die man präsentierte. Keine*r von uns konnte einen Abschluss oder eine Karriere im Theater vorweisen, aber wir schufen Kunst, nahmen teil, lernten, wuchsen und entwickelten uns weiter – als Individuen und als Gruppe. Ende 2020 veröffentlichte *Stimmen aus dem Exil* zum Abschluss eine Anthologie, eine Collage ihrer vielen Episoden, mit Texten in der Originalsprache und deutschen Übersetzungen.

Warum hat dieses Experiment also funktioniert?

Was den Erfolg von *Stimmen aus dem Exil* garantierte, war der basisdemokratische, partizipative Charakter. Das Thalia Theater hat die Veranstaltungsreihe nicht konzipiert, sondern einer Gemeinschaft unterschiedlichster Menschen Raum gegeben (sowohl physischen Raum als auch in seinem Programm), um etwas Wertvolles mitzugestalten. Gemeinsam waren wir Kulturschaffende. Das Ensemble arbeitete mit Regisseur*innen, Schauspieler*innen und Techniker*innen des Theaters zusammen, es war ein gegenseitiger Lernprozess. Und diese Co-Kreation war relativ zugänglich; man musste nicht für eine kulturelle Institution arbeiten, um sich dafür zu qualifizieren. Auch wenn uns die institutionellen Strukturen einige mehr oder weniger starke Beschränkungen auferlegten, war die klassische Barriere zwischen Institution und Gemeinschaft aufgelöst. Und weil *Stimmen aus dem Exil* genauso ein Teil von uns war wie ein Teil des Thalia Theaters, war seine Tragfähigkeit eine gemeinsame Bemühung. Ein wesentlicher Grund, warum wir als Gemeinschaft durchgehalten haben, ist, dass wir unser Recht auf Raum und Sprache erkannt hatten. Wir wollten nicht als minderwertig, als ein Wohltätigkeitsprojekt oder ein Pseudo-Kunsttherapie-Happening wahrgenommen werden. Wir mussten für uns selbst einstehen und den kulturellen Raum einfordern, den wir zu Recht verdienten, vor allem inmitten eines toxischen Diskurses mit widersprüchlichen Meinungen über Migration im Allgemeinen. Wir beanspruchten eine legitime Plattform, um unsere Ängste, unsere Geschichten, unsere Wut auszudrücken – für unser Coming-out.

Als wir in Deutschland ankamen, wurden wir mit einer Welt voller Einschränkungen konfrontiert – rechtlich, sprachlich und finanziell, um nur einige zu nennen. Diese Einschränkungen prägten die ersten Jahre unserer Realität als Migrant*innen. Solange man gerade so über die Runden kommt, fühlt sich die Beschäftigung mit der eigenen Sichtbarkeit in der Kultur wie ein Luxusproblem an. Aber sobald eine gewisse Schwelle überschritten war, sollte man uns so schnell nicht wieder loswerden. Wir mussten mutig genug sein, uns im Diskurs zu positionieren und nach dieser Positionierung zu handeln.

Mir wurde klar, dass die einzigen kulturellen Räume in Hamburg, in denen diese erste Generation arabischsprachiger Migranten vertreten war und für sich selbst sprechen konnte, nicht mehr als eine Quote war – ein unbedeutender Anteil, der von größeren, etablierten Institutionen vergeben wurde. Aber nach sechs Jahren Aufenthalt in Deutschland war ich endlich an einem Punkt, an dem ich meine Rolle spielen konnte, und so dockte ich bei den Hamburger Bücherhallen an. Obwohl ich schon einige Jahre am Rande der Kulturszene der Stadt herumgeschlichen war, sollten die Bücherhallen meine erste praktische, institutionalisierte Begegnung in Form einer festen Anstellung sein. Der Hauptgrund, warum ich den Mut hatte, mich zu bewerben, war eine Aussage in der Stellenanzeige der Bücherhallen, dass Bewerbungen von BIPoCs, Migrant*innen und Geflüchteten ausdrücklich erwünscht seien. Ich hatte nie den Mut gehabt, mich für den Kultursektor zu bewerben, da ich davon ausgegangen war, dass ich nicht in der Lage sein würde, einen Job auf Deutsch auszuführen, eine Bewerbung zusammenzustellen, geschweige denn einen Vorstellungsprozess zu durchlaufen, mit qualifizierten, fließend Deutsch sprechenden Personen zu konkurrieren oder mühelos in einer ungewohnten institutionellen Umgebung zu kommunizieren. Rückblickend war diese Angst eine unbegründete Unsicherheit. Zum Glück war meine Frustration über das Wie-die-Dinge-sind weitaus größer als meine Angst, und die Stellenausschreibung war nicht nur motivierend, sondern passte auch zu meinem Profil. Seit August 2020 teile ich mir die Stelle als Diversity-Fachkraft mit meiner Kollegin Sylvia Linneberg, die mich mit all ihrer Erfahrung und ihrem Wissen ungemein unterstützt.

Ein Weg nach vorn: Partizipation auf institutioneller Ebene

Was passiert, wenn Sie entdecken, dass es tiefgreifende institutionelle Veränderungen erfordert, damit Sie für eine Interessengemeinschaft relevant werden?

An diesem Punkt müssen Sie eine Entscheidung über Ihre Bereitschaft treffen, Ihren Raum in dieser Gemeinschaft neu zu strukturieren. Transformative Relevanzarbeit ist intensiv. Sie braucht Zeit. Sie erfordert das Engagement aller Beteiligten. Die Leiter der Institution müssen bereit und in der Lage sein, ihre Traditionen und Praktiken umzugestalten. Die Teilnehmer der Gemeinschaft müssen bereit sein, ebenfalls dazuzulernen und sich zu verändern. Und alle müssen gemeinsam neue Brücken bauen. (Simon, 2016, S. 173)

Was die Bücherhallen als Institution auszeichnet, ist die Dualität von unmittelbarer Zentralität und Dezentralität, ein Aspekt, der ihre Erreichbarkeit erleichtert. Sie hat den Vorteil, dass sie mit 32 Stadtteilbibliotheken, 2 Bücherbussen und einer Zentralbibliothek über das ganze Stadtgebiet verteilt ist. Die Bücherhallen haben sich zum Ziel gesetzt, ihre Türen zu „öffnen" – Türen, die eigentlich nie geschlossen waren. Die Frage war jedoch: Wie können wir als Institution in unserem Bemühen um Diversifizierung authentischer, wirkungsvoller werden? Wie können wir uns wirklich um kulturelle Fairness bemühen und eine bessere Repräsentation der unterschiedlichen Bevölkerungsgruppen der Stadt sicherstellen? Und anstatt in unseren Beiträgen zum öffentlichen Diskurs über Minderheiten zu sprechen, wie wäre es, wenn wir mit ihnen sprechen?

Im Zentrum meiner Arbeit stehen der Entwurf und die Umsetzung einer Strategie für 35 Offene Türen, eine Initiative, die darauf abzielt, Mitglieder der verschiedenen Communities der Stadt einzuladen das Kulturprogramm der Bücherhallen mitzugestalten (Barckow, 2019). Bislang wurde das Programm typischerweise auf der rezeptiven und interaktiven Ebene gestaltet, bei der das Publikum lediglich Empfänger von Kultur ist und gelegentlich Raum für Feedback und Vorschläge erhält. Mitgestaltung geht jedoch noch einen Schritt weiter: sie rückt das Geschehen auf die kollaborative und partizipative Ebene. Mitglieder der verschiedenen Gemeinschaften der Stadt sind eingeladen, sich mit uns auf Augenhöhe zu treffen, sich mit uns zu unterhalten, ihre Wünsche zu äußern und zur Konzeption unseres kulturellen Outputs beizutragen. Im partizipativen Szenarium wird die Relevanz einer Institution aus der Gesellschaft abgeleitet.

Dies ist also die Gleichung: ein Ziel, eine Strategie und 35 Standorte, richtig? Falsch! Was ich vorfand war ein lebendes Beispiel für das Setting, das Nina Simon „ein Herzstück, viele Türen" nennt, bei dem die Institution eine Mission hat und unterschiedlichste Möglichkeiten für viele Menschen, sich zu beteiligen. Wie Simon (2016) bemerkt, ist „dies der stärkste Weg – und der schwierigste. Man braucht Mut und Fokus, um ein Herzstück zu erhalten. Man braucht Offenherzigkeit und Demut, um viele Türen zu öffnen. Man braucht Vertrauen, um das alles zusammenzuhalten" (S. 156–157). Es gab keine Möglichkeit, überall die gleichen Praktiken anzuwenden und mit allen die gleichen Gespräche zu führen, besonders nicht in einer Stadt wie Hamburg, wo die Vielfalt des städtischen Umfelds jedem Stadtteil eine eigene Zusammensetzung auferlegt. Um außerdem den psychologischen Aspekt der Diversity-Arbeit zu berücksichtigen, musste ich mir dessen bewusst sein, dass das Ziel, die Haltung, auf eine Art und Weise kommuniziert und geplant werden musste, die anpassungsfähig und menschlich nachvollziehbar für eine ungeheuer vielfältige Gruppe von Menschen ist: meine Kolleg*innen, die in den jeweiligen Stadtteilbibliotheken arbeiten.

Partizipative Praktiken sind mutig, und dies gilt sowohl für die Gemeinschaft als auch für die institutionelle Ebene. Zusammen mit der Dringlichkeit, relevant zu bleiben, erfordert es Mut und Ausdauer von Institutionen, sich selbst und ihre Arbeitskulturen strukturell und verhaltensmäßig anzupassen. Jahrzehntelang waren Institutionen grundsätzlich auf Top-Down-Philosophien aufgebaut, eine Dynamik, die den Zugang zur Kultur für Künstler*innen und Schöpfer*innen immens erschwert und sie für diejenigen exklusiv gemacht hat, die bereits an der Spitze der Hierarchie der kulturellen Rechte stehen. Der partizipatorische Ansatz hingegen priorisiert die Basisebene. Er teilt den Institutionen die Position des Vermittlers und Moderators zu, der Raum für verschiedene Interessengruppen schafft, sich die Kultur zu eigen zu machen. Dieser Ansatz erfordert Flexibilität, Veränderung, Kommunikation und systematisches Ausprobieren und muss für Verhandlungen und Wandel offen sein. Für eine Institution ist dies eine langwierige und mühsame Aufgabe, die viele Jahre in Anspruch nimmt. Die Aufgabe, die wir jetzt angehen, ist nur der erste Schritt in die richtige Richtung. Sie soll den Grundstein für die Zukunft legen.

Tatsächlich arbeiten wir nicht nur daran, dieses Fundament zu legen, und genau deshalb ist kulturelle Diversity-Arbeit so anspruchsvoll. Im Grunde genommen besitzt Diversity-Arbeit einen zerrüttenden Charakter. Sie zielt darauf ab, Kontinuitäten zu unterbrechen, ja zu brechen. Es ist eine Arbeit der Veränderung, des Umdefinierens systematischer Normen, die weiße, cis-geschlechtliche und heteronormative Akteur*innen unterstützen (und von ihnen aufrechterhalten werden). Diese „Normen" haben jahrhundertealte historische Wurzeln, die tief in der Art und Weise, wie wir unsere Gesellschaft leben, verankert sind – und in unserer Art zu handeln. Man hört häufig davon, dass Institutionen sich Diversity-Fachkräften gegenüber widerstrebend verhalten. Man hört von Starrheit, Lethargie und Mauern (Ahmed, 2012). Das liegt daran, dass die Arbeit, die wir tun, ein Akt des gleichzeitigen Tuns und Zunichtemachens ist. Aufbauen und Zerstören. Verdrahten und Entdrahten. Sie ist das Rückgängigmachen der strukturellen, systematischen Unterdrückung, die seit Jahrhunderten andauert, die durch kulturelle Dynamiken weitergegeben, reproduziert und kanalisiert wurde, repräsentiert durch die Institutionen. Und dieser Prozess des gleichzeitigen Tuns und Zunichtemachens ist de facto psychologische Arbeit.

„Frau El Hariry, am Ende Ihrer Zeit hier werden Sie eine ganze Menge gelernt haben...", hat Susanne Wilkin, die Leiterin der Stadtteilbibliotheken, einmal zu mir gesagt.

„... über deutsche Arbeitskultur?", unterbrach ich sie.

„Nein", sagte sie, „über Menschen".

Literaturverweise

Ahmed, S. (2012). On being included: racism and diversity in institutional life. Duke University Press.

Ahmed, S. (2017). Living a feminist life. Duke University Press.

Ali, S. (2015). The Coming Out Journey: A Phenomenological Investigation of a Lifelong Process. In American Counseling Association Conference. Orlando, FL; VISTAS Online. https://cdn2.psychologytoday.com/assets/2017_ali_coming_out_journey_.pdf (24.5.2021).

Ali, S. & Barden, S. (2015). Considering the Cycle of Coming Out: Sexual Minority Identity Development. The Professional Counselor, 5(4), S. 501–515. https://doi.org/10.15241/sa.5.4.501 (16.6.2021).

Barckow, A. (2019). Vielfalt@Bücherhallen. Interkulturelle Bibliotheksarbeit. In Hauke, P. (Hrsg.), Öffentliche Bibliothek 2030: Herausforderungen, Konzepte, Visionen, pp. 145–151. https://doi.org/10.18452/20201 (16.6.2021).

Batzke, I. (2019). From „coming out" to „Undocuqueer": intersections between illegality and queerness and the US undocumented youth movement. In Bonifacio, G. T. (Hrsg.), Global perspectives of gendered youth migration: Subjectivities and modalities, pp. 125–142. Policy Press.

Deardorff, D. (2009). The SAGE handbook of intercultural competence. SAGE.

Dorlin, E. (2016). To be beside of oneself: Fanon and the phenomenology of our own violence. In Latimer, Q. & Szymczyk, A. (Eds.), South as a state of mind: Documenta 14 #2, S. 40–47. Documenta und Museum Fridericianum GmbH.

Fanon, F. (1963). The wretched of the earth. Grove Press.

Fanon, F. (1967). Black skin, white masks. Grove Press.

Gray, M. (2009). Negotiating Identities/Queering Desires: Coming Out Online and the Remediation of the Coming-Out Story. Journal Of Computer-Mediated Communication, 14(4), pp. 1162–1189. https://doi.org/10.1111/j.1083-6101.2009.01485.x (16.6.2021).

Leung, K., Ang, S. & Tan, M. L. (2014). Intercultural Competence. Annual Review of Organizational Psychology and Organizational Behavior, 1(1), S. 489–519. https://doi.org/10.1146/annurev-orgpsych-031413-091229 (16.6.2021).

MIGRANTPOLITAN – Kampnagel. (2017). https://www.kampnagel.de/en/programmreihe/refugee-i-ism/?programmreihe=17 (16.6.2021).

Pattynama, P. (2000). Assimilation and Masquerade: Self-Constructions of Indo-Dutch Women. European Journal of Women's Studies, 7(3), S. 281–299. https://doi.org/10.1177/135050680000700304 (16.6.2021).

Pipher, M. B. (2007). Writing to change the world. Riverhead Books.

Pyke, K. & Dang, T. (2003). „FOB" and „Whitewashed": Identity and Internalized Racism Among Second Generation Asian Americans. Qualitative Sociology, 26(2), S. 147–172. https://doi.org/10.1023/A:1022957011866 (16.6.2021).

Schramm, M., Moslund, S., Petersen, A., Gebauer, M., Post, H., Vitting-Seerup, S., & Wiegand, F. (2019). Reframing migration, diversity, and the arts: the postmigrant condition (1st ed.). Routledge Ltd.

Simon, N. (2016). The art of relevance. Museum 2.0.

Thalia Theater. (2020). Stimmen aus dem Exil.

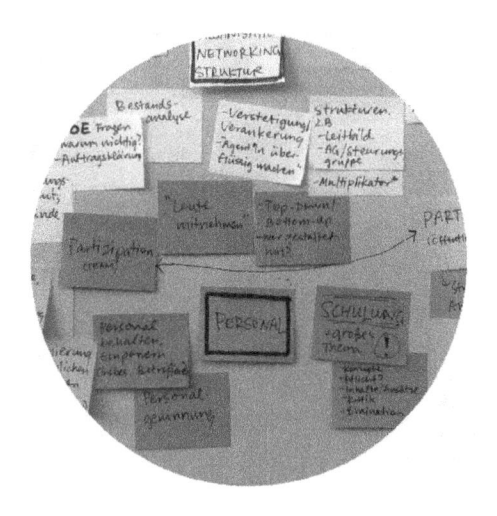

Teil II: **Ran an die Strukturen!**

Denise Farag & Ruth Hartmann
Diversitätsorientierte Öffnung als Prozess der Organisationsentwicklung in Bibliotheken

Diversitätsorientierte Öffnung ist ein Querschnittsthema und ein Prozess der Organisationsentwicklung. Die Begleitung eines solchen Prozesses beinhaltet einige Aspekte, auf die in diesem Kapitel eingegangen wird: Dazu gehört die zirkuläre Auftragsklärung genauso wie der Umgang mit Widerständen und die Verankerung in den Strukturen der Institution. Um Anknüpfungspunkte zu bieten, werden übertragbare Instrumente und praktische Beispiele gegeben. Das Instrument der Arbeitsgruppe, das eine besondere Bedeutung in diesen Prozessen hat, wird am Ende des Kapitels anhand der Beispiele der Stadtbibliotheken Bremen und Heilbronn genauer vorgestellt.

Dieses Kapitel richtet sich gleichermaßen an Bibliotheksleitungen und Bibliotheksmitarbeitende, die sich mit Diversitätsorientierter Öffnung beschäftigen. Im Text werden daher im Wechsel beide Perspektiven eingenommen.

Die Autorinnen dieses Artikels sind im Rahmen von *360° – Fonds für Kulturen der neuen Stadtgesellschaft*[1] im Bereich der diversitätsorientierten Organisationsentwicklung in Bibliotheken tätig.

Denise Farag ist in der Stadtbibliothek Heilbronn für Interkulturelle Bibliotheksarbeit und Diversität zuständig. Die Stadtbibliothek Heilbronn ist dem Schul-, Kultur- und Sportamt der Stadt Heilbronn zugeordnet. In der Zentralbibliothek, den zwei Stadtteilbibliotheken und einer Fahrbibliothek sind 35 Mitarbeitende beschäftigt.

Ruth Hartmann ist als Projektmanagerin für Interkulturelle Bibliotheksarbeit und Diversity an der Stadtbibliothek Bremen tätig. Die Stadtbibliothek Bremen ist als Eigenbetrieb dem Senator für Kultur der Freien Hansestadt Bremen zugeordnet, hat jedoch eine gewisse Eigenständigkeit im betrieblichen Wirtschaften. Zurzeit sind in der Zentralbibliothek, den sieben Zweigstellen und der Busbibliothek 156 Mitarbeitende[2] angestellt.

Die Autorinnen haben sich für diesen Artikel dazu entschieden, den Begriff der *Beraterin* für die Person zu wählen, die den Prozess der Organisationsentwicklung begleitet. Damit soll ausgedrückt werden, dass diese Person nicht die-

---

[1] Siehe dazu auch die Einleitung dieses Sammelbandes.
[2] Stand 31.12.2020, inkl. der Auszubildenden, FSJlerinnen, Werksstudierenden etc.

jenige ist, die allein für die operative Umsetzung zuständig ist, sondern vorrangig der Bibliothek mit fachlicher Expertise zur Seite steht.

In diesem Kapitel wird ausschließlich das generische Femininum verwendet; damit wird auch die aktuelle Arbeitsrealität in den meisten Bibliotheken abgebildet.

Warum denn sofort Organisationsentwicklung – kann eine Bibliothek nicht „einfach so" geöffnet werden?

Bibliotheken haben sich in den letzten 20 Jahren verstärkt der interkulturellen Arbeit[3] gewidmet. Hierbei haben sie aufgrund der Dringlichkeit der gesellschaftlichen Entwicklungen dieser Zeit reagiert und weniger strategisch vorausschauend und proaktiv agiert. Vielfach wuchs dennoch der Wunsch, die reaktiv entstandenen Angebote zu bündeln und konzeptionell in die Organisation einzubinden. Hierfür haben Bibliotheken unterschiedliche Wege gewählt, zum Beispiel die Einrichtung oder Neudefinition der Position von Zielgruppenbeauftragten[4] wie auch die Stärkung von Ehrenamtskreisen, die die Verantwortung für entsprechende Veranstaltungen wie etwa Sprachcafés übernahmen. Wieder andere Bibliotheken bewarben sich auf die 360°-Förderung mit dem Ziel der strategischen Integration des Themas in ihre Organisation[5].

Sich als Kultureinrichtung, und in diesem Fall als Bibliothek, diversitätsorientiert zu öffnen, geht über die interkulturelle Arbeit hinaus. Wie in der Einführung dieses Sammelbandes dargelegt, drückt sich Diversität in den Dimensionen ethnische Herkunft, soziale Herkunft, Bildung, Weltanschauung, Geschlecht, Alter und geistige und physische Fähigkeiten aus. Zudem wird Diversität als intersektional betrachtet.[6]

Als Organisation das Thema *Diversität* anzugehen, also unter anderem gesellschaftliche Vielfalt abzubilden und Chancengleichheit zu bieten (Regionale Arbeitsstellen für Bildung, Integration und Demokratie [RAA] e. V., 2017, S. 1),

---

3 Wobei dieses Thema auch schon vorher präsent war, so z. B. durch das *IFLA Multicultural Library Manifesto*, das 2006 entwickelt wurde (International Federation of Library Associations and Institutions [IFLA], 2006).
4 In der Stadtbibliothek Bremen sind diese Positionen seit der Jahrtausendwende sukzessive für die Bereiche Erwachsene und Kinder eingerichtet worden.
5 Siehe auch das Vorwort des Sammelbandes.
6 Siehe auch die Einführung des Sammelbandes.

bedeutet immer auch, einen Veränderungsprozess zu wagen. Dieser betrachtet die Bibliothek als Ganzes mit dem Ziel, gesellschaftliche Diversität nicht nur in einzelnen Bereichen, beispielsweise im Programm, unter den Besuchenden oder innerhalb der Belegschaft, sondern sie in der gesamten Struktur der Organisation zu verankern.

Es wird in diesem Artikel immer wieder von „Organisation" gesprochen, was wird eigentlich darunter genau verstanden? Die Autorinnen nehmen in diesem Kapitel eine systemische Sichtweise ein. Aus dieser Perspektive ist eine Organisation ein System, bestehend aus Subsystemen, die miteinander kommunizieren und Beziehungen aufbauen. Diese wachsen, entwickeln sich und existieren „in der Spannung zwischen Dauerhaftigkeit und Vergänglichkeit" (Königswieser & Hillebrand, 2019, S. 30). Organisationen erfüllen außerdem einen Sinn und dienen den Mitgliedern des Systems zu einem Zweck (Königswieser & Hillebrand, 2019, S. 30).

Eine Bibliothek ist aus diesem Verständnis heraus also ein System, welches verschiedenste Untergliederungen aufweist. Dazu gehören z. B. die unterschiedlichen Teams, die sich wiederum in kleinere Systeme, bis zu den einzelnen Mitarbeitenden hin, aufsplitten und in einer permanenten Wechselwirkung stehen. Der Sinn der Organisation, der Bibliothek als Ganzes, ergibt sich aus dem öffentlichen Auftrag, den diese hat. Für die einzelnen Mitarbeitenden kann durchaus ein anderer Sinn mehr Relevanz haben, z. B. Geld zu verdienen oder Sozialkontakte mit den Kolleginnen zu pflegen.

Was ist aus diesem Verständnis heraus dann Organisationsentwicklung? „Organisationsentwicklung ist eine Methode zur geplanten Veränderung größerer sozialer Systeme." (Grossmann et al., 2015, S. 9). In dieser Definition stecken die strategische Herangehensweise, der Blick auf die gesamte Institution und auf deren Wandel. Für einen Prozess der Organisationsentwicklung gibt es unterschiedliche Ansätze – sie können von der Hierarchiespitze (top-down) oder von den Mitarbeitenden (bottom-up) initiiert sein. Wie dies geschieht und wie die hierarchische Steuerung und die Kommunikation umgesetzt werden, beeinflusst die Akzeptanz der Veränderungen. Wenn versucht wird, Prozesse der Organisationsentwicklung durch Konsens zu steuern, so kann eine erhöhte sowie breitere Akzeptanz ermöglicht werden. Aus systemischer Sicht ist Partizipation der Belegschaft wünschenswert und hilfreich, da eine Verankerung in der Breite und damit eine Verstetigung der erzielten Veränderung nur erreicht werden kann, wenn sie vom System verinnerlicht wird (Königswieser & Hillebrand, 2019, S. 30). Und da ein soziales System erheblich von Personen abhängig ist, sind es die Menschen, die Veränderungen anstoßen, sie entweder mit Energie umsetzen oder blockieren (König & Volmer, 2018, S. 190). Dies unterstreicht die

Bedeutung von Partizipation im Prozess der diversitätsorientierten Öffnung, welcher ohne diese nicht gelingen würde.

Wie läuft Veränderung ab?

Jeder Veränderungsprozess – und damit auch der einer diversitätsorientierten Öffnung – geht durch verschiedene Phasen (vgl. Abb. 4). Dabei handelt es sich um ein Schema, welches variabel ist und in vielen Fällen nicht linear verläuft:[7]

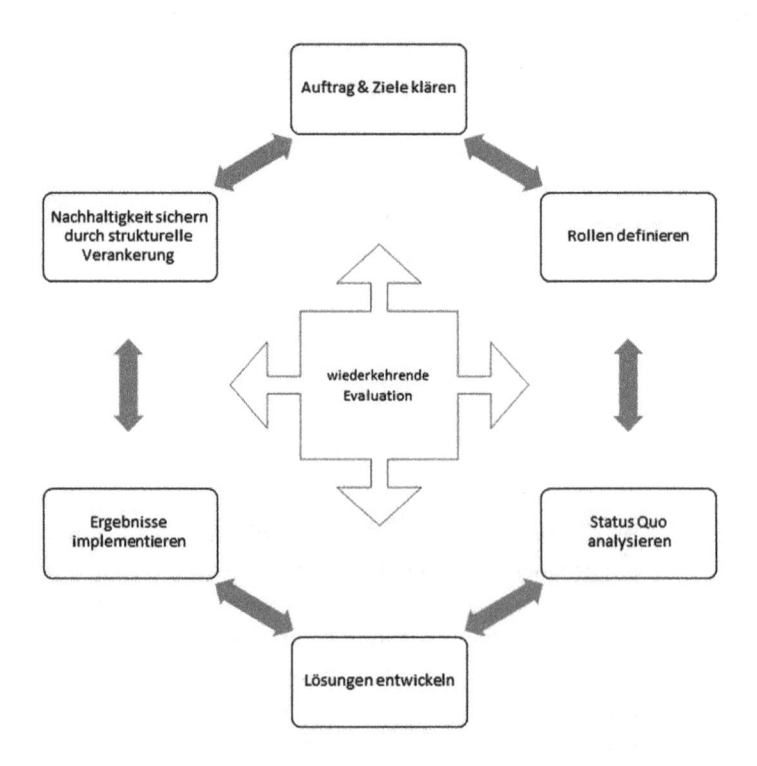

Abb. 4: Schritte im Veränderungsprozess. Ruth Hartmann (2020)

---

[7] Das hier dargestellte Modell beruht auf den Erfahrungen der Autorinnen. In der Literatur gibt es verschiedene andere Ansätze wie z. B. das GROW-Modell, welches ähnliche Phasen definiert (König & Volmer, 2018, S. 98 ff.).

Genau dieser nicht-lineare Verlauf ist eine große Chance in Bezug auf den Prozess. Schritte werden kontinuierlich überprüft und evaluiert: Sind die Ergebnisse diejenigen, die erwartet wurden? Gibt es Entwicklungen, mit denen nicht gerechnet wurde? Gibt es Änderungen im Status quo, die bisher nicht berücksichtigt wurden? Permanent erfolgt die Rückkopplung zwischen Beraterin und Auftraggeberin, in diesem Kontext die Bibliotheksleitung. Dies kann sich als große Entlastung erweisen. Der variable Verlauf ermutigt alle Beteiligten kontinuierlich, die Ergebnisse zu reflektieren und lösungsorientiert anzupassen. Darüber hinaus schützt die wiederkehrende Feedback-Schleife davor, an den Zielen und Wünschen der Bibliotheksleitung vorbei zu agieren. Kurz gesagt: Die Leitung ist jederzeit informiert und kann ihre Gesamtverantwortung wahrnehmen.

Im Folgenden führen die Autorinnen durch die einzelnen Phasen eines Prozesses der diversitätsorientierten Öffnung. Der theoretische Hintergrund wird jeweils kurz dargestellt, auf den bibliothekarischen Kontext bezogen und nach Möglichkeit mit Beispielen verdeutlicht. Zur Veranschaulichung haben die Autorinnen eine fiktive Bibliothek gewählt. Diese Bibliothek hat das Ziel, den Prozess der diversitätsorientierten Öffnung voranzubringen und wird in diesem Kapitel dabei begleitet.

Auftrag klären und Ziele formulieren

Mit der Auftragsklärung steht und fällt der gesamte folgende Prozess. Dabei geht es nicht nur um inhaltliche Aspekte, sondern auch um die emotionale Ebene, also die Frage, ob zwischen der Bibliotheksleitung und der Beraterin eine konstruktive und vertrauensvolle Arbeitsbeziehung aufgebaut werden kann. In der systemischen Organisationsentwicklung gliedert sich die Auftragsklärung in vier Phasen, auf die hier nicht näher eingegangen werden kann.[8] Wichtig ist aber, dass einige essenzielle Punkte berücksichtigt werden:

Zuallererst sollten die Ziele geklärt werden: Was genau wird von dem Prozess erwartet? Welche Ergebnisse möchte die Leitung erreichen?

Als sinnvoll kann empfohlen werden, erst einmal den IST-Zustand zu definieren. Was läuft gut, wo gibt es größeres Verbesserungspotenzial? Da dies manchmal nicht ganz einfach zu benennen ist, könnte es hilfreich sein, in einem ersten Schritt die Themenfelder festzuhalten. Im Fall *Diversity* hieße das, einmal alle Bereiche zu erfassen, in denen Diversity in der Bibliothek aktuell

---

[8] Vgl. zu einer ausführlichen und gut verständlichen Beschreibung dazu König & Volmer (2018, S. 93 ff.).

eine Rolle spielt bzw. zukünftig spielen soll.⁹ In einem zweiten Schritt kann dann die Leitung, z. B. anhand von skalierenden Fragen, den Status quo definieren und vergleichend betrachten.

Beispiel: Die Leitung der fiktiven Bibliothek definiert „Personalstruktur und internes Diskriminierungspotential", „Kundinnen" und „Netzwerkpartnerinnen" als für sie wichtige Themenfelder. Nun lautet die Frage: „Auf einer Skala von 0–10, wobei Null für „nicht vorhanden" und Zehn für „perfekt" steht – wo sehen Sie den Bereich „Kundinnen" aktuell in Bezug auf Diversität"?

Im nächsten Schritt schaut die Leitung, unterstützt von der Beraterin, in die Zukunft: Wo will sie mit ihrer Bibliothek hin? Geht es ihr um kleinere Anpassungen, „Wir möchten auf der Skala von einer Fünf auf eine Sechs"? Oder geht es ihr um „den großen Wurf"?

Tipp: Gerade, was Ziele angeht, tun sich viele Organisationen schwer. Es ist auch gar nicht so leicht, zu formulieren, wo man hinwill. Hier hilft es oft, mit paradoxen Fragen zu arbeiten: „Was dürfte auf keinen Fall passieren?" oder aber auch „Was müsste die Bibliothek tun, um auf der Skala von einer aktuellen Fünf zukünftig auf eine Eins zu sinken?"

Seien Sie bei der Formulierung der Ziele mutig und bleiben Sie flexibel – so haben Sie später ausreichend Spielraum auch für kreative Lösungen, ohne von Ihren Zielvorgaben abweichen zu müssen (König & Volmer, 2019, S. 81).

Darüber hinaus ist es bei der Formulierung von Zielen unbedingt zu empfehlen, das Kollegium mit einzubeziehen. Es geht nicht darum, im Verständnis einer Basisdemokratie gemeinsam darüber abzustimmen. Vielmehr ist durch eine hohe Transparenz zu gewährleisten, dass die Kolleginnen sich mitgenommen fühlen auf dem Weg. Niemand hat etwas von Plänen, die von der Belegschaft nicht mitgetragen werden. Eine Möglichkeit, die Beteiligung zu erhöhen, ist es, gemeinsam mit dem Kollegium die Ziele mit Meilensteinen zu unterlegen. Was genau heißt das von der Leitung definierte Ziel für meinen Bereich? Was kann mein Team dazu beitragen?

Zur Formulierung der Ziele – und der Meilensteine – gehört es auch, realistisch zu sein: Vorhaben, die vielleicht bei anderen Organisationen funktionieren, müssen nicht unbedingt die richtigen für Ihre Bibliothek sein. Oft formulieren Kolleginnen schon an diesem Punkt Vorbehalte – erste Widerstände tauchen auf. Nehmen Sie diese Vorbehalte ernst und gehen Sie konstruktiv mit ihnen um.¹⁰

---

9 Den Autorinnen ist bewusst, dass Diversity als Querschnittsthema gedacht in allen Bereichen eine Relevanz hat. Nichtsdestotrotz ist es gerade in der Anfangsphase sehr hilfreich, bestimmte Schwerpunkte zu setzen.
10 Siehe dazu auch „Veränderungen erzeugen Widerstand" weiter hinten im Text.

Rollen definieren

Aus Erfahrung der Autorinnen erweist es sich als sehr hilfreich, in diesem frühen Stadium die Rollen im Veränderungsprozess zu klären: „Rollen sind das personale Gegenüber einer Funktion." (Claus, 2016). Eine Rolle ist dementsprechend die auf die Person bezogene Erwartung, die das Gegenüber oder das System an eine Funktionsinhaberin richtet. Diese Rollen können vielfältig und durchaus auch gegensätzlich sein, je nachdem, aus welcher Perspektive und von wem auf die Funktionsinhaberin geschaut wird. Rollen können auch Selbstzuschreibungen sein.

Relativ einfach ist es, wenn die Beraterin von außen kommt.[11] Hier sind Position, Funktion und Rolle in Bezug auf den Beratungsauftrag meist im Einklang. Herausfordernder wird es – und so ist es sehr oft der Fall –, wenn die Beraterin Teil der Institution selbst ist; ausgewählt vielleicht deshalb, weil sie ein besonderes Fachwissen mitbringt, welches hilfreich sein könnte.

Diese internen Beraterinnen befinden sich per se in einer ambivalenten Position und auch oft in einem Rollenkonflikt zwischen ihrem eigentlichen (Fach-)Auftrag und der nun neuen Rolle als Beraterin.

Beispiel: Die Leitung der fiktiven Bibliothek möchte gerne, dass Frau M., eine ihrer Teamleitungen, die Beratung in dem diversitätsorientierten Öffnungsprozess übernimmt. Frau M. ist in ihrem Team sehr beliebt und hat zudem noch Fachkenntnisse im Bereich *Diversity*. Jetzt soll sie u. a. einen genaueren Blick auf die Personalstruktur und auf mögliches Diskriminierungspotenzial werfen.

Können Sie sich das Dilemma vorstellen? Frau M. hat nun zwei Rollen: Teamleitung und Beraterin. Sie wird sich als Teamleitung mit Sicherheit immer schützend vor ihre Mitarbeitenden stellen wollen. Als Beraterin soll sie Diskriminierungspotenzial auch in ihrem Team aufdecken. Wo liegen jetzt die Loyalitäten? Bei der Bibliotheksleitung? Beim eigenen Team? Und wie sehen die Mitarbeiterinnen in ihrem Team die Beraterin? Haben sie Verständnis für die neue Rolle? Können sie die beiden Rollen voneinander trennen? Eine permanente Gratwanderung.

Eine solche Gratwanderung lässt sich für eine interne Beraterin nie ganz vermeiden. Es ist aber durchaus hilfreich, bestimmte Punkte schon im Vorfeld abzuklären, so z. B. die zeitlichen, finanziellen und ggf. auch personellen Ressourcen, die der Beraterin zur Verfügung stehen. Welche Entscheidungskompetenzen hat sie? Welche zusätzliche Unterstützung (z. B. durch Weiterbildung, Coaching, Supervision) benötigt sie? Organisationsentwicklung ist immer auf

---

11 Dies kann der Fall sein, wenn z. B. finanzielle Ressourcen die externe Beauftragung ermöglichen.

zusätzliche Ressourcen dieser Art angewiesen und kann nicht „on top" und nebenbei gemacht werden!

Schriftliche Vereinbarung treffen

Die ersten beiden Phasen der Auftragsklärung und der Definition der Rollen enden im Idealfall mit einer gemeinsamen Vereinbarung, die schriftlich festgehalten werden sollte: Oft laufen Prozesse über einen längeren Zeitraum und Vorgesetzte sowie Kolleginnen wechseln eventuell – da ist es für alle Beteiligten hilfreich, auch zu einem späteren Zeitpunkt noch einmal auf die Vereinbarung zurückgreifen zu können. Folgende Punkte sollten berücksichtigt werden (König & Volmer, 2019, S. 38 ff.):
- Festlegung der Themen: In welchen Bereichen der Bibliothek sollen die Veränderungsprozesse stattfinden?
- Festlegung der Ziele[12]
- Festlegung von Indikatoren zur Überprüfung der Zielerreichung: Anhand welcher Aspekte kann festgestellt werden, dass die Organisation auf der Skala von Fünf auf Sechs gestiegen ist?
- Festlegung der Rahmenbedingungen: Neben der Rolle der Beraterin zählen hier auch Aspekte wie ein zeitlicher Rahmen, Ressourcen, Kommunikationswege und ähnliches.

Status quo analysieren

Um das System, das für den jeweiligen Veränderungsprozess relevant ist, analysieren zu können und sich gleichzeitig einen Überblick zu verschaffen, gibt es zahlreiche Instrumente, die hilfreich sein können. Die folgenden Methoden können von der Beraterin allein genutzt werden oder auch gemeinsam mit anderen Beteiligten. Die zweite Option bringt unterschiedliche Perspektiven zusammen, erhöht aber auch die Komplexität.

Die sogenannte *Projekt-Umfeld-Analyse* (PUMA) stellt das Projekt in den Mittelpunkt. Sie dient der Visualisierung der wichtigen Personen, Abteilungen, Partnerinnen, die auf die Gestaltung des Projektes oder Vorhabens Einfluss haben. Dies ermöglicht es, Beziehungen, Zusammenhänge und Ressourcen sichtbar zu machen und die Interessen und Erwartungen der Beteiligten in Bezug

---

[12] Ziele können im Rahmen einer Schleife jederzeit wieder überprüft und angepasst werden.

auf das Projekt zu verdeutlichen. Im nächsten Schritt können dann Strategien entwickelt werden, um diese Beziehungen im Sinne des Projektziels zu gestalten.

Ein *Soziogramm* fokussiert sich auf die sozialen Aspekte, verbildlicht die Beziehungen der beteiligten Personen noch genauer und stellt zudem die Kommunikation der Individuen in den Vordergrund. Es entsteht ein Diagramm aller Beteiligten; deren Nähe, Distanz und mögliche Konflikte werden eingezeichnet. Ein Blick auf dieses Diagramm erlaubt, ähnlich wie die PUMA, eine Sicht auf die Organisation, und es ergibt sich daraufhin die Möglichkeit, Aktionsschritte abzuleiten.

Egal, ob man sich für eine PUMA oder ein Soziogramm (vgl. Abb. 5) entscheidet – folgende Fragen können bei der Erstellung unterstützen:
- Wer ist beteiligt an dem Prozess?
- Wen betrifft die Veränderung auf welche Weise?
- Welche Erwartungen verbinden die Beteiligten mit dem Prozess und der Beraterin? Wer hat welche Interessen?
- Wer könnte vielleicht Sorgen oder Ängste mit dem Prozess verbinden?
- Welche Haltung haben die Beteiligten? Sind sie eher neugierig und zugewandt, eher abwartend oder reagieren sie ablehnend?
- Welche Auswirkungen könnten diese Haltungen möglicherweise auf den Prozess haben?

Nachdem der Blick auf die Organisation und die relevanten Akteurinnen hergestellt wurde, können anhand dessen Hypothesen für das weitere Vorgehen gebildet werden. Mit Hypothesen sind in diesem Fall Ideen für mögliche Handlungsschritte gemeint, die die Zielerreichung des Veränderungsprozesses unterstützen könnten.

Beispiel: Frau M. kann sich nun überlegen, wie sie die Kontakte zu den noch weiter entfernten Netzwerkpartnerinnen in der Stadt aufnehmen und aufbauen kann, oder, ob die Nähe zwischen Beraterin und Team der Bibliothek ausreicht und/oder wie das Team stärker in das Projekt eingebunden werden kann. Vielleicht auch, ob die Beziehung zu den anderen Führungskräften hinsichtlich des diversitätsorientierten Öffnungsprozesses direkter werden soll und wie dies gelingen könnte. Zu dem letzten Punkt stellt Frau M. die Hypothese auf, dass es hilfreich sein könnte, einen regelmäßigen Jour fixe mit den anderen Führungskräften einzuführen und diese dadurch verstärkt anzusprechen.

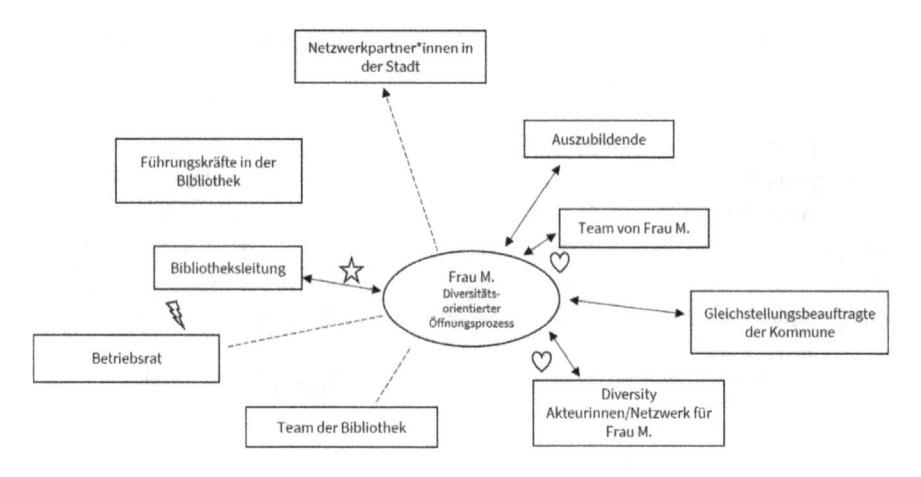

Abb. 5: Soziogramm. Denise Farag (2021)

Es bietet sich an, im Laufe des Prozesses immer wieder Soziogramme zu erstellen, um den erreichten Status quo mit der Ausgangssituation zu vergleichen.

Passgenaue Lösungen entwickeln

Es wurde im Abschnitt „Rollen definieren" schon über die Rolle der Beraterin und der damit verbundenen Gratwanderung (Farag & Hartmann, 2020, S. 54) gesprochen. Oft wird angenommen, dass es die Beraterin ist, die die Lösungen für das System – in diesem Falle die Bibliothek – findet. Die Rolle der Beraterin ist bei der Lösungsfindung jedoch eine andere: Sie steuert den Prozess, übernimmt das Prozesscontrolling und die Evaluation und kann auch an der Umsetzung beteiligt sein (Grossmann et al., 2015, S. 88). Wessen Aufgabe ist es denn dann, Lösungen zu finden? Die Antwort ist nicht erstaunlich: Das System, also die Bibliothek, sollte die Lösungen selbst finden. Es sind die Führungskräfte, die die Ziele und oft auch das Vorgehen vorgeben. Sie sind es, die ausreichende Ressourcen und die notwendigen Rahmenbedingungen sicherstellen (Grossmann et al., 2015, S. 85). Aber es sind die Mitarbeitenden, also das gesamte System, die an passgenauen Lösungen arbeiten. Dabei geht es weniger darum, wirklich mit dem gesamten Kollegium zu arbeiten. Die Autorinnen haben gute Erfahrungen mit Workshops oder auch Arbeitsgruppen (AGs) gemacht, die mit verschiedenen Ansätzen an die Lösungsfindung herangehen.

Beispiel: Eines der Ziele der fiktiven Bibliothek ist es, Kundinnen der verschiedenen Communities der Stadtgesellschaft noch gezielter anzusprechen und auch Zielgruppen zu erreichen, die bisher im Publikum unterrepräsentiert sind. Frau M. organisiert dazu einen Workshop. Zu dem Workshop lädt sie Kolleginnen aus allen Bereichen der Bibliothek, auch aus dem Kundenservice und der Öffentlichkeitsarbeit ein. Sie bringen weitere Sichtweisen und praktische Erfahrung mit ein.

Frau M. kann in einem Workshop oder einer AG die Vielfalt des Kollegiums abbilden. Aber in dem Beispielfall ist es darüber hinaus sehr zu empfehlen, auch die Expertise von außen einzubeziehen. Frau M. veranstaltet daher einen weiteren Workshop zu derselben Fragestellung, gemeinsam mit Vertreterinnen verschiedener Communitys. So bekommen die externen Perspektiven und wichtiger noch, die Perspektiven der Personen, die potenziell angesprochen werden sollen, Raum und können direkt berücksichtigt werden.

Weitere Möglichkeiten zur Partizipation externer Expertinnen sind, aus Sicht der Autorinnen, unter anderem externe Arbeitsgruppen oder Gremien wie beispielsweise ein Integrationsbeirat der Stadt, ein Freundeskreis der Bibliothek oder auch ein extra gegründetes beratendes Diversity-Komitee.

Schritte zur Implementierung

Nun, da der Status quo visualisiert wurde, gemeinsam Ziele definiert und erste Lösungsansätze in Form von Projekten und Maßnahmen erarbeitet wurden, heißt es für das gesamte System, sich auf genau diese ersten – vielleicht auch kleinen – Schritte im Veränderungsprozess einzulassen. Dafür ist eine transparente und in alle Hierarchieebenen laufende Kommunikation unerlässlich. Die Kolleginnen sollen wissen, was, warum, wie und wann geplant ist. Eine Möglichkeit dafür ist z. B. ein offizielles Kick-off-Treffen oder kontinuierliche Status-Berichte über das Intranet.

Beispiel: An dem oben genannten Workshop nahmen auch Vertreterinnen aus der LSBTIQ*-Community teil und bestätigten, dass sie sich zu wenig angesprochen fühlen. Aus diesem Grund hat Frau M. mit ihrer Leitung vereinbart, in einem ersten Schritt die Website und sämtliche Flyer der Bibliothek in Hinblick auf geschlechterumfassende Sprache zu überarbeiten. Sie bildete schon im Vorfeld eine Arbeitsgruppe mit Kolleginnen und externen Expertinnen, deren Mitglieder sich gemeinsam mit der Thematik beschäftigen. Noch bevor die neuen Sprachregelungen umgesetzt werden, holt sie das gesamte Kollegium ab – durch Informationen im Intranet dazu, was geschlechterumfassende Sprache eigentlich ist und warum sie für die Bibliothek jetzt eine höhere Priorität hat.

Veränderungen erzeugen Betroffenheit

Veränderungen im Rahmen eines diversitätsorientierten Öffnungsprozesses umfassen, wie beschrieben, die gesamte Organisation. Die Beteiligten sind jedoch auf unterschiedliche Weise betroffen, denn Veränderungen rufen verschiedenste Emotionen hervor, die auf den Prozess Einfluss haben können. Ein Blick auf die sogenannte Veränderungskurve, die ursprünglich aus der Trauerarbeit kommt und vielfach in Veränderungsprozessen angewendet wird, kann zur Einordnung, wo sich die Organisation oder auch Einzelne hinsichtlich des Prozesses aktuell befinden, dienen.[13]

Der Ablauf ist oft ähnlich (vgl. Abb. 6): So entsteht zu Beginn Schock, dass Veränderung nötig ist. Diese wird dann häufig verneint und abgelehnt. Die Phase kann unterschiedlich lang dauern, zumal in diversitätsorientierten Öffnungsprozessen der Impuls oft von außen kommt und die Dringlichkeit nicht aus dem System heraus entsteht. In der fiktiven Bibliothek war es z. B. die LSBTIQ*-Community, die den Anstoß zu einer Veränderung gab, welche in der Bibliothek selbst gar nicht als dringlich empfunden wurde.

In der Phase der rationalen Einsicht entsteht das Bewusstsein, dass sich etwas ändern muss. Das *Tal der Tränen* bringt dann die emotionale Akzeptanz mit sich, geht aber auch mit Trauer einher. Danach entstehen eine gewisse Energie und der Wille, Neues auszuprobieren. In der Phase des Ausprobierens liegt eine große Chance und zwar die, durch erfolgreiche Ergebnisse die Erkenntnis herbeizuführen, dass die Veränderung notwendig und gut ist. Die Phase der Integration bedeutet dann, dass die neue Aufgabe oder der neue Ablauf angenommen ist.

---

13 Die Veränderungskurve basiert auf den *Fünf Phasen des Sterbens* von Elisabeth Kübler-Ross, wobei es hier um die geistige Verarbeitung des Abschieds vom Leben geht. Diese Kurve wurde dann auf die Reaktion von Beteiligten in Veränderungsprozessen übertragen (Grossmann et al., 2015, S. 113).

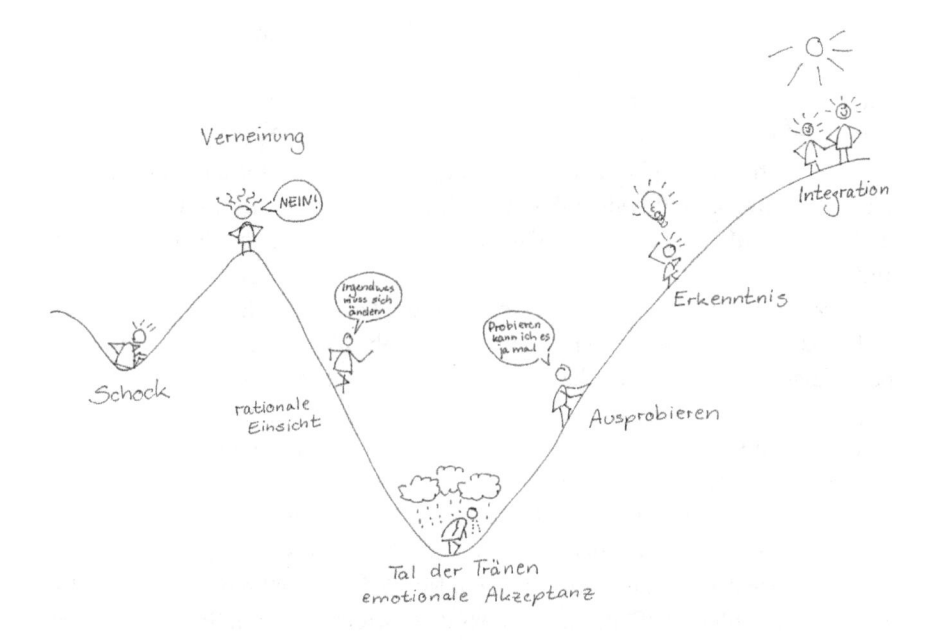

Abb. 6: Veränderungskurve. Ruth Hartmann (2020)

Veränderungen erzeugen Widerstand

Phasen wie Schock oder Verneinung gehen in der Regel mit Widerstand einher. „Von Widerstand kann immer dann gesprochen werden, wenn vorgesehene Entscheidungen oder getroffene Maßnahmen, die auch bei sorgfältiger Prüfung als sinnvoll, ‚logisch' oder sogar dringend notwendig erscheinen, aus zunächst nicht ersichtlichen Gründen bei einzelnen Individuen, bei einzelnen Gruppen oder bei der ganzen Belegschaft auf diffuse Ablehnung stoßen, nicht unmittelbar nachvollziehbare Bedenken erzeugen oder durch passives Verhalten unterlaufen werden." (Heins, o. J., S. 5). Stellen Sie sich dabei das Märchen des Rumpelstilzchens vor, welches mit hochrotem Kopf wütend auf den Boden stampft und immer wieder „Ich will nicht!" brüllt. Allerdings ist dieser offen geäußerte Widerstand noch in der Hinsicht hilfreich, in der er erkennbar ist. Schwieriger wird es mit dem passiven Widerstand, der eben nicht sofort offensichtlich ist und sich durch Ausweichen oder Lustlosigkeit ausdrückt (Heins, o. J., S. 5).

Wie aber mit Widerstand umgehen? Hierbei helfen Prämissen der systemischen Haltung (Grossmann et al., 2015, S. 98 ff.):

Das Bestehende sollte wertgeschätzt werden. Stellen Sie sich vor, Sie haben als Mitarbeiterin lange und intensiv daran gearbeitet, einen gewissen Status quo in Ihrer Bibliothek zu erreichen. Ihr Herzblut hängt daran! Jetzt kommt jemand und sagt, der Status quo ist schlecht und muss geändert werden. In der systemischen Arbeit gibt es kein Gut oder Schlecht. Es gibt ein Hilfreich und Weniger hilfreich. Soll heißen: Das Bestehende ist nicht schlecht. Es ist einfach im Hinblick auf eine sich ändernde Umwelt weniger hilfreich, als es vor einiger Zeit noch war.

Der Prozess sollte ergebnisoffen sein. Ja, die Führungskräfte formulieren die Ziele des Prozesses. Aber gleichzeitig ist es mehr als förderlich, die Wünsche, Bedürfnisse und Expertisen der Mitarbeiterinnen zu berücksichtigen. Und nein, es geht nicht um die Einführung einer Basisdemokratie à la „Die Mehrheit gewinnt". Es geht vielmehr um ein ehrliches und wertschätzendes Ernstnehmen.[14]

Es braucht Mut zur Auseinandersetzung und zum Zulassen von Emotionen. Das ist vielleicht der wichtigste Punkt beim Umgang mit Widerständen. Auch wenn Vorbehalte aus der Belegschaft vielleicht unlogisch erscheinen – es ist wichtig, diese trotzdem ernst zu nehmen. Nur weil Sie die Emotionen der Kolleginnen nicht teilen, heißt das nicht, dass diese irrelevant sind. Geben Sie Raum, ermöglichen Sie es, diese Gefühle und Ängste zu formulieren: „Mitarbeitende erwarten nicht, dass Führungskräfte in ihrem Sinne entscheiden. Sie können auch anderslautende Entscheidungen akzeptieren. Was sie aber nur schwer akzeptieren können ist, dass ihre Meinung überhaupt nicht gehört wird, dass sie ihre Emotionen in Bezug auf die geplante Veränderung nicht zum Ausdruck bringen dürfen oder dass Argumente und Emotionen nicht ernst genommen werden." (Grossmann et al., 2015, S. 102).

Auf Basis dieser Grundannahmen erscheint der von Heins (o. J., S. 10) aufgezeigte Weg als überaus passend: Es geht nicht darum, Macht auszuüben und damit Widerstände zu ersticken, sondern es geht darum, Macht zu teilen und damit Widerstände einzubinden, diese zu verhandeln und zukünftig durch frühzeitiges Involvieren zu verhindern oder zu verringern.

---

14 Siehe hierzu auch den Abschnitt „Auftrag klären und Ziele formulieren" in diesem Artikel.

Diversität als Querschnittsthema strukturell verankern oder: Wie macht die Beraterin sich überflüssig?

Wenn es um einen Öffnungsprozess im Bereich *Diversität* geht, dann ist neben den vorab geschilderten Schritten besonders wichtig, dass die Entstehung einer „Diversity Bubble" vermieden wird. Eine solche Blase entsteht, wenn das Thema *Diversität* in seiner Gänze bei einer Person angesiedelt wird. Von Übersetzungen für Flyer in Fremd- und Einfache Sprache, über geschlechterumfassende Formulierungen in Briefen, wofür die Hinterlegung im IT-System notwendig ist, bis hin zu den Führungen für Deutschkurse und Veranstaltungen zu LSBTIQ* und Rassismus: Eine Person kann der Vielfalt der Themen, besonders aber deren Verankerung in der Gesamtorganisation, auf diese Art schwer gerecht werden. In diesem Zusammenhang sei das Beispiel der Frauenbeauftragten oder Inklusionsbeauftragten genannt: Hier werden oft Personen, die bereits in einer Institution tätig sind, mit der jeweiligen Zusatzaufgabe betraut. Nicht nur das „on top" ist dabei problematisch, sondern auch die Tatsache, dass nun alles im Weitesten zum Thema passende an diese Person abgegeben wird. Der Rest der Institution setzt sich kaum weiter damit auseinander.

Das heißt: Diversitätsorientierte Öffnung benötigt Beteiligung. Möglichst viele aus dem Team der Bibliothek sollen am Öffnungsprozess mitwirken und ihre Perspektive einbringen. Aber nicht nur das – bei einem diversitätsorientierten Öffnungsprozess geht es vielfach um Dinge, die innerhalb der Institution noch nicht bekannt sind: Welche Bedürfnisse und Interessen haben die heterogenen Zielgruppen der Stadtgesellschaft? Welche Bedürfnisse hat eine heterogene Belegschaft? Passend zum Beispiel von Frau M. ist Teil des Prozesses also, gemeinsam festzustellen, welche Perspektiven von innen eingenommen werden können und welche nicht, weil sie schlicht im Kollegium bisher fehlen. Um die Bibliothek aus allen unterschiedlichen Blickwinkeln betrachten zu können, ist es folglich wichtig, die betreffenden Kolleginnen und Akteurinnen in der Stadtgesellschaft zur Beteiligung am Öffnungsprozess einzuladen – wie es Frau M. auch getan hat. Hieran wird deutlich, wie relevant die Sensibilisierung für und das Bewusstsein über Perspektiven sind und welchen bedeutenden Stellenwert die Netzwerkarbeit in einem solchen Öffnungsprozess hat – und zwar nach innen und außen.

Strukturelle Verankerung in diesem Kontext bedeutet, dass Diversitätsorientierte Öffnung kein Projekt ist, sondern ein fortlaufender Prozess, der auch in engem Zusammenhang mit dem gesellschaftlichen Wandel steht. Die angesprochene Beteiligung ist in diesem Prozess eben auch der Schlüssel zur Nachhaltigkeit. Denn, unabhängig davon, ob es eine extra Personalstelle gibt, die ausschließlich und unbefristet für den Öffnungsprozess zuständig ist und diesen auf Dauer vorantreibt, sollte sich die Auseinandersetzung mit dem sich stetig wandelnden und entwickelnden Feld nachhaltig innerhalb der Organisation weitertragen. Wie eingangs erwähnt, erweisen sich interne Arbeitsgruppen hierfür als besonders hilfreich.

Was bedeutet es nun, wenn sich die diversitätsorientierte Öffnung in der Bibliothek weiterträgt? Die Beraterin wird „überflüssig". Dies geht Hand in Hand damit, dass die Auseinandersetzung mit Diversität in die Gesamtorganisation überführt wird. Diese Überführung bedeutet die Verinnerlichung, die Akzeptanz und die Wertschätzung von Diversity als Querschnittsthema. Die Institution, die Bibliothek als Ganzes, hat die Verantwortung für den Prozess und die Veränderung übernommen – bis zu dem Punkt, an dem Impulse von innerhalb oder außerhalb der Bibliothek die Leitung wiederum zu der Erkenntnis bringen, dass ein Veränderungsprozess erneut angestoßen werden soll. Es schließt sich der Kreis – Veränderung ist wiederkehrend.

AG Diversity & Diversity Labor

Im Folgenden werden die AGs der Stadtbibliotheken Bremen und Heilbronn vorgestellt. Das Beispiel der Bücherhallen Hamburg ist als Praxisbeispiel diesem Kapitel nachgestellt.

AG Diversity in der Stadtbibliothek Bremen

Wie kann Diversität langfristig als Querschnittsthema etabliert werden? Aus Sicht der Autorin, Projektmanagerin für Interkulturelle Bibliotheksarbeit und Diversity in der Stadtbibliothek Bremen, geht dies nur durch strukturelle Verankerung. Nur so kann aus ihrer Perspektive garantiert werden, dass Diversität unabhängig von den Interessen einzelner und deren Engagement gelebt wird. Nur so kann das Thema auf viele Köpfe verteilt werden und auch einzufordern sein.

Aus diesem Grund initiierte die Autorin Ende 2019 die AG Diversity, die aus vier Kolleginnen besteht, welche Schlüsselpositionen im Haus innehaben. Alle vier Kolleginnen haben einen übergreifenden Wirkungsbereich und durch Studium oder Weiterbildung[15] erworbene vertiefte Kenntnisse im Bereich *Diversity*. Die AG ist bewusst klein gehalten, wird aber themenbezogen durch interne und externe Expertinnen ergänzt. Die Rolle der Autorin ist ausschließlich beratend und moderierend – die AG, als integraler Teil der Stadtbibliothek Bremen, ist Expertinnengremium für ihr eigenes System, die Bibliothek.

Der Blick der AG richtet sich auf die Bereiche Personal, Publikum & Netzwerk und Programm. Ergänzt wird dieser Blick durch übergeordnete Fragestellungen nach Partizipation, Zugangshürden, Methodenkompetenz und Ressourcen. Ziele wurden in Hinblick auf diversitätsorientierte Öffnung formuliert und mit Meilensteinen unterlegt. Die Meilensteine wiederum werden in Bezug auf Verantwortlichkeiten, benötigte Ressourcen und Priorität im Prozess analysiert. Wichtig ist der AG, dass keine Parallelstrukturen geschaffen werden, dass also, wann immer möglich, auf Teams der Bibliothek oder bestehende themenspezifische AGs im Haus zurückgegriffen wird.

Beispiel: Eines der formulierten Ziele ist die Sichtbarmachung und bessere Repräsentanz möglichst aller Teile der Stadtgesellschaft in der Kommunikation und im Auftritt der Stadtbibliothek. Ein Meilenstein dazu ist die Erstellung einer Checkliste für Kommunikation und Marketing. Durch die Checkliste sollen Standards geschaffen werden, u. a. in Bezug auf zielgruppengerechte Sprache. Anhand einer RACI-Analyse[16] verdeutlicht die AG die Zuständigkeiten: In diesem Fall sieht sie die Zuständigkeit nicht prioritär bei sich, sondern beim Team „Marketing und Kommunikation". Ihre eigene Rolle definiert sie lediglich als initiierend und beratend; in der gleichen Rolle sieht sie die schon bestehende AG Interne Service- und Kommunikationsstandards. Durch die kontinuierliche Feedbackschleife mit der Betriebsleitung wird garantiert, dass diese hinter den Vorschlägen steht. In einem nächsten Schritt läge die Verantwortung bei der Leitung, dass sie die Abteilung „Marketing und Kommunikation" mit der Erstellung dieser Checkliste beauftragt.

Auf diese Art und Weise können die Ziele in Hinblick auf diversitätsorientierte Öffnung möglichst ressourcenschonend in schon bestehende Strukturen integriert werden.

Ziel der AG Diversity ist es übrigens, sich auf längere Sicht selber überflüssig zu machen.

---

15 Vgl. dazu auch die Vorstellung der Diversity-Multiplikatorinnen im Kapitel „Diversitätsorientierte Personalgewinnung und -entwicklung" der gleichen Autorin in diesem Sammelband.
16 RACI steht für responsible (verantwortlich), accountable (im Sinne von rechenschaftspflichtig, dies ist meist die Betriebsleitung), consulting (beratend), informed (informiert). Diese Analyse ist ein empfehlenswertes Tool, um sich einen Überblick zu schaffen, wer in einem Projekt / einer Maßnahme etc. eigentlich welche Rolle hat.

Diversity Labor der Stadtbibliothek Heilbronn

Das Diversity Labor der Stadtbibliothek Heilbronn wurde zu Beginn des Jahres 2020 gegründet – eineinhalb Jahre nachdem sich die Bibliothek durch die *360°-*Förderung auf den Weg der diversitätsorientierten Öffnung gemacht hat. In dieser Zeit wurde das ganze Kollegium für Diversität, den Prozess und die Veränderung sensibilisiert. Die Autorin gewann als Beraterin Einblicke in die Bibliothek, ihre Strukturen, bestehende Arbeitsgruppen und die Organisationskultur, die für die Gründung wertvoll waren.

So ergab sich als Ziel, für die Gründung und für den Charakter der „Arbeitsgruppe", folgende vier Aspekte umzusetzen:
- Repräsentanz aller Fachbereiche der Bibliothek im Diversity Labor,
- Umsetzungsstärke und Verbindlichkeit,
- Mitgestalten,
- Gemeinsames Lernen.

Diese vier Merkmale wurden bei der Vorstellung in den Mittelpunkt gestellt. Alle Interessierten wurden zur Beteiligung eingeladen. Die Teilnahme ist freiwillig und auf diese Art gelingt es, in der Gruppe einen Querschnitt der Bi-bliothekshierarchien und -abteilungen, bestehend aus acht Personen, abzubilden. Über die Zusammenarbeit wird die Diversity-Arbeit sichtbarer, und die Teilnehmerinnen werden am Prozess der Öffnung stärker beteiligt. Die Umsetzungsstärke und Verbindlichkeit ist auch durch Entscheidungsmacht gegeben. Diese ist durch die Teilnahme der Hausleitung gewährleistet. In den monatlichen Sitzungen des Diversity Labors werden verschiedene Themen bearbeitet (von Publikumsveranstaltungen bis hin zur Frage: „Wie erreichen wir die Kolleginnen besser?"), immer mit der Absicht, dass sie auch durch das Labor in die Fachbereiche getragen werden und somit durch die Gruppe direkt zur Umsetzung gebracht werden können. Das gemeinsame Lernen bedeutet, dass sich Teilnehmerinnen durch Webinare oder Schulungen mehr Wissen zu Diversität aneignen.

Wichtig ist seit der Gründung, dass alle Themen, die bearbeitet werden und mögliche Veränderungen für die Bibliothek nach sich ziehen, mit dem Diversity Labor gemeinsam entstehen. Sollte der Impuls durch die *360°*-Agentin kommen, wird er durch das Diversity Labor befürwortet und klar unterstützt. Das Diversity Labor setzt sich die Ziele selbst und soll auch über den Zeitraum der *360°*-Förderung hinaus bestehen.

Ein Beispiel der schnellen und fruchtbaren Arbeit des Diversity Labors für die Stadtbibliothek Heilbronn sind die Montagsposts auf den Kanälen der Sozialen Medien. Seit Juni 2020 wird jeden Montag unter dem *#MontagGegenDiskriminierung* ein Medientipp gepostet, der sich mit Diversität beschäftigt und auf einem Vorschlag aus dem Team der Bibliothek beruht. So wurden zum einen alle im Team aufgerufen, Literatur zu allen Diversitätsdimensionen zu entdecken und sich zu beteiligen, und zum anderen werden die Kundinnen der Bibliothek mit relevanten Tipps versorgt. Außerdem wird damit nach außen sichtbar, dass sich die Bibliothek mit Diversität kritisch auseinandersetzt, selbst dazulernt und sich im Prozess der Öffnung befindet.

Für den verbleibenden Förderzeitraum steht, neben der regulären Arbeit des Diversity Labors, die Vernetzung der Teilnehmerinnen mit relevanten Kooperationspartnerinnen in der Stadt im Fokus. Dies wird unter anderem umgesetzt durch die Einführung sogenannter Veranstaltungspatinnen des Diversity Labors. Alle Programmpunkte und Veranstaltungen sollen durch eine Veranstaltungspatin begleitet werden. Dazu gehört auch die Teilnahme an einem Austauschtermin mit den Kooperationspartnerinnen.

Zur regulären Arbeit gehört auch die wiederkehrende Evaluation des Status quo. Also die Fragen: „Wo stehen wir aktuell? Und wo möchten wir noch hin?"

Und der Kreis schließt sich. Das Diversity Labor und allgemein interne Diversity AGs können fortlaufend versuchen[17], einen „kritischen" Blick auf die Institution zu werfen und sich somit immer wieder neue Ziele zu setzen und diese weiterzuentwickeln.

Literaturverweise

Claus, P. (2016, 10. Februar). *Führung aus der Perspektive von Position, Funktion und Rolle.* Höhere Berufsbildung Uster (HBU): https://www.hbu.ch/de/Fuehrung_Position_Funkti on_Rolle.b61.10428.html#:~:text=Funktion%20oder%20Funktionsprofil%20beschreibt% 20den,gesamten%20Organisation%20zu%20leisten%20ist.&text=Rolle(n)%20sind% 20das%20personale%20Gegen%C3%BCber%20der%20Funktion (6.7.2020).

Farag, D. & Hartmann, R. (2020, Januar). Diversitätsorientierte Öffnung als Chance. (B. I. e. V., Hrsg.) *BuB – Forum Bibliothek und Information* (01/2020), S. 52–57.

Grossmann, R., Bauer, G. & Scala, K. (2015). *Einführung in die systemische Organisationsentwicklung.* Heidelberg: Carl-Auer Verlag GmbH.

Heins, S. (o. J.). *Widerstände in Veränderungsprozessen abbauen.* Organisationsberatung – Seminare – Coaching: http://www.sabine-heins.de/user_files/datei_1245233473_25388.pdf (17.12.2020).

International Federation of Library Associations and Institutions IFLA. (2006). *The IFLA Multicultural Library Manifesto.* The Multicultural Library – a gateway to a cultural diverse: https://archive.ifla.org/VII/s32/pub/MulticulturalLibraryManifesto.pdf (5.2.2021).

---

17 „Versuchen" ist so zu verstehen, dass sich die Autorin bewusst ist, dass es hilfreich ist, den internen Blick unbedingt durch externe Perspektiven zu erweitern. Dafür sind die Vernetzung und ein beratendes, externes Diversity-Gremium weitere mögliche Maßnahmen.

König, E. & Volmer, G. (2018). *Handbuch Systemische Organisationsberatung*. Weinheim, Basel: Beltz.
König, E. & Volmer, G. (2019). *Handbuch Systemisches Coaching*. Weinheim Basel: Beltz.
Königswieser, R. & Hillebrand, M. (2019). *Einführung in die systemische Organisationsberatung*. Heidelberg: Carl-Auer Verlag GmbH.
Regionale Arbeitsstellen für Bildung, Integration und Demokratie (RAA) e. V. (2017). *Diversitätsorientierte Organisationsentwicklung: Grundsätze und Qualitätskriterien*. https://raa-berlin.de/wp-content/uploads/2018/12/RAA-BERLIN-DO-GRUNDSAETZE.pdf (9.2.2021).

Sylvia Linneberg
Beteiligung ermöglichen – Kommunikationsräume schaffen: Die Entstehung der Diversity-AGs bei den Bücherhallen Hamburg

In der Fachliteratur zur interkulturellen bzw. diversitätsorientierten Öffnung wird dazu geraten, ein Gremium zu implementieren, das den Prozess begleitet (Panesar, 2017, S. 26).

Im Folgenden wird am Beispiel der Bücherhallen Hamburg dargelegt, wie ein begleitendes internes Gremium im Laufe des Prozesses der diversitätsorientierten Öffnung immer wieder den veränderten Rahmenbedingungen angepasst wurde. Vom *Arbeitskreis Flüchtlingsprojekte* gelangte man über die *AG Interkultur* und die *Planungsgruppe Vielfalt* letztendlich zu mehreren *Diversity-AGs*. Diese Entwicklung sowie die sich verändernden Ziele und Aufgabenstellungen dieser Gremien sollen hier skizziert werden.

Die Bücherhallen Hamburg bilden ein Filialsystem bestehend aus 32 Stadtteilbibliotheken, zwei Bücherbussen sowie der Zentralbibliothek. Mit jährlich 4,8 Millionen Besucher*innen sind sie die meistbesuchte Kultureinrichtung Hamburgs. Rund 13 Millionen Medien werden pro Jahr ausgeliehen (Bücherhallen Hamburg, 2021).

Ende 2014 wurde bei den Bücherhallen Hamburg ein *Arbeitskreis Flüchtlingsprojekte* gegründet, der einmal im Monat tagte (Barckow, 2016, S. 448). Er setzte sich zusammen aus der Betriebsleitung sowie Leitungskräften und Mitarbeitenden nahezu aller Abteilungen: Ehrenamtsprojekte, Digitale Dienste, EDV und Organisation, Fachabteilung Schule, Kundenservice, Öffentlichkeitsarbeit, Personalentwicklung, Stadtteilbücherhallen und Zentralbibliothek. Der Arbeitskreis ermöglichte kurze Wege zwischen strategischen Entscheidungen und der operativen Umsetzung, sodass zahlreiche neue Angebote für Geflüchtete innerhalb kurzer Zeit realisiert werden konnten.

Die neuen Angebote wurden verstetigt und neben den Geflüchteten profitierten auch viele weitere Kund*innen mit und ohne Zuwanderungsgeschichte davon. Bei den Mitarbeitenden verstärkte sich das Bewusstsein dafür, die Bedürfnisse von Menschen mit Zuwanderungsgeschichte zu berücksichtigen, sei es bei der Entwicklung von Veranstaltungsangeboten, der Anschaffung von Medien oder der Ansprache über Flyer und Website. Der *Arbeitskreis Flüchtlings-*

projekte erweiterte sein Handlungsfeld und formierte sich zwei Jahre nach seiner Gründung zur *AG Interkultur*.

Im Zuge des *360°*-Programms, das bei den Bücherhallen Hamburg im Mai 2018 startete, wurde die *AG Interkultur* umbenannt in die *AG Vielfalt*, um im Namen deutlich zu machen, dass der Blick bewusst vom interkulturellen Schwerpunkt auf die weiteren Diversity-Dimensionen (siehe Einführung dieses Sammelbandes) ausgeweitet werden sollte. Dabei wurde die personelle Zusammensetzung der AG zunächst beibehalten. Nach dem ersten Programmjahr wünschten sich die Mitglieder eine Umstrukturierung aus mehreren Gründen:

- Die *AG Vielfalt* war nach fünf Jahren von einem extrem umsetzungsorientierten *Arbeitskreis Flüchtlingsprojekte* zu einem Gremium des Informationsaustausches geworden. Man berichtete sich gegenseitig über Veranstaltungen, Aktivitäten, Medienanschaffungen usw.
- Die *AG Vielfalt* band mit 14 Kolleg*innen relativ viele personelle Ressourcen. Dies war zum Gründungszeitpunkt des *Arbeitskreises Flüchtlingsprojekte* sehr sinnvoll, um möglichst organisationsübergreifend die Bedarfe der neu zugewanderten Menschen zu erfassen und schnell neue Angebote zu schaffen. Die starke personelle Besetzung der AG unterstrich durchaus den hohen Stellenwert, den die Entwicklung von Angeboten für Geflüchtete und Zugewanderte in der Organisation einnahm. Inzwischen waren aber Strukturen, Arbeitsabläufe, Veranstaltungsangebote und Vermittlungsinhalte verstetigt worden und hatten selbstverständlichen Eingang in den Arbeitsalltag der verschiedenen Abteilungen gefunden.
- Es gab Doppelstrukturen und damit erhöhte zeitliche Belastungen: Sechs AG-Mitglieder waren auch Teil des Leitungskreises der Bücherhallen (d. h. Betriebsleitung plus Teamleitungen), der einmal im Monat zusammenkam.
- Die Teilnehmenden der Fortbildungsreihe *Vielfalt@Bücherhallen* (vgl. im gleichnamigen Beitrag in diesem Sammelband) wünschten sich eine Beteiligung in der AG.

Die Planungsgruppe Vielfalt

So wurde 2019 aus der *AG Vielfalt* die *Planungsgruppe Vielfalt*, die nun in den nachfolgenden Ausführungen näher beschrieben werden soll.

Personelle Zusammensetzung

Die Gruppe wurde auf zehn Mitglieder verkleinert und bestand aus Kolleg*innen aus den Bereichen Ehrenamt, Personalentwicklung, Publikum, Stadtteilbücherhallen, Vermittlung und Programmarbeit. Stärker vertreten waren jetzt die Stadtteilbücherhallen mit drei Kolleg*innen. Die Betriebsleitung zog sich aus dem Gremium zurück. Es gab eine enge personelle wie inhaltliche Verzahnung mit der Fortbildungsreihe *Vielfalt@Bücherhallen*, die im Dezember 2018 begonnen hatte. Fast alle Mitglieder der Planungsgruppe waren auch Teilnehmende dieser Fortbildung, in der u. a. die strategische Umsetzung und strukturelle Verankerung diversitätsorientierter Arbeitsweisen und Inhalte thematisiert wurden. So konnten die Teilnehmenden das Erlernte in der *Planungsgruppe Vielfalt* anwenden.

Selbstverständnis und Rolle

Die *Planungsgruppe Vielfalt* gestaltete und begleitete den Prozess der Diversitätsorientierten Öffnung aktiv mit. Sie verstand sich als Gremium, das Zugangsbarrieren identifiziert und Handlungsvorschläge zu deren Abbau erarbeitet, die dann in den jeweiligen Abteilungen der Planungsgruppenmitglieder umgesetzt werden sollten. Die Mitglieder der *Planungsgruppe Vielfalt* blickten aus verschiedenen Perspektiven auf den Prozess, trugen zur Vernetzung und zum Wissenstransfer innerhalb der Organisation bei, berieten sich gegenseitig kollegial und waren Multiplikator*innen in ihren jeweiligen Arbeitsbereichen und Teams. Durch die regelmäßige Kommunikation und Zusammenarbeit auch außerhalb der monatlichen Treffen entwickelte die Gruppe mit der Zeit immer mehr Expertise zum Thema Diversität. Für die Agentin stellte die Gruppe ein kollegiales Team dar, durch das sie eine direkte Anbindung an die für den Öffnungsprozess relevantesten Abteilungen des Systems erhielt.

Arbeitsweise, Schnittstellen, Entscheidungswege

Die *Planungsgruppe Vielfalt* kam etwa alle sechs Wochen für zwei Stunden zusammen. Es gab einige längere Sitzungen, wenn Themen intensiver bearbeitet werden sollten (z. B. die Halbzeitauswertung des *360°*-Programms). Inhaltlich setzten sich die Sitzungen meistens zusammen aus einem allgemeinen Informationsteil und einem Schwerpunktthema. Die Planungsgruppe entwickelte Handlungsvorschläge, denen durch die Direktion bzw. den Leitungskreis zugestimmt werden musste. Die Agentin war auch Mitglied des Leitungskreises, der einmal pro Monat tagte, und traf sich darüber hinaus im Zweiwochenturnus mit der Direktorin, sodass stets eine schnelle Rückkopplung zwischen Planungsgruppe und Leitung erfolgte. Auch zu weiteren zentralen Gremien wurde die Verbindung, insbesondere durch die Agentin oder aber durch einzelne Gruppenmitglieder, sichergestellt.

Aufgaben, Ziele und Inhalte

Die *Planungsgruppe Vielfalt* definierte ihre Aufgaben entlang der Ziele, die im Rahmen des *360°*-Programms formuliert waren. Alle Ziele wurden im Hinblick auf ihre Sinnhaftigkeit und (zeitliche) Umsetzbarkeit nochmals überprüft, manche Ziele wurden modifiziert oder zeitlich verschoben. Im Rahmen der Fortbildungsreihe *Vielfalt@Bücherhallen* wurde begonnen, Zugangsbarrieren zu identifizieren und zu kategorisieren. Dies führte die *Planungsgruppe Vielfalt* systematisch fort und vollzog sodann eine Priorisierung der Barrieren unter der Fragestellung: „Welches sind die größten oder maßgeblichsten Barrieren, die als erstes beseitigt werden müssen?" Daraus ergaben sich die wichtigsten Handlungsfelder für den weiteren Prozess der Diversitätsorientierten Öffnung.

Mit den modifizierten Zielen und den relevanten Barrieren im Blick erarbeitete die Gruppe sodann die Jahresplanung für 2020. Diese beinhaltete u. a. eine weitere Fortbildungsreihe *Vielfalt@Bücherhallen*, da diese von den Mitgliedern als elementar für das Vorankommen der Diversitätsorientierten Öffnung bei den Bücherhallen angesehen wurde. Die *Planungsgruppe Vielfalt* wertete die erste Fortbildungsreihe aus, formulierte inhaltliche wie auch organisatorische Verbesserungsvorschläge und überarbeitete die Anforderungen an die Referent*innen und die*den Fortbildungspartner*in.

Herausforderungen und Konsequenzen

Mitte 2020, zur Hälfte der vierjährigen Laufzeit des *360°*-Programms, kam die *Planungsgruppe Vielfalt* zusammen, um den *360°*-Prozess, das bisher Erreichte und die eigene Arbeit zu evaluieren. Dass das Ergebnis zum Teil sehr ernüchternd ausfiel, ist durchaus zu einem maßgeblichen Teil auf die Einschränkungen aufgrund der Corona-Pandemie zurückzuführen. So musste die mit großem Engagement aufgestellte Jahresplanung 2020 in weiten Teilen ersatzlos gestrichen werden, insbesondere natürlich in den Bereichen Publikum und Programm. Aber es gab auch weitere triftige Gründe: Die Gruppe stellte fest, dass sie sich zu selten traf, um Themen tiefergehend zu bearbeiten und wirklich etwas zu bewirken. Dafür hatte sie nicht genügend personelle und zeitliche Ressourcen. Die ursprüngliche Idee, dass einzelne Themen in kleineren Arbeitsgruppen, ggf. mit der Unterstützung weiterer Kolleg*innen, weiterbearbeitet werden sollten, wurde nicht konsequent umgesetzt. Gleichzeitig wünschten sich alle Mitglieder, dass viel mehr Kolleg*innen aus dem System Bibliothek in die Diversity-Arbeit aktiv miteingebunden werden. Von außen wiederum wirkte die *Planungsgruppe Vielfalt* auf viele Kolleg*innen wie ein geschlossener Kreis. Aus dem Kollegium kam der Wunsch nach mehr Transparenz und Beteiligung an den Prozessen der Diversitätsorientierten Öffnung.

Es ging also um die Frage nach der Verstetigung der begonnenen Arbeit der *Planungsgruppe Vielfalt* bei gleichzeitiger Einbindung von und Verteilung der Aufgaben auf viel mehr Kolleg*innen. So wurde die Überführung der *Planungsgruppe Vielfalt* in mehrere *Diversity-AGs* beschlossen und die wichtigsten Themenfelder wurden identifiziert:
- Barrierefreiheit,
- Medienbestand diskriminierungs- und rassismuskritisch betrachten,
- Netzwerk- und Kooperationsarbeit,
- Personalarbeit diversitätssensibel gestalten,
- PR und Öffentlichkeitsarbeit: diversitätssensible Sprache und Bildsprache,
- Queere Bildungsarbeit,
- Veranstaltungsarbeit: Teilhabe, Partizipation, Co-Creating,
- Vielfalt im Ehrenamt.

Es folgte ein intensiver Abstimmungsprozess zwischen der *Planungsgruppe Vielfalt*, den Agent*innen, der Direktorin und dem Leitungskreis, bevor Anfang 2021 der Start für die Arbeit der *Diversity-AGs* verkündet werden konnte.

Die Diversity-AGs

Ebenso wie die *Planungsgruppe Vielfalt* bieten *Diversity-AGs* eine Kommunikations- und Arbeitsplattform für abteilungs- und hierarchieübergreifende Zusammenarbeit. Auch sie befassen sich weiterhin mit der Identifizierung und dem Abbau von Zugangsbarrieren, mit dem Ziel, die Bücherhallen zu einem möglichst diskriminierungs- und barrierefreien Ort für *Alle* zu machen. Im Unterschied zur *Planungsgruppe Vielfalt* sind die *Diversity-AGs* jedoch viel kleiner und setzen sich thematische Schwerpunkte. Ziel ist es, viel mehr Kolleg*innen als bisher in die Diversity-Arbeit einzubinden, denn die Fülle und Komplexität der Themen ist nur so zu bewältigen. Darüber hinaus sollen ein breiteres Bewusstsein sowie mehr Handlungsfähigkeit im Kollegium entstehen – beides trägt dazu bei, Öffnungsprozesse nachhaltig anzulegen. Im Vordergrund steht die praktische Umsetzung überschaubarer, realisierbarer Maßnahmen. Mit der systematischen, kontinuierlichen Betrachtung von Arbeitsbereichen und Themenfeldern unter Diversitätsgesichtspunkten soll eine schrittweise, stetige Verbesserung auf dem Weg zu mehr Barriere- und Diskriminierungsfreiheit erreicht werden. Im Qualitätsmanagement wird diese Arbeitsweise auch *Kontinuierlicher Verbesserungsprozess* genannt (Bechmann & Landerer, 2010, S. 65 ff.).

Rolle und Aufgaben der AGs

Die *Diversity-AGs* initiieren und organisieren Prozesse wie auch die Durchführung von Projekten, die im Idealfall zur Beseitigung der identifizierten Barrieren führen. Sie sorgen für die diversitätsorientierte Sensibilisierung im System, in den Fachbereichen, im Kollegium. Ihre Aufgaben sind konkret:
- auf Themen/Herausforderungen/Barrieren aufmerksam machen,
- Impulse/Anstöße geben für die Beseitigung dieser Barrieren und die Verbesserung der diversitätssensiblen Bibliotheksarbeit in den verschiedenen Fachbereichen,
- Beobachtung aktueller gesellschaftlicher Debatten zum Thema, an die angeknüpft werden kann/sollte,
- Informationen zum Thema zusammenstellen/aufbereiten und zur Verfügung stellen (z. B. relevante Literatur und Fachinformationen, gute Praxisbeispiele aus anderen Einrichtungen, Informationen zu Fortbildungsangeboten, Expert*innen identifizieren),
- Fortbildungsbedarfe identifizieren,
- potenzielle Netzwerkpartner*innen identifizieren und Impulse für den Aufbau neuer Kooperationen geben.

Zusammensetzung und Arbeitsweise der AGs

Die personelle Zusammensetzung sowie auch die genaue Themensetzung der AGs erfolgen in Absprache mit den zuständigen Fachbereichsleitungen, der Direktion und den *360°*-Agent*innen. Die AGs bestehen maximal aus fünf Personen, darunter ein*e Hauptansprechpartner*in. Zu Beginn definiert die jeweilige AG Ziele, Maßnahmen und Indikatoren und legt einen Zeitrahmen für ihre Arbeit fest. Fallen Kosten an, so wird in Absprache mit den Agent*innen, der Fachbereichsleitung und ggf. der Direktion ein Budget abgestimmt.

Austausch und Informationsfluss

Die AG-Leitungen sorgen für einen regelmäßigen Informationsfluss in das System Bibliothek hinein, z. B. in Gremiensitzungen und durch Beiträge im Intranet. Alle zwei Wochen findet ein eineinhalbstündiges digitales AG-Austauschtreffen statt, in dem die AGs ihre Arbeit vorstellen und in den Austausch mit Kolleg*innen kommen. Die Treffen sind für das gesamte Kollegium offen, sodass alle, die möchten, die Möglichkeit haben, sich über aktuelle Aktivitäten sowie Mitwirkungsmöglichkeiten zu informieren. Zudem sind drei interne Fachtage geplant, in denen gemeinsam ausgewählte Themen vertieft behandelt werden. Hierzu werden auch externe Referent*innen eingeladen.

Dokumentation und Monitoring

Für jedes Thema wird ein Steckbrief ausgefüllt (vgl. Abb. 7). Alle Steckbriefe werden an einem zentralen Ort im Intranet gespeichert und sind damit für alle einsehbar. Eine Übersicht zum jeweiligen Projektstatus wird dort ebenfalls zugänglich gemacht.

Das Monitoring der AGs erfolgt durch die *360°*-Agent*innen. Sie organisieren Dokumentation, Begleitung, Beratung und Informationsaustausch. Notwendige Nachjustierungen der Ziele, Maßnahmen und Indikatoren der AGs erfolgen in Absprache mit den zuständigen Fachbereichsleitungen und der Direktion.

Abb. 7: Beispiel eines Steckbriefes einer Diversity-AG*

Steckbrief Diversity-AG Queere Bildungsarbeit	
Ansprechpersonen (maximal zwei Ansprechpersonen)	ooooo
Thema – Worum geht es? Warum ist das wichtig?	Queere Perspektiven sind in der heteronormativen Dominanzgesellschaft – und damit auch bei den Bücherhallen – häufig noch unterrepräsentiert. Bei der queeren Bildungsarbeit geht es darum, LGBTQI* Perspektiven zu stärken und sichtbarer zu machen. Queere Lebensrealitäten nicht zu ignorieren, sondern gezielt einzubinden, ist ein wichtiger Meilenstein auf dem Weg in eine radikal diverse Stadtgesellschaft. Dabei geht es einerseits um explizi-

Steckbrief Diversity-AG Queere Bildungsarbeit	
	te Aufklärungs- und Veranstaltungsarbeit zu Themen, die Jugendliche rund um geschlechtliche und sexuelle Vielfalt bewegen, aber auch um einen Medienbestand, der diese Themen (noch) besser abbildet und einbindet. Zum anderen soll es eine Revision betriebsinterner Prozesse geben, wobei diese kritisch auf z. B. geschlechtsspezifische Rollenklischees überprüft werden. Auch der Gebrauch von gendersensibler Sprache wird konsequent umgesetzt und in die Fläche getragen. Insgesamt fährt die queere Bildungsarbeit also mehrgleisig: Neben der Ansprache und dem Empowerment von LGBTQI*-Personen (und hier insbesondere Jugendlichen) soll es auch um die Aufklärung zu diesem Thema gehen – sowohl innerbetrieblich als auch im Kund*innenkontakt.
Weitere Beteiligte (maximal fünf Personen inklusive Ansprechpersonen)	ooooo
Ziele – Was soll erreicht werden?	Die queere Bildungsarbeit soll sowohl aufklären als auch empowern. Zudem soll es einen möglichst diskriminierungsfreien Umgang mit allen Kund*innen sowie auch betriebsintern unter den Kolleg*innen geben. Hierfür braucht es eine gewisse Sensibilität für geschlechtliche und sexuelle Vielfalt sowie einen kritischen Umgang mit Rollenklischees und auch ein Wissen um eigene Privilegien, sofern Personen selbst von Heteronormativität profitieren. Dieses Wissen wird sowohl in die gezielte Aufklärungsarbeit und den Austausch mit queeren Jugendlichen gesteckt als auch in den Umgang mit Kund*innen im Allgemeinen. So soll auch über eine LGBTQI*-„Blase" hinaus ein kritischer Umgang mit der heteronormativen Dominanzgesellschaft angeregt werden. Bereiche, in denen der Umgang mit geschlechtlicher und sexueller Vielfalt noch verbessert werden können, sind z. B. Anmeldegespräche (Abfrage des Geschlechts), Beratung (das Geschlecht sagt erst einmal nichts aus über Interessen und Vorlieben). Verständnis für gendersensible Sprache im Betrieb – Was steckt hinter Gender*, m/w/d (in Stellenausschreibungen)? Hierüber wird praxisnah aufgeklärt (auch unter Berücksichtigung von neuen Entwicklungen). Die Bedeutung einer vorurteilsbewussten Haltung sowie der Macht, die durch und in Sprache ausgeübt wird, wird besonders in den Fokus genommen.
Maßnahmen – Wie / mit welchen Maßnahmen sollen die Ziele erreicht werden?	Die Ziele sollen sowohl über Multiplikator*innen im Betrieb (grassroots movement) als auch über gezielte Fortbildungen und Aufklärung (z. B. zur gendersensiblen Sprache, Empowerment für Jugendliche) erreicht werden. Wichtig ist hierbei immer wieder zu vermitteln: Menschen, die Teil der Mehrheitsgesellschaft sind,

	Steckbrief Diversity-AG Queere Bildungsarbeit
	wird nichts weggenommen! Durch das Einbeziehen von LGBTQI*-Perspektiven wird der Kuchen größer für alle.
Indikatoren – Wie lässt sich messen, ob/dass die Ziele erreicht wurden?	– Welche Prozesse wurden konkret verändert und sensibler gestaltet? (Stichwort Kund*innenkontakt) – Umfrage Kollegium – Neue Kooperationspartner*innen – Teilnahme an queeren Netzwerken in Hamburg (und darüber hinaus?) – Öffentlichkeitsarbeit ist diverser aufgestellt und queere Inhalte sind präsenter (deutlich mehr als 1x pro Jahr anlässlich von Pride Month)
Arbeitsweise – z. B.: Wie wird die Informationsweitergabe organisiert? Wie wird die Möglichkeit zur Beteiligung/Mitwirkung organisiert? Wo, wann, wie oft trifft sich die AG? Etc.	Die AG-Ansprechpersonen suchen zunächst über das Intranet 2–3 weitere Interessierte. Zudem werden weitere Multiplikator*innen identifiziert, die nicht Teil der Gruppe werden müssen, aber als Assoziierte Informationen ins Kollegium tragen. Dies kann auch informell geschehen. Die Kerngruppe trifft sich zunächst alle zwei Wochen, dabei wird zunächst ein gemeinsamer Fahrplan entwickelt mit Blick auf die PDCA-Methode**. Zu den Treffen werden immer wieder Expert*innen aus unterschiedlichen Bereichen des Betriebs eingeladen, mit denen gemeinsam Probleme identifiziert und erörtert werden (z. B. Kundenservice, Öffentlichkeitsarbeit, Veranstaltungsarbeit)
Dauer	**Beginn:** März 2021 **Ende:** Evaluation im Dezember 2021, danach wird beraten, wie die Arbeit fortgesetzt werden kann
Absprache mit Fachabteilungen, Direktion, 360°-Agentinnen ist erfolgt	☐ Fachabteilung, Name: ooooo ☐ Direktion ☐ 360°-Agentinnen Datum: 15. März 2021

* An dieser Stelle vielen Dank an die Autorin des Steckbriefes, meine Kollegin Franziska Schnoor. Die Diversity-AG *Queere Bildungsarbeit* hat im März 2021 ihre Arbeit begonnen.
** Mit der PDCA-Methode werden in einem fortwährenden Zyklus von Planung (Plan), Umsetzung (Do), Überprüfung (Check), Reflexion (Act) stetige Verbesserungsschritte vorgenommen. In der ersten Planungsphase können auch direkt Standards gesetzt werden (z. B. hier: Verwendung des Gendersternchens), oder aber es ergeben sich nach einigen Zyklen Standards (projektmagazin.de, 2021).

Schlussbemerkungen

Die geeignete Form für ein Gremium zu finden, das einen diversitätsorientierten Öffnungsprozess begleitet, hängt von zahlreichen Faktoren ab. Den hier vorgestellten Gremien ist eines gemein: Sie eröffnen Kommunikationsräume und sorgen für breite Beteiligungsmöglichkeiten, um auf neue Herausforderungen zu reagieren. Im Vorfeld kann die Beantwortung einiger Fragen dabei helfen, die richtige Form und personelle Besetzung zu finden:
- Welche Aufgaben, Kompetenzen und Verantwortungen soll das Gremium haben? Soll es operativ umsetzen, steuern, entscheiden?
- Gibt es bereits bestehende Gremien, die diese Aufgaben übernehmen könnten (Doppelstrukturen vermeiden)?
- Wie lassen sich Schnittstellen zu Fachabteilungen und anderen Gremien gestalten?
- Welche Kommunikationsstrukturen sind notwendig?
- Welche personellen und zeitlichen Ressourcen können eingesetzt werden?

Neben den inhaltlichen Zielen, die das Gremium verfolgt (z. B. Diversifizierung des Medienbestandes), gibt es auch eine „personalentwicklerische" Komponente. Durch die hier beschriebenen *Diversity-AGs* entsteht ein organisationsübergreifender kollegialer Austausch, der von den Kolleg*innen sehr geschätzt wird und positiv zur Arbeitsatmosphäre beiträgt. Dies ist in einem großen System wie den Bücherhallen mit ca. 400 Mitarbeitenden von großer Bedeutung, insbesondere auch in den kontaktarmen Zeiten der Pandemie. Durch diese Form der Zusammenarbeit kann die Diversity-Thematik in allen Arbeitsbereichen präsent werden und bei vielen Mitarbeitenden eine Änderung der Haltung bewirken.

Neue Themen erfordern neue Arbeitsformen. Das ist in Öffentlichen Bibliotheken, deren Rolle und Aufgaben seit Jahren im Wandel sind, nichts Ungewöhnliches. Durchaus neu ist aber das Ausmaß der digitalen Kommunikation, die mit der Pandemie einhergeht. Ohne sie wäre die Einrichtung der *Diversity-AGs* in dieser Form nicht möglich gewesen. Für häufige analoge Treffen sind die Wege aus den einzelnen Stadtteilbücherhallen zum jeweiligen Treffpunkt viel zu lang. Auch AG-Austauschtreffen im 14-tägigen Rhythmus wären analog nicht umsetzbar gewesen.

Diversitätsorientierte Öffnung bietet ein ideales Erprobungsfeld für neue, agile Kollaborationsformate, denn alle Arbeitsbereiche, Teams und Abteilungen werden davon tangiert. Der gesellschaftliche Diskurs über Diversität ist von großer Dynamik und Vielschichtigkeit geprägt. Diskussionen über Privilegien, Teilhabe, Sprache, Diskriminierung, Deutungshoheit u. v. m. finden auch innerhalb des Kollegiums statt. Die *Diversity-AGs* bieten dafür einen Raum. Hier kann das im Rahmen von diversitätsorientierten Öffnungsprozessen „gepredigte" Prinzip der Partizipation auch organisationsintern spürbar und erprobt werden.

Literaturverweise

Angermeier, D. G. (o. J.). *www.projektmagazin.de.* https://www.projektmagazin.de/glossar term/pdca-zyklus (12.5.2021).
Barckow, A. (2016). Interkulturelle Bibliotheksarbeit aktuell. *Bibliotheksdienst* 50 (5), S. 441–455.
Bechmann, R. & Landerer, S. (2010). *Qualitätsmanagement und kontinuierlicher Verbesserungsprozess.* Frankfurt a. M.
Bücherhallen Hamburg. https://www.buecherhallen.de/ (12.5.2021).
Panesar, R. (2017). *Wie interkulturelle Öffnung gelingt.* Berlin: ZiviZ gGmbH.

Anni Steinhagen & Julia Hauck
Das Leitbild: Verstetigung eines gelebten Öffnungsprozesses

In vielen Öffentlichen Bibliotheken gibt es sie seit Langem, in manchen wird daran gearbeitet und andere überlegen, ob sie in den Prozess einsteigen: Leitbilder sind aus der Bibliothekswelt nicht mehr wegzudenken. Der visionäre Anteil eines Leitbildprozesses ist mit einem „Polarstern vergleichbar, der nicht das Ziel der Reise darstellt, wohl aber die Richtung angibt, die [...] das Denken, Handeln und Fühlen der Mitarbeiter lenkt" (Hinterhuber, 1989, S. 42). Leitbilder spiegeln die Eigenverantwortung und Zukunftsorientierung als kulturpolitisches Statement der Bibliothek nach innen und nach außen. Sie sind Positionspapiere zum Kultur- und Gesellschaftsverständnis, der eigenen Wertehaltung sowie Arbeitsweisen und betreffen die gesamte Organisation in ihrer Entwicklung, Personalpolitik und Öffentlichkeitsarbeit. In Öffentlichen Bibliotheken bieten sie eine Basis für sämtliche Arbeitsfelder wie der Bestandsplanung, dem Veranstaltungsprogramm und dem Umgang mit Bibliotheksnutzer*innen. Leitbilder entstehen partizipativ, werden sowohl bottom up als auch top down von der Leitungsebene bis zu den Auszubildenden erarbeitet. Aus ihnen lassen sich konkrete Handlungsleitlinien und langfristige Ziele (z. B. Hausordnungen, Weiterbildungsbedarfe, Monitoring o. ä.) ableiten. Sie bieten eine Basis für eine gelebte Wertehaltung als Vision nach innen und eine Mission nach außen.

Auch für die diversitätsorientierte Öffnung sind Leitbilder und deren Entstehungsprozess gewinnbringend. Zwar streben viele Einrichtungen eine Öffnung an, jedoch ist häufig unklar, was wie und in welchem Maße geöffnet werden soll. Die Strategie scheint für viele erst einmal simpel, da die zu verändernden Bereiche vermeintlich leicht zu identifizieren sind: 1) nach innen das Personal, 2) nach außen das Publikum und 3) das Programm (verbindet diese beiden Bereiche miteinander). Die ein institutionsspezifisches Selbstbild lenkenden Fragen sind: Welche Möglichkeiten stecken im Ansatz der diversitätsorientierten Öffnung? Was können die einzelnen Abteilungen und deren Mitarbeiter*innen zur Öffnung der Stadtgesellschaft und zur Chancengleichheit beitragen? Was kann man aus der Praxis der letzten Jahre, auch von anderen Einrichtungen, lernen? Wie können Offenheit, Wertschätzung und eine Wertehaltung als Basis eines diversitätssensiblen Leitbildes aufgebaut werden? Zu einer wesentlichen Rahmenbedingung für die Stärkung einer vielfältigen Gesellschaft gehört die Unterstützung durch die öffentlichen Institutionen vor Ort. Diese müssen durch

Open Access. © 2021 Anni Steinhagen & Julia Hauck, publiziert von De Gruyter. Dieses Werk ist lizenziert unter der Creative Commons Attribution 4.0 Lizenz.
https://doi.org/10.1515/9783110726213-008

Haltung und Einstellung fähig sein, Diversität zu fördern und zukunftsgerichtet zu agieren. Öffentliche Einrichtungen wie Bibliotheken, Theater, Archive oder Museen arbeiten mit ihren Leitbildern daran, ihr Aufgabenfeld auf die Anforderungen einer (Post-)Einwanderungsgesellschaft auszurichten. Grundlage für den systemischen Wandel ist die Arbeit der Mitarbeiter*innen an der dafür erforderlichen Haltung, um Empathie und Sensibilität für das Thema aufzubauen. Für Zugewanderte geht es um den Abbau von Barrieren, sodass sie gleichberechtigt am Stadtgeschehen teilhaben und ihr neues Zuhause mitgestalten können. Im Leitbild von Kultur- und Bildungseinrichtungen kann dieses Ziel aufgenommen und für die eigenen Arbeitsfelder aufgegriffen werden.

Ein Leitbild manifestiert und führt wie an einem Handlauf die nächsten Schritte, gibt Halt und Orientierung auch für neu eingestiegene Arbeitskräfte. Leitbildprozesse unterstützen die Personalentwicklung und können aktiv für die Personalrekrutierung genutzt werden. Ist ein Team intern noch nicht divers aufgestellt, kann ein Leitbild zeigen, dass man beabsichtigt, daran aktiv etwas zu ändern. Ein Leitbild kann idealerweise helfen, die diversitätsorientierte Öffnung und eine wertschätzende Kommunikation als Bestandteile innerhalb einer Bibliothek voran zu bringen. Die Veröffentlichung des Papiers nach außen ermöglicht es, sich als lebendige und offene Organisation – auch auf dem Arbeitsmarkt – zu präsentieren. Ein Leitbild kann als authentische Identität und glaubwürdiges Image einer Bibliothek präsentiert werden. Das Wir-Gefühl als Kernbotschaft ist eine Basis der Corporate Identity. Ein Leitbildprozess bietet hierarchieübergreifendes Arbeiten, bei dem sich unterschiedliche Abteilungen kennenlernen, Arbeitsweisen reflektieren und Synergien entstehen können. Dabei geht es nicht um die sofortige Umsetzung von Maßnahmen, Handlungsleitlinien oder überschwänglichen Aktionismus, sondern um das Erkennen und Verstehen der Verbindung zwischen Arbeitsalltag und gesellschaftsrelevanten Aufgaben. Erst nach der Fertigstellung des Leitbildkonzepts kommen die Handlungsempfehlungen als Umsetzungspapiere in kurzfristige, mittelfristige und langfristige Ziele.

Die Erarbeitung eines Leitbildes kann eine Menge Staub aufwirbeln und Widerstände erzeugen. Sie spannt eine Brücke zwischen Zukunftswunsch und Gegenwartszustand: Wo wollen wir hin und was müssen wir dafür jetzt tun? Was ist unser Auftrag? Warum gibt es uns? Nicht selten kommen während eines Leitbildprozesses auch Probleme zu Tage, die sonst unausgesprochen bleiben. Auch dies dient der Organisationsentwicklung: Missstände werden angesprochen und damit Veränderungen möglich. Ein Verharren in alten Mustern ist zwar weniger konfliktreich, führt aber auf Dauer zu einem Verlust von Effizienz, Relevanz und Kohäsion der Bibliothek als Organisation bzw. Institution. Für ein Leitbild als gelebten Öffnungsprozess spricht: Veränderungen werden als Chancen und nicht nur Risiken wahrgenommen und durch realistische Zielverständigungen aller sichtbar.

Funktion von Leitbildern

Leitbilder sind ein essenzielles und effektives Instrument, um Bibliotheken zukunftsfähig zu gestalten: hin zum Digitalen, zum Dritten Ort und zur diversitätsorientieren Öffnung. Bibliotheken stehen vor großen Herausforderungen; reflektieren sie doch die existentiellen Umwälzungen der Informations- und Wissensgesellschaft sowie eine sich polarisierende, fragmentierte Öffentlichkeit in oft alteingesessenen Verwaltungsstrukturen. Ein Leitbild dient in Zeiten von Komplexität und Beschleunigung der Kursbestimmung für interne und externe Absichtserklärungen und das Rollenverständnis einer Organisation. Auch öffentliche Verwaltungen benötigen eine Orientierung, um die Grundlage für Verhaltensweisen und Einstellungen zu sichern.

Besonderer Fokus einer diversitätsorientierten Öffnungsstrategie kann ein im Leitbild verankerter Ansatz hin zu einer antidiskriminierenden und antirassistischen Haltung der Bibliothek und ihrer Mitarbeitenden sein, kombiniert mit einem vielfältigen Kulturverständnis und sozialer Raumverortung. Orientierung bieten dabei sowohl gesetzliche Bestimmungen wie das AGG (2006), die Leitlinien der IFLA (2011; 2012) oder des dbv (2021). So sind erarbeitete Leitbildkonzepte wie ein „Kassenbeleg" besprochener, ausgehandelter Übereinstimmungs- oder Orientierungsraster. Sie spiegeln ein zielführendes Verhalten und ermöglichen eine zweckgerichtete Kommunikation von Mitgliedern der Kultureinrichtung.

„Leitbilder nennen die langfristigen und grundlegenden Ziele, Prinzipien und Werte von Organisationen und stellen Richtlinien für das Verhalten der Mitarbeiter bzw. Mitglieder dieser Organisation und der Organisation selbst dar." (Umlauf, 2019) Inhaltlich charakterisiert ein Leitbild für Kultureinrichtungen fünf Komponenten (vgl. Bleicher, 1994, S. 36):
1. Den Realitätssinn, Dinge so zu sehen, wie sie sind.
2. Die Offenheit nach außen, mit Aufgeschlossenheit gegenüber der Gesellschaft und ihren aktuellen Bedingungen.
3. Synergie als Fähigkeit, verschiedene Blickpunkte einzunehmen,
4. zusammen mit der Kreativität einer Zukunftsvisionsfindung.
5. Schlussendlich noch Erfahrung, um mit komplexen Herausforderungen umzugehen.

Ein Leitbild dient, laut Konrad Umlauf (2019), der Orientierung sowie der Kohäsion, also des Zusammenhalts innerhalb der Einrichtung. Ebenso hilft es der Koordinierung von Entscheidungen und Zielen sowie der Priorisierung letzterer. Laut dem Autor vereinfacht ein Leitbild interne Abläufe und erspart allen Beteiligten wiederkehrende Grundsatzdiskussionen. Außerdem nutzt es der Stabilisierung „angesichts dynamischer Umfeldveränderungen". Den Mitarbeitenden kann ein Leitbild zur Identifikation, Motivation und Orientierung dienen. Für die Umwelt bietet es Information und Legitimierung für die Arbeit der Organisation. Knut Bleicher (1994) sieht in Leitbildern einen „Prozess, der Entwicklung von den an politischen, verfassungsmäßigen und kulturellen Normen angelegter Möglichkeiten, das Verhalten der Mitglieder [...] im Innen- und Außenverhältnis zu kanalisieren" (S. 34).

Dabei steht nicht die externe Veröffentlichung als eine Art Aushängeschild oder der vermeintliche Image-Gewinn für die Bibliothek im Vordergrund. Vielmehr ist der Entstehungsprozess als teambildende Maßnahme, die durchaus blinde Flecken oder Problemverhalten aufdecken kann, eine Chance, ein eigenes Selbstverständnis der Bibliothek neu auszuhandeln und dieses durch den gelebten Entstehungsprozess intrinsisch zu verankern. Die Transparenz des Prozesses und die damit einhergehende Kommunikationsfähigkeit sind unabdingbar für den Erfolg eines langfristig gelebten Leitbildes. Das Spannungsfeld zwingt Mitarbeitende in diesem Prozess eine klare Formulierung und Positionierung von Verhaltensmöglichkeiten ab. Somit können Selbstbildprozesse intern eine Wertschätzung, Empowerment und ein belastbares WIR-Gefühl als Identifikationsfläche für alle Mitarbeitenden einer Einrichtung hierarchie- und altersübergreifend schaffen (Bleicher, 1994, S. 11, 35, 65).

Der Weg ist das Ziel

„Partizipativ vollzogene Lernprozesse der Leitbilderarbeitung schaffen Erfolgsvoraussetzungen für die Implementation." (Bleicher, 1994, S. 65) Was Knut Bleicher so nüchtern postuliert, heißt nichts anderes als: Ein Leitbild sollte den Mitarbeitenden nicht als vollendetes Schriftstück präsentiert und durch die Führungsspitze mit möglichst viel Überzeugungsarbeit durchgesetzt werden. Der Prozess zum Leitbild kann vielmehr teamstärkend wirken, sollte mehrschichtig mit einem gewissen Zeitkontingent angelegt werden und erzeugt so dauerhaft Querschnitte und Synergien.

Damit ein Leitbild später auch spürbar und nachhaltig gelebt wird, benötigt die Entstehung unbedingt die Expertise aller Mitarbeitenden – aller Gehaltsstufen und Aufgabenbereiche. Die Organisation muss sich erst einmal nach innen öffnen: Denn möglichst alle sollen ihre Perspektiven, Wünsche und Absichten einbringen. Es stellen sich bereits zu Beginn des Prozesses vielschichtige Fragen: Wie will die Einrichtung kommunizieren? Wie mit ihren Mitarbeitenden, wie die Mitarbeitenden untereinander, wie nach außen an ihre Nutzer*innen und Partner*innen der Stadtbibliothek? Solche Aspekte der Kommunikation werden in Leitbild-Workshops diskutiert und kollektiv ausgehandelt, z. B. mithilfe eines World Cafés. Durch ein gemeinsames Brainstorming können Aspekte wie z. B. „gewaltfrei", „auf Augenhöhe", „respektvoll", „wertschätzend" oder „Möglichkeit von Feedback" einen ersten Meilenstein im gegenseitigen Verständnis des Kommunikationsverhalten aufzeigen und für die weitere Verschriftlichung als Ansatz ausformuliert werden.

Ein Leitbild kann als ein Fundament für das Bibliotheksverständnis betrachtet werden, auf welches weitere Maßnahmen und Handlungsempfehlungen aufbauen. Trotz oft augenscheinlicher Homogenität des Personals, spiegelt die Bibliothek eine gewisse Diversität der Stadtbevölkerung wider. Im Prozess zum Leitbild kann dies erfahren und erarbeitet werden. Die unterschiedlichen Bedürfnisse der Menschen können manifestiert oder präsentiert werden. Die Vision einer Einheit nach innen wird zur Mission eines Auftrags nach außen. Der Kopf einer Institution lernt von den Erfahrungen seiner ausführenden Hände und andersherum. Diese Wechselseitigkeit zwischen top down und bottom up ist essenziell für Wachstum und Zusammengehörigkeit. Wer im Haus wirkt, wird am Leitbild beteiligt! Einen Leitbildprozess zu erleben, ist ein bisschen wie der Selbstaufbau eines Ikea-Möbelstücks. Wenn man aktiv am Aufbau eines essenziellen Bestandteiles des eigenen, ständigen Lebens beteiligt war, erzeugt dies Vertrautheit, Schaffenskraft, Einblicke, Gemeinschaft, vielleicht auch Stolz. Dieses Gefühl, das durch einen Partizipationsprozess und damit Wertschätzung ermöglicht wird, kann bestenfalls den Entstehungsprozess überdauern!

Warum nicht sogar das Publikum in Vertreter*innenrollen einbeziehen, an die die Angebote gerichtet sind? Als externe Multiplikator*innen haben Bibliotheksgäste so eine Möglichkeit der Partizipation, die Wertschätzung und Transparenz bereits im Entstehungsprozess widerspiegeln und das Risiko einer „Betriebsblindheit" mindern. Auch das kann einen immensen Anteil an einer, bereits im Entstehungsprozess gelebten, Öffnung haben. Um den internen Prozess zu moderieren und weitere Expertise einzuholen, empfiehlt es sich generell, externe, professionelle Berater*innen hinzuzuziehen.

Einen besonderen Stellenwert hat die externe Beteiligung bei der diversitätsorientierten Öffnung innerhalb eines Leitbildes, wenn die Mitarbeitenden selbst bspw. keine eigenen migrantischen (Familien-)Biografien vorweisen. Ein vielfältiger und gemeinsamer Blick auf die gesellschaftlichen Handlungsziele wird zum ersten Schritt einer angestrebten Öffnung durch den Entstehungsprozess eines Bibliotheksleitbildes, wenn postmigrantische Blickweisen aufgenommen werden und Zukunftswünsche an die Einrichtung und Stadtgesellschaft von beiden Seiten (intern und extern) sichtbar werden können. Zwar gibt es ohne Frage Unterschiede auch innerhalb der Belegschaft, jedoch ist die Heterogenität, was einige Diversitätsfaktoren angeht, in Bibliotheken häufig gering[1]

Für eine zielgerichtete Begleitung des Leitbildprozesses ist es sinnvoll, externe Unterstützung anzufragen, die durch Workshops oder Mediation zielgerichtet Gesellschaftsfragen der Zukunftsorientierung stellen darf. Externe Beratende moderieren die unterschiedlichen Interessen der Mitarbeitenden und Führungskräfte. Eine mögliche Herangehensweise ist es, das Verfahren in unterschiedliche Etappen einzuteilen. Initial ist es vorteilhaft, eine SWOT-Analyse der Chancen und Risiken mit den Führungskräften durchzuführen. Daraus können aussagekräftige Erklärungen oder Kernthemen für ein erstes gemeinsames Treffen mit den Mitarbeitenden formuliert und festgehalten werden. Es schließt sich dann ein Workshop mit der gesamten Belegschaft an und das Ergebnis wird protokolliert. Es folgt in einem dritten Schritt die konzentrierte Arbeit der Ausformulierung des Selbstbildes (einer vorläufigen Fassung) durch eine im Workshop bestimmte Redaktionsgruppe. Anschließend geschieht eine Rückbindung an die Mitarbeiter*innen und erst danach eine Veröffentlichung außerhalb der Einrichtung.

Ein gelungenes Beispiel

Ein gelungenes Leitbild ist allgemeingültig, wesentlich, langfristig gültig, vollständig, realisierbar, wahr, konsistent und klar formuliert (vgl. Bleicher 1994, S. 51). Zur Orientierung hilft es, auch über den Tellerrand der eigenen Branche zu schauen: Ein gutes Beispiel eines diversitätsorientierten Leitbildes ist das der Fachstelle Interkulturelle Öffnung (http://www.fs-ikoe.de/), einer Einrichtung des Regionalverbands Arbeiterwohlfahrt (AWO) Mitte-West-Thüringen e. V. (vgl. Abb. 8).

---

1 Vgl. Beitrag von Ruth Hartmann in Kapitel III.

Abb. 8: Leitbild der Fachstelle Interkulturelle Öffnung in Jena

Unsere Haltung
- **Teilhabe:** Die kulturelle, berufliche und gesellschaftliche Teilhabe aller Menschen in unserem Wirkungskreis ist Ziel unseres Handelns. Wir beraten und begleiten Organisationen, Institutionen und Unternehmen, um Barrieren abzubauen und Angebote zu öffnen.
- **Demokratische Werte:** Wir stehen für Solidarität, Toleranz, Freiheit, Gleichheit und Gerechtigkeit.
- **Offenheit:** Wir sind allen Menschen gegenüber offen. Egal, wer sie sind, woher sie kommen oder wie sie leben.
- **Wertschätzung:** Wir stehen für ein respektvolles Miteinander. Wir nehmen unser Gegenüber ernst und kommunizieren auf Augenhöhe.
- **Selbststärkung:** Wir fördern eigenverantwortliches Handeln. Jeder Mensch hat individuelle Ressourcen und Potentiale, die wir sichtbar machen und stärken.

Unser Kulturverständnis
- **Kultur:** Das Zusammenleben von Menschen formt Kultur. Kultur ist für uns mehr als geographische Herkunft. Menschen unterscheiden sich durch Alter, Geschlecht, sexuelle Orientierung, ethnisch-politische Zugehörigkeit, Religion, geistige und körperliche Fähigkeiten. Durch Kommunikation und Interaktion verändert sich Kultur ständig.
- **Interkulturalität:** Interkulturalität heißt für uns, dass Menschen miteinander in Austausch treten und dabei etwas Neues entsteht. Wir fördern diesen Dialog und unterstützen den Prozess.

Unsere Arbeitsweise
- **Vernetzung:** Zusammen erreichen wir mehr. Wir vernetzen und kooperieren mit Organisationen, Institutionen und Unternehmen.
- **Kooperation:** In der Zusammenarbeit orientieren wir uns an Wünschen und Bedürfnissen unserer Partner*innen. Gemeinsam erarbeiten wir individuelle Lösungen.
- **Qualitätsorientierung:** Wir sichern Qualität und Innovation. Deshalb leben wir ein aktives Verbesserungs- und Beschwerdemanagement, kritische Reflexion und individuelle Weiterbildung.
- **Gesellschaftliche Verantwortung:** Gesellschaft verändert sich. Wir gestalten die Veränderung aktiv mit.

Auf einer knappen A4-Seite sind prägnant und klar strukturiert drei Bereiche unterteilt, um die wesentlichen Bestandteile einer vielfältigen Gesellschaft darzustellen. „Unsere Haltung" definiert die eigene Verpflichtung zu Teilhabe und Barriereabbau, demokratischen Werten, Offenheit gegenüber allen Menschen, Wertschätzung und respektvollem Miteinander auf Augenhöhe sowie Selbststärkung und eigenverantwortlichem Handeln. Der zweite Teil „Unser Kulturverständnis" formuliert das Zusammenleben von Kultur und den unterschiedlichsten Menschen durch Kommunikation und Interaktion als ständig fließenden Prozess sowie einen synergetischen Interkulturalitätsbegriff des gemeinsamen Austausches, um Neues zu generieren. Im dritten und letzten Abschnitt „Unsere Arbeitsweise" werden Kooperationen und Vernetzung angestrebt. Eine Qualitätsorientierung für Innovationen zielt auf Verbesserungs- und Beschwerdemanagement sowie individuelle Weiterbildungen ab. Zudem wird die Verantwortung für eine aktive Gestaltung der sich verändernden Gesellschaft einbezogen.

Doch wo fängt man in der eigenen Einrichtung an? Dafür gibt es keine fertige „Blaupause" oder Fragebögen. Jede Bibliothek hat ohnehin ihre individuellen Rahmenbedingungen und Ressourcen. Wichtig ist, dass ein Prozess in Gang kommt, bei dem nicht oberflächlich, sondern grundlegend diskutiert wird. Die wichtigsten Fragen lauten: Warum? Was? Wie? Wer/Für wen? (vgl. Umlauf, 2019) Der oftmals verwendete Ausgangssatz „Eine Bibliothek für alle(s)." sollte im Prozess hinterfragt und spezifiziert werden. Wer sind denn „alle"? Alle, die wir wollen oder alle, die uns brauchen? Was können wir alles leisten? Was können wir besonders gut?

Es hilft nichts, sich fernab der Realität eine ideale Bibliothek zu erträumen, welche an den Gegebenheiten vor Ort scheitert. Vielmehr sollten die Fragen nach Sinn und Fokus der Einrichtung im Vordergrund stehen. Als öffentliche Einrichtungen sollten Bibliotheken ihren Anteil für die Stadtgesellschaft leisten und sich für Bürger*innen diverser Hintergründe, Herkünfte und Bedürfnisse öffnen. Um den für die eigene Bibliothek richtigen Weg zu finden, ist es wichtig, sich auf die eigenen Stärken zu besinnen, Schwächen zu erkennen und ggf. externe Expertise einzuholen. Hilfreich kann auch die Not-to-do-Liste von Umlauf (2019) mit den häufigsten Fehlern im Leitbildprozess sein:

1. Die Grundsätze werden von außen oktroyiert.
2. Zu wenige Mitarbeitende beteiligen sich.
3. Die Leitung steht nicht dahinter.
4. Die Einführung des Leitbildprozesses wird nicht organisiert.
5. Die Methoden werden falsch eingesetzt.
6. Die Formulierungen sind nichtssagend.
7. Die Grundsätze werden nicht im eigenen Haus und nicht außerhalb verbreitet.
8. Die Grundsätze werden nicht erläutert.
9. Die Realisierbarkeit ist nicht gewährleistet.
10. Tradition und Kultur in der eigenen Organisation werden missachtet.

Um die Kommunikation nach außen und damit auch die Besucher*innen der Bibliothek zu erreichen, sollte dem Leitbild Raum gegeben werden – vor Ort und digital. Eine ansprechende Visualisierung (wie bspw. mit Video und Plakat durch den *The Arts Council*, vgl. Makanji, 2015) und prominente Platzierung auf der Homepage kann die Außenwirkung der Einrichtung positiv beeinflussen.

Wichtig ist: So wie sich die Gesellschaft, Medien und Technik wandeln, so muss auch ein Leitbild immer wieder auf seine Aktualität und Treffsicherheit überprüft werden. Frei nach Heraklit also: Nichts ist so beständig wie der Wandel.

Literaturverweise

Allgemeines Gleichbehandlungsgesetz vom 14. August 2006 (BGBl. I, S. 1897), das zuletzt durch Artikel 8 des Gesetzes vom 3. April 2013 (BGBl. I S. 610) geändert worden ist.

Auma, M. M. (2018). Rassismus: Eine Definition für die Alltagspraxis (Nader, A., Hrsg.). Regionale Arbeitsstellen für Bildung, Integration und Demokratie (RAA) e. V.

Bleicher, K. (1994). Leitbilder: Orientierungsrahmen für eine integrative Managementphilosophie (2. Aufl). Schäffer-Poeschel (u. a.).

dbv. (2021). Öffentliche Bibliothek 2025: Leitlinien für die Entwicklung der Öffentlichen Bibliotheken. https://www.bibliotheksverband.de/fileadmin/user_upload/DBV/publikationen/Positionspapier_%C3%96B_2025_FINAL_WEB.pdf (15.6.2021).

Fachstelle Interkulturelle Öffnung. (2020). Leitbild. http://www.fs-ikoe.de/leitbild-selbstverstaendnis/ (15.6.2021).

Grolman, F. (2009, 1. Juni). World Café. initio Organisationsberatung. https://organisationsberatung.net/world-cafe-grossgruppen-methode/ (15.6.2021).

Hinterhuber, H. (1989). Unterführung I. Strategische Unternehmensführung. Band I: Strategisches Denken, 4. Aufl., Berlin und New York.

IFLA – IFLA Code of Ethics for Librarians and other Information Workers (full version). (2012). https://www.ifla.org/publications/node/11092#responsibilities (15.6.2021).

IFLA. (2011). The IFLA/UNESCO Multicultural Library Manifesto. De Gruyter Saur.

Makanji, D. (2015). THE ARTS COUNCIL. Dina Makanji Motion Graphics Design In London. http://www.dinamakanji.com/artscouncil (15.6.2021).

Umlauf, K. (2019, 21. März). Management und Marketing: Organisationsidentität und Leitbild. www.dasbibliothekswissen.de – Ihr Fachwissen online. https://www.dasbibliothekswissen.de/Management-und-Marketing%3A-Organisationsidentit%C3%A4t-und-Leitbild-%E2%80%93-Leitbild.html (15.6.2021).

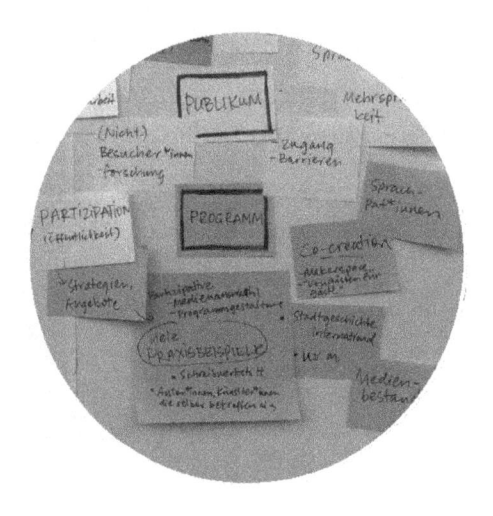

Teil III: **Veränderung kommt von innen**

Ruth Hartmann
Diversitätsorientierte Personalgewinnung und -entwicklung im Bibliothekssektor

Diversitätsorientierte Öffnung (DO) wird in vielen Fällen mit einem starken Fokus auf die Programmauswahl und die Gewinnung eines neuen Publikums gedacht. Das ist durchaus verständlich, haben doch genau Veranstaltungen und Projekte, die nach außen wirken, eine hohe Strahlkraft auf Netzwerkpartner*innen und Kulturpolitik. Dabei wird jedoch oft außer Acht gelassen, dass gerade das Personal der Schlüssel für eine nachhaltige Implementierung von Maßnahmen und Projekten für bestimmte Zielgruppen ist.

In diesem Artikel sollen zum einen zentrale Begriffe geklärt werden: Was wird unter Personalgewinnung und -entwicklung verstanden? Welche besonderen Chancen und Herausforderungen bringt die Diversitätsorientierung mit sich? Zum anderen soll der Blick in die Praxis erfolgen: Welche Best Practices gibt es schon? Welcher Methoden und Formate kann man sich bedienen? Dafür sollen Ihnen, den Leser*innen, immer wieder Denkanstöße gegeben werden.

Als Beispiel wird die Stadtbibliothek Bremen gewählt, an der die Autorin als Diversity Managerin im Rahmen von *360° – Fonds für Kulturen der neuen Stadtgesellschaft* tätig ist.[1] Die Stadtbibliothek Bremen ist als Eigenbetrieb dem Senator für Kultur der Freien Hansestadt Bremen unterstellt, erhält sich jedoch eine gewisse Eigenständigkeit, u. a. durch eine eigene Verwaltung und eine eigene Personalsachbearbeitung. Zurzeit arbeiten in der Zentralbibliothek, den sieben Zweigstellen und der Busbibliothek 156 Mitarbeitende[2].

Begriffsklärung

Personalgewinnung kann erst einmal verstanden werden als „Aufgabe, die in einer Organisation benötigten Arbeitskräfte in qualitativer, quantitativer, zeitlicher und räumlicher Hinsicht zu rekrutieren" (Bartscher, 2018). Dabei geht es hier sowohl um Kommunikationswege zur Ansprache potenzieller Bewerber*innen als auch um den Auswahlprozess an sich (Bartscher, 2018).

---

[1] Siehe dazu auch die Einleitung dieses Sammelbandes.
[2] Stand 31.12.2020, inkl. der Auszubildenden, FSJler*innen, Werksstudierenden etc.

∂ Open Access. © 2021 Ruth Hartmann, publiziert von De Gruyter. Dieses Werk ist lizenziert unter der Creative Commons Attribution 4.0 Lizenz.
https://doi.org/10.1515/9783110726213-009

Personalentwicklung dahingegen kann von zwei Seiten her betrachtet werden, es wird in der Literatur auch von einem „dynamischen Spannungsverhältnis" (Böckelmann, 2017, S. 295) gesprochen. Auf der einen Seite steht das Konzept, das als strategische Personalentwicklung bezeichnet wird: Hier werden die Ziele der Organisation den Kompetenzen der Mitarbeiter*innen gegenübergestellt und geschaut, welche Kompetenzen auf- und ausgebaut werden müssen, um diese Ziele langfristig erreichen bzw. erhalten zu können. Mitarbeiter*innen sind in ihrer Gesamtheit, als „Personal" wichtig, als Summe ihrer Kompetenzen. Demgegenüber steht die individuelle Personalentwicklung, die den*die einzelne Mitarbeiter*in mit den jeweiligen individuellen Potenzialen in das Blickfeld rückt (Böckelmann, 2017, S. 295). Während die strategische Personalentwicklung eng mit der Organisationsentwicklung (OE) verknüpft ist,[3] werden in der individuellen Personalentwicklung eher Beratungs- bzw. Coaching-Kompetenzen benötigt, denn „Menschen kann man nicht entwickeln, das können sie nur für sich selber tun" (Böckelmann, 2017, S. 295).

Aber warum *diversitätsorientierte* Personalgewinnung und -entwicklung? Teilweise wird in der Literatur die Verbindung zwischen Diversity Management und OE sehr kritisch betrachtet – es wird angezweifelt, ob ein auf die individuellen Eigenschaften jedes*r Mitarbeitenden hin ausgelegtes Diversity Management kompatibel mit der Grundprämisse der (systemischen) OE ist, nämlich der, dass das System und weniger das Individuum im Mittelpunkt stehen sollte.[4] Wenn jedoch Personalentwicklung nicht nur als strategisches Konzept, sondern auch – wie oben bereits erwähnt – als Ausbau der individuellen Fähigkeiten gesehen wird, ist der Bogen zum Diversity Management wieder hergestellt.

Diversitätsorientierte Personalgewinnung und -entwicklung kann also verstanden werden als ein Personalmanagement, welches zum einen die Kommunikationswege zur Ansprache potenzieller Mitarbeitender so gestaltet, dass es Menschen mit diversen Hintergründen[5] erreicht und anspricht. Prozesse sind so geschaffen, dass alle Bewerber*innen die gleichen Chancen auf eine Einstellung

---

3 Dies zeigt sich u. a. daran, dass das klassische HR-Management mehr und mehr abgelöst wird von dem, was sich „People and Organization" nennt – wobei „Organization" häufig als Organisation im systemischen Sinne verstanden wird.
4 „Dass er [der Mensch] plötzlich wieder, quasi mit Haut und Haar im Zentrum stehen soll, bringt das Diversity Management in Erklärungsnotstand. Wie lässt sich derart das Funktionieren eines Organisationsprozesses erklären, der ja genau von der Abstraktion von den konkreten Menschen lebt?" (Ebyl & Kaltenecker, 2009, S. 5).
5 Unter diversen Hintergründen sollen hier Hintergründe in Bezug auf alle Diversity-Dimensionen verstanden werden, also neben der ethnischen Herkunft und Nationalität auch körperliche und geistige Fähigkeiten, Alter, Geschlecht, sexuelle Orientierung und Identität und die soziale Herkunft.

haben. Zum anderen sollen Mitarbeitende in Bezug auf ihre individuellen Potenziale – die ja Teil der Diversität sind – hin entwickelt werden, ohne dass die strategischen Ziele der Institution aus den Augen verloren gehen.

Personalgewinnung

In einem ersten Schritt soll ein genauerer Blick auf die Personalgewinnung geworfen werden. Diese ist den Bibliotheken so wichtig, dass der Dachverband Bibliothek und Information Deutschland (BID) im Juni 2017 eine verbändeübergreifende „AG Personalgewinnung" ins Leben gerufen hat (Bibliotheksportal. de, 2020). Diese AG hat in einem ersten Schritt den Handlungsbedarf analysiert und (nicht abschließende) Maßnahmen formuliert:
- „die Vermittlung eines modernen Images der Bibliothek in gängigen Medien
- die gemeinsame Erarbeitung einer Definition der Identität eines zeitgemäßen Berufsfeldes
- die Bereitstellung von Fotos und Textmustern für Werbematerialien der Bibliotheken
- eine bundesweite Bibliotheksumfrage zur Arbeitsmarktsituation
- die Erneuerung der Studieninhalte
- die Aktualisierung der Berufsausbildungsverordnung
- die Verbesserung der Eingruppierung
- die Öffnung der Bibliothek in Bezug auf Quereinsteiger*innen
- die Nutzung des Freiwilligen Sozialen Jahres Kultur (FSJK) als einen wichtigen Einstieg in die Bibliothek." (Bibliotheksportal.de, 2020)

Zusammenfassend wird erklärt: „In allen Informationen soll die Dynamik des Berufsfeldes betont und der Mensch, nicht die Medien, in den Mittelpunkt gerückt werden." (Bibliotheksportal.de, 2020)

An die oben genannten Punkte anknüpfend sind auch bereits erste Schritte umgesetzt worden. So gab es u. a. einen Auftakt-Workshop[6], welcher sich mit der Entwicklung von Kernsätzen zur aktuellen Identität des Berufsfeldes Bibliothek auseinandersetzte (BID AG Personalgewinnung, 2020). Vier Eckpfeiler wurden definiert:
- „Entwicklung einer zeitgemäßen Definition des Berufsfeldes;
- Erarbeitung zentraler Merkmale anhand der sich das Berufsfeld konkret beschreiben läßt;

---

6 Der zweite Workshop folgt im Laufe des Jahres 2021.

– Entwicklung von Kernaussagen von dem Berufsfeld, die eine identitätsstiftende Wirkung nach Innen haben und abgestimmt werden
– Grundlage für die interne und externe Kommunikation sowie Imageprofilierung." (BID AG Personalgewinnung, 2020, S. 2)

Ziel des Prozesses soll es sein, ein Mission Statement zu formulieren, welches die grundlegenden „Werte, Ziele und Merkmale der Identität [...] im Spiegel der Gesellschaft" (BID AG Personalgewinnung, 2020, S. 2) definiert. Es werden vier Zielgruppen genannt, für die aus dem Mission Statement heraus resultierende Aussagen erarbeitet werden sollen – darunter sind die aktuellen Mitarbeitenden, hier vor allem die Führungskräfte, Absolvent*innen, Berufseinsteiger*innen sowie die Öffentlichkeit und damit verbunden potenzielle Berufsinteressierte (BID AG Personalgewinnung, 2020, S. 2).

Im Zusammenhang mit einer diversitätsorientierten Personalgewinnung ist die letztere Gruppe der potenziell Berufsinteressierten relevant – also der Personenkreis, der bisher nicht über eine Ausbildung oder eine Tätigkeit im bibliothekarischen Kontext nachgedacht hat. Diese Hypothese bestätigte sich durch Gespräche mit verschiedenen Communitys in Bremen: Die Bibliothek wird in den wenigstens Fällen als potenzieller Ausbildungsort und Arbeitsplatz wahrgenommen. Wie schafft man es also, das Image der Stadtbibliothek als Arbeitgeberin zielgruppengerechter zu gestalten und damit diese Präsenz zu erhöhen?

Dafür hilft ein Blick auf die Kommunikationswege: Wo und wie bewirbt die Stadtbibliothek ihre Ausbildungsplätze bzw. offenen Stellen? Dazu gehört auch die Fragestellung, wie diversitätssensibel die Ausschreibungstexte selbst sind.

Diesbezüglich wurden bibliotheksintern diejenigen gefragt, die persönliche Erfahrungen mit dem Thema haben: die zu diesem Zeitpunkt aktuellen FaMI-Auszubildenden, unter denen auch Teilnehmende des Projektes „Zukunftschance Ausbildung"[7] waren. In einem ganztägigen Workshop gingen sie, gemeinsam mit der Ausbildungsleitung und den beiden Diversity-Managerinnen der Stadtbibliothek, der Frage nach, wie man die Werbung für das Berufsbild des*der FaMI gestalten kann, um verstärkt diverse Zielgruppen anzusprechen – also genau die, die vom BID als potenzielle Berufsinteressierte benannt wurden. Die Auszubildenden beschäftigten sich in einem ersten Schritt mit dem Berufsbild des*der FaMI und den damit verbundenen Zuschreibungen (vgl. Abb. 9).[8]

---

7 Im Rahmen des Bremer Projektes „Zukunftschance Ausbildung" wird jungen Menschen mit Fluchtgeschichte die Möglichkeit gegeben, einen Ausbildungsberuf zu erlernen (vgl. Stadtbibliothek Bremen, 2017).
8 Diese Zuschreibungen werden hier im Original wiedergegeben. Spannend wäre es, die hier genannten Zuschreibungen abzugleichen mit denen, die der BID genannt hat. Die Teilnehmenden haben aus ihrer subjektiven Perspektive heraus dann überlegt, welche der Zuschreibungen

Abb. 9: Zuschreibung zum Berufsbild FaMi

negative Konnotation	positive Konnotation	neutrale Konnotation
– sehr gute Deutschkenntnisse erforderlich – schlechte Bezahlung in der Ausbildung – schlechte Bezahlung nach der Ausbildung/ im Beruf – spießiges, langweiliges Umfeld – duale Ausbildung eine Belastung – Ausbildung schlechter als Studium – schlechte Zukunftsperspektiven – langweilige Arbeit – FaMI-Beruf unbekannt	– sicherer Job, da öffentlicher Dienst – gute Arbeitsbedingungen (Ort, Arbeitszeiten, …) – Zuwachs an Allgemeinwissen – Vielsprachigkeit erwünscht	– Fokus auf Büchern, nicht auf Menschen – Büroarbeitsplatz – man ist „Medienquelle" für Familie und Freunde

In weiteren Schritten wurden Möglichkeiten erarbeitet, über welche Kanäle potenzielle Kandidat*innen angesprochen werden sollten. So wurde zum Beispiel bemängelt, dass die Agentur für Arbeit zu wenig bis gar keine aktuellen Informationen zur Ausbildung zur Verfügung stellt. Darüber hinaus wurde unter anderem angeregt, Social Media stärker zu nutzen oder auch die persönliche Ansprache auf Messen, in Vereinen oder in Schulen zu forcieren. Weitere Anregungen der Auszubildenden flossen in die Neugestaltung des Ausbildungsflyers der Stadtbibliothek Bremen mit ein (Stadtbibliothek Bremen, 2019).[9]

Ein Projekt, welches sich ebenfalls direkt aus den Anregungen der Auszubildenden ergeben hat, war die Initiierung einer Ausbildungsführung (vgl. Abb. 10): Aktuelle Auszubildende und die Ausbildungsleitung führen potenzielle Bewerber*innen durch die Bibliothek und damit auch durch die verschiedenen Stationen einer Ausbildung. Sie beantworten Fragen und geben der Ausbildung ein Gesicht. Beworben wurde diese Führung in allen Bremer Schulen und den Communities.

---

zutreffen und haben sich dabei auf „Vielsprachigkeit erwünscht" und „FaMI-Beruf unbekannt" geeinigt.
9 Die abgebildeten Personen sind Auszubildende der Stadtbibliothek – so soll Authentizität und ein Wiedererkennungswert geschaffen werden.

Abb. 10: Einladung zur Ausbildungsführung in der Stadtbibliothek Bremen (2019)

Im ersten Jahr konnte damit zwar nur eine kleinere Gruppe von ca. 15 Interessierten gewonnen werden, von der sich aber im Anschluss ohne Ausnahme alle Teilnehmenden bei der Stadtbibliothek Bremen beworben haben.[10]

Diese Beispiele zeigen gut, dass viele Maßnahmen mit keinen oder sehr geringen finanziellen Ressourcen möglich und sinnvoll sind.

Um die Partizipation auch über die Gruppe der Auszubildenden hinaus zu gewährleisten, wurde ein zusätzlicher Workshop mit interessierten Mitarbeitenden aller Bereiche der Stadtbibliothek Bremen durchgeführt. Auch hier wurden

---

10 In 2020 musste die Führung leider aufgrund der Corona-Pandemie abgesagt werden, soll aber 2021 wieder stattfinden.

zentrale Ergebnisse in der weiteren Arbeit mit aufgegriffen – so wurden u. a. die bisher verwendeten Vorlagen für Stellenausschreibungen überarbeitet.[11]

Auch wenn sowohl im Bereich der Ansprache und der Kommunikationswege als auch in Bezug auf das Auswahlverfahren an sich schon einiges getan wurde, bleiben nach wie vor Punkte offen. Die Stadtbibliothek Bremen hat so unter anderem eine institutionenübergreifende Arbeitsgruppe initiiert, die sich mit der Fragestellung beschäftigt, wie Diversity-Kompetenz im Einstellungsprozess abgefragt, messbar und damit vergleichbar gemacht werden kann.

Personalentwicklung

„Wir dürfen aber nicht nur darüber sprechen, wie man diverse Mitarbeiter anspricht, sondern auch, wie man sie hält!" Dieses Zitat eines Auszubildenden der Stadtbibliothek Bremen unterstreicht die Relevanz, die das Thema des „Mitarbeiter-Haltens" hat. Dementsprechend ist eigentlich der Begriff der Personalentwicklung in diesem Kontext viel zu eng gesteckt. Denn: Was bringt der beste Prozess der Gewinnung diversen Personals, wenn beim Thema Personalentwicklung nur an die neu gewonnenen Mitarbeitenden gedacht wird? Mitarbeitende mit diversem Hintergrund (und nicht nur diese!) können nur dann gehalten werden, wenn sie auf eine Haltung innerhalb des bestehenden Kollegiums stoßen, welche Diversität nicht nur akzeptiert, sondern als Ressource und als Gewinn wertschätzt.[12] Notwendig für den Aufbau und die Festigung dieser Haltung ist ein offener und allparteilicher Dialog[13], in dem auch kritische Stimmen und (Verlust-)Ängste erlaubt sind – in der Literatur wird dies auch als „broad umbrella for diversity" (Catalyst, 2002, zitiert nach Warmuth, 2012, S. 225) bezeichnet.

Behalten Sie die Frage nach der Haltung bitte im Hinterkopf. Es soll jetzt nämlich eine – aus Sicht der Autorin essenzielle – Frage gestellt werden: Wissen Sie eigentlich überhaupt, wie divers Ihr Kollegium ist? Ein kleines Experi-

---

11 Die Ausschreibungen wurden gekürzt und Fachbegriffe werden, wann immer möglich, vermieden, um Quereinsteiger*innen anzusprechen und zu ermutigen. Darüber hinaus widmeten sich die Mitarbeitenden unter anderem der Fragestellung, wie ein Vorstellungsgespräch, ein Einarbeitungsprozess oder auch überhaupt ein Arbeitsplatz diversitätssensibler ausgerichtet sein könnte.
12 Es finden sich leider keine expliziten Daten dazu, jedoch ist es statistisch belegt, dass das Betriebsklima der Hauptfaktor für die Personalbindung ist, s. (Statista, kein Datum).
13 Allparteilichkeit drückt ein Konzept der Identifikation und Parteilichkeit mit allen Beteiligten im Prozess aus. Im Gegensatz zur Neutralität geht es hierbei mehr um die innere Haltung als um den Handlungsansatz (vgl. Schwing & Fryszer, 2018, S. 86).

ment dazu: Schließen Sie die Augen und stellen Sie sich Ihre Kolleg*innen vor – bzgl. Herkunft, Alter, Geschlecht, körperlichen Fähigkeiten... Sie haben ein Bild vor sich? Super! So, und jetzt überlegen Sie in einem zweiten Schritt, wie sehr das Bild, welches Sie haben, von Zuschreibungen geprägt ist. Wissen Sie all das, was Sie vor Augen haben? Oder gehen Sie davon aus, dass...?

Den Personalabteilungen liegen durchaus viele personenbezogene Daten der Mitarbeitenden vor. Diese sind aber bei weitem nicht ausreichend, eine umfängliche Aussage zur Diversität des Kollegiums zu machen. Das stellt diejenigen, die das Ziel einer diversitätsorientierten Öffnung im Bereich Personal verfolgen, jedoch vor die Herausforderung, größtenteils aufgrund von Zuschreibungen von der Homogenität bzw. Heterogenität des Kollegiums auszugehen und dementsprechend zu handeln.

Die Autorin möchte im Folgenden einen Dreiklang vorstellen, der sich aus ihrer Perspektive als sehr nützlich in der Etablierung eines diversitätsorientierten Personalmanagements erwiesen hat. Dieser Dreiklang besteht aus den Schritten der Evaluation, der Information bzw. Sensibilisierung (wobei diese beiden Schritte durchaus in umgekehrter Reihenfolge oder parallel stattfinden können) und der abschließenden Verselbstständigung von Maßnahmen.

Evaluation des Status quo

Die Stadtbibliothek Bremen führte im Frühjahr 2020 eine Mitarbeitenden-Befragung durch. Dabei wurden vorrangig zwei Ziele verfolgt:
- Erfassung eben dieser oben erwähnten demografischen Daten: Wie divers ist das Kollegium der Stadtbibliothek Bremen eigentlich?
- Aufdeckung blinder Flecken: Gibt es bestimmte Gruppen von Mitarbeitenden, die sich aufgrund ihrer diversitätsspezifischen Merkmale explizit *benachteiligt* fühlen? Gibt es umgekehrt bestimmte Gruppen von Mitarbeitenden oder auch Strukturen, die aus der Perspektive anderer eher als *benachteiligend* empfunden werden?

Die Umfrage wurde gemeinsam mit dem IQ Netzwerk Bremen entwickelt und als anonyme Online-Befragung konzipiert. Auch wenn sich in der Auswertung herauskristallisierte, dass aus Perspektive des Kollegiums kein explizites Diskriminierungspotenzial vorliegt, so zeigten die Ergebnisse doch blinde Flecken auf, die alle Mitarbeitenden als Herausforderung im Miteinander betrachteten.[14]

---

14 Das IQ Netzwerk in Bremen erarbeitet momentan, gemeinsam mit Netzwerkpartner*innen aus Kultur, Wissenschaft, öffentlicher Hand und Wirtschaft, einen Referenzrahmen zur Mes-

Diese Erkenntnisse fließen zurzeit im Rahmen einer strategischen Neuausrichtung in die Arbeit der Betriebsleitung der Stadtbibliothek Bremen mit ein.

Information und Sensibilisierung

Die Erfassung des Status quo ist eine Sache. Aber wie sollte mit den Ergebnissen umgegangen werden? Was kann getan werden, um an der Haltung zu arbeiten, Kolleg*innen zu sensibilisieren und einen Reflexionsprozess anzustoßen?

Die Stadtbibliothek Bremen verpflichtet seit 2011 alle bestehenden und neuen Mitarbeitenden, unabhängig von ihrer Hierarchie-Ebene, an einer Schulung in Interkultureller Kompetenz bzw. (mittlerweile) Diversity-Kompetenz teilzunehmen.

Inhalte der zweitägigen Fortbildungen, die durch externe Trainer*innen geleitet werden, sind zum einen die Vermittlung von grundlegenden Informationen:
- Vorstellung und Erläuterung der Diversity-Dimensionen mit Fokus auf den inneren Kreis, also die Dimensionen Alter, ethnische und soziale Herkunft, Geschlecht, sexuelle Identität und körperliche und psychische Fähigkeiten (Gardenswartz & Rowe, 2016, 2016; s. dazu auch Abbildung 11).[15]
- Einführung in die Lebenswelten bestimmter Personengruppen mit Hinblick auf ausgewählte Diversity-Dimensionen und unter Berücksichtigung von Intersektionalität.
- Auseinandersetzung mit Entstehung und Wirkung von Vorurteilen,
- Vielfalt als Ressource: Argumentationen zur Förderung von Diversität in der Institution.

Zum anderen geht es um das Anstoßen eines Prozesses in den Teilnehmenden:
- Lernen auf Erfahrungsebene – Übungen zur Reflexion und zum Erleben,
- Transfer zum Arbeitsumfeld und Austausch zu Best und Worst Practice.

---

sung von Diversität in Institutionen und Unternehmen. Dieser Referenzrahmen, in den auch die Methodik dieser Befragung eingeflossen ist, wird aller Voraussicht nach in der zweiten Jahreshälfte 2021 veröffentlicht.

15 Die Stadtbibliothek Bremen hat in dem von ihr erstellten Modell die im Englischen als „Ethnicity" und „Race" benannten Kategorien durch „ethnische Herkunft" ersetzt. Mitgedacht werden sollte unbedingt auch die soziale Herkunft, die aus Perspektive der Bibliothek im Arbeitskotext eine nicht zu unterschätzende Rolle spielt.

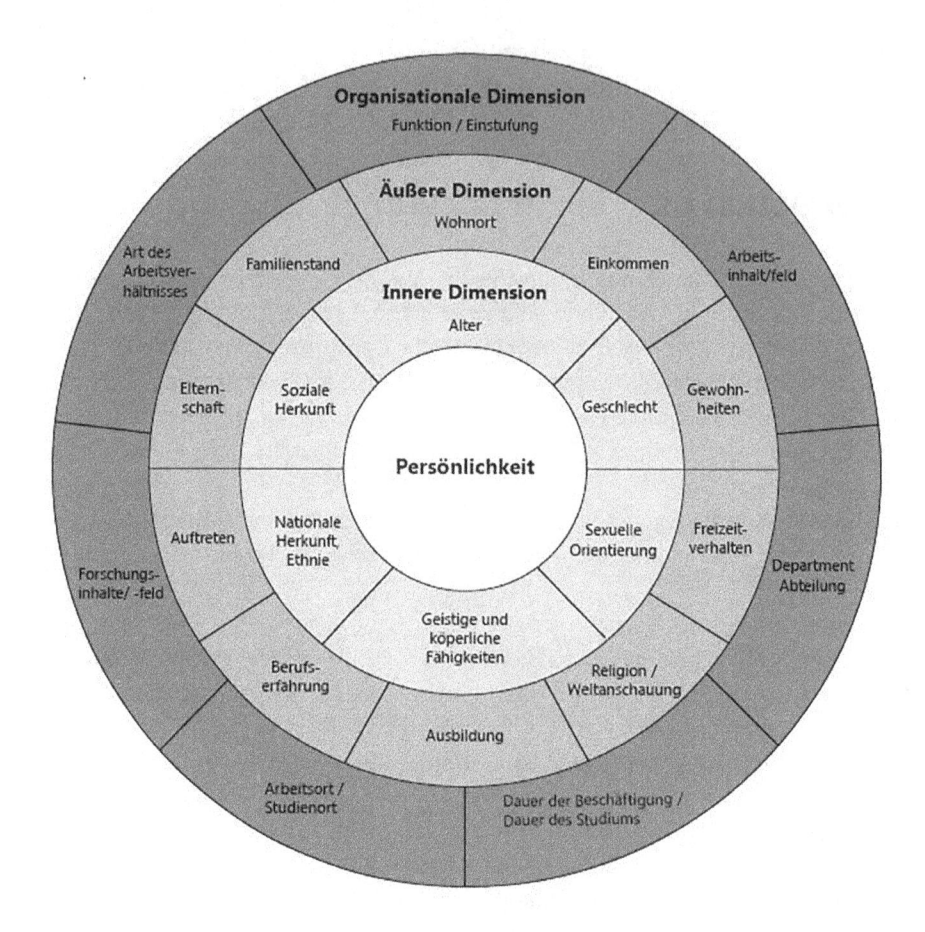

Abb. 11: Diversity-Rad nach Gardenswartz und Rowe, Stadtbibliothek Bremen (2020)

Ein generelles Wort noch zu diesen Trainings – und überhaupt zu Trainings und sämtlichen Maßnahmen im Bereich Diversität: Sie brauchen dafür die unbedingte Unterstützung der Führungsebene – oder, wie Gardenswartz und Rowe es ausdrücken: „Do not start any Diversity und Inclusion initiative without deep executive commitment." (Gardenswartz & Rowe, o. J.) Das heißt in Bezug auf Trainings auch, dass in einem ersten Schritt die Führungskräfte geschult werden sollten. Zum einen, um genau dieses Engagement und diese Verpflichtung gegenüber den Mitarbeitenden zu betonen. Zum anderen aber auch, weil gerade Führungskräfte, die durch hierarchische Strukturen in einem Ungleichgewicht zu ihren Mitarbeitenden stehen, in vielen Fällen einen besonderen Sensibilisierungsbedarf haben.

Darüber hinaus: Diversity-Fortbildungen – und die Verpflichtung dazu![16] – sollten für alle Mitarbeitenden gelten. Es ist verständlich, dass gerade auch aus finanziellen Gründen die Tendenz dazu da ist, ausschließlich das Personal mit Kund*innenkontakt zu schulen. Denken Sie jedoch an *alle* Mitarbeitenden als Repräsentant*innen der Institution – und dazu gehören eben auch Mitarbeitende z. B. aus der Verwaltung.[17]

Verselbstständigung

Wie kann es geschafft werden, die einmal etablierten Maßnahmen eben nicht nur als zeitlich befristetes Projekt zu verstehen? Dazu gehört in erster Linie natürlich das Commitment der Betriebsleitung – sie muss es sein, die Maßnahmen strukturell verankert und damit die Verselbstständigung vorantreibt.[18] Es gibt aber daneben auch zahlreiche Vertiefungs- und Beteiligungsformate, die positiven Einfluss auf eine langfristige Verselbstständigung haben.

Die Stadtbibliothek Bremen unterstützt interessierte Kolleg*innen im Einzelfall darin, sich zu Diversity-Multiplikator*innen weiterbilden zu lassen. Ziel der berufsbegleitenden Qualifizierung ist es, den professionellen Umgang mit dem Thema Vielfalt und Chancengleichheit durch den Ausbau von Diversity-Kompetenzen zu fördern (Freie Hansestadt Bremen. Der Senator für Finanzen. Referat 33 – Personalentwicklung, 2020).[19] In insgesamt neun zweitägigen Modulen setzen sich die Teilnehmenden intensiv mit den verschiedenen Dimensionen von Diversität auseinander und erarbeiten gleichzeitig Methoden, diese Kompetenzen auf den Verwaltungskontext zu übertragen. Diese Multiplikator*innen dienen als Leuchttürme und Change Agents innerhalb der Biblio-

---

[16] Es gibt zahlreiche Diskurse dazu, ob man Fortbildungen dieser Art verpflichtend durchführen sollte. Die Stadtbibliothek Bremen versteht – aus ihrer Grundhaltung heraus – Diversität als Querschnittsthema, welches alle Mitarbeitenden betrifft. Daher hat sie in für sie logischer Konsequenz die Fortbildungen als verpflichtend für alle Kolleg*innen etabliert.

[17] Der Autorin ist natürlich bewusst, dass gerade bei größeren Bibliotheken der finanzielle und zeitliche Aufwand, das gesamte Kollegium zu schulen, ein nicht leicht zu stemmender Posten ist. Nichtsdestotrotz ist aus ihrer Perspektive diese grundlegende Sensibilisierung einer der Meilensteine bei der diversitätsorientierten Personalentwicklung.

[18] Siehe dazu auch den Artikel „Diversitätsorientierte Öffnung als Querschnittsthema" in diesem Sammelband.

[19] Die Freie Hansestadt Bremen bietet diese Weiterbildung durch eine Förderung des IQ-Projektes „ikö-diversity" für Mitarbeiter*innen der Bremischen Öffentlichen Verwaltung kostenlos an.

thek – sie stehen für Rückfragen von Kolleg*innen zur Verfügung, sensibilisieren und denken das Thema Diversität kontinuierlich mit.[20]

Es ist verständlich – und doch darum nicht weniger schade! –, dass nicht jede Bibliothek die finanziellen und personellen Ressourcen hat, Kolleg*innen eine solche Qualifizierung zu ermöglichen. Es gibt aber durchaus auch Möglichkeiten, niederschwelligere Angebote zu schaffen, die darüber hinaus noch allen Mitarbeitenden zugutekommen. So hat sich seit mittlerweile zehn Jahren in der Stadtbibliothek Bremen das interne Fortbildungsformat „Gut zu Wissen" etabliert. In „Gut zu Wissen" werden – oft auf Anregung der Mitarbeitenden hin – Kurzvorträge gehalten, kleinere Schulungseinheiten durchgeführt oder auch neue Methoden vorgestellt und eingeübt. Die Themen greifen verschiedene Diversity-Dimensionen genauso auf wie allgemeine Themen aus dem Verwaltungs- und Bibliothekskontext. Sie variieren von Neuerungen im betrieblichen Gesundheitsmanagement bis hin zu Veranstaltungen zum Islam oder zur Frage „Was ist eigentlich queer?". In vielen Fällen ist das Wissen in der Belegschaft vorhanden, d. h. oft müssen noch nicht einmal externe Referent*innen eingeladen werden. Wenn doch, dann hat die Stadtbibliothek Bremen durch eine langjährige und intensive Netzwerkarbeit innerhalb der Stadt in der Regel die Möglichkeit, auf Kolleg*innen aus Vereinen oder Interessengemeinschaften zu realistischen Honoraren zurückzugreifen.[21] Auf diese Art und Weise bleibt das Thema „Diversität" in seinen verschiedenen Facetten langfristig präsent.

Eine weitere Form der niederschwelligen Beteiligung am Thema „Diversität" sind unter anderem Mini-Barcamps, in denen sich interessierte Kolleg*innen in maximal einer Stunde zu Themen offen austauschen, die in der Bibliothek angestoßen oder überarbeitet werden sollen. Auf diese Art und Weise sind zum Beispiel Ideen gesammelt worden, die in ein „Konzept zur fachlichen Weiterqualifizierung durch externe Praktika und Hospitationen" eingeflossen sind. Diese Verfahren sind mittlerweile fester Bestandteil der Personalentwicklung.

Auch AGs unterstützen den Prozess nachhaltig und verteilen gleichzeitig die benötigten zeitlichen Ressourcen auf mehrere Köpfe. So hat in der Stadtbibliothek Bremen eine AG zur geschlechterumfassenden Sprache Kurz-Handreichungen und Arbeits- und Argumentationshilfen zum Umgang mit diesem doch recht komplexen Thema entwickelt.

---

20 Wichtig zu betonen ist, dass die Multiplikator*innen keine Trainer*innen ersetzen können und sollen.
21 Was gleichzeitig Kontakte festigt und das Netzwerk stärkt.

Austausch, oder: Warum sollten wir es denn immer am besten wissen?

Es wurde bisher in diesem Artikel über die Erfassung des Status quo, über Personalgewinnung und Personalentwicklung gesprochen. Ein Aspekt, der aus Perspektive der Autorin nicht zu unterschätzen ist, ist der Austausch zu diversitätsorientierten Personalthemen. Warum das extra erwähnt wird? Gerade im Bereich Diversität und diversitätsorientiertem Personalmanagement sieht die Autorin oftmals die Tendenz, sich stark nach innen zu fokussieren. Der Mangel an Vielfalt im eigenen Kollegium und dazu womöglich eine diversitätskritische bis -ablehnende Haltung wird von den wenigsten Institutionen leichtgenommen. Die Kommunikation darüber fällt schwer – dabei ist gerade hier ein offener, wertschätzender und lösungsorientierter Austausch sehr hilfreich.

Wie kann dieser Austausch aussehen? Die Stadtbibliothek Bremen hat im Rahmen des Projektes *360°* gute Erfahrungen mit verschiedenen Formaten gemacht: Ein Austausch auf kommunaler Ebene bringt die wichtigsten Akteur*innen zusammen. Dies sind in Bremen zum Beispiel Vertreter*innen aus öffentlicher Verwaltung, (Sozial-)Wirtschaft, Kultur und Wissenschaft. In einem geschützten Raum diskutieren die Teilnehmenden Best und Worst Practice, beraten sich gegenseitig und erarbeiten zurzeit verschiedene Tools zur nachhaltigen Nutzung auch durch andere Institutionen und Unternehmen.[22] In diesem Kontext sind darüber hinaus verschiedene Arbeitsgruppen entstanden, die sich u. a. mit der Nutzung von Virtual-Reality-Brillen in Auswahlgesprächen, diversitätssensiblen Bewerbungsverfahren und der Erstellung von Indikatoren zur Messbarkeit und Vergleichbarkeit von Diversity-Kompetenz im Einstellungsprozess beschäftigen.

Der Austausch auf überregionaler Ebene: Manchmal erscheint es hilfreicher, sich mit anderen Bibliotheken auszutauschen – ähnliche Ziele und Zielgruppen, vergleichbare Herausforderungen,... Die Stadtbibliothek Bremen führte im September 2020 einen Fachtag zu diversitätsorientierter Personalgewinnung und -entwicklung im Bibliothekssektor durch. Prioritäres Ziel dieses Fachtages war der themenbezogene Austausch zu Fragen wie: „Kann es einen diskriminierungsfreien Arbeitsplatz geben, und wie sieht dieser aus?", „Wie kann Diversity als Teil der strategischen Personalentwicklung verankert werden?" oder auch „Wie kann die Bibliothek diverse Zielgruppen im Rahmen der

---

[22] Hierzu gehört auch der schon vorab erwähnte Referenzrahmen, der voraussichtlich ab 2021 Interessierten zur Verfügung stehen wird.

Personalgewinnung noch besser ansprechen?"[23] Es zeigte sich, dass in vielen Bibliotheken sehr ähnliche Diskurse stattfinden, sich die Bibliotheken selber aber oft noch an sehr unterschiedlichen Stellen im Prozess befinden. Gerade deshalb empfanden es die Teilnehmenden als überaus hilfreich, voneinander zu lernen, Parallelen aufzuzeigen und Vernetzung zu bestimmten Fragestellungen zu forcieren.

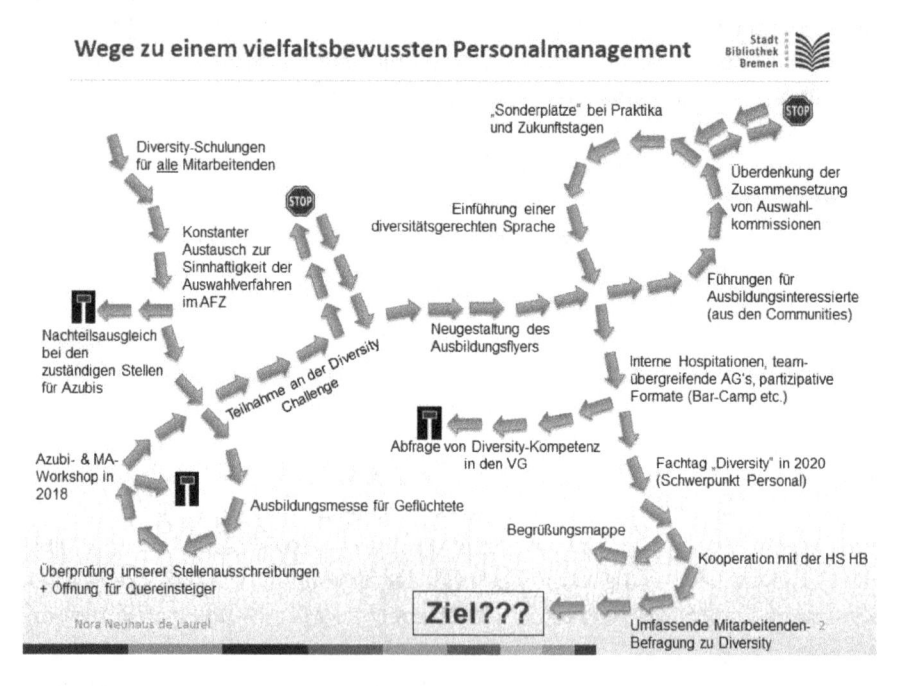

Abb. 12: Wege zu einem vielfaltsbewussten Personalmanagement in der Stadtbibliothek Bremen. Auszug aus dem Vortrag von Nora Neuhaus de Laurel auf dem Fachtag am 24./25.09.2020.

Fazit

Diversitätsorientiertes Personalmanagement hat eine unglaubliche Bandbreite – von der Art und Weise, wie man potenzielle Bewerber*innen anspricht, über

---

[23] Die für den Fachtag eingerichtete Website wird nicht über das Jahr 2021 hinaus abrufbar sein. Alle Vorträge finden Sie jedoch dauerhaft als Aufzeichnung im *YouTube*-Kanal der Stadtbibliothek Bremen unter (Stadtbibliothek Bremen, 2020).

den Auswahlprozess und Fortbildungen bis hin zu internen und externen Beteiligungs- und Austauschformaten.

Allerdings – und das soll hier auch nochmals betont werden – kann Personalgewinnung und -entwicklung diesen Öffnungsprozess hin zu mehr Diversität nicht allein angehen, geschweige denn garantieren. Es bedarf zusätzlich neben Maßnahmen, die nach außen wirken[24] vor allem einer strategisch ausgerichteten strukturellen Verankerung – weg von der Initiative einzelner Personen hin zu einem gemeinsamen und von oben gesteuerten umfassenden Ansatz.

Um nochmals auf die Eingangsfrage nach der Vereinbarkeit von strategischer Personalentwicklung und Diversity Management zurückzukommen: Für die Stadtbibliothek Bremen gehören beide Ansätze unabdingbar zusammen. Nur wenn jede*r Mitarbeitende die jeweiligen individuellen Stärken und Kompetenzen einbringen kann, fügt sich dies zu einem Gesamtbild zusammen, welches die Stadtgesellschaft widerspiegelt.

Abschließend möchte die Autorin Ihnen nochmals unbedingt Mut machen. Viele der hier geschilderten Ideen und Maßnahmen können zeitnah und zum Teil mit relativ geringen finanziellen Ressourcen umsetzt werden. Oft können diese „Short Term Wins", diese kleinen Erfolge, in Hinsicht auf Motivation und Argumentation in der Institution Großes erreichen. Versuchen Sie es einfach!

Literaturverweise

Bartscher, T. (2018). *Personalbeschaffung.* https://wirtschaftslexikon.gabler.de/definition/personalbeschaffung-44990/version-268291 (29.9.2020).

Bibliotheksportal.de. (2020, Juni). *Personalgewinnung in Bibliotheken.* https://bibliotheksportal.de/informationen/beruf/personalgewinnung/ (30.10.2020).

BID AG Personalgewinnung. (2020, Mai). *Workshop (Berufsfeld.rebooting ...).* https://bibliotheksportal.de/content/uploads/2020/05/2020-05-03_BerufsfeldRebooting_Workshop-kondensiert.pdf (30.10.2020).

Böckelmann, C. (2017). *(Wie) Kann man Personal entwickeln?* (Roehl, H., Asselmeyer, H., Hrsg.) Stuttgart: Schäffer-Poeschel Verlag.

Eybl, S. & Kaltenecker, S. (2009). Discussion Paper No. 8: Diversity Trouble – Systemische Beobachtungen von Vielfalt, Management und Beratung. (so institut für systemische organisationsforschung, Hrsg.) *Gruppendynamik und Organisationsberatung Heft 4.* http://organisationsforschung.at/wordpress/wp-content/uploads/DP08_2009_Eybl-Kaltenegger_Systemische-Beobachtungen-von-Vielfalt-Management-und-BeratungDiversity-Trouble.pdf (29.9.2020).

---

24 Dafür finden sich in diesem Sammelband mehrere Artikel.

Freie Hansestadt Bremen. Der Senator für Finanzen. Referat 33 – Personalentwicklung. (2020, Mai). 20-2406: Qualifizierungsreihe Diversity-Management – Vielfältige Potenziale fördern. *Fortbildung 2020/21*. Bremen.

Gardenswartz, L. & Rowe, A. (2016). *The Four Layers of Diversity Model*. https://www.gardenswartzrowe.com/why-g-r (22.12.2020).

Gardenswartz, L. & Rowe, A. (o. J.). *How to Avoid Disappointment, Backlash and Diversity Fatigue*. https://www.gardenswartzrowe.com/images/pages/archives/Disappointment-Backlash-Fatigue.pdf (22.12.2020).

Schwing, R. & Fryszer, A. (2018). *Systemisches Handwerk: Werkzeug für die Praxis*. Göttingen: Vandenhoeck & Ruprecht.

Stadtbibliothek Bremen. (2017, 20. Juni). *Zukunftschance Ausbildung*. https://www.stabi-hb.de/news/zukunftschance-ausbildung

Stadtbibliothek Bremen. (2019, August). *FaMI. Informationen zu Deiner Ausbildung in der Stadtbibliothek Bremen*. https://www.stabi-hb.de/sites/default/files/2019-08/P190254_Flyer_FAMI_DIN-lang_190826_WEB.pdf (11.1.2021).

Stadtbibliothek Bremen. (2020, 3. November). Fachtag diversitätsorientierte Personalgewinnung und -entwicklung im Bibliothekssektor (Tag 1). Bremen. https://www.youtube.com/watch?v=ysw9l-xtO6E (23.12.2020).

Stadtbibliothek Bremen. (2020, 3. November). Fachtag diversitätsorientierte Personalgewinnung und -entwicklung im Bibliothekssektor (Tag 2). Bremen. https://www.youtube.com/watch?v=NLiEOUoKffw&feature=youtu.be (23.12.2020).

Statista. (o. J.). *Umfrage zu wichtigen Maßnahmen zur Mitarbeiterbindung und deren Umsetzung 2019*. https://de.statista.com/statistik/daten/studie/682330/umfrage/umfrage-zu-wichtigen-massnahmen-zur-mitarbeiterbindung-und-deren-umsetzung/ (18.11.2020).

Warmuth, G.-S. (2012). Die strategische Implementierung von Diversitätsmanagement in Organisationen. In Bendl, R., Hanappi-Egger, E. & Hofmann, R. (Hrsg.), *Diversität und Diversitätsmanagement*, S. 203–233. Wien: Facultas Verlags- und Buchhandels AG.

Melisa Bel Adasme
Vielfältiger FaMI-liennachwuchs?! Diversitätsorientierte Strategien zur Gewinnung neuer Auszubildender

Fachangestellte für Medien- und Informationsdienste – kurz FaMI – haben einen spannenden und vielfältigen Arbeitsalltag: Sie informieren und beraten Kund*innen, ordnen und sortieren unterschiedliche Medien, setzen sich mit neuen Technologien wie 3D-Druck, VR oder Robotik auseinander, bereiten die in der Praxis gewonnenen Erfahrungen und Informationen auf und stellen sie für die Vermittlung an unterschiedliche Zielgruppen bereit. Trotzdem sind der Beruf sowie die entsprechende Ausbildung noch recht unbekannt – vor allem für Jugendliche mit Einwanderungsgeschichte. In diesem Beitrag wird der Frage nachgegangen, wie Bibliotheken Kinder und Jugendliche (mit Einwanderungsgeschichte) für die Arbeit in Bibliotheken begeistern können, sodass sie von Besucher*innen zu potenziellen künftigen Mitarbeitenden werden. Am Beispiel der Stadtbibliothek Köln wird eine altersgerechte, jugendgemäße und diversitätsorientierte Strategie vorgestellt, die u. a. die aktuellen Auszubildenden als Mitgestaltende und Verantwortliche einbezieht.

Hintergrund

Die Bewerbungszahlen für Ausbildungsplätze sind bundesweit rückläufig, der Kölner Ausbildungsmarkt ist dabei keine Ausnahme (vgl. Bundesagentur für Arbeit, 2020; Kölner Wochenspiegel, 2020). Dies ist zwar kein spezifisches Problem der FaMI-Ausbildung, stellt aber den recht unbekannten Beruf vor große Herausforderungen. Die Anzahl der jährlich begonnenen FaMI-Ausbildungen bundesweit bleibt zwar konstant, doch die Anzahl der Bewerber*innen ist in den letzten Jahren deutlich zurückgegangen (vgl. Fischer, 2018).

Darüber hinaus sehen sich Bibliotheken (genauso wie andere Kultureinrichtungen) immer mehr damit konfrontiert, dass die Vielfalt der pluralen deutschen Gesellschaft sich in ihrer Personalbesetzung selten widerspiegelt. Ein Großteil der Bibliotheken hat oft Schwierigkeiten, diverse Bewerber*innen zu erreichen (vgl. Sharifi & Micossé-Aikins, 2018; Stiftung Genshagen, 2020). Als häufigster Grund für die mangelnde Diversität der Belegschaft werden „fehlende Bewerbungen" von Menschen mit „Migrationshintergrund" angegeben (vgl. Enggruber & Rützel, 2014).

Gleichzeitig haben es Jugendliche mit Einwanderungsgeschichte[1] generell schwerer, einen geeigneten Ausbildungsplatz zu bekommen. Mehrere Studien belegen, dass die deutlich schlechteren Chancen bei der Ausbildungssuche vor allem auf strukturelle Diskriminierung in den Betrieben zurückzuführen sind. Arbeitgeber*innen haben öfter Vorbehalte gegenüber Menschen mit Einwanderungsgeschichte, befürchten sprachliche Schwierigkeiten oder eine negative Auswirkung von kulturellen Unterschieden auf das Betriebsklima (vgl. Enfggruber & Rützel, 2014). Dies führt dazu, dass Jugendliche mit Einwanderungsgeschichte seltener zu Bewerbungsgesprächen und Eignungstests eingeladen werden – selbst bei gleichen Schulleistungen und vergleichbaren Qualifikationen (vgl. Mediendienst Integration und Bericht, 2017).

Basierend auf Beobachtungen und Erfahrungen der Stadtbibliothek Köln kommt erschwerend ein weiterer Faktor hinzu: Die relativ geringe Bekanntheit des FaMI-Berufs – und zwar sowohl bei Jugendlichen selbst als auch bei den Erwachsenen, die diese bei der Berufsorientierung unterstützen (Eltern, Lehrkräfte, Schulsozialarbeiter*innen etc.).

Bibliotheken brauchen somit neue diversitätsorientierte Strategien, um sich auf dem Ausbildungsmarkt zu positionieren und das Interesse potenzieller Bewerber*innen zu gewinnen. Dabei ist von großer Bedeutung, dass Jugendliche sich zunächst mit der Bibliothek identifizieren, die vielfältigen Möglichkeiten der Bibliothek als Arbeitsort entdecken und sich für die Arbeit in Bibliotheken begeistern.

Zielsetzung

Um sowohl die Identifikation mit als auch die Begeisterung für die Arbeit in Bibliotheken zu stärken, entwickelte die Stadtbibliothek Köln neue diversitätsorientierte Strategien zur Gewinnung neuer Auszubildender. Ziel dabei ist es, die

---

[1] Mit der Bezeichnung „Einwanderungsgeschichte" (als Alternative für den „Migrationshintergrund") wird nicht nur politisch eine klare Position bezogen und Deutschland als Einwanderungsland anerkannt, sondern werden auch unterschiedliche Erfahrungen, Verbindungen und Bezüge zur Migration einbezogen: Einerseits kann damit Einwanderung als unmittelbar bzw. selbst erlebtes Geschehnis, andererseits als Familien- und Kulturnarrativ adressiert werden. Für eine kritische Auseinandersetzung mit dem „Migrationshintergrund" siehe Beitrag „It's up to you!" (Melisa Bel Adasme) in diesem Band.

Stadtbibliothek als potenziellen Arbeitsort „schmackhaft" zu machen, sodass Jugendliche eine FaMI-Ausbildung in Betracht ziehen.

So sollen Jugendliche (schwerpunktmäßig mit Einwanderungsgeschichte) mittels unterschiedlicher Praktikums- und Schnupperformate die Einsatz- und Projektmöglichkeiten entdecken, die die Bibliothek als Arbeitsort – über die klassische und meist bekannte Arbeit mit Büchern hinaus – zu bieten hat. Jugendliche sollen einen Einblick „hinter die Kulissen" bekommen, die vielfältige und facettenreiche Arbeit der Bibliothek in den verschiedenen Bereichen kennen lernen und die Chance erhalten, eigene Ideen, Wünsche, Interessen und Fähigkeiten einzubringen. Dies soll unter anderem dazu beitragen, mehr Personal mit Einwanderungsgeschichte zu gewinnen (Nachwuchsförderung).

Ansatz

In Anlehnung an die erfolgreiche Strategie für das Jugendprogramm „It's up to you!"[2] wurde auch für den Bereich der Ausbildung eine strategische Vorgehensweise entwickelt, die einen ähnlichen Ansatz verfolgt.

- Programmangebot
- Netzwerkarbeit
- Evaluation
- Nachhaltige Verankerung

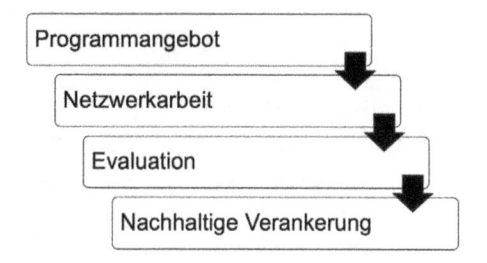

Abb. 13: Strategische Vorgehensweise zur Gewinnung neuer Auszubildender

Programmangebot

Zunächst wurden verschiedene Veranstaltungsformate zum „Reinschnuppern" entwickelt, die unterschiedliche Altersgruppen und verschiedene Situationen berücksichtigen. Dies soll es allen Jugendlichen ermöglichen, die Bibliothek besser kennenzulernen und dabei einen ersten Eindruck vom FaMi-Beruf zu er-

---

2 Siehe den gleichnamigen Beitrag in diesem Band.

halten. Bei der Konzipierung, Durchführung und Begleitung aller Maßnahmen werden die aktuellen Auszubildenden aktiv einbezogen.

Netzwerkarbeit

Es werden jedoch keine „speziellen" Formate konzipiert oder „extra" beworben, die sich gezielt nur an Jugendliche mit Einwanderungsgeschichte wenden. Stattdessen werden die Angebote dorthin gebracht, wo die Zielgruppe verstärkt zu finden ist. Dafür wird intensive Netzwerkarbeit – in erster Linie mit weiterführenden Schulen – betrieben, und zwar vor allem mit solchen Schulen, die einen hohen Anteil an Schüler*innen mit Einwanderungsgeschichte haben. Diese werden in Kooperation mit städtischen Einrichtungen wie dem Schulentwicklungsamt, dem Kommunalen Integrationszentrum oder der Kommunalen Koordinierungsstelle Übergang Schule–Beruf identifiziert. Durch die enge Zusammenarbeit mit den Schulen ist es möglich, Jugendliche mit Einwanderungsgeschichte „indirekt" (also ohne explizite Adressierung) zu identifizieren und anzusprechen.

Evaluation

Zur Beobachtung, Steuerung und konzeptionellen Weiterentwicklung bzw. Anpassung der entwickelten Formate wurden maßgeschneiderte Feedback-Instrumente entwickelt, kontinuierlich eingesetzt und ausgewertet. Die daraus gewonnenen Informationen ermöglichen die Bewertung der unterschiedlichen Bausteine/Stationen der jeweiligen Formate sowie die Ableitung von Schlussfolgerungen und Empfehlungen für zukünftige Angebote. Gleichzeitig werden dadurch die Jugendlichen an der inhaltlichen Gestaltung beteiligt. So wird sichergestellt, dass die Formate den Interessen und Wünschen der Zielgruppe besser entsprechen.

Nachhaltige Verankerung

Die entwickelten Formate werden erprobt, durchgängig evaluiert und je nach Bedarf angepasst. Dabei werden nicht nur Ablauf, Inhalte und Ergebnisse beurteilt, sondern auch der gesamte Arbeitsaufwand, die dafür notwendigen Personalressourcen sowie die längerfristige Wirkung berücksichtigt. Wenn die Bilanz positiv ausfällt, werden die Formate als fester Teil der Strategie übernommen und regelmäßig angeboten.

Veranstaltungsformate

Schnupperpraktika und Informationsveranstaltungen für Schüler*innen

Zum Kennenlernen der Stadtbibliothek als Arbeitsort und des FaMI-Ausbildungsberufs werden im Rahmen der schulischen Berufsorientierung[3] eintägige Schnupperpraktika und Informationsveranstaltungen angeboten. Hier übernehmen Auszubildende oder junge FaMIs die Betreuung und Begleitung der Praktikant*innen, da diese den Schüler*innen am besten den Berufsalltag zeigen und ihre Fragen beantworten können.

Einmal im Jahr wird ein eintägiges Praktikum im Rahmen des Girls' Day und des Boys' Day durchgeführt[4]. Um die Teilnahme von Schüler*innen mit Einwanderungsgeschichte sicherzustellen, wird diese Veranstaltung ausschließlich an Schulen aus dem Netzwerk beworben. In Kooperation mit interessierten Netzwerk-Schulen werden zudem eintägige Schnupperpraktika für kleine Schulgruppen in der Zentralbibliothek, in den Zweigstellen oder auch digital organisiert und durchgeführt.

Betriebspraktika für Schüler*innen im Bibliothekssystem

Um mehr über die Arbeit der Bibliothek zu erfahren und „hinter die Kulissen" zu schauen, gibt es zudem die Möglichkeit, ein zwei- bis dreiwöchiges Betriebspraktikum zu machen, sowohl in der Zentralbibliothek als auch in den Stadtteilbibliotheken. Interessierte Schüler*innen können sich mit einem Motivationsschreiben, einem kurzen Lebenslauf sowie unter Angabe einer bevorzugten Bibliothek über eine zentrale E-Mail-Adresse bewerben.

---

3 Diese wird im Rahmen der Landesinitiative „Kein Abschluss ohne Anschluss (KAoA)" an allen allgemeinbildenden Schulen angeboten. Mit dem Programm und gezielten Angeboten (z. B. die Berufsfelderkundung in der 8. Klasse) möchte das Land NRW Jugendlichen einen reibungsloseren Übergang von der Schule in den Beruf ermöglichen (vgl. MSB NRW und MAGS NRW).

4 Dabei handelt es sich um bundesweite jährliche Aktionstage gegen Rollenklischees im Beruf, die vom BMFSFJ gefördert werden.

Das sogenannte „Betriebspraktikum" ist ebenfalls eine Maßnahme der schulischen Berufsorientierung im Land NRW, die in der Regel in der 9. Klasse durchgeführt wird. Dabei handelt es sich um eine Pflichtveranstaltung für alle Schüler*innen, woraus sich eine starke Nachfrage nach solchen Praktika ergibt. Aus diesem Grund war es notwendig, ein systematisches Bewerbungsverfahren einzuführen, um die verfügbaren Praktikumsplätze im System angemessen verteilen zu können.

Die Praktikumsplätze werden zweimal jährlich verteilt. Wenn mehr Bewerbungen vorliegen als Praktikumsplätze zur Verfügung stehen, wird eine Vorauswahl aufgrund der Bewerbungsunterlagen getroffen. Der Einsatzort für das Praktikum wird je nach Wunsch und Wohn- bzw. Schulort der Schüler*innen sowie Verfügbarkeit und Kapazitäten im Bibliothekssystem entschieden. Insgesamt werden vier Plätze in der Zentralbibliothek sowie jeweils ein Platz in den Stadtteilbibliotheken pro Jahr vergeben.

Die Bewerbungen und Kontaktdaten der Schüler*innen werden dann an die jeweiligen Ansprechpersonen im Bibliotheksystem weitergeleitet, diese übernehmen die restliche Koordination und Organisation (Kennlerngespräch, Programm etc.). Die Möglichkeit eines Betriebspraktikums wird zudem im Rahmen der Schnupperpraktika aktiv beworben. Schüler*innen, die an einem solchen Schnupperpraktikum teilgenommen haben, können bei der Auswahl der Bewerber*innen für ein Betriebspraktikum bevorzugt werden. So kann die Auswahl gezielt gesteuert werden, ohne das Angebot „Betriebspraktikum" auf Jugendliche mit Einwanderungsgeschichte zu beschränken.

Die wichtigsten Informationen rund um das Thema Praktikum (Bewerbungsverfahren, Anforderungen etc.) stehen auf der Homepage der Stadtbibliothek auf der Seite „Service für Schüler*innen"[5]. Bei telefonischen oder persönlichen Anfragen vor Ort werden Schüler*innen darauf hingewiesen, sich dort zu informieren.

Teilnahme an Berufsorientierungsevents und Ausbildungsmessen

Berufsorientierungsevents und Ausbildungsmessen sind Veranstaltungen speziell für Schüler*innen und junge Erwachsene. Diese sollen hier einen Einblick in

---

[5] Auf dieser Seite sind außerdem Informationen über alle Angebote für Schüler*innen in weiterführenden Schulen der Stadtbibliothek zusammengefasst: https://www.stadt-koeln.de/artikel/05046/index.html

unterschiedliche berufliche Möglichkeiten erhalten. Im Mittelpunkt stehen der Austausch und die Berufsorientierung.

Diese Events bieten die Möglichkeit, die Bibliothek als attraktiven Arbeitsort mit großem Angebotsspektrum für eine berufliche Ausbildung zu präsentieren. Dadurch können ein positiver Eindruck auf dem Arbeitsmarkt geweckt sowie potenzielle Kandidat*innen angesprochen werden. Ein Auftritt bei diesen Veranstaltungen kann somit dem FaMi-Beruf dazu verhelfen, bekannter zu werden und gleichzeitig auch dazu beitragen, das veraltete und „verstaubte" Bild von Bibliotheken zurechtzurücken.

Bundesfreiwilligendienst im interkulturellen Bereich

Der Bundesfreiwilligendienst (BFD) ist eine besondere Form des bürgerschaftlichen Engagements. Er ermöglicht es (jungen) Menschen, neue Erfahrungen im sozialen Bereich zu sammeln und ihre Fähigkeiten zu erweitern. Seit einigen Jahren werden in der Stadtbibliothek Köln drei BFD-Stellen angeboten: im interkulturellen Bereich, in der Blindenhörbibliothek und in der digitalen Bildung. Als sogenannte „Bufdi*nen" erhalten Teilnehmende einen Einblick in die Bibliotheksarbeit, interessante Fortbildungen sowie ein Taschengeld.

Im interkulturellen Bereich werden in der Regel Bufdi*nen eingesetzt, die selbst Migrations- oder Fluchterfahrung haben. Sie arbeiten hauptsächlich im *sprachraum*[6]. Hier unterstützen sie bei der Koordination der Ehrenamtlichen, helfen mit bei interkulturellen Veranstaltungen sowie bei Fragen der Besucher*innen.

Der BFD bietet sich somit ebenfalls an, um die Arbeit der Bibliothek „hinter den Kulissen" kennenzulernen und dadurch das Interesse an einer FaMi-Ausbildung zu wecken.

Umsetzung und Zwischenbilanz

Zunächst wurde das erste Schnupperpraktikum für Schüler*innen im Rahmen des bundesweiten Girls' und Boys' Day in der Zentralbibliothek durchgeführt. Im Vorfeld wurde dieser Tag in Schulen mit einem hohen Anteil an Schüler*innen mit Einwanderungsgeschichte beworben. Die Veranstaltung war schnell

---

6 Der *sprachraum* ist ein offener Lernort für Menschen unterschiedlichster Herkunft und ein Treffpunkt für den interkulturellen Austausch, der von Ehrenamtlichen betrieben wird (vgl. Dudek, 2017).

ausgebucht; insgesamt gab es 32 Anmeldungen. Teilgenommen haben 14 Schüler*innen, davon hatten ca. 80 % eine Einwanderungsgeschichte. Zusammen mit der Ausbildungsleitung haben die Auszubildenden der Stadtbibliothek Köln einen Tagesablauf ausgearbeitet. Aus den Feedback-Bögen, die die Schüler*innen am Ende des Tages ausfüllten, ergab sich ein überwiegend positives Ergebnis: Mehr als die Hälfte der Teilnehmenden gab an, Interesse an einem längeren Praktikum zu haben. Alle Schüler*innen bekamen zum Schluss eine Praktikumsbescheinigung mit den Themen und Inhalten der Veranstaltung. In einer anschließenden Austauschrunde äußerten sich auch die Auszubildenden sehr positiv über den Tag. Sie fanden es sehr spannend, den Schüler*innen ihren Beruf zu zeigen und sie durch die Bibliothek zu begleiten. Außerdem überlegten sie, was für das nächste Mal besser bzw. anders gemacht werden kann.

Darüber hinaus wurde ein weiteres Schnupperpraktikum in der Stadtteilbibliothek Kalk durchgeführt. Dieses fand im Rahmen einer Berufsfelderkundung in Kooperation mit einem Gymnasium statt. Fünf Schüler*innen der 8. Klasse nahmen daran teil, davon vier mit Einwanderungsgeschichte. Dieses Mal kümmerten sich junge FaMIs aus dem Team Kalk um die Programmgestaltung, betreuten und begleiteten die Teilnehmenden durch den Tag. Auch hier wurden Feedback-Bögen ausgefüllt und Praktikumsbescheinigungen verteilt. Die Resonanz war sehr gut. Besonders ein Schüler war sehr motiviert und begeistert von der Bibliothek, stellte viele Fragen und zeigte großes Interesse. Dieser bewarb sich zwei Wochen später um ein längeres Praktikum.

Auch die zwei- bzw. dreiwöchigen Betriebspraktika in der Zentralbibliothek und in den Stadtteilbibliotheken wurden gut angenommen: Insgesamt konnten 14 Praktikumsplätze angeboten werden; davon wurden sechs mit Schüler*innen mit Einwanderungsgeschichte besetzt.

Die Schnupper- und Betriebspraktika liefen sehr gut und wurden überwiegend positiv bewertet. Dennoch zeigte sich nach der Auswertung, dass diese Maßnahmen nicht unmittelbar dazu beitragen, dass sich mehr junge Menschen für eine Ausbildung tatsächlich bewerben. Die Praktikant*innen zeigten zwar Interesse an der Bibliothek, doch sie waren noch zu jung (zwischen 13 und 15 Jahren alt), um ernsthaft über eine Berufsentscheidung nachzudenken. Somit eignen sich diese Maßnahmen zwar dazu, auf die Potenziale der Bibliothek als Arbeitsort aufmerksam zu machen, aber eher weniger, um kurzfristig die Anzahl der Bewerbungen (und damit Einstellungen) zu erhöhen. Aus diesem Grund sollte zusätzlich an einer weiteren Stelle angesetzt werden: Informationsveranstaltungen und Führungen für ältere Schüler*innen im Übergang Schule–Beruf (Oberstufe) zu organisieren, um so potenzielle Ausbildungsinteressierte zu erreichen.

Außerdem nahm die Stadtbibliothek Köln (vertreten durch zwei Auszubildende und die Ausbildungsleitung) an dem Berufsorientierungsevent für Schüler*innen „Zukunft sichtbar machen"[7] teil. Ziel der Veranstaltung war es, Berufe mit Zukunft vorzustellen und begreifbar zu machen. Mit praktischen Übungen und interaktiven Spielen konnten mehrere Schüler*innen (viele davon mit Einwanderungsgeschichte) sich über den FaMI-Beruf sowie über Praktikumsmöglichkeiten informieren. Hier wurde auch deutlich, dass zur erfolgreichen Bewerbung der Ausbildung mit deren Inhalten und Schwerpunkten neue, moderne und jugendgerechte Informations- und Werbematerialien notwendig sind. Diese sollten anschließend von den Auszubildenden neu konzipiert werden.

Durch die Teilnahme am BFD mit interkulturellem Schwerpunkt wurde eine vom Bibliotheksteam sehr geschätzte Bufdine mit Fluchterfahrung (die zuvor selbst Besucherin des *sprachraums* war und so die Möglichkeit des BFDs entdeckte) auf die FaMI-Ausbildung aufmerksam. Mit Unterstützung des Bibliothekspersonals gelang es ihr, sich für die Ausbildung zu bewerben, die Eignungsprüfung erfolgreich zu meistern und anschließend die Ausbildung anzutreten.

Aufgrund der Einschränkungen durch die Corona-Lage im Jahr 2020 konnte die Durchführung der meisten Veranstaltungsformate zunächst nicht wiederholt werden. Nur die Überarbeitung des veralteten Informationsmaterials rund um die Ausbildung konnte erfolgreich umgesetzt werden. Ein erster Entwurf für eine neue FaMI-Broschüre[8] sowie für ein Roll-up zum Aufstellen auf Veranstaltungen wurde von einem Auszubildenden als Abschlussprojekt der Ausbildung konzipiert und gestaltet. Die finale Gestaltung wurde dann in Zusammenarbeit mit mehreren Kolleg*innen abgestimmt.

Basierend auf den ersten Erfahrungen mit Online-Veranstaltungsformaten während der Corona-Situation konnte ein Konzept für die digitale Umsetzung des Girls' und Boys' Day entwickelt werden. Die gesamte Veranstaltung wurde von den Auszubildenden des 1. und 2. Lehrjahres konzipiert und durchgeführt. Um das Event möglichst interessant zu halten und die Teilnehmenden zum Mitmachen zu motivieren, wurden viele interaktive Elemente in das Programm eingebaut. Insgesamt nahmen elf Schüler*innen daran teil, ca. die Hälfte hatte eine Einwanderungsgeschichte. Für die Evaluation der Veranstaltung wurde ein Online-Feedback-Bogen erstellt, den fast alle Teilnehmenden ausfüllten. In den

---

[7] Dieses wurde vom Jobcenter Köln in Zusammenarbeit mit der Berufsberatung der Agentur für Arbeit und der Stadt Köln organisiert.
[8] Auch in der Stadtbibliothek Bremen wurde der veraltete FaMi-Flyer mithilfe der aktuellen Auszubildenden neu gestaltet und anschließend veröffentlich (siehe dazu den Beitrag von Ruth Hartmann „Diversitätsorientierte Personalgewinnung und -entwicklung im Bibliothekssektor" in diesem Band).

Ergebnissen zeigte sich, dass der Großteil der Schüler*innen die Veranstaltung gelungen und interessant fand.

Dieses von den Auszubildenden entwickelte und erprobte Online-Format für den Girls' und Boys' Day soll zukünftig auch als digitale Informationsveranstaltung für ältere Schüler*innen in der Oberstufe genutzt werden. Auch eine Teilnahme an digitalen Berufsorientierungsevents ist geplant.

Fazit und Ausblick

Mithilfe dieser Maßnahmen der Nachwuchsförderung möchte die Stadtbibliothek Köln so früh wie möglich ansetzen, um Jugendliche (vor allem mit Einwanderungsgeschichte) für die Arbeit in Bibliotheken zu begeistern. Der Nutzen ist beiderseitig: Jugendliche entdecken die vielfältigen Möglichkeiten der Bibliothek. Diese wiederum profitiert von den Kompetenzen, die die Jugendlichen – im günstigsten Fall auch als zukünftige Mitarbeitende – in ein divers aufgestelltes Bibliotheksteam einbringen.

Gleichzeitig zeigte sich sehr deutlich, dass einige Maßnahmen an manchen Stellen noch zu kurz greifen und einer Anpassung bzw. Erweiterung bedürfen. Viele der entwickelten Formate tragen zwar dazu bei, dass Jugendliche die neuen (vor allem digitalen und technischen) Möglichkeiten der Bibliothek für sich neu entdecken und sich generell mehr für Bibliotheken interessieren, womit auch die Identifikation mit der Bibliothek gestärkt werden kann. Dennoch führt die erhöhte Begeisterung noch nicht dazu, dass mehr Jugendliche sich um einen Ausbildungsplatz bewerben. Dies liegt, wie schon oben dargestellt, am jungen Alter der bisherigen Teilnehmenden. Als Teil einer mehrstufigen Strategie bleiben sie dennoch sinnvoll und sollten in Hinblick auf längerfristige Erfolge weiterverfolgt werden.

Um die Strategie diesbezüglich zu vervollständigen und tatsächlich mehr potenzielle Bewerber*innen für die Ausbildung zu erreichen und zu gewinnen, soll nun ein stärkerer Fokus auf die Bewerbung der Ausbildung im Übergang Schule–Beruf gelegt werden. Dies bedeutet, einerseits passende Formate dafür zu entwickeln oder vorhandene entsprechend anzupassen, andererseits den Kontakt zu Schulen zu intensivieren und die Zuständigen für die Berufsorientierung an den Oberstufen bzw. Abschlussklassen auf die Möglichkeiten einer Kooperation anzusprechen.

Zudem muss man bei der Veranstaltungskonzipierung und -durchführung aufgrund der noch andauernden Corona-Situation und der damit einhergehende Ungewissheit für zukünftige Planung weiterhin flexibel bleiben, die jeweiligen Bedingungen beachten und immer wieder aufs Neue planen. Obwohl Präsenzveranstaltungen ein physisches Kennenlernen zwischen den Schüler*innen und den Auszubildenden sowie ein physisches Ankommen in die Bibliothek ermöglichen und somit greifbarer und persönlicher wirken, bieten digitale Formate große Vorteile. Sie sind aufgrund der analogen räumlichen Freiheit leichter zu terminieren und zu organisieren, können in ähnlicher Form für beliebige Gruppen durchgeführt werden und haben oft eine deutlich größere Reichweite, da die Schüler*innen von Zuhause aus teilnehmen können – egal, wo dieses sich befindet. Gleichzeitig können digitale Formate ausschließend wirken, denn nicht alle Schüler*innen haben das notwendige Equipment, um daran teilnehmen zu können.

Um potenzielle Auszubildende flächendeckend zu erreichen, kann es also auch zukünftig sinnvoll sein, eine kombinierte Strategie zu fahren und je nach Gelegenheit, Bedingungen und Zielgruppe unterschiedliche Präsenz-, digitale oder hybride Formate anzubieten. Wichtig ist vor allem, bei der Entwicklung von Formaten jeglicher Art innovativ und kreativ zu sein sowie den direkten Kontakt mit den Jugendlichen zu suchen, zu pflegen und je nach Bedarf anzupassen.

Literaturverweise

Beicht, U. (2017). Ausbildungschancen von Ausbildungsstellenbewerbern und -bewerberinnen mit Migrationshintergrund. Aktuelle Situation 2016 und Entwicklung seit 2004. Bundesinstitut für Berufsbildung, Bonn.

Bundesagentur für Arbeit (2020). Ausbildungsmarkt – Die aktuellen Entwicklungen im Berichtsjahr 2019/2020 in Kürze – Stand: Oktober 2020. https://statistik.arbeitsagentur.de/DE/Navigation/Statistiken/Fachstatistiken/Ausbildungsmarkt/Aktuelle-Eckwerte-Nav.html;jsessionid=18FD77DF4CAC4D862C17B85EBF0DA0AB (11.5.2021).

Dudek, S. (2017). Meet your new neighbour at the Cologne Public Library! Facilitating integration into society by bringing locals and refugees together. IFLA WLIC, Poster Session. Wrocław. http://library.ifla.org/1882/ (11.5.2021).

Enggruber, R. & Rützel, J. (2014). Berufsausbildung junger Menschen mit Migrationshintergrund. Eine repräsentative Befragung von Betrieben. Im Auftrag der Bertelsmann Stiftung.

Fischer, M. (2018). Erfahrungen aus der Ausbildungspraxis der Badischen Landesbibliothek. In Bibliotheksdienst, 52(12), S. 846–863.

Kölner Wochenspiegel (2020). Zahlen zum Kölner Ausbildungsmarkt. https://www.rheinische-anzeigenblaetter.de/region/koeln/zahlen-zum-koelner-ausbildungsmarkt-weniger-bewerber-weniger-ausbildungsstellen-37579916 (11.5.2021).

Mediendienst Integration. Ausbildung. https://mediendienst-integration.de/integration/ausbildung.html (11.5.2021).

Ministerium für Arbeit, Gesundheit und Soziales des Landes Nordrhein-Westfalen. Kein Abschluss ohne Anschluss – Übergang Schule–Beruf in NRW. https://www.mags.nrw/uebergang-schule-beruf-startseite (11.5.2021).

Ministerium für Schule und Bildung des Landes Nordrhein-Westfalen. Berufliche Orientierung des Landes Nordrhein-Westfalen. http://www.berufsorientierung-nrw.de/start/index.html (11.5.2021).

Sharifi, B. & Micossé-Aikins, S. (2018). Diversitätsorientierte Organisationsentwicklung im Kulturbetrieb: besondere Herausforderungen und bewährte Ansätze.

Stiftung Genshagen. (2020). Diversitätsorientierte Nachwuchsförderung und Personalgewinnung im Kunst- und Kulturbereich. Erfahrungen der Stiftung Genshagen und ein Leitfaden für Kulturinstitutionen. Eine Publikation der Stiftung Genshagen im Rahmen des Kompetenzverbunds Kulturelle Integration und Wissenstransfer.

Melisa Bel Adasme
Vielfalt (er)leben und gestalten: Diversity-Schulung zur Sensibilisierung von Mitarbeitenden und zur nachhaltigen Etablierung diversitätsorientierter Arbeit im Bibliotheksalltag

Wie wird aus der institutionellen Diversity-Verpflichtung eine gemeinsame Zielsetzung, die auch die Mitarbeitenden teilen und verfolgen? Wie können Mitarbeitende zu Verbündeten werden, die Verantwortung für die Entwicklung und Umsetzung diversitätssensibler und diskriminierungskritischer Maßnahmen übernehmen und das Thema weiter vorantragen? In diesem Beitrag wird die Diversity-Schulungsreihe für Mitarbeitende der Stadtbibliothek Köln vorgestellt, die das Ziel verfolgt, das Thema Vielfalt in allen Arbeitsbereichen der Bibliothek nachhaltig zu etablieren.[1] Sie wurde im Rahmen des Programms *360° – Fonds für Kulturen der neuen Stadtgesellschaft* zusammen mit der Berliner Diversity-Beratungsorganisation *Eine Welt der Vielfalt e. V.*[2] konzipiert und durchgeführt.

Hintergrund

„Diversity" bedeutet allgemein übersetzt Vielfalt bzw. Vielfältigkeit. Damit kann aber auch „Unterschiedlichkeit" gemeint sein. Grundsätzlich sind nicht nur die Unterschiede, die alle Menschen haben, sondern immer auch die Gemeinsamkeiten gemeint.

Diversity als Konzept hat seinen Ursprung in den Bürger*innenrechtsbewegungen diskriminierter Gruppen in den USA, die für eine gerechte Teilhabe kämpften (vgl. Abdul-Hussain & Hofmann, 2013). Die rechtlichen Rahmenbedingungen für Diversity leiten sich aus internationalen Vereinbarungen, EU-Vorgaben und nationalen Gesetzen ab, zum Beispiel die *Allgemeine Erklärung*

---

[1] Ich danke sehr herzlich meiner Kollegin Waltraud Reeder-Dertnig (die auch Teilnehmerin der Schulung war) für ihre hilfreichen Kommentare, Anregungen und inhaltlichen Ergänzungen.
[2] Mehr zu *Eine Welt der Vielfalt e. V.* unter: https://www.ewdv-diversity.de/

∂ Open Access. © 2021 Melisa Bel Adasme, publiziert von De Gruyter. Dieses Werk ist lizenziert unter der Creative Commons Attribution 4.0 Lizenz.
https://doi.org/10.1515/9783110726213-011

der Menschenrechte[3], das deutsche *Grundgesetz*[4], das *Allgemeine Gleichbehandlungsgesetz* (AGG)[5] und das *Landesantidiskriminierungsgesetz* (LADG) Berlin[6].

Die Kategorien, die durch das AGG vor Diskriminierung geschützt sind, können als Diversity-„Kerndimensionen" bezeichnet werden. Diese machen in ihrer Verschränkung die Identität aus und markieren die (Nicht-)Zugehörigkeit zu bestimmten Gruppen. Sie sind die relativ unveränderbaren (und mehr oder weniger sichtbaren) Merkmale, aufgrund derer Menschen individuell, institutionell oder strukturell benachteiligt werden. Im gesellschaftlichen Kontext werden diese Merkmale unterschiedlich bewertet. Daraus ergibt sich zwischen ihnen eine hierarchische Beziehung, die mit Macht verbunden ist und zu (individuellen, institutionellen und/oder strukturellen) Mehrfachdiskriminierungen führen kann (vgl. Tanyılmaz & Greve, 2018).

An dieser Stelle greift der Diversity-Ansatz mit seinem Verständnis und Zielen für öffentliche Einrichtungen: Es geht darum, Vielfalt und Differenz bewusst zu fördern, unterschiedliche Identitäten und Lebensformen anzuerkennen und wertzuschätzen, nicht auf Defizite zu achten, sondern Ressourcen hervorzuheben, eine ganz klare Antidiskriminierungshaltung einzunehmen sowie sich gesellschaftlicher, institutioneller und struktureller Barrieren bewusst zu werden, um diese abbauen zu können.

Öffentliche Bibliotheken verstehen sich als innovative Institutionen, die eine besondere Verantwortung gegenüber der sich wandelnden, diversen Gesellschaft tragen, in welche sie eingebettet sind. Sie haben den Anspruch, offen für alle Menschen zu sein und ihre Teilhabe zu fördern. Vor diesem Hintergrund gewinnt das Thema Diversity immer mehr an Bedeutung, vor allem in Hinblick auf eine zielgruppengerechte Ansprache und Angebotsgestaltung. Ein essenzieller und primärer Ansatzpunkt an dieser Stelle ist die diversitätsorientierte Sensibilisierung der Mitarbeitenden.

---

3 In Artikel 2 ist die Definition allgemeiner Rechte und Freiheiten ohne Unterschied nach diversen Kategorien wie zum Beispiel Hautfarbe, Geschlecht, Sprache, Religion enthalten (vgl. Generalversammlung der Vereinten Nationen, 1948).

4 Besonders in Artikel 3, Satz 2 und 3 wird die Verhinderung von Benachteiligung festgehalten (vgl. Bundesministerium der Justiz und für Verbraucherschutz).

5 Das regelt den Schutz vor Diskriminierung und Benachteiligung aus rassistischen Gründen oder wegen der ethnischen Herkunft, des Geschlechts, der Religion oder Weltanschauung, einer Behinderung, des Alters oder der sexuellen Identität durch private Akteur*innen (vgl. Antidiskriminierungsstelle des Bundes, 2020).

6 Das LADG ist das erste Gesetz dieser Art. Es zielt auf den Diskriminierungsschutz im öffentlich-rechtlichen Handeln der Verwaltung und öffentlicher Stellen und stellt einen erweiterten Katalog zu schützender Diskriminierungsmerkmale dar. (Sozialer Status und chronische Erkrankungen werden hier explizit genannt.) (vgl. Senatsverwaltung für Justiz, Verbraucherschutz und Antidiskriminierung Berlin).

Zielsetzung

Hauptziel der Schulungsreihe ist es, die Kompetenzen der Mitarbeitenden im Umgang mit Vielfalt zu erweitern, das Thema in den unterschiedlichen Arbeitsbereichen der Bibliothek weiterzutragen sowie nachhaltig zu verankern und so einen Diversity-Prozess in Gang zu bringen. Konkret bedeutet dies:
- Vielfalt als chancenreiches Zukunftsthema in der Stadtbibliothek thematisieren und aufgreifen,
- potenzielle strukturelle Ausschlüsse in der Stadtbibliothek identifizieren und vermindern,
- das Bewusstsein für Diskriminierungsmechanismen und die Entstehung und Wirkung von Vorurteilen auf individueller, organisationaler und gesellschaftlicher Ebene sensibilisieren und schärfen,
- sich mit der eigenen Wahrnehmung und den eigenen Werten und Verhaltensweisen in Bezug auf Vielfalt auseinandersetzen,
- Handlungskompetenz im Umgang mit kultureller Vielfalt im beruflichen sowie sozialen Alltag erweitern,
- Handlungsalternativen für den Umgang mit schwierigen Situationen erlernen.

Die Planung, Konzipierung und Durchführung der Schulungsreihe sollte durch eine externe Organisation bzw. Agentur mit einschlägiger Fachkompetenz in enger Absprache mit der Stadtbibliothek erfolgen.

Die durchführende Organisation

Eine Welt der Vielfalt ist

> eine Bildungs- und Beratungsorganisation, die sich seit 1996 aktiv für die Gestaltung einer Gesellschaft der Gleichbehandlung einsetzt. Der Name des Vereins weist auf sein Programm: Eine Welt der Vielfalt ist zugleich ein Bildungsprogramm für Diversity und Antidiskriminierung. Der praxis- und handlungsorientierte Diversity- und Anti-Bias- Ansatz von Eine Welt der Vielfalt basiert auf der Allgemeinen Erklärung der Menschenrechte. (EWdV, Über uns)

Die Organisation arbeitet mit vielen freiberuflichen Trainer*innen. Die Trainings und Fortbildungen werden grundsätzlich in Tandems, also von zwei Trainer*innen, geleitet[7]. Da das Team von *Eine Welt der Vielfalt* sehr divers aufge-

---

7 Grundsätzlich begleitet das einmal gewählte Tandem durch die gesamte Fortbildung(sreihe).

stellt ist und die Trainer*innen unterschiedliche Qualifikationen, Erfahrungen und Schwerpunkte haben, kann für jede Anforderung das passende Team gefunden werden.

Konzept und Aufbau

Im Rahmen der Schulungsreihe wurden 30 Mitarbeitende zu Diversity-Multiplikator*innen qualifiziert. Der Kreis der Teilnehmenden sollte sich aus Vertreter*innen aller Abteilungen der Stadtbibliothek[8] zusammensetzen, um die größtmögliche Reichweite zu erzielen. Die Abteilungen waren somit gefragt, jeweils eine Person sowie eine Stellvertretung aus ihrem Team auszuwählen, die an der Schulung regelmäßig teilnehmen soll. Den Entscheidungsprozess durfte jedes Team selbst gestalten.

Das Konzept der Schulungsreihe umfasste drei Bausteine (vgl. Abb. 14), die von den zwei Trainer*innen mit folgenden Unterzielen durchgeführt wurden:

Entwicklungs-workshop	2 Module (Kernschulung)	Diversity-Einführung in Quartalsrunde
Kernteam „Interkulturelle Bibliotheksarbeit"	30 Vertreter*innen aus allen Abteilungen und Zweigstellen	Gesamtes Team der Stadtbibliothek
Konzeptentwicklung	Schulung von „Diversity-Multiplikator*innen"	Einblick in Diversity / Wichtigkeit für die Stadtbibliothek

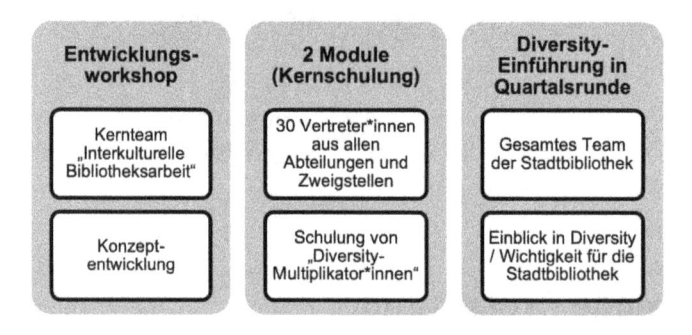

Abb. 14: Bausteine der Schulungsreihe

Die Bausteine im Einzelnen waren:
- Ein halbtägiger Diversity-Entwicklungs-Workshop mit dem interkulturellen Expert*innenteam der Stadtbibliothek Köln und der Bibliotheksleitung.

---

8 Vertreten waren folgende Abteilungen, Zweigstellen und Teams: Digitale Dienste und Schulservice, Bibliothekarische Systemanalyse und EDV, Bibliothekskundenservice, Interne Kommunikation und Öffentlichkeitsarbeit, Zentrale Bibliotheksverwaltung, Bestandsaufbau und -erschließung, Ausbildungsleitung, alle sieben Sachgebiete der Zentralbibliothek, alle elf Stadtteilbibliotheken, die Germania Judaica und das Kernteam Interkulturelle Bibliotheksarbeit.

- Diversity-Module zur Schulung von Diversity-Multiplikator*innen: Dabei wurden 30 Mitarbeitende als Vertreter*innen aller internen Abteilungen, Stadtteilbibliotheken und Teams (ausgenommen die Leitungsebene) in zwei Gruppen geschult. Die Module gliederten sich in zwei Teile: ein Grundlagen- und ein Aufbautraining.
- Eine eineinhalbstündige praxisorientierte „Diversity-Einführung" für alle Mitarbeitenden, die im Rahmen einer der vierteljährlichen Treffen aller Mitarbeitenden, den sogenannten „Quartalsrunden", stattfinden sollte.

Inhaltliche Gestaltung

Genauso wichtig wie der konzeptionelle Aufbau waren auch die zu vermittelnden Inhalte der jeweiligen Schulungsbausteine.

Der Entwicklungs-Workshop

In diesem Baustein wurde die inhaltliche Gestaltung sowie der Ablauf der Trainingsmodule besprochen und an die Bedürfnisse der Bibliotheksmitarbeitenden angepasst. Dafür wurden zunächst die Erwartungen der am Prozess Beteiligten an die Schulung geklärt. So sollte deutlich werden, wo die Bibliothek und ihre Mitarbeitenden bezüglich Vielfalt im Moment stehen, was sie in diesem Bereich noch brauchen und wo sie mit der Schulung hinwollen. Gleichzeitig wurden schon erste Gedanken über die mögliche Rolle der Diversity-Multiplikator*innen gesammelt und zusammengetragen, damit die Trainer*innen die Workshops dementsprechend ausrichten können. Darüber hinaus wurden die Inhalte und Methoden der Schulung vorgestellt. Dabei sollte auch über die Rolle und eine mögliche Einbindung der Leitungsebene in die Schulung nachgedacht werden. Außerdem wurden erste Ideen für die inhaltliche und methodische Gestaltung der Diversity-Einführung im Rahmen der Quartalsrunde für alle Mitarbeitenden gesammelt.

Die Module (Grundlagen- und Aufbautraining)

Den Kern der Schulungsreihen stellten die Module zur Schulung der Diversity-Multiplikator*innen dar. Den geschulten Mitarbeitenden kam dabei eine wichtige aktive Rolle zu: Im Rahmen der Trainings lernten sie, ihr eigenes Arbeitsfeld zu analysieren, mit konkreten Methoden den „Diversity-Blick" in ihre Teams hineinzutragen, Handlungsstrategien für den Umgang mit Vielfalt in der alltäglichen Arbeit zu entwickeln und zu erproben. Mit ihren in den Schulungen erlernten Fähigkeiten sollten sie das Kompetenzteam „Diversity" bilden, sich untereinander vernetzen und andere Mitarbeitende bei diversitätsorientierten Fragestellungen beraten und unterstützen.

Im Grundlagentraining fand in erster Linie eine Sensibilisierung und Auseinandersetzung auf der individuellen Ebene statt. Dies sollte mit einer guten Mischung aus theoretischem Input und praktischen (Einzel-, Kleingruppen- und Großgruppen-)Übungen erreicht werden. Eine besondere Bedeutung kam bei diesen Übungen den anschließenden Reflexionen zu, um die durchgeführten Übungen verarbeiten und einordnen zu können. Im Vordergrund stand eine Auseinandersetzung mit folgenden Themen:
– Wahrnehmungen,
– Stereotype und Vorurteile,
– Identitäten und Empathie,
– Perspektiverweiterung,
– Privilegien,
– individuelle Diskriminierung.

Anhand dieser Themen wurden die Ressourcen der Stadtbibliothek herausgearbeitet, Grundlagen für die Zusammenarbeit festgelegt, Übungen zur Selbstreflexion gemacht, wurde sich mit der eigenen Identität beschäftigt und es wurden andere Identitäten „angenommen", neue Perspektiven kennengelernt sowie über Handlungsorientierung bzw. Handlungsoptionen diskutiert. Die Themen Identität und Perspektivwechsel spielten eine zentrale und entscheidende Rolle für den Diversity-Prozess und waren daher auch bestimmend an diesen ersten beiden Tagen. Am Ende des Grundlagentrainings sollte eine erste Übertragung von der individuellen auf die organisationale Ebene angestrebt und dabei einige Überlegungen für eine praktische Umsetzung im Bibliotheksalltag gesammelt werden.

Im Aufbautraining ging es vor allem um den Transfer von der individuellen und theoretischen Ebene auf die praktische, organisationsbezogene Arbeit. Thematische Schwerpunkte in diesem Teil waren:
– diskriminierungskritische Sprache,
– strukturelle Diskriminierung und Diskriminierungsmechanismen,
– Machtverhältnisse,
– Rolle der Multiplikator*innen,
– Transfer und Handlungsstrategien.

Darüber hinaus wurden konkrete Ressourcen der Bibliothek und der Mitarbeitenden, potenzielle Herausforderungen sowie Verbesserungs- und Unterstützungsmöglichkeiten identifiziert. Kern des Aufbautrainings sollte jedoch die Entwicklung von Strategien zum Umgang mit Vielfalt und Diskriminierung sein, die im Arbeitsalltag umsetzbar sind.

Die Diversity-Einführung für alle Mitarbeitenden

Das gesamte Team der Stadtbibliothek sollte im Rahmen einer Quartalsrunde an einer Diversity-Einführung teilnehmen. In eineinhalb Stunden sollten die Trainer*innen einen kurzen theoretischen Input zum Thema Diversity geben und eine für Großgruppen passende praktische Übung durchführen, deren Ergebnisse im Anschluss gemeinsam ausgewertet und diskutiert werden sollten. Dadurch sollten alle Mitarbeitenden einen praktischen Einblick in das Thema Diversity erhalten und die Bedeutung und die Wichtigkeit des Themas für die Stadtbibliothek erkennen.

Umsetzung und Zwischenbilanz

Alle Bausteine der Schulung wurden auf einen Zeitraum von vier Monaten (Dezember 2019 bis März 2020) verteilt und terminiert. Um eine konzentrierte und ungestörte Arbeitsatmosphäre fernab des Bibliotheksalltags zu schaffen, fanden die Trainings in externen Räumlichkeiten statt: Als sehr geeignet erwies sich das Zukunftslabor[9], welches die Stadt Köln städtischen Einrichtungen kostenlos zur Verfügung stellt und sich in unmittelbarer Nähe der Stadtbibliothek befindet.

Das Grundlagentraining kam bei beiden Gruppen sehr gut an. Nicht nur die Inhalte der Schulung, die praktischen Übungen und die großzügigen Reflexions- und Austauschmöglichkeiten in der Gruppe, sondern auch die angenehme und einfühlsame Begleitung durch die beiden Trainer*innen wurden sehr gut bewertet und sorgten für große Motivation, im Prozess zu bleiben und weiter daran zu arbeiten. Auch die Räumlichkeiten trugen zu einer positiven und entspannten Atmosphäre bei und wurden als wichtiger Faktor für das erfolgreiche und unbeschwerte Arbeiten genannt (vor allem aufgrund der dadurch ermög-

---

9 Das Zukunftslabor ist ein Raum, der Mitarbeitende der Kölner Verwaltung bei der digitalen Transformation und bei der Ideenfindung für die Gestaltung der Zukunft der Stadt unterstützen soll. Mehr dazu unter: https://www.stadt-koeln.de/artikel/69756/index.html.

lichten räumlichen Trennung vom Arbeitsort und -alltag). Eine Teilnehmerin gab folgendes Feedback:

> Die Diversity-Schulung hat mich dazu gebracht, noch einmal über eigene Vorurteile und Vorannahmen nachzudenken. Ich finde es gut, über sich selbst und seine verschiedenen Identitätsanteile, Zugehörigkeiten und Rollen nachzudenken. Was hat mich geprägt? Wo stehe ich in der Gesellschaft? Wie schaue ich auf die Welt? Manche meiner Privilegien waren mir vor der Schulung nicht bewusst. Wo wäre ich heute, ohne sie gehabt zu haben?

Das erste Aufbautraining fand wie geplant Anfang März 2020 noch unter normalen Bedingungen statt. Die in derselben Woche geplante Quartalsrunde mit der Diversity-Einführung für alle Mitarbeitenden musste bereits aufgrund des kurzfristig verhängten Versammlungsverbots für große Gruppen durch die Corona-Lage ausfallen. Das für die darauffolgende Woche geplante zweite Aufbautraining musste schließlich ganz abgesagt werden. Dadurch wurde nicht nur der gerade angelaufene, aber schon sehr erfolgreiche Diversity-Prozess an einem entscheidenden Punkt unterbrochen und in seinem Ablauf verzögert, sondern es entstand ein Ungleichgewicht, da eine Gruppe die Schulung nur zur Hälfte machen konnte. Dadurch war eine Zusammenarbeit beider Gruppen als Kompetenzteam Diversity zunächst nicht möglich.

Ein Nachholversuch für das ausgefallene Aufbautraining in Präsenzform wurde daraufhin organisiert. In der Zwischenzeit wurden einige kleine interne Online-Fortbildungsangebote entwickelt und durchgeführt. Dabei ging es einerseits darum, das Wissen der Schulungsteilnehmenden zu „reaktivieren", um den Diversity-Prozess aufrechtzuerhalten, andererseits aber auch das gesamte Team der Stadtbibliothek in den Diversity-Prozess einzubinden und zu ermutigen, sich über verschiedene diversitätsorientierte Themen eine Meinung zu bilden und miteinander ins Gespräch zu kommen. So wurde von Teilnehmenden der Schulung eine Diversity-Einführung für alle Mitarbeitenden als Online-Veranstaltung entwickelt und durchgeführt[10], die einen Einblick sowohl in das Thema Diversity als auch in die Inhalte der Schulung ermöglichte. Zusätzlich wurde anlässlich der Einführung der Kategorie „divers" im Bibliothekssystem eine interne Online-Informationsveranstaltung zum Thema Geschlechtsoption „divers" und gendergerechte Sprache durchgeführt.

Zudem stellte sich seit Beginn der Diversity-Schulung heraus, dass die Beratung und die Begleitung durch die Trainer*innen in Form regelmäßiger (digitaler) Austausch- und Reflexionsgespräche – auch über die schon stattgefundenen Trainings hinaus – einen wesentlichen Bestandteil des Diversity-Prozesses

---

[10] Die geplante Einführung mit den Trainerinnen im Rahmen einer Quartalsrunde steht noch aus und wird nachgeholt, sobald es die Umstände erlauben.

darstellen und von großer Relevanz für dessen nachhaltige Etablierung im Bibliotheksalltag sind. Aus diesem Grund wurde eine zusätzliche Begleitung und Beratung im Rahmen des Diversity-Prozesses für den Zeitraum August bis Dezember 2020 etabliert.

Der Nachholtermin für das Aufbautraining musste jedoch aufgrund der wieder verschärften Corona-Situation mit Versammlungsverbot und Reiseeinschränkungen erneut abgesagt werden. Stattdessen wurde jeweils ein Online-Coaching pro Gruppe mit den zwei Trainer*innen organisiert, um den Prozess wieder zu aktivieren und gemeinsam zu überlegen, wie die Schulungsteilnehmenden im Bereich Diversity zunächst in den jeweiligen Gruppen weiterarbeiten können. Dabei sollten schon entwickelte Ideen und Versuche für kleine Projekte wieder aufgegriffen und weiterentwickelt werden. So beschäftigte sich eine Gruppe mit „Diversity in Kinderbüchern", einem Thema, das sich bereits im Rahmen des Aufbautrainings der ersten Gruppe als wichtiges Handlungsfeld herauskristallisiert hatte. Aus der weiteren Beschäftigung mit dem Thema wurde ein Konzept für eine Online-Fortbildung entwickelt, die Ende Dezember 2020 für alle Mitarbeitenden angeboten und von vielen in Anspruch genommen wurde.

Ein neuer Nachholtermin für das ausstehende Präsenztraining soll für das letzte Quartal 2021 geplant werden. Bei der Planung für diesen Termin soll dieses Mal die Alternative einer Online-Veranstaltung direkt mitgedacht werden[11], falls auch dieser Termin aufgrund der Corona-Bedingungen wieder nicht als Präsenzveranstaltung stattfinden kann.

Fazit und Ausblick

Diversity als Querschnittsthema strukturell zu verankern, bedarf einer umfassenden strategischen Veränderung sowohl auf personeller als auch auf struktureller Ebene. Dies kann jedoch nicht allein mit einer Diversity-Managerin und vereinzelten Maßnahmen nachhaltig umgesetzt werden, weil es dann für die Mitarbeitenden als „von außen übergestülptes" Verfahren empfunden werden kann. Nur durch eine gemeinsam getragene Strategie kann dieses Vorhaben erfolgreich sein. Aus diesem Grund kann die Schulung von Diversity-Multiplikator*innen einen strategischen Ansatz darstellen und dazu beitragen, die Diver-

---

[11] Mittlerweile kann die Stadtbibliothek auf erfolgreiche Erfahrungen in der Planung von Online-Veranstaltungen zurückgreifen, um dieses Training umzugestalten. Allerdings stellt eine Online-Version nach wie vor eine Notlösung dar, denn nur mit einer Präsenzveranstaltung ist eine angemessene Zusammenarbeit und Sensibilisierung der Mitarbeitenden wirklich möglich.

sity-Arbeit innerhalb einer Organisation auf eine größere – und im besten Fall inhaltlich und methodisch gut vorbereitete – Gruppe von Mitarbeitenden zu verteilen, die gemeinsam an einem Strang ziehen und das Thema vorantreiben.

Auch wenn aus dem Kreis der geschulten Teilnehmenden einige konkrete Projektideen entstanden sind und diese zum Teil weiterverfolgt wurden, so zeigte sich, dass die Unterbrechung durch die plötzlich auftretenden Corona-Einschränkungen den Diversity-Prozess stark ausbremste. Die Teilnehmenden waren einerseits mental und organisatorisch mit der neuen Situation und den damit einhergehenden Anforderungen in Beruf und Alltag beschäftigt, so dass nicht mehr viel Raum und Zeit für das Thema Diversity blieb, und andererseits, weil persönliche Treffen nicht oder nur eingeschränkt möglich waren und dadurch die Zusammenarbeit stark beeinträchtigt wurde.

Damit wurde deutlich, dass die Schulung zu einer ersten Sensibilisierung und erfolgreichen Auseinandersetzung mit dem Thema Diversity beigetragen hat. Dennoch reichte dies nicht aus, um diversitätsorientierte Arbeit so zu etablieren, dass die geschulten Mitarbeitenden trotz unvorhersehbarer Unterbrechungen und sich verändernder Anforderungen im Bibliotheksalltag weiter am Thema bleiben. Aus diesem Grund erscheint es sinnvoll, regelmäßige Diversity-Schulungen für alle Mitarbeitenden so früh und flächendeckend wie möglich anzubieten und diese im besten Fall zu einem festen Bestandteil der Fortbildungsmöglichkeiten zu machen. Denn die Sensibilisierung des Personals stellt eine wichtige Grundlage für die Verankerung diversitätsorientierter Arbeit sowie eines tiefergreifenden Diversity-Prozesses dar.

Zur nachhaltigen Etablierung und Weiterentwicklung des Diversity-Prozesses im Bibliotheksalltag ist deshalb geplant, 2021 weitere Online-Fortbildungsmöglichkeiten zu organisieren, um Kenntnisse aufzufrischen und/oder zu erweitern. Darüber hinaus ist angedacht, ein geeignetes Format zu entwickeln, um weitere interessierte Mitarbeitende, die ihr Wissen um Diversity auf- und ausbauen möchten, auf freiwilliger Basis zu schulen. Zudem soll ein Diversity-Steuerungskreis mit interessierten, geschulten Mitarbeitenden gebildet werden, um gemeinsam am Thema weiterzuarbeiten und dieses in der Bibliothek zu verankern.

Literaturverweise

Abdul-Hussain, S. & Hofmann, R. (2013). Geschichte. In Online-Dossier Diversitätsmanagement. https://erwachsenenbildung.at/themen/diversitymanagement/grundlagen/geschichte.php (10.5.2021).

Antidiskriminierungsstelle des Bundes (2020). Allgemeines Gleichbehandlungsgesetz (AGG). https://www.antidiskriminierungsstelle.de/SharedDocs/Downloads/DE/publikationen/AGG/agg_gleichbehandlungsgesetz.pdf?__blob=publicationFile (10.5.2021).

Bundesministerium der Justiz und für Verbraucherschutz. Grundgesetz für die Bundesrepublik Deutschland, Artikel 2. https://www.gesetze-im-internet.de/gg/art_3.html (10.5.2021).

Generalversammlung der Vereinten Nationen (1948). Resolution der Generalversammlung 217 A (III). Allgemeine Erklärung der Menschenrechte. https://www.un.org/depts/german/menschenrechte/aemr.pdf (10.5.2021).

Eine Welt der Vielfalt e. V. Über uns. https://www.ewdv-diversity.de/ueber-uns/ (10.5.2021).

Senatsverwaltung für Justiz, Verbraucherschutz und Antidiskriminierung (2020). Landesantidiskriminierungsgesetz (LADG). In: Gesetz- und Verordnungsblatt für Berlin, 76. Jahrgang, Nr. 29.

Tanyılmaz, T. & Greve, E. (2018). Vielfalt intersektional verstehen. Ein Wegweiser für diversitätsorientierte Organisationsentwicklung. Die Broschüre ist entstanden im Rahmen des Projektes Vielfaltscheck von DeutschPlus, gefördert durch die Robert Bosch Stiftung. https://www.deutsch-plus.de/wp-content/uploads/2018/01/vielfalt-intersektional-verstehen-barrierefrei.pdf.

Sylvia Linneberg
Vielfalt@Bücherhallen: Fortbildung als Grundstein für Veränderungsprozesse

Die Bücherhallen Hamburg leiteten den diversitätsorientierten Öffnungsprozess im Rahmen des *360°*-Programms mit einer Fortbildungsreihe ein, um möglichst von Beginn an Mitarbeitende als Multiplikator*innen für das Thema zu gewinnen. 15 Mitarbeitende aus Stadtteilbücherhallen und Zentralbibliothek, der Personalabteilung und dem Ehrenamtsmanagement nahmen an der Fortbildungsreihe teil. Die Teilnahme war freiwillig und bei der Zusammensetzung der Gruppe wurde darauf geachtet, dass viele verschiedene Teams und Arbeitsbereiche vertreten waren. Darüber hinaus nahmen jeweils zwei Mitarbeitende aus drei weiteren Hamburger Kultureinrichtungen – dem Altonaer Museum, dem MARKK (Museum am Rothenbaum) und dem Thalia-Theater – an der Fortbildungsreihe teil. Dies bot sich als Vernetzungsmöglichkeit an, denn diese drei Einrichtungen wurden ebenfalls über das *360°*-Programm gefördert. Von den Teilnehmenden wurde dieser Austausch als sehr bereichernd empfunden.

Es handelte sich um eine umfangreiche Fortbildung mit acht Modulen, aufgeteilt auf 14 Seminartage und etwa 110 Stunden. Die meisten Module waren zweitägig; dies erlaubte eine tiefgehende Auseinandersetzung mit den verschiedenen Themen und setzte intensive Reflexionsprozesse in Gang. Die Fortbildung sollte sich ursprünglich auf einen Zeitraum von eineinhalb Jahren erstrecken. Durch die Corona-Pandemie kam es jedoch zunächst zu einer Unterbrechung, später wurde die Fortbildung dann online fortgeführt und nach zwei Jahren zum Abschluss gebracht.

Die Fortbildung wurde entwickelt und durchgeführt von Dr. Rita Panesar und Elisabeth Wazinski von der Koordinierungsstelle Weiterbildung und Beschäftigung (KWB) e. V.[1] Ziel der Fortbildung war es, vom *Wissen* über *Verstehen*, *Reflexion* und *Bewusstwerdung* zu *Handlungsfähigkeit* zu gelangen:

---

[1] Die Koordinierungsstelle Weiterbildung und Beschäftigung e. V. wurde 1990 von der damaligen Landesvereinigung der hamburgischen Unternehmensverbände, dem Senat der Freien und Hansestadt Hamburg sowie der Arbeitsagentur gegründet, um Fachkräfte zu qualifizieren und so den sich stetig verändernden Anforderungen auf dem Arbeitsmarkt gerecht zu werden (KWB – Koordinierungsstelle für Weiterbildung und Beschäftigung e. V., 2021). An Dr. Rita Panesar und Elisabeth Wazinski geht an dieser Stelle ein großer Dank für die wertvollen Impulse im Rahmen der Qualifizierung sowie für die zur Verfügung gestellten Abbildungen und Zitate.

Wissen über
- die Konzepte der Diversitätsorientierten Öffnung,
- die Dimensionen von Diversität,
- Begriffe und (Selbst-)Bezeichnungen,
- Rassismus und Diskriminierung,
- die Geschichten der Migration nach Deutschland,

Verstehen
- der Mechanismen von Macht und Privilegien,
- der Mechanismen von strukturellem Rassismus,
- der Mechanismen struktureller Zugangsbarrieren,

Reflexion und Bewusstwerdung
- der eigenen Werte und Haltung,
- der eigenen Privilegien,
- der eigenen Perspektiven und Wahrnehmungen,

Handeln
- Anwendung im Bibliotheksalltag: Umgang mit Wertekonflikten, diskriminierenden Äußerungen und Verschwörungserzählungen,
- gemeinsame Entwicklung von Ideen für den Abbau von Zugangsbarrieren und die diskriminierungssensible Gestaltung des Berufsalltags in den Bücherhallen,
- Vernetzung mit aktiven Einzelpersonen, Gruppen, Initiativen, Communities und Vereinen im Umfeld der Bibliothek,
- Schaffung von Räumen für Teilhabe, Partizipation und Co-Creating,
- Wirkung als Multiplikator*in, Vernetzung im Kollegium und kollegiale Beratung.

Inhalte, Methoden, Übungen

Mit abwechslungsreichen Methoden und Übungen wurden die Teilnehmenden aufgefordert, in kreativer und dialogischer Weise über die eigenen Perspektiven, Haltungen und Werte nachzudenken. So wurde über Begriffe wie *Kultur* und *Heimat* und die dahinterliegenden Konzepte intensiv diskutiert. Ebenso wichtig wie Diskussionen, Reflexionen und Übungen war die Wissensvermittlung. Für jedes Modul trugen die Referentinnen zahlreiche Texte, Filme, Weblinks und Literaturtipps zusammen und stellten somit einen unmittelbaren Bezug zu den aktuellen gesellschaftlichen Debatten her.

Die Grundlage für die Fortbildung bildete der Anti-Bias-Ansatz (engl. *bias = Voreingenommenheit*).

Anti-Bias-Arbeit macht Schieflagen in Institutionen sichtbar und zielt auf den Abbau von gesellschaftlich erlernten Vorurteilen und Diskriminierung. Durch Austausch biographischer Erfahrungen wurden sich die Teilnehmer*innen der Qualifizierung ihrer eigenen Rolle in diskriminierenden Strukturen bewusst. Auf der Basis von Gemeinsamkeiten wurden sie für verschiedene Formen von Diskriminierung sensibel und realisierten, welche Verantwortung mit ihren Privilegien einhergeht. Gemeinsam wurde eingeübt, die institutionellen Strukturen immer wieder auf Barrieren und Benachteiligungen hin zu überprüfen.

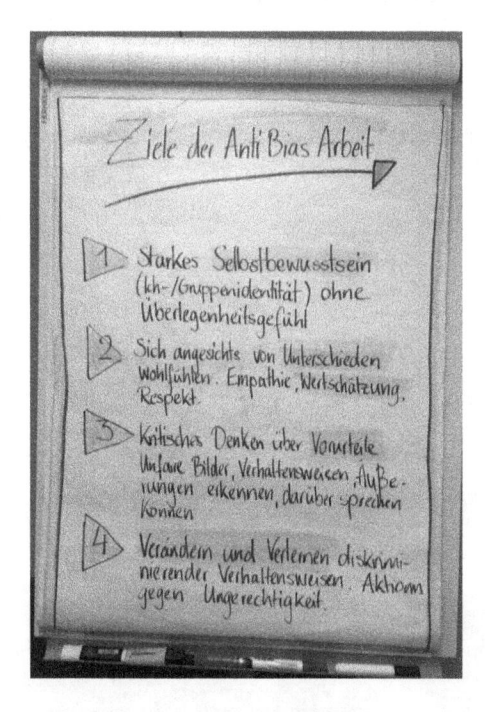

Abb. 15: Flipchart „Ziele der Anti-Bias-Arbeit" (Panesar & Wazinski, 2019)

Dabei ging es nicht nur um einzelne „ausgrenzende" Handlungen, sondern um Routinen, Diskurse, Gesetze und institutionelle Logiken, die einigen Vorteile bringen und andere benachteiligen. Darin ist die Auseinandersetzung mit den Themen Vorurteile, Privilegien und Macht zentral. Es geht darum, vorurteilsbewusst mit Diversität und Unterschiedlichkeit auf der Grundlage von Gemeinsamkeiten umzugehen und aktiv an gesellschaftlicher Veränderung zu arbeiten (Panesar, 2021).

Im Modul *Migration kennenlernen und Rassismus begegnen* wurde dieser Ansatz um die rassismuskritische Perspektive erweitert. Das Diskriminierungsmerkmal *Ethnische Herkunft* ist der häufigste Grund für Diskriminierung in Deutschland (Statista, 2021). Ein fundiertes Wissen darüber hat die Teilnehmenden befähigt, strukturellen Rassismus besser zu erkennen und Handlungsstrategien zu entwickeln. Dazu gehörte auch die kritische Auseinandersetzung mit Begrifflichkeiten wie *Migrationshintergrund* (Ahyoud et al., 2018).

Reflexion: Zugangsbarrieren erkennen

Das Erkennen von Zugangsbarrieren in den unterschiedlichen Arbeitsbereichen (Personal, Veranstaltungs- und Vermittlungsarbeit, Medienbestand, Publikum, Netzwerkarbeit) zog sich als zentrale Fragestellung durch die gesamte Fortbildung. Es zeigte sich, dass auch hier wieder zunächst die eigene Haltung und

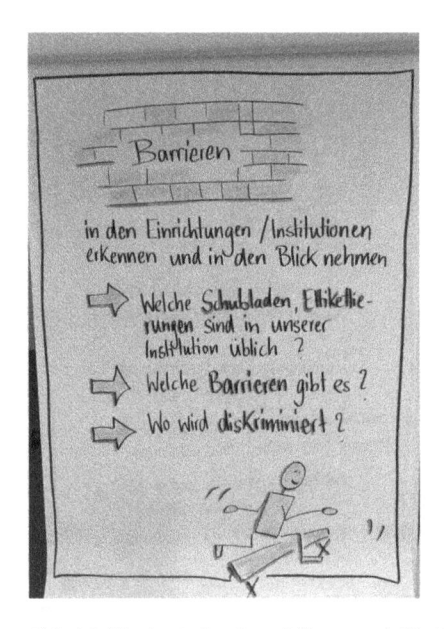

Abb. 16: Flipchart „Barrieren" (Panesar & Wazinski, 2019)

Perspektive ergründet werden mussten, um Barrieren aufzuspüren und sichtbar zu machen. Mit der Frage *Welche Schubladen und Etikettierungen sind in unserer Institution üblich?* regten die Referentinnen einen intensiven Diskussions- und Reflexionsprozess an.

Transfer in den Arbeitsalltag: Peer-Gruppen und Hausaufgaben

Für den Transfer des Gelernten in den Arbeitsalltag bildeten die Teilnehmenden Peer-Gruppen: Jeweils vier Teilnehmende unterstützten sich während des gesamten Fortbildungszeitraumes gegenseitig im Sinne einer Intervision oder kollegialen Beratung. Darüber hinaus entwickelten einige Gruppen kleine Projekte, an denen sie im Laufe der Fortbildungszeit arbeiteten. Dafür erhielten sie von den Referent*innen eine Projektplanungsmatrix und verschiedene Leitfäden für Diversitätsorientierte Öffnung[2] sowie Reflexionsfragen an die Hand. Obgleich es nicht immer leicht war, diese Gruppenarbeit zusätzlich zum Arbeitsalltag zu bewältigen, entstanden zahlreiche Ideen, Projekte und Aktivitäten (s. u. im Abschnitt *Wirkung*). Zwischen den Modulterminen bearbeiteten die Teilnehmenden außerdem auch kleinere Hausaufgaben.

Wirkung

Das digitale Abschlussmodul der Fortbildung galt der Rückschau, der Auswertung und dem Feedback. Die Teilnehmenden waren aufgefordert, entlang von Fragen zu den eingangs genannten Fortbildungszielen *Wissen, Verstehen, Reflexion, Handeln* ihre Beiträge in einem gemeinsamen Dokument zusammenzutragen und schließlich zu überlegen, wie die begonnenen Prozesse strukturell verstetigt werden können. Die erste Frage lautete: „Was habe ich gelernt?" Um einen authentischen Eindruck von den Rückmeldungen der Teilnehmenden zu vermitteln, werden die Beiträge hier im originalen Wortlaut wiedergegeben.

Denkanstöße
„Es gab sehr viele Denkanstöße und ich habe neue Sichtweisen entwickelt. Im Alltag bin ich sensibler gegenüber Diskriminierung geworden und nehme sie viel bewusster wahr."

---

[2] Als Beispiel sei hier der Leitfragenkatalog aus der Publikation Reflexionen zur Vielfaltssensiblen Öffnung, Arbeit im Kulturbereich der W3 in Hamburg genannt (W3_Werkstatt für Internationale Kultur und Politik e. V., 2020, S. 14 f).

Sensibilisierung

„Ich bin viel sensibler geworden in Bezug auf das Thema – überall fällt mir auf, was alles nicht gut funktioniert, auch außerhalb der Bücherhallen. Viele Begriffe sind mir viel klarer geworden, auch wenn ich persönlich weiterhin einige missverständlich finde."

„Ich versuche als Multiplikator*in zu wirken und auch meine Kolleg*innen zu sensibilisieren. Ich hinterfrage viel aktiver und selbstbewusster diskriminierende Äußerungen und versuche für ein wertschätzendes und respektvolles Verhalten zu werben."

Barrieren abbauen

„Vor allem geprägt hat mich der Themenbereich *Barrieren*: Ich habe mich auf die Suche gemacht und finde immer wieder Dinge, die Barrieren darstellen und versuche sie schrittweise abzubauen. Ich habe nicht das Gefühl, dass ich „ausgelernt" habe und freue mich auf die weitere Arbeit an der Öffnung der Bücherhallen. Dabei merke ich, dass es nur gemeinsam geht. Was der Themenblock zu den *Communitys* noch mehr aufgezeigt hat."

Lebensaufgabe

„Mit der eigenen Haltung und Macht verantwortungsvoll umgehen und immer wieder selbstreflektierend diskriminierendes Verhalten erkennen und ändern. Persönlich fand ich die Werte-Diskussion besonders spannend (Woher komme ich, was hat mich geprägt?) und die Erkenntnis, wie unterschiedlich wir Menschen unbewusst geprägt sind."

Privilegien wertschätzen

„Vor unserer Fortbildung war mir nicht wirklich bewusst, dass ich ein privilegiertes Leben führe und mich glücklich schätzen kann, bisher nicht mit Anfeindungen zurechtkommen zu müssen. Ich habe subtilen Rassismus nicht immer erkannt. In wie vielen Bereichen sich dieser verstecken kann, ist mir jetzt erst klargeworden."

Sprache

„Ich bewerte meine Sprache anders. Und höre auch bei anderen genauer hin. Zudem traue ich mich jetzt häufiger darauf hinzuweisen, dass etwas offenkundig rassistisch ist."

Hintergründe
„Die Weiterbildung hat mir viele Gedankenanstöße gegeben, die sich im (Arbeits-)Alltag auswirken. Beruflich habe ich mir meine Position klarer definiert, dadurch agiere ich bewusster, frage konkreter nach und spreche Kolleg*innen direkter und verbindlicher an. Dabei bin ich auch ruhiger geworden und höre genauer zu, um die Position zu verstehen und ggf. zu hinterfragen."

Rassismus
„Mein Bewusstsein zum Thema Rassismus hat sich geändert, was für mich teilweise doch ein unangenehmer Prozess war, der immer noch andauert. Ich bin mir meiner Privilegien immer mehr bewusst, weiß aber immer noch nicht, wie ich damit umgehen soll/kann. Wie gesagt, der Prozess dauert immer noch an [...]."

Haltung
„Meine Haltung hat sich auch geändert, merke ich doch, dass ich immer wieder unbewusst in alte Muster falle und nicht vorurteilsfrei handle. Ich bin in jeder Hinsicht privilegiert ... Sich der eigenen bevorzugten Situation bewusst zu sein, bleibt wohl eine lebenslange Aufgabe."

Kund*innengespräche
„Ich denke, ich habe, besonders im Kund*innengespräch, eine stärkere Empathie entwickelt, sodass ich z. B. leichter erkenne, wenn sich bei meinem Gegenüber Barrieren auftun (sprachliche, körperliche usw.). Ich achte mittlerweile viel stärker darauf, wie grenzwertig manche Sätze in Romanen, Werbung oder Social-Media-Plattformen formuliert sind."

Offener Ort
„Besonders erstaunt hat mich die Erkenntnis, dass wir als Bücherhallen noch nicht die diverse Gesellschaft abbilden. Als Bibliothek sind wir nicht nur ein öffentlicher, sondern auch ein offener Ort: Bei uns sollen sich Menschen aus verschiedenen Kulturen und Kontexten wohlfühlen und selbst aktiv den Raum mitgestalten. Wir stehen für Chancengleichheit und haben den Auftrag, Verständnis füreinander zu schaffen!"

Die Umsetzung im Arbeitsumfeld

Im Anschluss legten die Teilnehmenden dar, durch welche Intervention, welches Projekt oder welchen Reflexionsprozess sie den Öffnungsprozess in ihrem Arbeitskontext während der Fortbildungszeit weiter voranbringen konnten. So wirkten alle Teilnehmenden als Multiplikator*innen, indem sie mit ihrem jeweiligen Team über die Fortbildungsinhalte sprachen, zum Teil einzelne Übungen wiederholten oder bestimmte Fragestellungen weiterverfolgten. Insbesondere richteten die Teilnehmenden in ihrem Arbeitsalltag den Blick auf ihre Veranstaltungsarbeit, die sprachliche und bildliche Gestaltung von Informationsmaterialien und Website und die Auswahl der Inhalte für die Social-Media-Kanäle.

Einige Kolleg*innen widmeten sich verstärkt der Netzwerkarbeit in ihren Stadtteilen. So wurden die Bücherhallen Kirchdorf und Wilhelmsburg Mitglieder im lokalen *Netzwerk gegen Rechts* und die Bücherhalle Hohenhorst wirkte gemeinsam mit zahlreichen Akteur*innen aus dem Stadtteil an der Erstellung eines Stadtteilmagazins zum Thema Vielfalt mit. Die Bücherhalle Altona vernetzte sich mit einem sozialen Bildungs- und Beschäftigungsträger, um für die Besetzung ihrer Praktikumsstellen neue Zielgruppen anzusprechen.

Administrative Vorgänge wie das Anmeldeprozedere oder das Mahnwesen wurden auf ihre Verständlichkeit und Barrierefreiheit hin überprüft und in einfache Sprache transferiert oder auch in Großdruck abgebildet. Auf der Website der Zentralbibliothek wurden alle barrierefreien Angebote an einer Stelle zusammengetragen. Ziel für die kommenden Monate ist es, dies auch für die einzelnen Stadtteilbibliotheken umzusetzen.

Wenn es um Diversität in der Bibliotheksarbeit geht, ist ein zentrales Thema natürlich der Medienbestand. Die diskriminierungs- und rassismuskritische Betrachtung des Bestandes und einen diversitätssensibleren Blick bei der Neuanschaffung von Medien haben sich zahlreiche Kolleg*innen zum Ziel gesetzt. Insbesondere im Bereich der Kinderliteratur wird das Angebot hier erfreulicherweise immer größer, während die deutschsprachige Jugendliteratur hier noch große Lücken aufweist. Das spornte einige Kolleg*innen an, sich noch gezielter auf die Suche zu machen und dabei auch direkt mit Jugendlichen in den Austausch zu treten. Der Blick wurde auch auf weitere Diversity-Dimensionen ausgeweitet. So befasste sich die Stadtteilbücherhalle Hohenhorst mit dem Thema Demenz und schaffte (Fach-)Literatur und Spiele rund um das Thema an. Darüber hinaus organisierten zahlreiche Bücherhallen in Zusammenarbeit mit Akteur*innen aus dem Stadtteil mehrsprachige Lesungen.

Die Personalabteilung organisierte themenspezifische Fortbildungen für weitere Kolleg*innen. Viele wünschten sich ein Argumentationstraining gegen

Stammtischparolen und rechte Äußerungen, darüber hinaus fand eine Anti-Rassimus-Schulung statt sowie eine Weiterbildung zu Netzwerkarbeit und Community-Outreach in den Stadtteilen.

Es zeigt sich, dass durch die Fortbildungsreihe viele Prozesse und Aktivitäten in Gang gesetzt wurden. Je nach Standort, Ressourcen, örtlichen Bedarfen und vorhandenen Netzwerkstrukturen waren diese ganz unterschiedlich, und gleichzeitig arbeiteten alle an einem Ziel, nämlich die Bücherhallen zu einem noch offeneren Willkommensort zu machen.

Verstetigung

Schließlich diskutierten die Teilnehmenden darüber, welche strukturellen Maßnahmen bei den Bücherhallen zur Verstetigung diversitätssensibler Arbeit beitragen können. So wurde vorgeschlagen, regelmäßig Fortbildungen wie diese anzubieten und dadurch weitere Multiplikator*innen auszubilden, sodass nach und nach in allen Teams und Arbeitsbereichen Diversitätskompetenz entwickelt werden kann. Regelmäßig sollte nach Meinung der Teilnehmenden auch mit Unterstützung von externen Expert*innen der Blick von außen auf die Organisation gerichtet werden, um aus vielfältigen Perspektiven fortlaufend Barrieren zu erkennen und keine neuen zu produzieren.

Neben den in dieser Fortbildung schwerpunktmäßig behandelten Diversity-Dimensionen Herkunft / ethnische Zugehörigkeit / Religion sollten auch alle weiteren Diversity-Dimensionen[3] betrachtet werden. Die Teilnehmenden schlugen vor, „Diversity-Expert*innen" zu benennen, die sich fortlaufend mit ausgewählten Themen befassen und als Ansprechpartner*innen fungieren könnten – auch in der Kommunikation nach außen.

Gewünscht wurden darüber hinaus interne Kommunikationsräume und -strukturen, in denen abteilungs- und hierarchieübergreifend Raum für Wissensaustausch, Ideenentwicklung und Reflexion ermöglicht wird. Ein offener Umgang mit dem Thema Diversität solle hierdurch ermöglicht werden. Dazu gehöre aus Sicht der Teilnehmenden auch die konstruktive Auseinandersetzung mit Widerstand und Abwehr gegenüber dem Themenfeld wie auch mit Unsicherheit (z. B. Angst, etwas Falsches zu sagen, zu benennen oder zu tun).

---

3 Siehe dazu auch die Einführung dieses Sammelbandes.

Fazit

Einen diversitätsorientierten Öffnungsprozess mit einer Fortbildungsreihe zu starten, kann einen guten Grundstein bieten für alle weiteren Vorhaben. Die Rückmeldungen der Teilnehmenden an der hier beschriebenen Fortbildung zeigen, dass Reflexionsprozesse in Gang gesetzt wurden, die zu einer klareren Positionierung und Haltung gegenüber dem Thema Diversität führten, was schließlich in konkreten praktischen Umsetzungen mündete.

Durch Wissensvermittlung, aber insbesondere auch durch ein Vokabular, mit dem sich ausgrenzende Strukturen und Mechanismen benennen lassen, wurden diese für die Teilnehmenden plötzlich sichtbar. So schuf die Fortbildungsreihe eine wichtige Voraussetzung für die Handlungsfähigkeit.

Die Teilnehmenden wurden sich ihrer Verantwortung bewusst, die sie als Mitarbeitende der meistbesuchten Hamburger Kultureinrichtung tragen: Nämlich dem rechtmäßigen Anspruch *aller* Hamburger*innen gerecht zu werden, sich in einer öffentlichen Kultureinrichtung willkommen zu fühlen und ansprechende Angebote wahrnehmen bzw. aktiv mitgestalten zu können. Die eigene Arbeit erfuhr dadurch eine neue Wertschätzung, insbesondere auch für die Kolleg*innen in den kleinen Nachbarschaftsbibliotheken, die zumindest gefühlt manchmal etwas im Schatten der stadtbekannten Zentralbibliothek stehen.

Das Filialsystem der Bücherhallen mit 32 Stadtteilbibliotheken, zwei Bücherbussen und der Zentralbibliothek erlaubte die stadtweite Multiplikation der Fortbildungsinhalte innerhalb des Kollegiums. So fanden sich schnell genügend Kolleg*innen, die wie ein Team an verschiedenen Standorten und Arbeitsbereichen den Weg von Wissen, Verstehen, Reflektieren und Handeln immer wieder neu durchlaufen und sich dabei gegenseitig begleiten, beraten und unterstützen. Dabei werden nach und nach immer mehr Kolleg*innen in die Arbeit eingebunden.

Die Wünsche und Ideen der Teilnehmenden zu internen Kommunikationsräumen und der Bearbeitung der verschiedenen Diversity-Themen durch mehr Kolleg*innen fanden schließlich ihre Umsetzung in den Diversity-AGs[4].

Empfehlenswert ist es, begleitend zur Fortbildung praktische Anwendungsfelder zu eröffnen. Die Teilnehmenden hielten die Arbeit in den Peer-Gruppen und den Transfer des Gelernten in den Arbeitsalltag für überaus wichtig, gleichzeitig lag hier auch die größte Herausforderung. Das Phänomen ist bekannt: Ist man am Ende eines Fortbildungstages noch voller Motivation und Elan, hat einen gleich am nächsten Tag der Bibliotheksalltag wieder voll im Griff. Wichtig

---

[4] Siehe Artikel *Beteiligung ermöglichen – Kommunikationsräume schaffen: Die Entstehung der Diversity-AGs bei den Bücherhallen Hamburg* von Sylvia Linneberg in diesem Sammelband.

ist daher das Herunterbrechen der großen, übergeordneten Ziele diversitätsorientierter Öffnung auf kleine, überschaubare Projekte (Panesar, 2017, S. 22).

Abschließend lässt sich sagen, dass Diversity-Fortbildungen essenzieller Bestandteil diversitätsorientierter Öffnungsprozesse sind. Ohne eine tiefere Reflexion über eigene Haltungen und Perspektiven wird eine Kulturinstitution nicht zu einem Veränderungsprozess gelangen. Dafür braucht es ein Mindestmaß an Zeit und an finanziellen Ressourcen. Eine Idee ist es, dass sich Kultureinrichtungen aus der Region oder der Stadt zusammenschließen und die Finanzierung für ein gemeinsames Fortbildungsangebot als Forderung an die kulturpolitischen Verantwortlichen formulieren. Dies hätte den positiven Nebeneffekt der Vernetzung und könnte ein breiteres Bewusstsein für das Thema Diversität und mehr Diversity-Kompetenz in der örtlichen Kulturszene schaffen.

Literaturverzeichnis

Ahyoud, N., Aikins, J. K., Bartsch, S., Bechert, N., Gyamerah, D. & Wagner, L. (2018). *Wer nicht gezählt wird, zählt nicht.* https://vielfaltentscheidet.de/publikationen (16.5.2021).

Anti-Bias-Netz. (2013). *anti-bias-netz.org*. https://www.anti-bias-netz.org/start/anti-bias/ (16.5.2021).

KWB – Koordinierungsstelle für Weiterbildung und Beschäftigung e. V. (2021). https://www.kwb.de/ (31.5.2021).

Panesar, R. (2017). *Wie interkulturelle Öffnung gelingt.* Berlin: ZiviZ gGmbH.

Panesar, R. (2021, im Erscheinen). Gerechte Schule. Vorurteilsbewusste Schulentwicklung mit dem Anti Bias Ansatz. Göttingen.

Statista. (2021). https://de.statista.com/statistik/daten/studie/1123809/umfrage/diskriminierung-in-deutschland-nach-diskriminierungsmerkmal/ (16.5.2021).

W3_Werkstatt für Internationale Kultur und Politik e. V. (2020). https://w3-hamburg.de/wp-content/uploads/2020-12-01_Re_flexionen_web.pdf (31.5.2021).

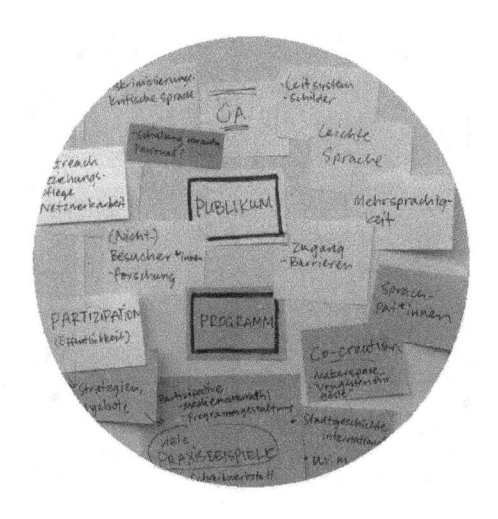

Teil IV: **Von, für und mit alle(n)**

Melisa Bel Adasme

It's up to you! Bibliotheksarbeit mit Jugendlichen partizipativ und diversitätsorientiert gestalten

Jugendliche, vor allem solche mit sogenanntem „Migrationshintergrund", nutzen Öffentliche Bibliotheken oft sehr intensiv als Aufenthalts- und Lernort – bei der aktiven Nutzung des Bestands- und Veranstaltungsangebots sieht es jedoch anders aus. Häufig wird versucht, diese Zielgruppe durch speziell für sie entwickelte Angebote, die entweder die „Migrationsgeschichte" fokussieren oder ein scheinbar vorhandenes Defizit (z. B. in der Sprachförderung) ausgleichen sollen, konsequent zu erreichen. Doch viele dieser Jugendlichen fühlen sich dadurch nicht angesprochen: Sie wollen nicht auf ihre „Herkunft" reduziert oder als problematisch bzw. hilfsbedürftig stigmatisiert werden. Und mit ihren Interessen haben diese Angebote auch oft nichts zu tun. In diesem Beitrag wird am Beispiel des Programms „It's up to you!" der Stadtbibliothek Köln ein stadtteilbezogener, partizipativer, diversitäts- und interessenorientierter Ansatz vorgestellt, um Jugendliche zu erreichen und sie in die Gestaltung der Bibliothek und des Programms mit einzubeziehen.

Jugendliche und Öffentliche Bibliotheken

Jugendliche sind generell eine besondere Zielgruppe, die schwer zu erreichen ist – so auch für Bibliotheken. Sie sind keine Kinder mehr (und möchten nicht als solche behandelt werden), aber auch noch keine Erwachsenen. Sie befinden sich in einer Lebensphase, die durch „die Abgrenzung zur Kindheit", „Identitätsfindung und die Ausbildung autonomen Handelns sowie eine „zunehmende Individualisierung" gekennzeichnet ist (Keller-Loibl, 2021, S. 12). Dementsprechend ist diese Zielgruppe sehr heterogen – *die* Jugendlichen gibt es nicht. Stattdessen haben wir es mit sehr unterschiedlichen Interessen, Orientierungen, Haltungen sowie Lebenswelten und -stilen zu tun, die einen großen Einfluss darauf haben, wie Bibliotheken wahrgenommen und genutzt werden. So unterschiedlich Jugendliche sind, so unterschiedlich sind ihre Erwartungen an die Bibliothek.

∂ Open Access. © 2021 Melisa Bel Adasme, publiziert von De Gruyter. Dieses Werk ist lizenziert unter der Creative Commons Attribution 4.0 Lizenz.
https://doi.org/10.1515/9783110726213-013

Manche Jugendliche waren zum Beispiel noch nie in einer Bibliothek und würden nie auf die Idee kommen, in eine solche zu gehen. Andere kommen täglich in die (Stadtteil-)Bibliothek, um dort ihre Hausaufgaben zu machen, zu lernen oder vielleicht auch Freund*innen zu treffen. Die aktive Nutzung des Bestands ist aber in dieser Altersgruppe signifikant schlechter als bei Kindern und Erwachsenen. Dies geht unter anderem mit einem veränderten Medien- und Freizeitverhalten einher: Bücher sind für viele Jugendliche nicht mehr interessant – stattdessen nutzen sie täglich das Handy bzw. Smartphone, sind auf sozialen Netzwerken wie *Instagram*, *Snapchat* oder *TikTok* unterwegs, surfen im Internet, hören Musik oder schauen Online-Videos über Online-Streaming-Dienste wie *Spotify* oder *YouTube* oder beschäftigen sich mit digitalen Spielen (vgl. mpfs, 2020).

Genau darin zeigt sich das größte Problem der Bibliotheken: Das Bibliotheksbild der Jugendlichen ist nach wie vor „sehr stark von der Vorstellung geprägt, dass in Bibliotheken vor allem Bücher und klassische Medien ausgeliehen werden können" (Keller-Loibl, 2012, S. 51). Bibliotheken werden als Orte des Lernens und der Ruhe wahrgenommen – und entsprechend nicht als möglicher Ort für die Freizeitgestaltung (vgl. Keller-Loibl, 2012, S. 61). Somit besteht für Bibliotheken eine große Herausforderung darin, das Image der örtlichen Bibliothek den Bedürfnissen und Interessen der Zielgruppe anzupassen und zu verbessern, um vor allem im Freizeitbereich „Jugendliche für die freiwillige Nutzung von Bibliotheken zu gewinnen" (dbv, Bibliotheksportal).

„Jugendliche brauchen Angebote und Dienstleistungen, die ihren Bildungs-, Informations-, Kultur- und Freizeitbedürfnissen entsprechen." (IFLA, 2003, S. 3) Wie können Bibliotheken diesen Bedürfnissen gerecht werden? Jugendliche möchten vor allem in ihren Interessen und Wünschen ernst genommen werden; sie wollen mitreden und mitgestalten. Sie brauchen eigene Räume oder Bereiche, die flexibel und jugendgerecht eingerichtet und auf ihre verschiedenen Bedürfnisse abgestimmt sind: Lernen, Gamen, Chillen. Das Medienangebot im Jugendbereich muss stets zeitgemäß und aktuell sein, sich eng an die Themen und Interessen der Jugendlichen anpassen und ansprechend präsentiert werden. Auch Veranstaltungsarbeit muss den Wünschen der Jugendlichen entsprechend gestaltet werden. Wichtig für Bibliotheken ist aber vor allem, Bibliotheksarbeit mit Jugendlichen als Beziehungsarbeit zu verstehen, sich auf die Jugendlichen einzulassen und sich mit anderen Partner*innen im Jugendbereich zu vernetzen (vgl. dbv, Bibliotheksportal).

Auf Basis eigener Beobachtungen der Stadtbibliothek Köln zur Nutzung der Einrichtungen durch Jugendliche wurde festgestellt, dass Heranwachsende sowohl die Zentralbibliothek als auch die Zweigstellen zwar sehr stark als Aufenthalts- und Lernort nutzen, oft aber ohne Bibliotheksausweis, obwohl dieser für unter 18-Jährige kostenlos ist. Für diese Altersgruppe konzipierte Bildungsangebote wie zum Beispiel das Facharbeit- und Recherchetraining[1] nehmen sie nur im schulischen Kontext in Anspruch. Workshop-Angebote in den Ferien, wie zum Beispiel *MakerKids*[2] oder die *MINTköln*[3], werden gut angenommen, aber kaum aktiv durch Jugendliche mitgestaltet.

Partizipation Jugendlicher in Öffentlichen Bibliotheken

Generell ist seit Jahren der Trend zu beobachten, dass die Zahl jugendlicher Bibliotheksnutzer*innen abnimmt. Vor allem im Übergang vom Kindes- zum Jugendalter ist ein großer Einschnitt zu verzeichnen (vgl. Keller-Loibl, 2012). Das liegt einerseits an der Vielfalt anderer Freizeitangebote, die Jugendlichen zur Verfügung stehen, wodurch große Konkurrenz entsteht, andererseits aber auch daran, „dass die Gruppe der Jugendlichen von den Bibliotheken nicht hinreichend berücksichtigt wird und in vielen Bibliotheken speziell gestaltete und ausgestattete Jugendbereiche fehlen" (Vollbrecht, 1997, S. 657). Um diese Lücke zu schließen, wird Bibliotheken immer wieder nahegelegt, auf die Bedürfnisse der Jugendlichen einzugehen und ihre Wünsche zu berücksichtigen. Das Zauberwort, um diese Bedürfnisse und Wünsche zu erfassen, heißt oft „Partizipation". Doch was bedeutet Partizipation genau? Und wie können Bibliotheken sich diese zunutze machen?

---

[1] Beim Facharbeit- und Recherchetraining handelt es sich um ein Seminar, das Schüler*innen besuchen können, um einen allgemeinen Überblick zu den Recherchemöglichkeiten zu erhalten. Mehr dazu: https://www.stadt-koeln.de/leben-in-koeln/stadtbibliothek/service-fuer-schuelerinnen-und-schueler.
[2] „MakerKids" ist ein Workshop-Ferienprogramm für 8- bis 12-Jährige, das seit Oktober 2015 durchgeführt wird. In den Workshops haben Kinder die Möglichkeit, durch eigenes Tun aktuelle Technik kennenzulernen und für sich zu testen. Aktuelles Programm: https://stadtbibliothekkoeln.blog/2021/03/17/digitale-workshop-programme/.
[3] Das Festival MINTköln findet seit 2018 in den Herbstferien (NRW) statt. Hier finden Kinder, Jugendliche und auch Erwachsene Angebote zum Ausprobieren, Mitmachen und Selbermachen rund um die MINT-Fächer. Mehr dazu: https://stadtbibliothekkoeln.blog/2018/08/20/mint-festival/

Eine mögliche Definition der Partizipation von Jugendlichen

Partizipation kann als Teilhabe übersetzt werden, kann aber auch Beteiligung, Teilnahme, Mitwirkung, Mitbestimmung oder Einbeziehung meinen. Sie gilt grundsätzlich als „elementares Prinzip demokratisch verfasster Gesellschaften" (Schwanenflügel, 2015, S. 45). Sie reflektiert die Frage, wie der einzelne Teil (lateinisch: *pars*) das Ganze (*totum*) fassen bzw. greifen (*capere*) kann (vgl. Gerhardt, 2007, S. 25). Durch Partizipation können Menschen „wechselseitig Einfluss aufeinander nehmen, um im sozialen Zusammenhang mehr zu erreichen, als ihnen als Einzelwesen möglich ist" (Gerhardt, 2007, S. 14).

Im Kinder- und Jugendbereich ist Partizipation rechtlich im Kinder- und Jugendhilfegesetz (SGB VIII) verankert. Dieses verpflichtet die Institutionen und Einrichtungen, die mit Kindern und Jugendlichen in Deutschland arbeiten, darauf, diese „entsprechend ihrem Entwicklungsstand an allen sie betreffenden Entscheidungen der öffentlichen Jugendhilfe zu beteiligen" (§ 8) und „Wünsche, Bedürfnisse und Interessen der jungen Menschen und der Personensorgeberechtigten (§ 80) zu beachten" (Schwanenflügel, 2015, S. 46).

Partizipation kann somit als Wechselbeziehung zwischen „Teilhabe" und „Teilnahme" (Schwanenflügel, 2015, S. 48) bzw. zwischen der „passiven und aktiven Anteilnahme" (Gerhardt, 2007) an Öffentlichkeit und Gemeinwesen verstanden werden. Diese Begriffe bezeichnen die zwei Seiten einer Medaille: Während Teilhabe „die Gewährung von Einflussrechten und den Zugang zu gesellschaftlichen, politischen, kulturellen und wirtschaftlichen Ressourcen" (Schwanenflügel, 2015, S. 45) meint, zielt Teilnahme auf „das aktive Teilnehmen" (Schwanenflügel, 2015, S. 45) bzw. die „Möglichkeit der Einflussnahme, Beteiligung, Mitwirkung in Institutionen, im öffentlichen Raum, in informellen Netzwerken, der Lebenswelt, Politik" (Schwanenflügel, 2015, S. 15) ab.

Bezogen auf Jugendliche geht es also nicht darum, diese „an die Macht zu lassen" oder ihnen „das Kommando zu geben" – vielmehr bedeutet Jugendpartizipation „Entscheidungen, die das eigene Leben und das Leben der Gemeinschaft betreffen, zu teilen und gemeinsam Lösungen für Probleme zu finden" (Kreuziger, 2002–2011). Partizipation in diesem Kontext bedeutet also, dass Jugendliche nicht allein, „sondern mit Erwachsenen ein Problem bearbeiten oder ein Projekt gestalten" (Kreuziger, 2002–2011). Dadurch haben Jugendliche die Möglichkeit, neue Handlungs- und Lernfelder kennenzulernen und dort neue Erfahrungen zu sammeln, die dazu beitragen, ihre Handlungsspielräume zu erweitern und neue Fähigkeiten und Kenntnisse zu erwerben. Partizipation ist somit „ein Schlüssel für gelingende Aneignungs- und Bildungsprozesse" (BMFSFJ,

2015, S. 7). Gleichzeitig sind Jugendliche Expert*innen ihrer Lebenswelt – sie haben eigene Interessen, Ideen und Vorstellungen und bringen deshalb andere (meistens neue) Aspekte und Perspektiven in die Entscheidungsprozesse ein, die einen Einblick in ihre Lebenswirklichkeit ermöglichen. Dadurch können außerdem Planungen und Entscheidungen passgenauer gestaltet werden (vgl. BMFSFJ, 2015).

Aktive Partizipation Jugendlicher in Öffentlichen Bibliotheken

Bibliotheken werden immer mehr zu „Dritten Orten" – Zwischenräume des Austauschs neben dem eigenen Zuhause und dem Arbeitsplatz, die zugänglich, einladend, nicht kommerziell sind und informelles Zusammenkommen ermöglichen, mit einer hohen Aufenthaltsqualität, die zum Wohlbefinden beiträgt. Sie sind Lernorte und Informationszentren, die Raum fürs Arbeiten sowohl alleine wie auch für Gruppen, aber auch Freizeitangebote bieten (vgl. Hubert, 2015; BuB, 2019). Damit sind Bibliotheken ein idealer Ort, um eigene Ideen zu entwickeln, und bieten sich hervorragend als Partnerinnen für Partizipationsmaßnahmen an (vgl. Ahlfänger, 2011).

Vor diesem Hintergrund wird das Thema Partizipation für Bibliotheken immer relevanter. Dadurch können Wünsche und Bedürfnisse unterschiedlicher Zielgruppen ermittelt und Planungen, Konzepte, Einrichtung und Programmangebote mit diesen gemeinsam entwickelt und gestaltet werden. Gleichzeitig können so neue Benutzer*innengruppen erschlossen, für die Bibliotheken begeistert und im besten Fall als neue Mitglieder gewonnen werden.

Gerade in Hinblick auf die Bibliotheksarbeit für und mit Jugendlichen spielt Partizipation eine große Rolle, denn Jugendliche wollen mitmischen, mitentscheiden, mitreden und mitgestalten. Bibliotheken – als in Kommunen verortete Institutionen – sind dabei von besonderer Bedeutung, „da der Wohnort und das soziale Umfeld erste Anlaufstelle für gesellschaftliche oder politische Beteiligung sind" (Ahlfänger, 2011, S. 25). Jugendliche erhalten durch Partizipation die Möglichkeit, „die Bibliothek nach ihren Wünschen mitzugestalten und damit nicht nur eigenverantwortlich zu handeln, sondern die Bibliothek als ihre Lebenswelt wahrzunehmen und zu erfahren" (Brockhagen, 2016, S. 8).

Bibliotheken profitieren von dieser Partizipation aber auch: Sie basieren dann ihre Planungen und Dienstleistungen nicht auf Vermutungen und können so sicherstellen, dass die entwickelten Angebote nicht nur jugendlichen Wünschen und Bedürfnissen entsprechen, sondern auch tatsächlich wahrgenommen werden.

> Bibliotheken, die effektive und sinnvolle Programmarbeit für Jugendliche anbieten wollen, müssen diese in alle Phasen der Planung und Durchführung einbeziehen. Die Beteiligung von Jugendlichen an der Entscheidungsfindung, an der Planung und Umsetzung der Veranstaltungen, die für sie selbst bestimmt sind, wird wärmstens empfohlen und gilt als die beste Methode, zur positiven Entwicklung der Jugendlichen beizutragen. (IFLA, 2003, S. 6)

Darüber hinaus kann sich Jugendpartizipation auch positiv „auf das Image von Bibliotheken [auswirken] und die Schwellenangst beim Besuch der Bibliothek verringern" (Ahlfänger, 2011, S. 29).

Jugendpartizipation erfordert aber einen geeigneten Rahmen, gute Vorbereitung und passende Methoden. „Jugendliche können am besten an konkreten Projekten bzw. Aktivitäten mit einem strukturierten und eng umfassten Kontext beteiligt werden, in einem relativ kurzen Zeitraum und an einem Ort, der den Jugendlichen gefällt." (Ahlfänger, 2011, S. 30) Wichtig ist außerdem, dass zwischen Jugendlichen und Bibliotheksmitarbeitenden ein guter Kontakt und respektvoller Umgang auf Augenhöre herrscht, um eine Vertrauensbasis aufzubauen (Ahlfänger, 2011, S. 30).

Jugendliche mit „Migrationshintergrund" und Öffentliche Bibliotheken

Öffentliche Bibliotheken definieren sich als lebendige Orte des Wissens, der Inspiration, der Innovation, der Teilhabe, der Integration und Chancengerechtigkeit. Diesem Verständnis entsprechend haben sie den Anspruch, für alle Menschen offen zu sein. Sie sollten

> für alle Mitglieder einer Gemeinschaft da sein, ohne aufgrund von kultureller oder sprachlicher Herkunft zu diskriminieren; Informationen in geeigneten Sprachen und Schriften zur Verfügung stellen; Zugang zu einer breiten Auswahl an Materialien und Leistungen anbieten, die alle Gemeinschaften und alle Bedürfnisse widerspiegeln; MitarbeiterInnen beschäftigen, die die Vielfalt der Gemeinschaft widerspiegeln und die dazu ausgebildet sind, mit und für verschiedenartige Gemeinschaften zu arbeiten (IFLA, 2008, S. 1).

Aus diesem Selbstverständnis und Anspruch heraus entwickelte sich schon in den 1970er Jahren die „Interkulturelle Bibliotheksarbeit", zunächst in Zusammenhang mit der Arbeitsmigration und deshalb mit dem Ziel, entsprechende muttersprachliche Bestände aufzubauen (vgl. Lucas, 2013, S. 61). Heutzutage sind die Aufgaben der Interkulturellen Bibliotheksarbeit vielfältiger geworden: Sie bietet Hilfestellung und Orientierung für Neuankommende, Unterstützung beim Deutschlernen sowie bei der Alphabetisierung, spezielle Bibliotheks(ein)führungen, zielgruppenspezifische, mehrsprachige Veranstaltungen und (Fort-)Bildungsangebote, Vernetzungs- und Austauschmöglichkeiten u.v.m. (vgl. dbv, Bibliotheksportal).

Wer sind die „Jugendlichen mit Migrationshintergrund"?

In Deutschland leben aktuell ca. 6,7 Millionen junge Menschen unter 25 Jahren mit sogenanntem „Migrationshintergrund". Dieser vom Statistischen Bundesamt geprägte Begriff kann sowohl selbst migrierte Menschen als auch deren in Deutschland geborene Kinder bezeichnen.[4] Davon sind knapp drei Viertel in Deutschland geboren, während nur ein Viertel nach Deutschland migriert ist (vgl. Lochner & Jähnert, 2020). Damit wird klar, dass diese Bezeichnung unterschiedliche Zielgruppen umfasst, die vielfältige Lebenswirklichkeiten und somit auch vielfältige Interessen und Bedürfnisse haben.

Eine grundlegende Voraussetzung zur Erreichung der Zielgruppe ist jedoch eine angemessene Definition. Je genauer die Zielgruppe definiert ist, umso spezifischer und bedürfnisorientierter können die Menschen angesprochen und die Angebote gestaltet werden. Während jugendliche Migrant*innen (also junge Menschen, die eine eigene Migrationserfahrung haben) zunächst damit beschäftigt sind, sich im neuen Land zurechtzufinden, das deutsche Schulsystem zu verstehen und die deutsche Sprache zu lernen, haben Jugendliche, die in Deutschland geboren sind, weniger Probleme mit der deutschen Sprache, sondern müssen vielfach mit den Ansprüchen aus zwei oder mehreren Kulturen aufwachsen und werden oft im Schulsystem benachteiligt und diskriminiert (vgl. Baur, 2010).

Junge Menschen, die in Deutschland geboren und/oder aufgewachsen und somit nicht selbst migriert sind, sind keine Migrant*innen im engeren Sinn,

---

4 Damit werden junge Menschen bezeichnet, die entweder selbst oder von denen mindestens ein Elternteil nicht mit deutscher Staatsangehörigkeit geboren wurde. Umfasst werden damit sowohl in Deutschland als auch im Ausland Geborene, Eingebürgerte sowie (Spät-)Aussiedler*innen, vgl. Definition von Migrationshintergrund des Statistischen Bundesamts: https://www.destatis.de/DE/Themen/Gesellschaft-Umwelt/Bevoelkerung/Migration-Integration/Glossar/migrationshintergrund.html.

sondern haben – buchstäblich – eine Einwanderungs-Geschichte. Und wie diese Geschichte erlebt und gelebt wird, hat eine direkte Auswirkung auf ihre Selbstwahrnehmung und Identitätsfindungsprozesse.

Einige Jugendliche fühlen sich der Migrationsgeschichte ihrer Familie sehr verbunden und identifizieren sich damit, andere wiederum distanzieren sich davon oder lehnen sie sogar ab (vgl. Edele et al., 2009). Einige von ihnen verwenden Selbstbezeichnungen, die diese Migrationsgeschichte betonen, wie zum Beispiel Asiatisch, Türkisch-Deutsch, Deutsch-Russisch, Arabisch – um nur einige zu nennen. Manch andere bevorzugen eigene Selbstbezeichnungen, die Diskriminierungserfahrungen in den Vordergrund rücken, wie zum Beispiel der Begriff PoC (People of Color) oder BIPoC (Black, Indigenous and People of Color) (vgl. NdM, 2019). Andere junge Menschen identifizieren sich als Deutsche „mit einem gewissen Extra" – beispielsweise Neue Deutsche, Deutsch Plus oder Deutsche Sinti und Roma. Diese Bezeichnungen machen „den Anspruch auf Zugehörigkeit deutlich" und können „auch für eine Haltung stehen statt für eine herkunftsbezogene Kategorisierung: Zu den Neuen Deutschen zählen dann alle Menschen (mit und ohne Migrationshintergrund), die positiv zur Pluralisierung der Gesellschaft stehen" (NdM, 2019, S. 13). Wieder andere gehen etwas provokanter damit um und bezeichnen sich als Menschen mit „Migrationsvordergrund", wenn der Migrationshintergrund zwar sichtbar ist, aber die Menschen darauf aufmerksam machen wollen, dass sie nicht auf ihre „Herkunft" reduziert werden wollen.

Alle diese jungen Menschen werden fälschlicherweise unter dem sogenannten „Migrationshintergrund" zusammengefasst und als eine einzige Zielgruppe betrachtet. Dabei steht der Begriff „Migrationshintergrund" immer mehr in der Kritik. Nicht nur wird er von vielen Menschen als stigmatisierend und ausgrenzend empfunden, weil damit oft Probleme bzw. „problematische Gruppen" assoziiert werden (vgl. NdM, 2019), er sagt darüber hinaus über die unterschiedlichen Lebensrealitäten, Identitäten, Haltungen der Menschen genauso wenig wie über Diskriminierungs- und Rassismuserfahrungen aus (vgl. NdM, 2019; Ahyoud et al., 2018).

Es ist somit nicht leicht, die Zielgruppe angemessen zu bezeichnen: Verwendet man verschiedene Selbstbezeichnungen, um den vielfältigen Identitäten der jungen Menschen gerecht zu werden, läuft man Gefahr, die eigentlich gemeinte Zielgruppe nicht präzise genug zu definieren bzw. zu kommunizieren und damit zu erreichen. Entscheidet man sich dagegen für eine einheitliche (Fremd-)Bezeichnung, müssen nicht nur gesellschaftliche und politische Debatten berücksichtigt und auch eine öffentliche Position bezogen werden, sondern es muss auch damit gerechnet werden, dass die gemeinte Zielgruppe sich nicht angesprochen fühlt und die für sie „speziell" entwickelten Angebote nicht wahrnimmt.

Damit einhergehend ergeben sich einige Herausforderungen für Bibliotheken, die mit Jugendlichen mit „Migrationshintergrund" arbeiten möchten. Eine differenzierte und einheitliche Bezeichnung der Zielgruppen für interne und öffentliche Kommunikation ermöglicht es, die Zielgruppen klar abzugrenzen und in Hinblick auf integrations-, vielfaltspolitische und diskriminierungskritische Diskurse Stellung zu beziehen.

Eine Alternative zum „Migrationshintergrund"

Der Begriff „Migration" verweist auf eine Wanderung bzw. räumliche Verlagerung des Lebensmittelpunktes von Individuen, ohne dabei Formen, Gründe oder Bleibeabsichten zur Sprache zu bringen. Aus diesem Grund erscheint er relativ neutral bzw. wertfrei und somit auch als Sammelbegriff geeignet. Als Alternative dazu wird oft der Begriff „Zuwanderung" verwendet. Dieser bezeichnet ebenso eine Wanderung, bei der aber die Bleibeperspektive nicht unbedingt gegeben ist. Zuwander*innen sind in diesem Sinn Menschen, die „schnell wieder abwandern [können], es nicht in die Bevölkerung hinein geschafft [haben], nicht Teil von ihr [sind]" (Utlu, 2011, S. 448). Diese sind zusätzlich zur Stammbevölkerung hinzugekommen und stellen eine Belastung dar. So markiert dieser Begriff eine besondere Abgrenzung: Die Vorsilbe „zu" offenbart ein „Negationsmoment von Zugehörigkeit" (Utlu, 2011, S. 448) bzw. unterstreicht „eher die Nicht-Zugehörigkeit" (NdM, 2019, S. 15).

Im Gegensatz dazu steht der Begriff „Einwanderung". Er bezeichnet eine Migration mit der Absicht, den Lebensmittelpunkt längerfristig dorthin zu verlegen und zu bleiben. Die Besonderheit beider Begriffe ist deren politische Bedeutung. Während Zuwanderung die (erwartete und/oder gewollte) temporäre Dauer des Zuzugs betont, erkennt Einwanderung die Existenz einer Einwanderungsgesellschaft an und beschreibt Deutschland als Einwanderungsland[5] – ein

---

[5] Der Begriff „Einwanderungsland" kann „darauf verweisen, dass über einen längeren Zeitraum die grenzüberschreitenden Zuwanderungen jene der Abwanderungen übersteigen. [...] aber auch darauf bezogen werden, dass [...] Tendenzen dauerhafter Ansiedlung von Migranten auszumachen sind, die beispielsweise auch in die Annahme der deutschen Staatsangehörigkeit mündeten. [...] [Er] kann sich darüber hinaus auf Politiken einer aktiven Förderung von grenzüberschreitender Migration und/oder dauerhaften Ansiedlung beziehen. [...] Als einwanderungspolitisch relevant können auch Regelungen gelten, die die Aufnahme spezifischer Kategorien von Migranten in die Bundesrepublik Deutschland förderten." (Oltmer, 2013, S. 225–226).

Ort, in den Menschen kommen, um dauerhaft zu leben, und Teil der Bevölkerung sind (NdM, 2019, S. 15).

Der Zusatz „Hintergrund" bedeutet im wörtlichen Sinne „eine Nebensache, nämlich das, was außerhalb des Aufmerksamkeitsspektrums, hinter dem Betrachteten steht" (Utlu, 2011, S. 446). Der Begriff meint in seiner metaphorischen Bedeutung eine „erst allmählich erkennbare Hauptsache [oder einen] verborgenen Zusammenhang" (Mackensen, zit. in ebd.). In Kombination mit der Migration wird somit in erster Linie darauf hingewiesen, dass das „Migrantische" unabhängig von der eigentlichen Migrationserfahrung als eine Art vererbbarer Zustand zeitlos weiter besteht. Gleichzeitig deutet er im übertragenen Sinne an, dass „das Verborgene" das „entscheidend Bestimmende" ist (Utlu, 2011, S. 446). So rückt der Hintergrund ins Zentrum der Aufmerksamkeit und wird zur bestimmenden Hauptsache, um die „Anderen" als solche zu definieren und zu markieren.

Eine oft verwendete Alternative dazu ist der Begriff „Erfahrung". Damit bezeichnet man das Wissen einer Person, das auf eigenen Erlebnissen beruht. Ähnliches gilt für den Begriff „Biografie", der die Beschreibung einer Lebensgeschichte meint. In Verbindung mit der Migration deuten beide Bezeichnungen darauf hin, dass der Migrationsprozess selbst erfahren bzw. erlebt wurde. Eine weitere, etwas flexiblere Möglichkeit stellt der Begriff „Geschichte" dar. Bei einer Geschichte handelt es sich um eine mündliche oder schriftliche Erzählung, in der von Ereignissen berichtet wird, die meist in der Vergangenheit geschehen sind und die entweder man selbst erlebt oder aber auch von denen man durch andere gehört bzw. erfahren hat.

In diesem Sinn bietet die Bezeichnung „Einwanderungsgeschichte" die Chance, nicht nur politisch eine klare Position zu beziehen und Deutschland als Einwanderungsland anzuerkennen, sondern auch unterschiedliche Erfahrungen, Verbindungen und Bezüge zur Migration einzubeziehen: Einerseits kann damit Einwanderung als unmittelbar bzw. selbst erlebtes Geschehen, andererseits als Familien- und Kulturnarrativ[6] adressiert werden. Gleichzeitig muss beachtet werden, dass es sich dabei nach wie vor um eine Fremdbezeichnung handelt, die zwar eine politische Positionierung nach außen deutlich macht, aber nicht für die direkte Ansprache der Zielgruppe geeignet ist. An dieser Stelle ist eine persönliche Ansprache auf Basis von Vertrauensbeziehungen

---

Da diese Aspekte schon immer ein Teil bundesdeutscher Migrationspolitik waren (und sind), kann man Deutschland durchaus als „Einwanderungsland" bezeichnen.

6 „Narrativ" meint ein sinnstiftendes, etabliertes Erzählmuster, das Einfluss auf die Art und Weise der Umweltwahrnehmung hat, Werte und Emotionen transportiert und mit Legitimität versehen ist.

sowie über das eigene Lebensumfeld der erfolgreichste Kommunikationsweg. Somit ist es also nötig, eine ressourcenorientierte Perspektive einzunehmen und diese in eine positive Art der Ansprache zu übersetzen.[7]

Bibliotheksarbeit für/mit Jugendliche/n mit Einwanderungsgeschichte

Bei den meisten bibliothekarischen Angeboten im Jugendbereich handelt es sich um schulunterstützende Angebote, wie zum Beispiel frei zur Verfügung stehende computertechnische Ausstattung mit entsprechenden Programmen, kostenloses WLAN, Einzel- und Gruppenarbeitsplätze sowie Beratung für schulische Präsentationen oder Facharbeiten. Damit möchten Bibliotheken dazu beitragen, Benachteiligungen, die (statistisch gesehen) sehr oft im Zusammenhang mit einer Einwanderungsgeschichte einhergehen, auszugleichen.

Im Rahmen des Kinder- und Jugendmigrationsreports 2020 des Deutschen Jugendinstituts (DJIs) wurde herausgefunden, dass Kinder und Jugendliche mit Einwanderungsgeschichte „am seltensten über einen eigenen Schreibtisch, Bücher für die Hausaufgaben oder Ähnliches verfügen" (Lochner & Jähnert, 2020, S. 66). Die Ergebnisse des Nutzungsmonitorings in Berliner Bibliotheken zeigen ebenfalls, dass die meisten unter 18-Jährigen mit Einwanderungsgeschichte die Bibliothek vor allem aus schulischen Gründen bzw. als Ort zum konzentrierten Arbeiten und Lernen nutzen (vgl. Schank & Nestlinger, 2015, S. 307).[8]

Im Freizeitbereich ist es sinnvoll, an die Mediennutzung der Jugendlichen mit Einwanderungsgeschichte anzuknüpfen, die sich nicht wesentlich von der Mediennutzung Gleichaltriger ohne Einwanderungsgeschichte unterscheidet. Ein attraktiver, jugendlich gestalteter Aufenthaltsbereich mit gemeinsamer Nutzungsmöglichkeit von Spielekonsolen ist von großer Bedeutung (vgl. dbv, Bibliotheksportal).

---

7 Um diese sperrigen Begriffe zu umgehen und eine angemessenere Ansprache der Jugendlichen zu erreichen, haben wir eine eigene Strategie entwickelt, die im Kontext des neuen Jugendprogramms „It's up to you!" weiter unten beschrieben wird.
8 An dieser Stelle wird auch darauf hingewiesen, dass, obwohl die häusliche Lernumgebung von Kindern mit Einwanderungsgeschichte durchschnittlich schlechter ist (z. B. Vorhandensein eines eigenen Schreibtisches), dieser Zusammenhang sich nicht unmittelbar durch das Merkmal „Migrationshintergrund" erklärt. Vielmehr wird dies auf die ökonomische Situation und den Bildungshintergrund der Familien zurückgeführt, denn Kinder und Jugendliche mit Einwanderungsgeschichte sind überdurchschnittlich häufig von Armut betroffen (vgl. Schank & Nestlinger, 2015).

Im Bereich der inhaltlich ausgerichteten interkulturellen Bibliotheksarbeit für und mit Jugendlichen gibt es nur wenige Angebote, darunter einige Medien- oder Sprachförderungsprojekte, die sich jedoch spezifisch an Jugendliche (schwerpunktmäßig mit Fluchterfahrung) richten, die erst vor kurzen nach Deutschland gekommen sind und z. B. die deutsche Sprache lernen möchten (vgl. dbv, Bibliotheksportal). Der Großteil der bisherigen interkulturellen Angebote in den meisten Bibliotheken wurde entweder für Kinder mit Einwanderungsgeschichte und deren Eltern bzw. Familien oder für (junge) erwachsene Menschen mit Migrations- oder Fluchterfahrung konzipiert. Dabei stehen Themen wie Leseförderung, Mehrsprachigkeit, interkulturelle Bildung, Deutschlernen, Bibliotheks- und Mediennutzung im Vordergrund.

Jugendliche mit Einwanderungsgeschichte, die in Deutschland geboren und/oder aufgewachsen sind, werden mit solchen Angeboten schwerer bis gar nicht erreicht, weil die thematischen Schwerpunkte nicht deren Lebenswelten und Interessen entsprechen.

Wie können also Jugendliche mit Einwanderungsgeschichte besser erreicht und für die Bibliothek begeistert werden?

Das Programm „It's up to you!"

Mit dem neuen partizipativen und diversitätsorientierten Jugendprogramm „It's up to you!" möchte die Stadtbibliothek Köln diese bisher wenig erreichte Zielgruppe in den Fokus rücken und aktiv in die Gestaltung der Bibliothek und ihrer Angebote mit einbeziehen. Ziel dabei ist es vor allem, die Identifikation der Jugendlichen mit Einwanderungsgeschichte mit der Bibliothek zu stärken und sie zu ermutigen, aktiv den Lebensraum Bibliothek mitzugestalten, selbst Angebote und Veranstaltungen zu entwickeln und sich aktiv an ihrer Durchführung zu beteiligen.

Um dies effektiv zu erreichen, wurde eine Strategie entwickelt, die in folgenden prozesshaften Ablauf mündete (vgl. Abb. 17):

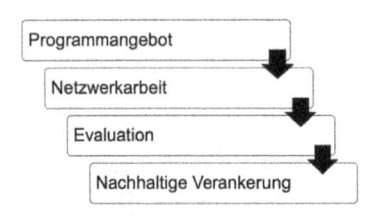

Abb. 17: Prozesshafte Strategie von „It's up to you!"

Stadtteilbezogene Arbeit

Der Dreh- und Angelpunkt des Programms ist die stadtteilbezogene Arbeit. Dafür wurden Kölner Stadtteile ausgesucht, in denen besonders viele Kinder und Jugendliche mit Einwanderungsgeschichte leben[9] und auch eine Zweigstelle vor Ort war. Die grundsätzliche Idee bestand darin, das Programm dort durchzuführen, wo die Jugendlichen ihren Lebensmittelpunkt haben und sich zu Hause fühlen, sodass diese die Bibliothek und ihre Angebote (unter Umständen) eher „zufällig" entdeckten anstatt sich durch Schule oder Eltern dazu gezwungen zu fühlen, diese aufzusuchen. So sollten also keine „speziellen" Angebote für Jugendliche mit Einwanderungsgeschichte entstehen, sondern ein grundsätzliches Programm für alle und mit allen Jugendlichen im Stadtteil. Da in den ausgewählten Stadtteilen überwiegend Jugendliche mit Einwanderungsgeschichte leben – so der Gedanke –, könnte die Zielgruppe unmittelbar erreicht werden, ohne dabei eine Trennung vorzunehmen oder diese explizit zu benennen.

Das Konzept wurde pilotweise in der renovierten und partizipativ angelegten Stadtteilbibliothek in Köln-Kalk umgesetzt (vgl. Vogt, 2019a). Diese eignete sich hervorragend als erster konzeptioneller Ausgangspunkt: Einerseits bietet die Generalsanierung mit einem offenen Raumkonzept, neuem technischen Equipment und ansprechender Möblierung ideale Voraussetzungen für den partizipativen Prozess, andererseits ist Kalk einer der kulturell vielfältigsten Stadtbezirke Kölns – über 70 % der Kinder und Jugendlichen unter 18 Jahren, die hier leben, haben einen Migrationshintergrund[10] (vgl. Stadt Köln, 2020).

Partizipatives, medienpädagogisches Workshop-Angebot

Zusammen mit dem Team der Stadtteilbibliothek wurde ein Veranstaltungsprogramm auf die Beine gestellt, das die Interessen der Jugendlichen (z. B. Umwelt, Gaming, Bewegung, Kreativsein etc.) berücksichtigt und mit dem sie einerseits das Equipment und die Räumlichkeiten vor Ort kennenlernen, andererseits Impulse und Ideen für die Gestaltung der eigenen Angebote bekommen können. Dies wurde durch einen medienpädagogischen Ansatz ergänzt, um die Reflexion der Inhalte zu ermöglichen und Medienkompetenz zu schulen.

---

9 Um dies herauszufinden, orientierten wir uns an statistischen Angaben der Stadt Köln.
10 An dieser Stelle wird der Begriff „Migrationshintergrund" (anstatt Einwanderungsgeschichte) verwendet, weil es sich dabei um die vom Mikrozensus und Statistischem Bundesamt offizielle Definition handelt, mit der die Stadt Köln arbeitet.

Für die Konzeption und Durchführung der partizipativ angelegten, medienpädagogischen Workshops wurden externe Anbieter*innen beauftragt[11]. In den Workshops sollten sich Jugendliche (mit und ohne Einwanderungsgeschichte) mit lebensnahen Themen, die sie bewegen und interessieren, kreativ und/oder künstlerisch auseinandersetzen und „nebenbei" neue Medien und Technologien kennen lernen, mit dem Ziel, ihr Wissen zu vertiefen, im besten Fall neue Interessen und Fähigkeiten zu entdecken und motiviert zu werden, eigene Angebote und Workshops zu entwickeln und selbst durchzuführen. Dieses Angebot wurde nur vor Ort in der Stadtteilbibliothek und durch die lokalen Netzwerke beworben. Damit sollte sichergestellt werden, dass vor allem Jugendliche aus dem Stadtteil von den Workshops erfahren und teilnehmen können.

Von großer Bedeutung ist dabei, einladend gestaltete und technisch gut ausgestattete Räumlichkeiten zur Verfügung zu stellen, in denen die Jugendlichen selbst ausprobieren und mitgestalten können – alleine oder auch gemeinschaftlich mit anderen. Dadurch rückt die Bibliothek als partizipativ-interaktiver Ort der Begegnung und des Experimentierens – das heißt als „Dritter Ort" (vgl. Vogt, 2019b) – in den Vordergrund.

Vernetzung

Ein wichtiger Teil des Konzepts ist zudem die Ausgestaltung verbindlicher Kooperationen und Netzwerkstrukturen innerhalb des Stadtteils. Zunächst wurden strategische Schlüsselpersonen und relevante Netzwerke im Stadtteil identifiziert und angesprochen, die dabei helfen sollten, das Feld der Akteur*innen, Einrichtungen und möglichen Ansprechpartner*innen im Jugendbereich zu öffnen. Zur Vernetzung gehörte auch die Teilnahme an potenziell interessanten lokalen Veranstaltungen, Netzwerksitzungen, Arbeitsgruppen o. Ä., um die neu eröffnete Bibliothek mit den neuen Schwerpunkten und Angeboten bekannt zu machen und das Interesse an möglichen Kooperationen zu zeigen. Durch diese intensive Netzwerkarbeit sollten Kooperationen mit lokalen weiterführenden Schulen, Jugendzentren und anderen Einrichtungen der Jugendarbeit gesucht werden, um Jugendliche mit Einwanderungsgeschichte gezielter anzusprechen und zu erreichen.

---

[11] Finanziert durch das Programm *360° – Fonds für Kulturen der neuen Stadtgesellschaft* der Kulturstiftung des Bundes.

Evaluation

Parallel dazu wurde ein Dokumentations- und Evaluationsverfahren entwickelt, in dem mithilfe von Teilnahmelisten und Feedback-Bögen kontinuierlich die Resonanz auf die Angebote erhoben, dokumentiert und ausgewertet wurde. Ziel dabei war es, festzustellen, ob die angebotenen Themen bei den Jugendlichen gut ankommen bzw. welche weiteren Themen sie sich wünschen. So soll zum einen die Beteiligung der Jugendlichen an der inhaltlichen Gestaltung des Programms sichergestellt werden, zum anderen eine datenbezogene Grundlage geschaffen werden, um fundierte Entscheidungen zu treffen und notwendige Anpassungen vorzunehmen. Die Durchführung einer Evaluation ermöglicht die Bewertung der Fortschritte und Resultate des Gesamtprozesses sowie die Ableitung von Schlussfolgerungen und Empfehlungen für die weitere Planung.

Nachhaltigkeit

Die Workshops wurden durch externe (und somit bezahlte) Anbieter*innen durchgeführt und sollten nicht als dauerhaftes Angebot verankert werden, sondern vielmehr dazu dienen, Jugendlichen Impulse und Ideen zu geben und sie so zu motivieren, eigene kleine Angebote auf die Beine zu stellen und für andere durchzuführen. Dabei sollten sie bei der Planung, Bewerbung und Durchführung durch das Personal der Stadtteilbibliothek begleitet und unterstützt werden – im Idealfall durch eine bestimmte Ansprechperson, die für die Durchführung und Begleitung des Programms vor Ort zuständig ist. Auch wenn diese Angebote dann nicht mit derselben Regelmäßigkeit durchgeführt werden würden, so sollte als Ziel verfolgt werden, einige Jugendliche als „Junior Experts" zu gewinnen, die nach und nach Grundangebote von Jugendlichen für Jugendliche mit der Bibliothek aufbauen.

Übertragung

Die in Kalk entwickelten Strukturen sollen mit den notwendigen konzeptionellen Anpassungen auf weitere Zweigstellen in kulturell vielfältigen Stadtteilen übertragen werden. Ein ähnlicher Prozess wurde z. B. im August 2019 rund um die neue *minibib* im Stadtteil Chorweiler[12] initiiert.

---

[12] Mehr als 20 % der Bewohner*innen in Chorweiler sind jünger als 18 Jahre – mit steigender Tendenz. Chorweiler ist darüber hinaus durch einen hohen Anteil an Einwohner*innen mit

Die minibib ist ein attraktiver, frei zugänglicher Treffpunkt für alle Menschen im Stadtteil, der unmittelbar in der Nachbarschaft eines neuen Spielplatzes liegt. Das Bücherbüdchen wurde 2019 eröffnet und steht für ein erfolgreiches niederschwelliges kulturelles Angebot gepaart mit bürgerschaftlichem Engagement. Das Konzept der minibib Chorweiler orientiert sich gezielt an den Interessen der Bürger*innen im Stadtteil und möchte vor allem Kindern und Jugendlichen mit Einwanderungsgeschichte ermöglichen, mit partizipativen Veranstaltungsangeboten neue Medien und Technologien kennenzulernen und selbst kreativ tätig zu werden. Besucher*innen brauchen weder einen Bibliotheksausweis noch müssen sie Gebühren bezahlen (vgl. Stadtbibliothek Köln, 2017; Poulakos, 2020).

Dieser Prozess soll anschließend auch auf die Standorte in Porz und Mülheim übertragen werden.[13]

Zwischenbilanz

„MakerKalk" – Die Pilotphase in der Stadtteilbibliothek Kalk

Nach der Durchführung der ersten Veranstaltungen in Kalk konnte beobachtet und festgestellt werden: Die Stadtteilbibliothek als Ort wird von Jugendlichen stark genutzt und das Team sowie vor allem die zuständige Ansprechperson (im Fall von Kalk war es der Leiter der Stadtteilbibliothek) kommen gut bei den Jugendlichen an. Auch die intensive Netzwerkarbeit lohnte sich: Nach einer Anlaufzeit von einigen Monaten entstanden die ersten Kooperationen mit Schulen und anderen Einrichtungen.

Die Auswertung der Feedback-Bögen der Workshop-Angebote der ersten Jahreshälfte zeigte ziemlich deutlich, welche Kernzielgruppe sich besonders angesprochen fühlte und entsprechend die Angebote wahrnahm: Es handelte sich vor allem um 10- bis 12-jährige Jungen. Um das Programm in Hinblick auf eine vielfältigere Zielgruppe zu öffnen, wurde für die zweite Jahreshälfte das Themenspektrum erweitert (u. a. mit Berücksichtigung der angegebenen Wünsche

---

Einwanderungsgeschichte geprägt: Ca. 70 % aller unter 18-Jährigen haben eine Einwanderungsgeschichte (vgl. Stadt Köln, 2020).
13 Auch in diesen Stadtteilen leben vergleichsweise viele Kinder und Jugendliche unter 18 Jahren mit Einwanderungsgeschichte (vgl. Stadt Köln, 2020).

der Jugendlichen) und sehr genau auf die Formulierung der Workshop-Beschreibungen geachtet[14].

Die gezielte Bewerbung der Angebote vor Ort und über die lokalen Netzwerke führte nach und nach dazu, dass sich immer mehr Jugendliche aus dem Stadtteil für die Workshops interessierten. Gleichzeitig zeigte sich sehr schnell, dass der Erfolg eines solchen regelmäßigen Angebots davon lebt, die spontane Teilnahme derjenigen zu ermöglichen, die öfter in der Stadtteilbibliothek sind und aus dem Stadtteil kommen. Aus diesem Grund wurde das zuvor recht aufwendige Anmeldeverfahren mit Zustimmung der Eltern zugunsten einer einfachen Teilnahmeliste abgeschafft.

Was die aktive Mitgestaltung der Jugendlichen betrifft, zeigten sich schon nach wenigen Monaten kleine Erfolge. Es gelang dem Team, einige Jugendliche als „Macher*innen" zu gewinnen, die ihre eigenen Angebote mit Unterstützung des Personals entwickelten und durchführten, darunter eine Ausprobierstunde mit den Dash Robotern, ein regelmäßiges Treffen über „Poetry Slam" sowie eine offene Gaming-Stunde mit dem „Super Mario Maker"[15]. Aus den ersten Veranstaltungsversuchen im ersten Halbjahr entstand zusätzlich die Idee einer „offenen Stunde". Dabei handelt es sich um einen regelmäßigen monatlichen Termin zur freien Nutzung der Workshop-Räumlichkeiten, in denen Jugendliche und junge Erwachsene ihre Angebote kostenfrei entwickeln und durchführen können. Mit der offenen Stunde wurde ein fester Rahmen geschaffen, der erlaubte, die Mitgestaltungsmöglichkeit durch junge Menschen als festen Bestandteil des Programms nachhaltig zu etablieren.

„Niederschwellig, interkulturell, digital-medial" – Die Übertragung auf die minibib in Chorweiler

In der minibib in Chorweiler wurde seit der Eröffnung im August 2019 (und zunächst bis zum Ende des Jahres) ein wöchentlich stattfindendes digital-mediales Workshop-Programm für Kinder und Jugendliche (mit und ohne Einwanderungsgeschichte) angeboten. Ziel dabei war, Kindern und Jugendlichen in partizipativ angelegten medienpädagogischen Workshops neue Medien und

---

14 Die ersten Angebote sprachen vor allem Jungen an. Das lag zum Teil an der Themenauswahl (vor allem Gaming und Programmieren), aber auch am Wording: „Gaming-Level bauen" ist zwar dasselbe wie „Digitale Zauberwelten erschaffen", spricht aber unterschiedliche Zielgruppen an.
15 Für eine detaillierte Beschreibung dieses Prozesses und der durchgeführten Veranstaltungen siehe Bel Adasme & Reeder-Dertnig, 2021.

Technologien näherzubringen und sie dabei zu motivieren, selbst kreativ tätig zu werden – und im besten Fall neue Interessen und Fähigkeiten zu entdecken.

Um die Workshop-Termine und vor allem die jeweiligen Themen bekannt zu machen, wurden Flyer und Plakate angefertigt, die vor Ort sowohl in der minibib als auch in der nahe gelegenen Stadtteilbibliothek ausgeteilt und aufgehängt, aber auch an die jeweiligen lokalen Netzwerke gesendet wurden. Eine großflächige Werbung war jedoch nicht notwendig: Das extravagante Design des Bücherbüdchens sowie die praktische Nähe zum Spielplatz sorgten dafür, dass sowohl die minibib an sich als auch die angebotenen Workshops von vielen Kindern aus der direkten Umgebung durchgehend sehr gut besucht wurden. Kaum wurden die Türen geöffnet, kam Leben auf den Platz. Die Kinder zeigten sich interessiert, suchten den Kontakt zu den (ehrenamtlichen) Mitarbeitenden und stellten dabei viele Fragen: „Wer bist du? Liest du mir etwas vor? Spielst du mit mir?"[16]. Auch von neugierigen Eltern kamen Nachfragen. Im Anschluss an die Workshops wurden Kinder danach gefragt, was sie gut fanden. Großer Beliebtheit erfreuten sich die Roboter, aber auch die Möglichkeit der Zusammenarbeit in Teams.

Da diese Workshops bei der Zielgruppe sehr gut ankamen, wurde für 2020 eine weitere Reihe geplant. Im Hinblick auf eine nachhaltige Etablierung des regelmäßigen Angebots sollten zudem ältere Jugendliche befähigt werden, ihre eigenen digital-medialen Workshops für Kinder zu entwickeln und durchzuführen. Dafür wurden Praxis-Workshops/Schulungen in der Stadtteilbibliothek Chorweiler geplant, um interessierte Jugendliche zu „Junior Experts" zu schulen. Die Teilnehmenden sollten über die Vernetzung und Kooperation mit lokalen weiterführenden Schulen akquiriert werden. In den Workshops sollten die Jugendlichen sowohl Praxistipps für die inhaltliche Gestaltung als auch Tipps zu gruppendynamischen Prozessen erhalten.

Aufgrund der Einschränkungen sowie der neuen Anforderungen durch die Corona-Situation und der damit einhergehenden Herausforderungen konnte die für die erste Jahreshälfte 2020 geplante Workshop-Reihe in der minibib zunächst nur mit Unterbrechungen und zum größten Teil nur in der Stadtteilbibliothek Chorweiler durchgeführt werden[17]. Trotz aller Bemühungen konnten bis zum Ende des Jahres nicht alle Workshops vollständig stattfinden. Die bereits fertig konzipierten Praxis-Workshops für Junior Experts mussten komplett auf 2021 verschoben werden.

---

16 Eine ausführliche Darstellung des Projektes *minibib* ist bei Poulakos (2020) nachzulesen.
17 Die *minibib* in Chorweiler musste aufgrund der Corona-Bestimmungen geschlossen werden und durfte 2020 nicht mehr öffnen.

Fazit und Ausblick

Die bisherigen Erfahrungen in Kalk und Chorweiler zeigen, dass das Grundkonzept funktioniert. Es eignet sich nicht nur gut dafür, Jugendliche (und auch Kinder) direkt vor Ort, wo sie ihren Lebensmittelpunkt haben, zu erreichen, sondern auch sie zu motivieren, ihren eigenen Ideen nachzugehen und diese im Rahmen kleiner Angebote für andere aufzubereiten. Der Ansatz gibt gerade Kindern und Jugendlichen in benachteiligten Stadtteilen die Möglichkeit, die Bibliothek (neu) zu entdecken und sie als Teil ihres Lebensraums wahrzunehmen. Gleichzeitig ermöglicht das regelmäßige, niederschwellige Programm vor Ort die Teilhabe einer Zielgruppe, die bisher von den digital-medialen Angeboten der Bibliothek oft ausgeschlossen war[18].

Entscheidend für die Umsetzung des Programms ist dabei – neben der Anfangsfinanzierung für die Workshops – eine engagierte, zugängliche und interessierte Ansprechperson vor Ort, die diesen Prozess langfristig und kontinuierlich betreut. Nur wenn es eine Vertrauensperson für die Jugendlichen gibt, die durchgehend präsent ist, die Angebote steuert, die Jugendlichen persönlich anspricht, begleitet und unterstützt, ist es möglich, die prozessorientiert entwickelten Maßnahmen in nachhaltige Strukturen zu überführen.

Gleichzeitig gehören Herausforderungen zum Prozess und müssen auch adressiert werden. Die größte Hürde stellte die unvorhergesehene Corona-Krise 2020 und die damit einhergehenden Einschränkungen dar. Diese führten zunächst dazu, dass die Angebote für längere Zeit ausfallen mussten, wodurch sich die ganze Planung (auch im gesamten *360°*-Vorhaben) nach hinten verschob und damit die Prozesse verzögerte: Der erfolgreich etablierte Prozess in der Stadtteilbibliothek Kalk kam zum Erliegen; der gerade begonnene Prozess in Chorweiler konnte nicht abschließend umgesetzt und entsprechend nicht verankert werden; die neu geplanten Prozesse in Porz und Mülheim konnten im ersten Jahresquartal nicht an den Start gehen. Aber auch, wenn die Workshops (unter Auflagen) zum Teil wieder stattfinden durften, erschwerten Nachverfolgungslisten und Hygienekonzepte die sonst immer vorhandene lockere Atmo-

---

18 Obwohl die medienpädagogischen Angebote der Bibliothek (z. B. im Rahmen von Ferienprogrammen wie MakerKids oder dem MINTfestival) für alle offen sind, sind hier erfahrungsgemäß überwiegend Kinder und Jugendliche aus gut situierten Elternhäusern zu finden. Dies liegt erfahrungsbasiert daran, dass diese Eltern in der Regel die Bibliothek und ihre Angebote gut kennen/nutzen und deshalb bestens über Programme für Kinder informiert sind. So kümmern sie sich auch frühzeitig um die Anmeldung sowie sorgen sie für die notwendigen Rahmenbedingungen. Kinder und Jugendliche aus sogenannten „Brennpunkten" erfahren oft selbst und relativ spät über das Angebot, meistens dann, wenn alle Plätze belegt sind.

sphäre und blockierten den niederschwelligen Zugang sowie die spontanen Teilnahmemöglichkeiten.

Die Möglichkeit einer digitalen Umsetzung des Programms wurde in diesem Kontext zwar in Betracht gezogen, jedoch schnell wieder verworfen. Denn mit diesem Programm und den lokalen Workshops sollen Kinder und Jugendliche in erster Linie dort erreicht werden, wo sie ihren Lebensmittelpunkt haben – das heißt also vor Ort in ihrem Stadtteil. Dabei handelt es sich um eine Zielgruppe, die generell zwar in die Stadtteilbibliotheken kommt, jedoch über digitale Kommunikationswege schwer erreichbar ist bzw. gerade in Zeiten von Corona schwer auf das (digitale) Angebot der Stadtteilbibliotheken aufmerksam gemacht werden kann, wenn sie nicht in die Bibliothek kommen kann. Erfahrungsgemäß liegt dies einerseits daran, dass die Eltern in diesen Stadtteilen oft über die Angebote der Stadtbibliothek nicht ausreichend informiert sind und deshalb ihre Kinder und Jugendlichen nicht dafür anmelden können.[19] Dabei fehlt ihnen häufig das notwendige Know-how im Umgang mit digitalen Medien oder generell das allgemeine Wissen um die Bibliothek und ihre Angebote. Mangelnde Deutschkenntnisse können dabei auch eine Rolle spielen. Andererseits ergibt sich die erschwerte digitale Erreichbarkeit von Kindern und Jugendlichen in den besagten Stadtteilen auch aufgrund der fehlenden digitalen Ausstattung zu Hause.

Aus diesen Gründen stellt eine digitale Umsetzung des Programms keine wirkliche Alternative dar. Nur mit dem regelmäßigen, niedrigschwelligen Workshop-Angebot vor Ort kann die anvisierte Zielgruppe angemessen erreicht werden. Der direkte physische Kontakt zur Bibliothek als Ort stellt dabei den entscheidenden Faktor dar, um die Identifikation der Jugendlichen mit der Bibliothek zu stärken und sie zu motivieren, eigene Angebote zu machen bzw. sie längerfristig als „Macher*innen" zu gewinnen.

Obwohl das Erhalten der Strukturen viel Zeit, Dedikation und Engagement seitens des Personals erfordert und trotz aller Herausforderungen, zeigen die Erfahrungen aus den ersten Jahren, dass es sich lohnt, (finanzielle und personelle) Ressourcen in diesem Programm zu investieren. Sobald es die Umstände wieder erlauben, soll das Projekt wiederaufgenommen und fortgeführt werden.

---

19 Die Kölner Stadtteile Kalk, Chorweiler, Porz und Mülheim zählen zu den Stadtgebieten, die als „benachteiligt" bzw. „sozialer Brennpunkt" gelten und deshalb Teil des integrierten Handlungskonzepts „Starke Veedel – Starkes Köln" sind. Ziel dieses Konzepts ist es, „die besonders von sozialer Benachteiligung betroffenen Stadtquartiere in Köln zu stärken, Armut zu bekämpfen, den sozialen Zusammenhalt zu stärken, Prävention zu systematisieren und die Lebenssituation der in diesen Quartieren lebenden Menschen nachhaltig zu verbessern" (Stadt Köln, 2015, S. 13).

Literaturverweise

Ahlfänger, F. (2011). Partizipation Jugendlicher in Bibliotheken: eine grundlegende Basis für innovative Ideen und Angebote. Simon Verlag für Bibliothekswissen.

Ahyoud, N., Aikins, J. K., Bartsch, S., Bechert, N., Gyamerah, D. & Wagner, L. (2018). Wer nicht gezählt wird, zählt nicht. Antidiskriminierungs- und Gleichstellungsdaten in der Einwanderungsgesellschaft – eine anwendungsorientierte Einführung. Vielfalt entscheidet – Diversity in Leadership, Citizens For Europe (Hrsg.), Berlin. www.vielfaltentscheidet.de/publikationen (7.5.2021).

Barth, H. (2015). „Die Bibliothek als Dritter Ort". In: BuB – Forum Bibliothek und Information, Heft 07/2015. https://b-u-b.de/die-bibliothek-als-dritter-ort/ (7.5.2021).

Baur, C. (2010). Bildungsbenachteiligung von Kindern und Jugendlichen. In Heinrich-Böll-Stiftung: Rassismus & Diskriminierung in Deutschland. Dossier.

Bel Adasme, M. & Reeder-Dertnig, W. (2021). It's up to you! Jugendliche mit Einwanderungsgeschichte erreichen. In Keller-Loibl, K. (Hrsg.), Handbuch Kinder- und Jugendbibliotheksarbeit. Bad Honnef: Bock & Herchen.

Brockhagen, S. (2016). Partizipation Jugendlicher in öffentlichen Bibliotheken durch die Einrichtung eines Jugendbereichs am Beispiel der Stadtbücherei Altena. Bachelorarbeit an der Hochschule für Technik, Wirtschaft und Kultur Leipzig, Fakultät Medien, Studiengang Bibliotheks- und Informationswissenschaft.

BuB – Forum Bibliothek und Information. (2019). „Bibliothek 4.0 – wozu wir Dritte Orte brauchen", Online-Ressource. https://b-u-b.de/bibliothek-4-0-wozu-wir-dritte-orte-brauchen/ (7.5.2021).

Bundesministerium für Familie, Senioren, Frauen und Jugend. (2015). Qualitätsstandards für Beteiligung von Kindern und Jugendlichen. Allgemeine Qualitätsstandards und Empfehlungen für die Praxisfelder Kindertageseinrichtungen, Schule, Kommune, Kinder- und Jugendarbeit und Erzieherische Hilfen. Berlin.

Deutscher Bibliotheksverband e. V. (o. J.). Bibliotheksportal, Jugendbibliotheken. https://bibliotheksportal.de/ressourcen/management/zielgruppen/jugendliche/ (7.5.2021).

Edele, A., Stanat, P., Radmann, S. & Segeritz, M. (2013). Kulturelle Identität und Lesekompetenz von Jugendlichen aus zugewanderten Familien. In Jude, N., Klieme, E. (Hrsg.), PISA 2009 – Impulse für die Schul- und Unterrichtsforschung. Weinheim: Beltz, S. 84–110.

Förderverein Stadtbibliothek Köln e. V. (o. J.). minibib Chorweiler – unser neues Projekt. http://www.foerderverein-stadtbibliothek-koeln.de/chorweiler.html (7.5.2021).

Gerhardt, V. (2007). Partizipation. Das Prinzip der Politik. München: Beck.

International Federation of Library Associations and Institutions (IFLA). (2003). Richtlinien für die Bibliotheksarbeit mit Jugendlichen. Überarbeitung der im Jahr 1996 vom ständigen Ausschuss der IFLA-Sektion Kinder- und Jugendbibliotheken veröffentlichten Richtlinien. https://www.ifla.org/files/assets/libraries-for-children-and-ya/publications/ya-guidelines2-de.pdf (7.5.2021).

International Federation of Library Associations and Institutions (IFLA). (2008). Die IFLA Erklärung zur multikulturellen Bibliothek. Die multikulturelle Bibliothek – eine Schnittstelle zu einer kulturell vielfältigen Gesellschaft im Dialog. Den Haag. http://archive.ifla.org/VII/s32/pub/MulticulturalLibraryManifesto-de.pdf (7.5.2021).

Keller-Loibl, K. (2012). Das Image von Bibliotheken bei Jugendlichen. Empirische Befunde und Konsequenzen. Bad Honnef: Bock+Herchen.

Kreuziger, A. (2002–2011). Partizipation von Kindern und Jugendlichen. Auf: Kinder beteiligen! Eine kleine Webseite zur Partizipation von (nicht nur) Kindern und Jugendlichen. https://www.kinder-beteiligen.de/partizipation-kinder-jugendliche.htm#Oben (7.5.2021).

Lochner, S. & Jähnert, A. (2020). DJI-Kinder- und Jugendmigrationsreport 2020. Datenanalyse zur Situation junger Menschen in Deutschland.

Lucas, J. (2013). Die Bibliothek als Ort der interkulturellen Begegnung. Bachelorarbeit im Studiengang Bibliotheks- und Informationswissenschaft an der Hochschule für Angewandte Wissenschaften Hamburg.

Medienpädagogischer Forschungsverbund Südwest. (2020). JIM-Studie 2020. Jugend, Information, Medien. Basisuntersuchung zum Medienumgang 12- bis 19-Jähriger. https://www.mpfs.de/fileadmin/files/Studien/JIM/2020/JIM-Studie-2020_Web_final.pdf (7.5.2021).

Neue Deutsche Medienmacher*innen. (2019). NdM-Glossar. Wörterverzeichnis der Neuen Deutschen Medienmacher*innen (NdM) mit Formulierungshilfen, Erläuterungen und alternativen Begriffen für die Berichterstattung in der Einwanderungsgesellschaft, 9. Aufl.

Oltmer, J. (2013). Migration. In Meier-Braun, K.-H. & Weber, R. (Hrsg.), Migration und Integration in Deutschland. Begriffe – Fakten – Kontroversen. Bonn: BpB Bundeszentrale für politische Bildung, S. 31–34.

Poulakos, I. (2020). Ohne Ausweis und Gebühr. In BuB – Forum Bibliothek und Information, Heft 06/2020. https://b-u-b.de/wp-content/uploads/2020-06.pdf (7.5.2021).

Schank, K. & Nestlinger, J. (2015). Bibliotheken in Berlin: unverzichtbare Orte einer interkulturellen Stadt. In Bibliotheksdienst 2015, 49 (3–4), S. 300–312.

Schwanenflügel, L. v. (2015). Partizipationsbiographien Jugendlicher. Zur subjektiven Bedeutung von Partizipation im Kontext sozialer Ungleichheit. Wiesbaden: Springer VS.

Stadt Köln. (2015). Starke Veedel – Starkes Köln. Mitwirken, Zusammenhalten, Zukunft gestalten. Integriertes Handlungskonzept. https://www.stadt-koeln.de/mediaasset/content/pdf15/starke-veedel/integriertes_handlungskonzept_nach_schlusszeichnung_ob.pdf (7.5.2021).

Stadt Köln. (2020). Kölner Stadtteilinformationen. Einwohnerinnen und Einwohner mit Migrationshintergrund. https://www.stadt-koeln.de/mediaasset/content/pdf15/statistik-standardinformatio-nen/k%C3%B6lner_stadtteilinformationen_bev%C3%B6lkerung_2020.pdf (7.5.2021).

Stadtbibliothek Köln. (2017). Die minibib Chorweiler. Konzeptentwurf. Internes Dokument der Stadtbibliothek Köln.

Statistisches Bundesamt. (o. J.). Migrationshintergrund. https://www.destatis.de/DE/Themen/Gesellschaft-Umwelt/Bevoelkerung/Migration-Integration/Glossar/migrationshintergrund.html (7.5.2021).

Utlu, D. (2011). Migrationshintergrund. Ein metaphernkritischer Kommentar. In Arndt, S. & Ofuatey-Alazard, N. (Hrsg.), Wie Rassismus aus Wörtern spricht. (K)Erben des Kolonialismus im Wissensarchiv deutscher Sprache: ein kritisches Nachschlagewerk. Münster, S. 445–448.

Vogt, H. (2019a). Wo Design Thinking Wirklichkeit wird. Bibliothek im Quartier als Dritter Ort und Open Library. In Hauke, P. (Hrsg.), Öffentliche Bibliothek 2030. Herausforderungen – Konzepte – Visionen. Bad Honnef: Bock + Herchen, S. 109–114.

Vogt, H. (2019b). Die Stadtbibliothek als Dritter Ort. Büchereiperspektiven 1/19. Teilen – Beteiligen. Trends mit Tradition in der Bibliothek.

Vollbrecht, R. (1997). Zielgruppen. Bibliotheksarbeit für Jugendliche. Ergebnisse des DBI-Projektes „Entwicklung und Erprobung neuer Konzepte der Bibliotheksarbeit für Jugendliche". In *Bibliotheksdienst*, Band 31 Heft 4.

Julia Hauck
Mehr als nur „Mitmach-Angebote": Partizipation am Beispiel einer Schreibwerkstatt mit Geflüchteten

Die Kommunikation mit ihren Besucher*innen ist für Öffentliche Bibliotheken längst keine Einbahnstraße mehr. Mit unzähligen Angeboten wird dazu eingeladen, Wünsche und Erwartungen zu äußern, selbst tätig zu werden und die (Formate der) Bibliothek mitzugestalten. So gibt es Diskussionsrunden, Maker Spaces, Reparier-Cafés und vieles mehr, was Nutzer*innen zu Gestalter*innen ihrer Bibliothek werden lässt. Partizipation spielt eine immer größere Rolle und bedeutet so viel wie „Beteiligung, Teilnahme, Teilhabe, Mitwirkung, Mitbestimmung oder auch Einbeziehung" (Ahlfänger, 2011, S. 13). Franziska Ahlfänger (vgl. 2011, S. 25) prognostiziert, dass der gesellschaftliche und informationstechnologische Wandel eine Ausweitung von Beteiligungsformaten erfordern wird. Kerstin Keller-Loibl und Susanne Brandt (vgl. 2015, S. 13 & 17) verweisen in diesem Zusammenhang auch darauf, dass Leseförderung anhand partizipativer Formate immer mehr an Bedeutung gewinnt. Das heißt, der Trend geht hin zu einer aktiven Mitwirkung und Mitbestimmung der Teilnehmenden. Schreibwerkstätten sind in Bibliotheken durchaus etabliert, so die Autorinnen:

> Bewährt hat sich im Rahmen der bibliothekarischen Leseförderung für Erwachsene beispielsweise die Form einer offenen moderierten Schreib- und Lesegruppe, die sich im Unterschied zu Kursangeboten der Volkshochschule nicht als Lehrgang für Kreatives Schreiben versteht, sondern das Ziel hat, schreibenden und literaturinteressierten Menschen ein kreatives Forum zum gemeinsamen Lernen und Lesen zu bieten. (Keller-Loibl & Brandt, 2015, S. 151)

Öffentliche Bibliotheken bieten optimale Bedingungen für Schreibwerkstätten, da sie genügend Raum, ausreichend Ruhe und adäquate Ressourcen bereitstellen können: Sie ermöglichen einen Zugang zu Informationen aus dem Internet, aber auch zu Medien zum Nachschlagen. Oftmals gibt es sogar einen Interessenkreis Schreibwerkstatt sowie natürlich genügend literarische Werke zur Inspiration.

Das Projekt Flucht & Vertreibung

> Alles in allem: Jena ist zu meiner zweiten Heimat geworden. Wir leben nun seit vier Jahren hier. Viele Menschen sind bemüht, auf unsere Gewohnheiten und Bräuche Rücksicht zu nehmen, andere meinen, wir müssten uns assimilieren. Die Lösung liegt in der Mitte, finde ich. (Asmaa in *Hoffnung* der Ernst-Abbe-Bücherei Jena, 2020, S. 43)

Das obenstehende Zitat entstand 2019 im Rahmen einer Schreibwerkstatt in der Ernst-Abbe-Bücherei Jena und reißt an, wie eine nach Deutschland geflüchtete Syrerin zum Thema Integration steht. Das dazugehörige Projekt *Flucht & Vertreibung* zeigt exemplarisch, welche Möglichkeiten und Herausforderungen solche partizipativen Angebote für Teilnehmende und Bibliotheken bieten. Am Projekt in Jena nahmen insgesamt zehn syrische Geflüchtete teil, die unter professioneller Anleitung ihre Kindheit sowie Erfahrungen von Krieg, Flucht und dem Ankommen in Deutschland zu reflektieren versuchten. Anschließend wurden die verfassten Texte in einer Publikation gebündelt und bei einer Release-Veranstaltung von den Autor*innen vorgestellt. Die Texte entstanden auf Deutsch, wobei ein Dolmetscher die Workshops begleitete. Als Maßnahme im Programm *360° – Fonds für Kulturen der neuen Stadtgesellschaft* zielte das Projekt auch darauf ab, Veränderungen der Stadtgesellschaft aufzugreifen und öffentliche Debatten positiv zu beeinflussen. Das wichtigste Ziel war es jedoch, denjenigen eine Plattform zu ermöglichen, die in der lokalen Öffentlichkeit oftmals nur als Thema oder Objekt der Debatte statt als Individuen in Erscheinung traten (vgl. Abb. 18).

Abb. 18: Übersicht zur Schreibwerkstatt

Schreibwerkstatt *Flucht & Vertreibung*
Kurzbeschreibung
Geflüchtete aus Jena verarbeiten literarisch unter professioneller Anleitung ihre Erfahrungen vor, während sowie nach der Flucht. Es entsteht eine Publikation mit individuellen Eindrücken zu Themen rund um Krieg, Vertreibung, Entwurzelung, Heimat, Fremdsein und das Ankommen in Deutschland. Die Publikation wird im Rahmen einer Abendveranstaltung vorgestellt und an Einrichtungen und Interessierte in Jena verteilt.
Ort & Zeitraum der Durchführung
– Ernst-Abbe-Bücherei Jena – September 2019 bis September 2020
Ziele
– Sichtbarmachung von individuellen Biografien der Stadtgesellschaft – Partizipation: nicht ÜBER Menschen, sondern MIT Menschen reden – Förderung von Deutschkenntnissen – Information zu Angeboten der Bibliothek

Schreibwerkstatt *Flucht & Vertreibung*
Umsetzung
– 10 Teilnehmende aus Jena
– arabischsprachige Geflüchtete, möglichst gute Deutschkenntnisse
– Erwachsene: Männer & Frauen unterschiedlichen Alters
Rahmenbedingungen
– Kosten: insgesamt ca. 5 000 € (Honorare, Druck, Veranstaltung etc.)
– sechs Workshops für die Arbeit am Text sowie mind. zwei für Publikation und Veranstaltung
– Büroräume inkl. Schreib-/Präsentationsmaterial, Wörterbücher
Reflexion
– Wie viel vorgeben? Wie flexibel sein?
– Wie homogen soll die Gruppe sein? Welche Kontakte bestehen bereits? Welche Barrieren gibt es für die Teilnehmenden? Welchen Zeitraum planen?
– eigene Perspektive reflektieren! (aus *Flucht und Vertreibung* wird *Hoffnung*)
– Auswahl der Projektleitung: Diversitätssensibilität notwendig
– Teilnehmer*innen: hoher Zeitaufwand, Belastung/Re-Traumatisierung
Nachhaltigkeit
– Empowerment der teilnehmenden Autor*innen
– Verbesserung der Deutschkenntnisse
– Erweiterung der Perspektiven auf die sogenannte Zielgruppe (auch innerhalb der Belegschaft der Bibliothek)
– Wirkung in die Stadtgesellschaft u. a. durch Druckexemplare an kommunale Partner*innen, Schulen usw. (kostenfrei)

Mit der Schreibwerkstatt *Flucht & Vertreibung* sollten die Teilnehmenden beim kreativen Erlernen und Üben der deutschen Sprache unterstützt werden sowie die Bibliothek und ihre Angebote (besser) kennenlernen. Wichtig war es, ein Format zur Leseförderung anbieten zu können, welches fern von Sprach- oder Konversationskursen anderer Einrichtungen funktioniert. Initiatorin für das Projekt in Jena war eine lokale Schriftstellerin und ehrenamtliche Deutschlehrerin, die bereits in Initiativen für Geflüchtete tätig war sowie durch eigene Lesungen Kontakt zur Ernst-Abbe-Bücherei Jena hatte. Nachdem vorab Rollen, Aufgaben und Zeitplan zwischen der Bücherei und der Projektleiterin geklärt wurden, konnte das Vorhaben bei anderen Netzwerkpartner*innen und im Newsletter des Integrationsmanagers beworben werden. Ein Grundinteresse am Kreativen Schreiben und an literarischen Texten war Voraussetzung für die Teilnahme. Zudem war es notwendig, dass die Teilnehmenden bereits über gute Deutschkenntnisse verfügten, bestenfalls ab B1-Niveau. Letztlich fanden sich acht Männer und zwei Frauen von 16 bis 60 Jahren, deren Mutter- oder Zweitsprache Arabisch war. Alle Teilnehmer*innen stammten aus Syrien, was den Vorteil hatte, auf ihre Flucht und deren Hintergründe in relativ kurzer Zeit ausreichend eingehen zu können.

Die Schreibwerkstatt fand insgesamt an sechs Vormittagen mit jeweils dreistündigen Sitzungen in den Räumen der Bibliothek statt. Für den Schreibprozess waren drei Monate eingeplant, um neben gemeinsamen Treffen auch genügend Zeit für die Beteiligten zu bieten, die Texte zu Hause zu bearbeiten. Es entstand in Absprache mit den Teilnehmer*innen eine inhaltliche Gliederung der Workshops in: 1) Kindheit, 2) Krieg, 3) Flucht und 4) Ankommen. Nach den Schreib-Workshops wurden die Konzeption der Publikation und die Textauswahl besprochen. Für die Publikation waren ursprünglich 20 Seiten im A5-Format geplant. Allerdings verfassten die Autor*innen zahlreiche Texte eigenständig zu Hause, was die Seitenzahl am Ende verdoppelte. Die so entstandene Publikation *Hoffnung* wurde mit einer Auflage von 1000 Exemplaren gedruckt und in verschiedenen Öffentlichen (Kultur-)Einrichtungen, inkl. der Stadtbibliothek, kostenlos ausgelegt. Das Heft ist online auf der Homepage der Bibliothek abrufbar (vgl. Ernst-Abbe-Bücherei Jena, 2020). Die Veröffentlichung sollte im Rahmen einer Release-Veranstaltung (mit musikalischer Begleitung) im März 2020 vorgestellt werden, musste aber aufgrund der Corona-Pandemie verschoben werden und fand erst im Oktober 2020 statt.

Für die Teilnehmenden bestand die Herausforderung darin, sich literarisch mit der eigenen Vergangenheit sowie intensiv mit der deutschen Sprache auseinanderzusetzen. Sie sollten sich nicht allein auf Fakten und Abläufe konzentrieren, sondern Stimmungen, Atmosphäre und Gefühle sprachlich zu vermitteln versuchen. Mithilfe eines Dolmetschers, verschiedenen Nachschlagewerken und Google-Translator wurde in den Workshops intensiv um Bezeichnungen und Ausdruck gerungen. Wichtig für die Umsetzung des Projektes war eine vertrauensvolle, wertschätzende Atmosphäre, um sensible Themen und belastende Erfahrungen ansprechen zu können.

Das Feedback der Teilnehmer*innen war durchweg positiv. Neben der wahrgenommenen Verbesserung ihrer Deutschkenntnisse war für die Beteiligten überaus wichtig, dass ihre Geschichten Gehör fanden: zuerst im Rahmen der Workshops, dann durch eine Veröffentlichung und letztlich vor Publikum und Presse. Dass endlich mit ihnen statt über sie gesprochen wurde, war – so die Rückmeldung – eine große Erleichterung. Auch dass die Workshops in der Stadtbibliothek stattfinden durften, wurde positiv hervorgehoben, da sie als kommunale Institution geschätzt wurde.

Durch die Veröffentlichung und anschließende Distribution konnte eine breite Öffentlichkeit angesprochen werden. Zusätzlich profitierte die Ernst-Abbe-Bücherei Jena also von den positiven Rückmeldungen zur Publikation und der Release-Veranstaltung: Eine Vielzahl von Nutzer*innen zeigte sich dankbar, dass die Geschichten der Geflüchteten festgehalten wurden. Für die Stadtgesellschaft lag der Mehrwert demnach darin, dass mit den Texten der

Teilnehmer*innen neue Perspektiven in die öffentliche Debatte Eingang fanden. Anhand der Auseinandersetzung mit einzelnen Biografien wurde deutlich, dass die Gruppe der Geflüchteten ebenso differenziert zu betrachten ist wie der Rest der Gesellschaft. Durch die Lesung zum Heft konnte dann außerdem ein Raum geschaffen werden, in dem Bürger*innen direkt mit den Projektbeteiligten ins Gespräch kommen konnten.

Kritische Reflektion

Für das Projekt der Schreibwerkstatt standen die Beteiligten vor einigen Herausforderungen, da ein solches Format bisher vor Ort noch nicht etabliert war. Zwar hatte die Projektleitung Erfahrung in der Vermittlung von Methoden des Kreativen Schreibens, die Bibliothek in der Durchführung von Workshops (hauptsächlich für Kinder und Jugendliche) und die Geflüchteten kannten das Arbeiten im Deutschunterricht, eine Kombination aller drei Formate war jedoch neu. Die Planung des Projektes mit seinen Einzel-Workshops, der Publikation und der Release-Veranstaltung war deshalb ein Learning-by-doing-Prozess. Die Herausforderung bestand darin, die Ressourcen aller Akteur*innen sinnvoll zu verschränken und möglichst flexibel bei der Projektgestaltung zu bleiben. Das übergeordnete Ziel war, im Sinne von Max Frisch (2016), eine „positive Wirkung wie Selbstwirksamkeit, Anerkennung und Wertschätzung durch Projekte" (S. 10) zu erreichen.

Doch partizipative Formate sind äußerst voraussetzungsreich: So reflektiert Raphaela Müller (Kulturelle Bildung 14, 2016, 14 f.) in ihrem Beitrag die Erfahrungen der Stadtbibliothek München mit partizipativen Formaten unter dem Titel *Strukturen überdenken, Rahmenbedingungen ändern, Horizonte erweitern*. Das aktive Mitgestalten erfordere demnach Mitbestimmungsmöglichkeiten der Teilnehmenden von Anfang an und Flexibilität sowie einen hohen Grad an Innovationsfähigkeit von den Organisationen und Projektverantwortlichen. Um Partizipation nachhaltig sinnvoll zu ermöglichen, sollten Bibliotheken offen für vielfältige Themen und Kooperationen sein, so die Erfahrung in München (Kulturelle Bildung 14, 2016, 14 f.). Zentraler Slogan für eine diversitätssensible Programmplanung partizipativer Formate lautet: „Nicht FÜR, sondern MIT." (Merkt et al., 2016, S. 41)

Im Rahmen der Projektumsetzung kamen folgende Fragen auf: „Wie viel geben wir vor? Wie flexibel sind wir in der Umsetzung?" Natürlich ist es bei allen Projekten essenziell, eine sorgsame Planung aufzustellen und vorab die Rahmenbedingungen abzustecken. Nimmt man den partizipativen Ansatz jedoch ernst, so gestalten die Teilnehmenden die Formate von Anfang an mit. Das führt unweigerlich zu einem Austarieren unterschiedlicher Interessen und Vorstellungen. Hier ist vor allem die Reflexionsfähigkeit der Projektleitung gefragt, die sich immer wieder selbstkritisch hinterfragen muss, wann und wo sie an (ihre) Grenzen stößt. In der Handreichung *Partizipative Prozesse diversity-gerecht gestalten* (Gudermuth, 2017) wird auf grundlegende Fragen eingegangen, die allen Beteiligungsformaten vorangestellt sein sollten: Wie erreiche ich die Bürger*innen? Wie kommuniziere ich mein Vorhaben verständlich? Wie gehe ich mit den verschiedenen Meinungen um? Wie werden Entscheidungen getroffen? Insbesondere die Frage, wie von Beginn an auch die Grenzen der Mitbestimmung klar kommuniziert werden können, stellt eine häufige Herausforderung dar. Eine fehlende Transparenz in dieser Frage kann dazu führen, dass Beteiligungsverfahren mehr Frustration schaffen als sie abbauen. In solchen Fällen kann auch schnell der Vorwurf der „Scheinpartizipation" im Raum stehen. Für den Erfolg von Beteiligungsverfahren ist es jenseits der aufgeworfenen inhaltlich wichtigen Fragen wesentlich, im Vorfeld zu klären, welches Wissen und welche Ressourcen – finanziell, zeitlich und personell – benötigt werden (Gudermuth, 2017, S. 4).

Eine weitere Beobachtung zum Projekt in Jena betrifft die Machtasymmetrie zwischen herkunftsdeutschen Vermittlerinnen und vermeintlich hilfesuchenden Geflüchteten: Die beiden Hauptverantwortlichen wählten beispielsweise den Projekttitel *Flucht & Vertreibung*, wohingegen die Teilnehmenden die entstandene Publikation *Hoffnung* betitelten. Der Ausgangspunkt war, zugespitzt formuliert, Geflüchteten-Schicksale zu präsentieren. Die Teilnehmenden selbst wollten aber auch ihre Kindheit und Zukunft thematisieren – sich also umfassender darstellen. Diese Problematik der Zuschreibungen von außen trifft viele Geflüchtete, wie Dima Al-Bitar Kalaji in seinem Essay *Habe ich es geschafft?* formuliert: „Krieg, Flucht, Exil, Sprache: In dieses Viereck werde ich immer und immer wieder zurückgeworfen." (Al-Bitar Kalaji, 2020, S. 5) Auch Merkt et al. (2016) geben zu bedenken:

> Es ist durchaus eine sensible Gratwanderung zwischen der Anerkennung bestimmter Bedürfnisse aufgrund einer Zugehörigkeit und dem Reduzieren auf eine „homogene" Zielgruppe. [...] Empowerment richtet sich an Menschen, die aufgrund ihrer Zugehörigkeit von Diskriminierung betroffen sein können [beispielsweise in Bezug auf Bildungschancen, Wohnungsmarkt, die Darstellung in Medien oder die Art, wie Menschen ihnen im Alltag begegnen]. Auf der anderen Seite ist Sensibilität geboten, wenn wir privilegierten Menschen mit paternalistischen Haltungen zu wissen glauben, was für andere gut ist [Ich spreche hier aus der Perspektive einer weißen Deutschen]. Und wenn wir Menschen auf eine Zugehörigkeit reduzieren [beispielsweise Fluchterfahrung] und ihnen mit Mitleid begegnen. Dadurch werden sie in eine abhängige, unterlegene Position gebracht und die Be-

ziehung gerät in Schieflage – Kommunikation und Arbeit auf Augenhöhe wird schwierig. (S. 42)

Generell ist von Projektverantwortlichen ein hohes Maß an Sensibilität für Diversität zu erwarten, d. h. auch ein grundlegendes Verständnis sowie Respekt für die Herkunft und die Lebensumstände der Teilnehmer*innen (vgl. Dengel & Krüger, 2019). Auch während des Projektes in Jena trafen unterschiedliche Erwartungen aufeinander und nicht alle Entscheidungen wurden auf Augenhöhe getroffen. Das Spannungsverhältnis zwischen Zielvorgaben, einer konkreten Projektplanung sowie einem diskriminierungssensiblen didaktischen Arbeiten und der erforderlichen Flexibilität kann Konflikte hervorrufen. Generell sind eine „aufmerksame und wachsame Wahrnehmung, um zu erkennen, wann Differenzen als ausgrenzend und diskriminierend gesehen werden" und damit eine „kritische Reflektion" (Merkt et al., 2016, S. 41) notwendig.

Das Projekt der Ernst-Abbe-Bücherei Jena wurde durch ein hohes Engagement der Teilnehmer*innen unterstützt, die sich ehrenamtlich und mit großem Zeitaufwand für das Projekt einsetzten. Zudem war die Beschäftigung und später auch Präsentation ihrer Erfahrungen mit teils hoher emotionaler Belastung verbunden: Traumatische Kriegserlebnisse, der Verlust enger Angehöriger, rassistische Übergriffe in Deutschland sowie die anhaltend unsicheren Lebensumstände verlangten den Schreibenden einiges ab. Hier sei eindringlich auf Max Frischs (2016) Warnung verwiesen: „Pädagogik ist nicht dasselbe wie Therapie."

Generell gilt für partizipative Projekte in Öffentlichen Bibliotheken, dass es von einem halbherzigen Mitmachen zu einem ernst gemeinten gemeinsamen Gestalten kommen muss. Klassische Vermittlungsarbeit reicht nicht aus, wenn es um Beteiligung innerhalb der sich wandelnden Stadtgesellschaft geht. Gerade Formate, die sich an geflüchtete Menschen richten, haben hier noch Verbesserungsbedarf, da sie zu sehr auf die Vermittlung der deutschen Sprache und Leitkultur ausgerichtet sind und die Geflüchteten als homogene Gruppe mit bestimmten Defiziten betrachten statt intersektional und individuell zu denken. Die Umsetzung einer Schreibwerkstatt mit eigenem Gestaltungsspielraum der Teilnehmenden und dem damit verbundenen Anstoßen von Debatten in der Stadtgesellschaft kann für Öffentliche Bibliotheken ein Weg sein, ihren Beitrag zu leisten, Teilhabe zu fördern. Dies geschieht jedoch nur, wenn eine Beteiligung auf Augenhöhe ermöglicht wird. Das Nachwort der Publikation *Hoffnung* zieht jedenfalls ein insgesamt positives Fazit und macht Mut, neue Wege zu gehen: „Das Leben erwartet von uns, unsere Zukunft zu gestalten. Dazu brauchen wir Hoffnung." (Asmaa in *Hoffnung*, in Ernst-Abbe-Bücherei, 2020, S. 48)

Literaturverweise

Ahlfänger, F. (2011). Partizipation Jugendlicher in Bibliotheken: eine grundlegende Basis für innovative Ideen und Angebote. Simon Verlag für Bibliothekswissen.

Al-Bitar Kalaji, D. (2020). Habe ich es geschafft? Aus Politik und Zeitgeschichte, 30–32, S. 4–7.

Dengel, S. & Krüger, T. (2019). Partizipation – Anspruch und Herausforderung für die Bildungskonzeptionen politischer und Kultureller Bildung. https://doi.org/10.25529/92552.82 (14.6.2021).

Ernst-Abbe-Bücherei Jena. (2020). Hoffnung. Syrische Geflüchtete erzählen von Abschied und Ankommen. https://www.stadtbibliothek-jena.de/fm/2316/Hoffnung%285%29.pdf (14.6.2021).

Flüchtlinge willkommen! – Zusammenstellung für Bibliotheken. (2016). Bibliotheksdienst, 50 (1), S. 44–46. https://doi.org/10.1515/bd-2016-0003 (14.6.2021).

Forum Bibliothek und Information. (2017). Dossier Integration. https://b-u-b.de/wp-content/uploads/dossier-integration.pdf (14.6.2021).

Frisch, M. (2016). Wie ernst meinen wir Partizipation? Kulturelle Bildung im Kontext Flucht. Magazin für Kulturelle Bildung, Partizipation (14), S. 9–11.

Gudermuth, D. (2017). Partizipative Prozesse diversitygerecht gestalten. Senatsverwaltung für Justiz, Verbraucherschutz und Antidiskriminierung, Landesstelle für Gleichbehandlung und gegen Diskriminierung (LADS).

Keller-Loibl, K. & Brandt, S. (2015). Leseförderung in Öffentlichen Bibiotheken. De Gruyter Saur.

Merkt, I., Stoffers, N. & Schütze, A. (2016). Jenseits von richtig und falsch liegt ein Ort. Dort treffen wir uns. Magazin für Kulturelle Bildung, Partizipation (14), S. 41–43.

Stadtverwaltung Jena. (2019). Migrationsbericht Jena 2019. https://rathaus.jena.de/sites/default/files/2020-09/Migrationsbericht%202019_10_01%20final.pdf (14.6.2021).

Rösch, H. (2013). Öffentliche Bibliotheken und ihre Umwelt. In Handbuch Bestandsmanagement in Öffentlichen Bibliotheken, S. 7–25. DeGruyter SAUR.

Weiterführende Literatur

Ein Portal für Literatur aus Kriegs- und Krisengebieten mit dem Projekt WeiterSchreiben bietet die Initiative WIR MACHEN DAS. www.weiterschreiben.jetzt (14.6.2021).

Deutscher Bibliotheksverband e. V. (2017). Bibliotheksportal: Bibliotheksangebote für Flüchtlinge und Asylbewerber. Bibliotheksportal. https://bibliotheksportal.de/ressourcen/management/zielgruppen/interkulturelle-bibliothek/praxisbeispiele/bibliotheksangebote-fuer-fluechtlinge-und-asylbewerber (14.6.2021).

Bruijnzeels, R. & Sternheim, J. (2018). Bibliotheken mit Vorstellungskraft – Bausteine für einen Lehrplan für zukünftige Bibliotheksarbeit. Bibliothek Forschung und Praxis, 42(2), S. 182–183. https://doi.org/10.1515/bfp-2018-0045 (14.6.2021).

Kabo, M. (2009). Die Bibliothek als Integrationsfaktor: die Vermittlung von Informationskompetenz an Menschen mit Migrationshintergrund. Simon Verlag für Bibliothekswissen.

Benbrahim, K. (2008). Diversity: Eine Herausforderung für pädagogische Institutionen. http://heimatkunde.boell.de/2008/03/01/diversity-eine-herausforderung-fuer-paedagogische-institutionen (14.6.2021).

Schank, K. (2017). Ausländer rein! Programmarbeit von und für Geflüchtete an der ZLB. https://opus4.kobv.de/opus4-bib-info/frontdoor/index/index/docId/2742 (4.11.2017).

Tina Echterdiek & Ruth Hartmann
Lyrik grenzenlos! So viel Partizipation wie möglich, so wenig Rahmen wie nötig

Wie genau funktioniert Kund*innen-Partizipation in der Praxis? Wie viel vorgegebenen Rahmen braucht es, damit ein Format gelingt? Wie sollte und könnte ein solcher Rahmen aussehen? Die Autorinnen[1], beide in der Stadtbibliothek Bremen[2] tätig, gehen diesen Fragen nach. Als Praxisbeispiel wählen sie *Lyrik grenzenlos!*, eine inzwischen gut etablierte Veranstaltungsreihe, die Menschen und ihren Lieblingsgedichten in der Bibliothek eine prominente Plattform bietet.

Dieses Format lässt sich problemlos auch auf andere Bibliotheken übertragen.

Lyrik grenzenlos!

Lyrik grenzenlos! ist eine Veranstaltungsreihe der Stadtbibliothek Bremen, welche seit 2019 zweimal jährlich, zum Internationalen Tag der Muttersprache am 21. Februar und zum Europäischen Tag der Sprachen am 26. September, stattfindet.

Im „Lesegarten", einem für den Aufenthalt sehr beliebten Bereich der Zentralbibliothek, sind interessierte Teilnehmer*innen dazu eingeladen, Lyrik in der Sprache ihrer Wahl vorzutragen. Das kann ihre Mutter- oder ihre Lieblingssprache sein, sie können allein oder mit Freund*innen vortragen, es können publizierte oder selbstgeschriebene Gedichte sein... Die Vortragenden dürfen, wenn sie möchten, angeben, warum sie das Gedicht ausgewählt haben: Wovon handelt es? Was verbinden sie damit? Wie bekannt ist es? Auch sind sie darüber

---

[1] Tina Echterdiek ist Leiterin der Zentralbibliothek, ausgebildete Diversity-Multiplikatorin (DiM) und Trainerin im Ausbildungsleitungsteam Diversity-Management für den Öffentlichen Dienst in Bremen. Ruth Hartmann ist noch bis Juni 2021 als Diversity-Managerin im Rahmen des Projektes *360° – Fonds für Kulturen der neuen Stadtgesellschaft* bei der Stadtbibliothek angestellt.

[2] Die Stadtbibliothek Bremen ist als Eigenbetrieb dem Senator für Kultur der Freien Hansestadt Bremen unterstellt, erhält sich jedoch eine gewisse Eigenständigkeit, u. a. durch eine eigene Verwaltung und auch Personalentwicklung. Zurzeit arbeiten in der Zentralbibliothek, den sieben Zweigstellen und der Busbibliothek 156 Personen, inkl. Auszubildenden, FSJ-Kler*innen, Werksstudierenden etc. (Stand 31.12.2020).

∂ Open Access. © 2021 Tina Echterdiek & Ruth Hartmann, publiziert von De Gruyter. Dieses Werk ist lizenziert unter der Creative Commons Attribution 4.0 Lizenz.
https://doi.org/10.1515/9783110726213-015

hinaus dazu eingeladen, auf Wunsch eine deutsche Übersetzung zu präsentieren. Die Veranstaltung wird musikalisch begleitet und bietet dadurch gleichzeitig Nachwuchskünstler*innen mit internationaler Geschichte eine Plattform.

Der Lesegarten, der von allen Etagen der Bibliothek aus eingesehen werden kann, lädt auch vorbeigehende Kund*innen dazu ein, sich für ein paar Minuten oder auch für die gesamte Veranstaltung hinzusetzen, zuzuhören oder sich sogar spontan selbst als Vortragende zu beteiligen.

Zum Ablauf

Die Stadtbibliothek Bremen plant für das Format jeweils ca. zwei Stunden ein, wobei eine musikalische Begrüßung, eine Kaffeepause und ein Ausklang mit eingerechnet sind. Pause und Ausklang bieten übrigens sehr gute Netzwerkmöglichkeiten (!). In der Regel tragen zehn bis zwölf Teilnehmende vor. Diese können sich entweder im Vorfeld anmelden – das hilft immer sehr, um evtl. auch nochmal gezielt Personen mit besonderen Sprachkenntnissen anzusprechen – oder entscheiden sich während der Veranstaltung spontan für einen Beitrag. Hierfür ist es hilfreich, einen kleinen Büchertisch mit ausgewählten mehrsprachigen Lyrikbänden zu präsentieren. Die Autorinnen haben festgestellt, dass es Sinn macht, die Zahl der Gedichte bzw. die Redezeit im Vorfeld zu begrenzen. Alle Teilnehmenden erhalten ein kleines Dankeschön, im Falle der Stadtbibliothek Bremen Schokolade für die Kinder und Rosen für die Erwachsenen.

Kein Selbstläufer – Kontaktarbeit ist der Schlüssel

Lyrik grenzenlos! kann – wie wohl die allermeisten Formate – nicht als Selbstläufer beschrieben werden. Keine Bibliothek gibt einfach ein Programm vor und die Teilnehmenden kommen angelaufen. Natürlich muss Vorarbeit geleistet werden. Kontaktarbeit beinhaltet hier – wie generell in der Arbeit mit Communitys – vor allem Vertrauensaufbau und Beziehungsarbeit. Persönliche Kontakte müssen etabliert und lebendig ausgestaltet werden, individuelle Ansprachen sind in vielen Fällen notwendig. Dabei ist eine hohe Diversity-Kompetenz gefragt.

An dieser Stelle folgt eine kurze Anmerkung aus der interkulturellen Arbeit[3] zum Verständnis von Kooperation: Kommunikation und Zusammenarbeit geschehen in Deutschland meist sachorientiert. Ein Flyer, ein Newsletter, eine E-Mail mit (aus deutscher Perspektive) relevanten Informationen unterstützen den Entscheidungsprozess und sind eine hilfreiche Methode, mögliche Interessent*innen zu gewinnen. Andere Kulturen treffen solche Entscheidungen eher beziehungsorientiert. Das soll heißen: Viel wichtiger als ein Flyer mit Informationen ist die persönliche Ansprache, der Aufbau einer vertrauensvollen Beziehung. In Bezug auf *Lyrik grenzenlos!* war den Autorinnen frühzeitig klar, dass eine schriftliche Bewerbung der und Einladung zur Veranstaltung *eine*, aber nicht *die* zentrale Kommunikationsform ist. Parallel dazu wurden dementsprechend über Telefonate, persönliche Gespräche und per *WhatsApp* weitere Kommunikationskanäle genutzt, die eben diese vertrauensvollen Beziehungen aufgebaut haben. Dieses Vorgehen hat sich zwar als zeitaufwendig, jedoch als sehr hilfreich erwiesen. Da muss manchmal über den eigenen Schatten gesprungen werden: Das, was in einem deutsch geprägten kulturellen Umfeld vielleicht als aufdringlich empfunden werden könnte, gilt in anders geprägten Umfeldern eher als Ausdruck von Interesse und Wertschätzung. Dieses Vorgehen macht das Format aber auch zu dem, was es ist: Es ist nicht nur die Veranstaltung *Lyrik grenzenlos!*, es ist ein Treffen von guten alten und neuen Bekannten, von Freund*innen und Familien.

Ressourcen, die in den meisten Bibliotheken vorhanden sind

Welche Ressourcen benötigt eine solche Veranstaltung? Erstaunlich wenige. Ja, im Vorfeld steht die Beziehungs- und Netzwerkarbeit – in vielen Fällen kann jedoch auch an schon bestehende Kontakte angeknüpft werden. Die technische Ausstattung (Mikrofon, Rednerpult, Beleuchtung) sollte vorhanden sein; die Autorinnen hatten in ihrer ursprünglichen Planung angedacht, noch zusätzlich Bilder und Texte an die Wand zu projizieren, haben dann aber davon abgesehen – es hätte die Organisation unnötig erschwert. Die Veranstaltung an sich ist sehr kostengünstig: Im Fall der Stadtbibliothek Bremen wird lediglich an den*- die Musiker*innen ein kleines Honorar gezahlt; zusätzlich fallen Kosten für Kaffee/Tee und das Dankeschön an. Die regelmäßige Durchführung von *Lyrik gren-*

---

3 Die Autorin Ruth Hartmann ist ausgebildete interkulturelle Trainerin und gibt Workshops und Fortbildungen mit Fokus Naher Osten.

zenlos! (vgl. Abb. 19) erleichtert die Vorbereitung in nicht unerheblichem Maße, da sowohl die Veranstalter*innen als auch die Teilnehmenden, die in vielen Fällen mehrmals teilnehmen, eine gewisse Routine entwickeln.

Abb. 19: Teilnehmerin bei Lyrik grenzenlos! (Stadtbibliothek Bremen)

Eine essenzielle Rolle spielt ebenfalls die interne Kommunikation: Wenn die Veranstaltung als „Treffen von guten Bekannten" beschrieben wird, so sollte dieses Gemeinschaftsgefühl auch nach innen wirken! Es ist wichtig, dass alle Mitarbeitenden das Konzept mittragen und sich damit identifizieren. In der Stadtbibliothek Bremen beteiligen sich regelmäßig auch Mitarbeitende und Auszubildende mit eigenen Beiträgen an der Veranstaltung.

Lyrik grenzenlos! und Partizipation

Lyrik grenzenlos! wird in diesem Kapitel als partizipatives Projekt vorgestellt. Partizipation ist mittlerweile zu einem „Buzz-Word" geworden, welches teilweise recht unreflektiert verwendet wird. Was also ist genau Partizipation? Die Autorinnen beziehen sich auf das Stufenmodell[4] von Maria Lüttringhaus (2003), in dem zwischen der Gewährung von Teilhabe (aus Sicht der gewährenden Institution, bei Lüttringhaus des Staates) und der Möglichkeit der aktiven Teilnahme

---

4 Das Modell basiert auf der *Ladder of Participation* von Arnstein (1969, S. 217).

(aus Sicht der Bürger*innen) unterschieden wird. Lüttringhaus (2003, S. 2) kommt mit Hinblick auf Teilnahme zu folgenden Stufen:

```
          5. Eigenständigkeit
          4. Selbstverantwortung
          3. Mitentscheidung
          2. Mitwirkung
          1. Beobachtung/ Information
```

Abb. 20: Stufenmodell nach Lüttringhaus (2003)

Mit Blick auf die Abbildung 20 stellt sich die Frage, ob ein möglichst hoher Grad im Stufenmodell wirklich das Ziel eines partizipativen Prozesses sollte. Gibt es Grenzen der Beteiligung? Wo liegen sie? Die Senatsverwaltung für Stadtentwicklung und Umwelt in Berlin (Handbuch zur Partizipation, 2012, S. 62) sieht diese Grenzen vor allem im ungleichen Partizipationsverhalten. Soziale Unterschiede, und hier vor allem der Bildungsstand, wirken einer „echten" Partizipation in vielen Fällen entgegen. Zurück zur Frage in der Einleitung dieses Kapitels kann also festgehalten werden, dass ein vorgegebener Rahmen, der eben diese Unterschiede ausgleicht, in einigen Fällen Partizipation also überhaupt erst ermöglicht – und nicht verhindert.

Nun wird mit diesem differenzierten Verständnis von Partizipation noch einmal auf *Lyrik grenzenlos!* geschaut. Mit Blick auf das Stufenmodell verorten die Autorinnen das Format irgendwo zwischen *Mitwirkung* und *Mitentscheidung:* Ja, *Lyrik grenzenlos!* ist partizipativ, aber mit Vorbehalten. Jedoch in einer Art und Weise, dass die Autorinnen den Teilnehmenden größtmögliche gestalterische Freiheiten geben: Statt einem Gedicht der Auszug aus dem selbst geschriebenen Buch? Kein Problem. Spontan möchte noch der Chor des Kulturvereins auftreten? Warum nicht! Einer der Teilnehmenden möchte sein Gedicht vertonen und bringt einen Synthesizer mit? Ja! Das verlangt von den Veranstaltenden ein großes Maß an Spontaneität und Flexibilität und manchmal auch ein wenig Geduld. So wichtig wie der feste Rahmen ist ebenso der Mut zum Imperfekten – nicht zuletzt dadurch wird dieses Format so lebendig und niedrigschwellig.

Auf diese Weise können Kund*innen ganz leicht mitwirken und mitentscheiden, haben aber gerade durch den festen Rahmen erst die Plattform, die eben dieses Mitwirken und Mitentscheiden ermöglicht.

Fazit

Es wurde in diesem Beitrag immer wieder deutlich gemacht, dass die Stadtbibliothek Bremen bei dieser Veranstaltung einen Rahmen vorgibt, der sowohl den Bedürfnissen der Vortragenden entspricht als auch an die Gegebenheiten der Bibliothek angepasst ist. Letzteres betrifft Räumlichkeiten, Aufwand und Zeit genauso wie die ungefähre Länge und Zahl der Beiträge.

Abschließend wollen wir aus unserer Erfahrung heraus die Frage diskutieren, ob es denn gute oder schlechte Formen der Partizipation gibt oder ob es nicht vielmehr um Formen geht, die aus der Perspektive der Zielgruppe hilfreicher oder weniger hilfreich sind? Partizipation, so die These der Autorinnen, sollte immer ein Mittel zum Zweck sein. Sie ist kein Selbstzweck! Es lassen sich zur Bewertung nur rezeptionsorientierte und pragmatische Kriterien anführen: In zahlreichen Gesprächen mit Teilnehmenden ist immer wieder betont worden, wie sehr sich diese über eben diesen klaren Rahmen freuen, der von der Stadtbibliothek für diesen Anlass zur Verfügung gestellt wird und von ihnen selbst gefüllt werden kann. Die Erfahrung mit der Zielgruppe und deren Perspektive veranlassen die Autorinnen zur abschließenden Feststellung, dass – für dieses Format und diese Teilnehmenden – die gewählte Form der Partizipation – zwischen Mitwirkung und Mitentscheidung – die „beste" und angemessenste ist. Durch dieses Zusammenspiel wird Teilhabe und Wertschätzung erst für alle möglich.

Literaturverweise

Arnstein, S. (1969). A Ladder of Citizen Participation. In Journal of the American Institute of Planners, S. 216–224. https://www.eukn.eu/fileadmin/Lib/files/EUKN/2013/Arnstein_A%20Ladder%20of%20Citizen%20Participation.pdf (2.3.2021).

Lüttringhaus, M. (2003). Eine Schwalbe macht noch keinen Sommer. Grundvoraussetzungen für Aktivierung und Partizipation. In M. Lüttringhaus & H. Richers (Hrsg.), *Handbuch Akti-*

vierende Befragung. Bonn: Verlag Stiftung Mitarbeit. http://docplayer.org/20890319-Aus-luettringhaus-m-richers-h-hg-handbuch-aktivierende-befragung-konzepte-erfahrungen-tipps-fuer-die-praxis-stiftung-mitarbeit-bonn-2003.html (3.3.2021).

Senatsverwaltung für Stadtentwicklung und Umwelt Berlin. (2012, Februar). *Handbuch zur Partizipation*. https://www.stadtentwicklung.berlin.de/soziale_stadt/partizipation/download/Handbuch_Partizipation.pdf (17.3.2021).

Christina Jahn & Denise Farag
Diversity auf Social Media und vor Ort: #MontagGegenDiskriminierung

Seit Juni 2020 wird auf den Social-Media-Kanälen der Stadtbibliothek Heilbronn[1] (Facebook, Instagram) jeden Montag unter dem Hashtag #MontagGegenDiskriminierung[2] ein Medientipp vorgestellt. In diesem Praxisbeispiel werden die Ziele der Aktion, wie sie sich auch für Beteiligung eignet und wie sie Positionierung gegen Diskriminierung sichtbar macht, dargestellt.

#MedientippAmMontag

Entstehung der Idee

Das Diversity Labor[3] der Stadtbibliothek entstand im Rahmen der *360°*-Förderung der Bundeskulturstiftung Anfang 2020. Jeder Fachbereich der Bibliothek ist durch eine Teilnehmerin vertreten. Die Autorinnen sind Initiatorin sowie Teilnehmerin der Arbeitsgruppe. In den monatlichen Treffen wird gesellschaftlich Aktuelles zum Thema *Diversity* diskutiert und es werden Umsetzungsideen, -schritte und Zuständigkeiten besprochen und abgestimmt. Im Mai 2020 waren die *Black-Lives-Matter*-Proteste, die sich nach dem gewaltsamen Tod des Schwarzen[4] Amerikaners George Floyd intensivierten, sehr präsent. Es folgte der #BlackoutTuesday (vgl. Bakare & Davies, 2020), an dem überall in den so-

---

[1] Die Stadtbibliothek Heilbronn ist dem Schul-, Kultur- und Sportamt der Stadt Heilbronn zugeordnet. In der Zentralbibliothek, den zwei Stadtteilbibliotheken und einer Fahrbibliothek sind 35 Mitarbeitende beschäftigt.
[2] Eine Übersicht aller Postings der Stadtbibliothek Heilbronn mit dem Hashtag #MontagGegenDiskriminierung sind unter diesem Link zu finden. https://www.instagram.com/explore/tags/montaggegendiskriminierung/?hl=de.
[3] Siehe dazu auch das Kapitel „Diversitätsorientierte Öffnung als Prozess der Organisationsentwicklung" von Denise Farag und Ruth Hartmann in diesem Sammelband sowie den Text von Christina Jahn und Denise Farag zu „Diversity auf Social Media".
[4] „Schwarz" und *„weiß"* sind politische Bezeichnungen, sie beschreiben keine biologischen Eigenschaften oder reellen Hautfarben. „Schwarz" ist eine Selbstzeichnung, die in den 1980er-Jahren in Deutschland entstand, und immer mit einem großen „S" geschrieben wird. *„weiß"* wiederum ist eine Fremdbezeichnung und wird zur Abgrenzung daher klein und kursiv geschrieben. *„weiß"* steht für die privilegierte Position. Die Benennung erlaubt es, rassistische

---

∂ Open Access. © 2021 Christina Jahn & Denise Farag, publiziert von De Gruyter. Dieses Werk ist lizenziert unter der Creative Commons Attribution 4.0 Lizenz.
https://doi.org/10.1515/9783110726213-016

zialen Medien ein schwarzes Viereck als Profilbild oder Beitrag zu sehen war. Das Diversity Labor diskutierte, ob es dieses Zeichen der Solidarität mit den Protesten und der *Black-Lives-Matter*-Bewegung ebenfalls posten sollte. Es entschied sich dafür, jedoch nur, wenn sich ein Weg fände, die notwendige Auseinandersetzung mit dem Thema fortlaufend sichtbar zu machen. Neben der Frage des Ob wurde auch offen darüber gesprochen, dass es viel über Rassismus und Diskriminierung zu lernen gibt – auch für die Gruppe selbst, die mehrheitlich aus *weißen* Personen besteht. Außerdem strebte das Diversity Labor an, das Zuhören und das Zu-Wort-Kommen Betroffener durch Literatur zu unterstützen. So entstand die Idee, den Besucher*innen der Bibliothek mit wöchentlichen Medientipps ein Jahr lang Anregungen zu bieten. Die intersektionale Betrachtung von Diversität führte dabei dazu, dass zu allen Diversitätsdimensionen Medien empfohlen werden, nicht nur zu Rassismus.

#VielfaltAmMontag – Inhalte und Ziel

Die Medien beschäftigen sich mit unterschiedlichen Themen, z. B. Rassismus, Leben als BIPoC, Antisemitismus, Leben mit Behinderung, Feminismus, Kulturen, Religionen und LGBTIQ*. Dabei wird nicht nur auf ein breites Themenspektrum und die Abbildung verschiedener Lebensrealitäten Wert gelegt, sondern versucht, mit vielfältigen Medientypen, wie Jugend- und Kinderbüchern, Sachbüchern, Romanen über oder von Betroffenen, Spielfilmen oder Bilderbüchern, Menschen jeder Altersgruppe anzusprechen. Ziel ist es, den Besucher*innen der Bibliothek vor Ort oder auf den Social-Media-Kanälen die Möglichkeit und Anregung zu bieten, sich mit vielfältigen Fragen auseinanderzusetzen und einen Blick für ebendiese Lebensrealitäten von Betroffenen zu bekommen. Diskriminierung in allen Formen ist Teil unserer Gesellschaft und geschieht im Alltag oft unbewusst oder unbemerkt. Die Medientipps können dabei helfen, zu erfahren, wie sich Diskriminierung anfühlt und zu erkennen, in welchen Bereichen oder durch welche Äußerungen jemand selbst schon diskriminierend war. Denn um Diskriminierung zu beseitigen, ist es zunächst ganz wesentlich, diese in sich selbst und dem eigenen Verhalten zu identifizieren und dann zu ändern.

Strukturen und Machtverhältnisse sichtbar zu machen. Vgl. dazu das Glossar für diskriminierungssensible Sprache von Amnesty International sowie für eine ausführlichere Beschreibung vgl. Piesche & Arndt (2011).

#MontagGegenRassismus – Reflexion

Das Diversity Labor als Initiatorin der Aktion hat sich über diese Zeit weiterentwickelt, Neues dazugelernt, die eigene Arbeit und sich selbst reflektiert.

Die Kritik, beispielsweise von Mark Terkessidis und Hito Steyerl geäußert, „dass die Ermordung George Floyds die deutsche Gesellschaft heftiger erschüttert habe, als der Terroranschlag von Hanau" (Steyerl & Terkessidis, 2021) trifft auch auf den Startschuss für unsere Aktion zu. Die große mediale Aufmerksamkeit, die sein Tod und die darauffolgenden Proteste erhielten, mobilisierte auch uns stärker als es der Anschlag von Hanau tat. Dies festzustellen, förderte den kritischen Blick auf die hiesigen Strukturen und die Berichterstattung – aber auch auf die eigene bzw. die unterschiedliche Auseinandersetzung der Menschen mit sich selbst, dem historisch und ideologisch begründeten Rassismus und u. a. der fehlenden Aufarbeitung der deutschen Kolonialgeschichte.

Weiterentwicklung der Social-Media-Aktion

Resonanz von außen

Schon nach dem ersten Posting auf Social Media gab es positive Resonanz von außen. Von Diskriminierung betroffene Personen meldeten sich, freuten sich über die Idee und diese Form der Repräsentation. Sie ließen uns wissen, dass sichtbar wurde: Die Bibliothek setzt sich mit Diversität auseinander und lernt selbst dazu. Weitere Leser*innen kamen mit Medienlisten als Vorschläge für den rassismuskritischen Bestand auf uns zu. Diese Listen hatten sie im Vorfeld in der eigenen Community ausgearbeitet.

Die Medientipps wurden nicht nur virtuell, sondern auch in Form einer permanenten Medienpräsentation in der Hauptstelle der Stadtbibliothek Heilbronn an einem zentralen Ort gezeigt. Diese Ausstellung entstand auf Anregung von Leser*innen, um die Medientipps auch Menschen zugänglich zu machen, die kein Social Media nutzen wollen oder können. Passend zum jeweiligen Medientipp der Woche und dessen Thema finden sich auf der Präsentationsfläche stets weitere Medien aus verschiedenen Bereichen der Bibliothek, um den wechselnden Schwerpunkt für alle Altersgruppen greifbar darzustellen.

Beteiligung nach innen

Die Stadtbibliothek besteht aus einem mehrheitlich *weißen* Team und diversitätsorientierte Öffnung betrifft nicht nur alle in der Institution, sondern erfordert auch die Beteiligung aller. Daher war es der Gruppe des Diversity Labors wichtig, alle Kolleg*innen in diese Aktion und den Prozess miteinzubinden. Es sollte nicht bei den reinen Medienvorschlägen bleiben. Das Diversity Labor wollte zusätzlich den eigenen Lernprozess transparent machen und Medien teilen, durch die sich die Mitglieder selbst informiert, bereichert und aufgeklärt haben. So wurde das gesamte Team aufgerufen, Literatur zu allen Diversitätsdimensionen zu entdecken und sich mit eigenen Tipps zu beteiligen. Die Aktion wurde wiederholt vorgestellt und über die Monate hinweg immer wieder ins Gedächtnis gerufen, um für die Beteiligung zu werben. Dabei half, dass sowohl die virtuelle als auch die Präsentation vor Ort von allen wahrgenommen wurde. Oftmals eröffnete dies den Einstieg in eine Unterhaltung zum Thema oder den Austausch darüber. Die Posts umfassen stets kurze Beschreibungstexte zu den Medientipps. Sowohl die Tipps als auch die Texte stammen zum größten Teil von Kolleg*innen der Stadtbibliothek sowie einige auch von Leser*innen.

Anregung für alle

Für die Stadtbibliothek Heilbronn ist die Aktion zu einem großen Erfolg geworden. Sie belebte unsere Social-Media-Kanäle durch die Regelmäßigkeit der montäglichen Posts und zeigte den Leser*innen eine neue Seite ihrer Bibliothek. Unabhängig von der bisherigen Beteiligung der Nutzer*innen auf den Social-Media-Kanälen bieten sich solche Postings an, um miteinander in einen kritischen und reflektierenden Dialog zu treten. Die lokale Presse wurde auf das Engagement aufmerksam und zahlreiche Netzwerkpartner*innen teilten die Beiträge. Die interne Vorschlagsliste der Medien enthält noch viele Tipps und so wird die Aktion über den geplanten einjährigen Zeitraum hinaus fortgesetzt. Um Diversität in den Sozialen Medien sichtbar zu machen, braucht es jedoch kein tragisches Ereignis, wie das des Todes von George Floyd. Jeder Tag ist ausgezeichnet, um sich gegen Diskriminierung und Rassismus auszusprechen. Sollte dennoch ein Datum für den Startpunkt gesucht werden, gibt es zahlreiche Gedenktage (Welttag gegen Rassismus, Christopher Street Day, Tag der Gerechtigkeit u. v. m.), die genutzt werden können. Die Stadtbibliothek Heilbronn wird sich weiterhin intensiv mit Diversität auseinandersetzen, dazulernen und weitere Schritte in ihrem Öffnungsprozess zu einer Bibliothek für ALLE gehen.

Literaturverweise

Amnesty International. (2021). *Glossar für diskriminierungssensible Sprache*. https://www.amnesty.de/2017/3/1/glossar-fuer-diskriminierungssensible-sprache (11.5.2021).

Bakare, L. & Davies, C. (2020). *Blackout Tuesday: black squares dominate social media and spark debate*, The Guardian: https://www.theguardian.com/us-news/2020/jun/02/blackout-tuesday-dominates-social-media-millions-show-solidarity-george-floyd (10.5.2021).

Piesche, P. & Arndt, S. (2011). *Weißsein. Die Notwendigkeit kritischer Weißseinsforschung*. In Arndt, S. & Ofuatey-Alazard, N. (Hrsg.), Wie Rassismus aus Wörtern spricht. (K)Erben des Kolonialismus im Wissensarchiv deutsche Sprache. Ein kritisches Nachschlagewerk, S. 192–193. Münster

Steyerl, H. & Terkessidis, M. (2021). *Die Wahrnehmungsschwelle*, DIE ZEIT Nr. 2/2021, https://www.zeit.de/2021/02/rassismus-deutschland-rechtsextremismus-kolonialismus-antisemitismus (10.5.2021).

Julia Hauck & Prasanna Oommen
Diversitätssensible Öffentlichkeitsarbeit: Herausforderungen und Möglichkeiten

Prasanna Oommen[1] gilt als Expertin im Bereich *diversitätssensible Öffentlichkeitsarbeit* und diskutiert im folgenden Beitrag mit Julia Hauck, Agentin für Diversität und interkulturelle Bibliotheksarbeit der Ernst-Abbe-Bücherei Jena, die Herausforderungen und Möglichkeiten für Bibliotheken. Dem nun folgenden Interview wird als Leitsatz der Artikel 27 der Allgemeinen Menschenrechte vorangestellt:

> Jeder hat das Recht, am kulturellen Leben der Gemeinschaft frei teilzunehmen, sich an den Künsten zu erfreuen und am wissenschaftlichen Fortschritt und dessen Errungenschaften teilzuhaben. (Artikel 27, *Allgemeine Erklärung der Menschenrechte*, 1948)

Julia Hauck: Was heißt für Sie diversitätsorientierte Öffentlichkeitsarbeit? Was ist das Ziel?

Prasanna Oommen: Ich verstehe unter diversitätssensibler Öffentlichkeitsarbeit vor allem ein gutes Zusammenspiel zwischen interner und externer Kommunikation. Das heißt, diversitätssensible Öffentlichkeitsarbeit bedeutet eigentlich nicht, dass man singulär die richtige Sprache benutzt, sich mit dem Zielgruppenbegriff auseinandersetzt – all diese Dinge muss man natürlich auch tun –, sondern in erster Linie geht es um eine Haltungsüberprüfung. Und es gilt: Man kann keine gute externe Öffentlichkeitsarbeit machen, wenn die interne Kommunikation nicht funktioniert.
Die Voraussetzung für eine diversitätssensible Öffentlichkeitsarbeit ist, dass man das Wissen der gesamten Institution mit einbezieht. Das ist aber in den Hierarchien bisher nicht mitgedacht. Öffentlichkeitsarbeiter*innen bekommen oft als letzte das Thema, welches herausgegeben werden soll, auf den Tisch. Sie werden nicht oft in die Programmentwicklung oder Personalplanung einbezogen. Sie sollen die Stellenanzeigen schreiben, aber werden nicht inhaltlich einbezogen, ob solch eine Ausschreibung überhaupt Sinn macht für die Stelle. Sie bekommen die Informationen zur Ausstellung, zum Konzept oder zur Veranstaltung und müssen dann in relativ kurzer Zeit einen Flyer entwickeln. Diese operativen Probleme gibt es.

---

[1] Mehr Informationen finden sich auf der Homepage von Prasanna Oommen: www.prasannaoommen.de.

Und was dabei unterschätzt wird, ist, dass Diversitätssensibilität in einer Institution heißt, ich muss mein Leitbild, meine Haltung, mein Selbstverständnis innerhalb der Organisation überprüfen. Dies sollte auch ganz klassisch *top down* verordnet werden. Es müssen natürlich alle *bottom up* an Bord geholt werden, aber es muss vor allem an der Spitze gewollt sein. Übrigens gilt das auch für die Methode des bereichsübergreifenden Arbeitens.

Ich bin vom Herzen her und von Hause aus Pressesprecherin, das heißt, ich kenne diese Abläufe seit 20 Jahren aus den verschiedensten Bereichen. Nach diesen Erfahrungen kann ich sagen, dass es einen handfesten Grund dafür gibt, warum die Öffentlichkeitsarbeit, gerade in der Privatwirtschaft, immer direkt der Geschäftsführung zugeordnet ist. Diese Personen müssen schließlich die ureigenen Interessen der Institution umsetzen. Wenn die Institution nicht die Haltung hat, diversitätssensibel kommunizieren zu wollen und sich auch nicht darüber verständigt, was damit gemeint ist, dann kann die Öffentlichkeitsarbeit das nicht retten.

Julia Hauck: Die interne Struktur ist auf jeden Fall die Voraussetzung für die ganz praktischen Sachen. Ich möchte gern ein Praxis-Thema aufgreifen: die Zielgruppen. Sie haben schon gerade gesagt, dass man sich mit dem Begriff auseinandersetzen muss. Was für Zielgruppen stehen in der Regel bei einer diversitätssensiblen Öffentlichkeitsarbeit im Fokus?

Prasanna Oommen: Also für mich ist das Wort *Zielgruppen* total Eighties. Als ich vor zwanzig Jahren beim Fernsehen als Pressesprecherin angefangen habe, sprach man noch von *Zielgruppen zwischen 19 und 49 Jahren*. Zielgruppen sind aber heute extrem diversifiziert. Der Fokus sollte vielmehr auf Bildungsvoraussetzungen, Milieus, pluralen Identitäten liegen, immer dem Prinzip der sozialen Klasse untergeordnet.

Ich spreche eigentlich auch nicht von *Zielgruppen*, sondern von *Besucher*innen und Nicht-Besucher*innen*. Dann reden wir nämlich darüber: Wissen wir genügend über unsere Nicht-Besucher*innen? Über unser Stammpublikum wissen wir viel. Die Kultureinrichtungen, insbesondere auf den Führungsebenen, sind sehr oft mit der Frage beschäftigt: „Wie halten wir unser Stammpublikum?" Das ist grundsätzlich eine berechtigte Frage. Da stoßen wir aber in bestimmten Diskussionen sehr stark mit den Menschen zusammen, die sich als Aktivist*innen im Bereich Öffnung betätigen – zu Recht.

Das Stammpublikum zu halten, bedeutet, sich anzuschauen: Welche Formate brauchen wir dafür? Welche funktionieren, welche eher nicht? Womit wir uns aber nicht oder nach wie vor viel zu selten in dieser Diskussion beschäftigen, ist die Frage: Warum wollen wir andere Besucher*innen haben, was ist unser Auftrag? Was ist unser Auftrag als eine Institution? Ich meine hier nur Institutionen, die aus Steuermitteln finanziert werden, die sich um ihre Relevanz sorgen und versuchen, den Anschluss nicht zu verpassen. Und wenn wir da über Zielgruppen reden, dann würde ich sagen, die Institutionen beschäftigen sich zu wenig damit, was die potenziellen Besucher*innen, die im Moment noch Nicht-Besucher*innen sind, tun, wenn sie nicht bei uns sind. Wenn sie nicht in unserer Stadtbibliothek oder in unserem Museum oder Theater sind, wo sind sie dann? Womit beschäftigen sie sich? Wer weiß, womit sie sich beschäftigen? Und wer ist vielleicht in meiner Institution längst angestellt und könnte das wissen? Das ist manchmal eben nicht die Kuratorin, die Bibliotheksleitung oder die Archivarin, sondern das kann sehr oft auch die Person sein, die in der Hierarchie ganz weit unten ist, nämlich die Schließerin, die Ordnerin, das Sicherheitspersonal, das Putzpersonal.

Julia Hauck: Man muss also analysieren, wer noch nicht kommt. Oftmals wird dann der Aspekt der Teilhabe in den Vordergrund gestellt. Als öffentliche Einrichtung sollte man sich darum bemühen, eben die – und das nennt man im Bibliothekssprech ja manchmal – *bibliotheksfernen oder nicht-affinen Menschen* zu gewinnen.

Prasanna Oommen: Alles Vorurteile! Den Begriff der *bildungsfernen Familien* liest man leider immer wieder in Evaluationsberichten oder in Antragspapieren. Das ist aber nur eine Annahme. Worüber wir reden müssen, ist die sozioökonomische Benachteiligung. Aber wir können nicht – und das ist ein ganz großer Irrtum – davon ausgehen, dass Menschen, die nicht in unsere Einrichtungen kommen, nicht kultur-affin sind. Weil wir eben nicht genug über deren kulturelle Praxis wissen. Es gibt im Bereich Kulturelle Bildung – und das betrifft die Stadtbibliotheken ja besonders – ganz tolle Projekte in den letzten Jahren, die zeigen: Wenn wir uns interessieren: für die sogenannten Zielgruppen, für die Nicht-Besucher*innen, dann stellen wir plötzlich fest, dass sie in ihren Communitys sehr viel kulturell praktizieren. Diese Praxis passt nur nicht in unseren Kanon, in unseren Horizont, in das, was wir verstehen. Also ich sage *wir* und meine damit *uns*, als Kultur-Bourgeoisie. Ich komme aus einem bildungsbürgerlich geprägten Milieu. Meine Eltern sind zwar in dieser Gesellschaft Bildungsaufsteiger*innen gewesen, weil sie aus einem anderen Land kamen, dann hier ihre Kinder bekommen haben und von vorne beginnen mussten. Aber wir waren bereits so geprägt, dass Kultur relevant war und dass wir uns per musisch-künstlerischer Förderung in mindestens zwei Kulturen beheimaten. In anderen Communitys oder Familien ist das so nicht unbedingt möglich – aus finanziellen, strukturellen oder sprachlichen Gründen. Aber anzunehmen, dass diese Menschen nicht kultur-affin sind, ist eine große Unterstellung. Und hier müsste es mit der Diversitätssensibilität los gehen.

Julia Hauck: In vielen Bibliotheken ist man aber längst so weit, dass als *nicht bibliotheks-affin* auch Menschen gelten, die gerade mitten im Leben stehen und die mit Familie und 40-Stunden-Job wenig Zeit haben. In den letzten Jahren ging es oft um Interkulturelle Öffnung – nicht um Diversität – und Menschen mit Migrationshintergrund oder Geflüchtete galten als Hauptzielgruppen, vor allem für klassische Leseförderung. Viele Öffentlichkeitsarbeiter*innen wissen also, wen sie erreichen wollen und fragen nach den Barrieren. Zumeist wird Sprache als Barriere identifiziert und auf mehrsprachige Flyer gesetzt. Wenn ich Sie richtig verstehe, dann muss man aber weiter gehen und die Kommunikation mit den Communitys suchen. Dort nachfragen, wo sie die eigentlichen Barrieren sehen.

Prasanna Oommen: Das ist das Stichwort, wie Sie es richtig sagen, und meine absolute Überzeugung. Wenn ich im Beratungskontext unterwegs bin, dann sage ich immer: Das Wissen ist längst da. Eine der wichtigsten Aufgaben in diesem Kontext ist Recherche. Das spielt in vielen Institutionen viel zu wenig eine Rolle. Recherche bedeutet zum einen Street-Research, also wirklich rausgehen aus der Institution. Damit ist auch der Begriff der aufsuchenden Kulturarbeit gemeint. Aber es geht auch nicht unbedingt darum, diejenigen, die noch nicht da sind, davon zu überzeugen, dass ich ihnen etwas vermitteln muss. Sondern es geht eigentlich um die Haltung, dass wir in unserer Institution vielleicht auch Wissen noch nicht repräsentiert haben, was wir aber dringend brauchen, um die Stadtgesellschaft zu verstehen.

Das Thema der Öffentlichkeitsarbeit in den Bibliotheken, insbesondere Vermittlungsformate für Deutsch, möchte ich gern noch einmal aufgreifen. Diese sehe ich ein bisschen losgelöst. Wenn es sich um erfolgserprobte Formate handelt, macht es auch manchmal Sinn, an den Werbetools, also wie man diese Veranstaltungen oder Formate bewirbt, festzuhalten. Im Moment wage ich zu behaupten, dass wir aber darüber hinausgehen müssen. Zum einen stellen sich generell Fragen zur Nachhaltigkeit: Im Moment ist Drucken wahnsinnig günstig. Das heißt, wir können 10 000 Flyer für einen besseren Preis als 500 Stück herstellen lassen. Da frage ich mich: Welche Verantwortung haben auch Institutionen für die Umwelt? Das andere ist: Was würde ich über digitale Formate, vielleicht auch über Face-to-face-Informationen, über Schlüsselpersonen, die in meiner Institution arbeiten, erreichen? Was ist mit Multiplikator*innen und Mitarbeiter*innen, die für *ihre* Communitys erkennbar sind, für jemanden mit einem vielleicht muslimischen, asiatischen oder afrikanischen Hintergrund? Wenn Menschen sehen, da ist eine Person, die kommt mir bekannt vor, mit der rede ich gerne mal kurz darüber oder die spricht vielleicht Französisch oder Arabisch? Es ist zwar einfach zu sagen, wir drucken mehrsprachige Flyer. Aber oft ist das nicht die Lösung für die Gewinnung eines neuen Publikums. Und das wissen die meisten Institutionen mittlerweile.

Viele sind schon an dem Punkt, zu sagen: Irgendwie haben wir trotzdem kein anderes Publikum in unserer Bibliothek. Eine ganz große Barriere bei Bibliotheken oder überhaupt bei Kultureinrichtungen, die ein Dritter Ort sein wollen – also dieser Ort, der eben neben dem Arbeitsplatz und dem Privatem existiert – sind Öffnungszeiten. Ich lebe ja in Köln und die Zentralbibliothek ist endlich sonntags geöffnet. Das hat lange, lange gedauert und ging vorbei an den Lebensrealitäten der Menschen. Ich hatte letztes Jahr das Glück, Marie Oestergaard, die Projektleiterin der Bibliothek Aarhus[2] in Dänemark, auf meinem Podium zu haben. Danach lud sie mich ein und wir haben uns im Sommer 2019 die Bibliothek angesehen. Dort haben sie zehn Jahre mit der Zivilgesellschaft und der Stadtverwaltung in verschiedenen Arbeitsgruppen ein Konzept erarbeitet und so die Bibliothek zum Zentrum der Stadt gemacht. Natürlich gab es viele finanzielle Mittel in Aarhus als zweitgrößte Stadt Dänemarks. Aber was besonders wichtig war und ist: Sie haben viel Expertise von außen, auch von anderen Bibliotheken eingeholt. Das ist es, was mich auch in der Podiumsdiskussion in der Kunstsammlung NRW mit Marie Oestergaard zum Thema *Dritter Ort* überzeugt hat: das Motiv der gegenseitigen Verbindlichkeit. Also zu sagen: Wir als Institution geben bestimmten gesellschaftlichen Gruppen Raum, also einfach praktisch Räume. Dafür müssen diese nichts bezahlen. Sie nannte das Beispiel von einer Toddlers Fathers Group, also von jungen Vätern in Elternzeit, die nach einem Raum gefragt haben, wo sie sich treffen können. Die Bibliothek hat ihnen einen Raum gestellt, aber im Gegenzug verlangt, dass sich die Männer einbringen und ein Vermittlungsformat gestalten, bspw. einen Vortrag oder Wickelkurs. Es sollte also eine Exchange-Leistung erbracht werden, die der Gesellschaft vor Ort dient. Das halte ich für sehr kreativ, zu sagen, unterschiedliche Gruppen dürfen in die Institution und ein Austausch wird ermöglicht.

Julia Hauck: Öffentlichkeitsarbeit als solche erfordert ja eine gewisse Offenheit, um auf solche kreativen Ansätze zu kommen. Ich denke auch, dass es gut ist, Flyer zu übersetzen und gerade auch in Leichte Sprache, aber das allein reicht nicht, um eine neue Nutzer*innenschaft in die Bibliotheken zu locken. Es müssen alle Angebote überdacht werden und es muss versucht werden, die Institution gemeinsam mit der Stadtgesellschaft zu gestalten. Plakate in der Bibliothek allein funktionieren nicht mehr.

Prasanna Oommen: Ich würde sagen, all diese Konzepte haben ihren Sinn. Also Leichte Sprache dient dazu, zu entakademisieren. Vielerorts wird versucht,

---

2 Dokk1 – Aarhus: https://dokk1.dk/english.

in der Öffentlichkeitsarbeit neue Wege zu gehen und Dinge auszuprobieren. Dieser Experimentierwille ist grundsätzlich gut. In einer Bibliothek kann auch Mehrsprachigkeit gut funktionieren, wenn die Stadtgesellschaft schon so geöffnet ist, also so verbunden ist mit der Institution, dass es tatsächlich einen Mehrwert darstellt. Aber es ändert nichts daran – wenn wir wieder auf die Zielgruppendiskussion zurückkommen –, dass viele Besucher*innen zu homogen hinsichtlich Alter und sozialem Hintergrund sind. So kann die Relevanz einer Institution nicht gesichert werden. Es geht hier nicht um eine rein altruistische Motivation. Sondern es geht darum, dass es öffentliche Mittel für viele Institutionen gibt, verbunden mit einem gewissen Auftrag. Dieser sollte immer wieder selbstkritisch überprüft werden. Man muss sich immer die Frage stellen: Wen hole ich ab und wen nicht? Wenn es Barrieren durch die Architektur, die Öffnungszeiten oder die Offenheit des Personals gibt, können die Kommunikationsmittel noch so leicht-/mehrsprachig sein. Es ändert zum Beispiel nichts daran, dass man die Institution als junge Mutter mit einem Kinderbetreuungsproblem nicht nutzen kann.

In meinen Workshops lasse ich die Teilnehmenden oft eine *Persona* entwickeln, um ihre Wunschzielgruppe zu definieren und genauer aufs Ziel zu fokussieren. Das geht dann darüber hinaus, dass beispielsweise über 19- bis 39-jährige Frauen, gebildet oder nicht, gesprochen wird. Stattdessen setzt man sich intensiv mit einer bestimmten Zielperson auseinander. Dann stellt man häufig fest, dass man vieles gar nicht weiß. Das regt meist eine weiterführende Diskussion an, die man gut nutzen kann.

Dabei darf man sich ruhig über Dinge streiten. Es herrscht viel zu viel Angst, sich mit diesen Dingen auseinanderzusetzen. Und ich glaube, ein Leitbildprozess, ein Selbstverständnis, ein Organisationsentwicklungsprozess sind die absolut unumgehbare Grundlage für eine verbesserte Öffentlichkeitsarbeit und auch für ein besseres Programm. Es geht darum, dass wir uns trauen müssen, diese Streitgespräche zu führen. Aber das setzt natürlich voraus, dass die Hierarchieebenen Vertrauen aufbauen. So können auch Menschen aus der Institution zu Wort kommen, die vielleicht über Wissen verfügen, welches in anderen Hierarchieebenen nicht vorhanden ist – sogenannte *Hidden Champions*. Deswegen sind Supervision oder eine Organisationsentwicklungs-Beratung oder Prozessbegleitung zwingend notwendig für diese Prozesse.

Julia Hauck: Es gibt schon einige Initiativen oder Projekte, an denen man sich so orientieren kann, zum Beispiel *Die Neuen Deutschen Medienmacher*innen*[3], wenn es um konkrete Handlungsempfehlungen für eine diversitätssensible Öf-

---

3 Homepage des Vereins Neue Deutsche Medienmacher*innen: www.neuemedienmacher.de und das dazugehörige Glossar auf der Seite https://glossar.neuemedienmacher.de/.

fentlichkeitsarbeit geht. Das heißt, die sich mit Bildsprache, Webseiten-Gestaltung oder Sprache beschäftigen. Momentan wird häufig über gendergerechte Sprache und Political Correctness gestritten. Was ist Ihr Eindruck dazu?

Prasanna Oommen: Worum es dabei immer geht, ist Selbstverständlichkeit und Entstereotypisierung. Auf der Seite der Neuen Deutschen Medienmacher*innen sieht man zig Cover des *Spiegel*-Magazins aus den letzten Jahrzehnten, die zeigen, wie anhand des Bildmaterials der Islam stigmatisiert wird. Wenn eine Kopftuch tragende Frau immer mit einer negativen Schlagzeile konnotiert wird, setzt sich das in meinem kulturellen Gedächtnis fest. Ähnlich verhält es sich mit Bildern, die eigentlich eine Selbstverständlichkeit verkörpern sollten, bspw. von körperlich beeinträchtigten Menschen, von queer-feministischen oder Transgender-Persönlichkeiten. All diese Menschen, die eventuell auffallen und nicht zur Norm gehören, müssen auf selbstverständlichen Positionen im Bildmaterial berücksichtigt werden. Wenn sie benutzt werden, also Tokenism dabei stattfindet, dann „verschlimmbessern" wir die Situation. Dann heißt es einfach wieder: „Wir sind bunt." Das machen leider immer noch viele Kultureinrichtungen so und sie nutzen (auch aufgrund der finanziellen Ressourcen) solche Stock-Bilder, beispielsweise von einer schwarzen und einer weißen Hand oder Babys mit verschiedenen Hautfarben. Ich bin dezidiert dagegen.
Ich kann mich daran erinnern, dass ich vor vielen Jahren einen Tatort gesehen habe, in dem es eine Afrodeutsche Medizinerin namens – ich glaube – Petra Schmidt gab. Ich habe das nie vergessen, weil die Rolle einfach Petra Schmidt hieß und ihr Hintergrund nicht thematisiert wurde. Ungefähr 15 Jahre später habe ich die Schauspielerin bei einer Aufführung von Björn Bickers *Urban Prayers* gesehen und sie sofort erkannt. Nach der Veranstaltung konnte ich mit dem Ensemble reden und habe sie auf diese Rolle angesprochen. Sie war verwundert, dass ich mich noch daran erinnern konnte. Aber für mich war das das erste Mal im deutschen Fernsehen, dass jemand der *anders* aussah, mit einer Selbstverständlichkeit gezeigt wurde ohne „geothert" zu werden[4].
Wenn es um Bildmaterial geht, gibt es bereits einige Hinweise, wie man diversitätssensibel auswählen kann, bspw. über die *Datenbank Gesellschaftsbilder*[5]. Aber es ist immer noch so, dass, wenn man *Diversität* googelt, nach wie vor dieselben Stereotype auftauchen. Also ist die Frage, was man unter Diversität versteht. Da sind wir wieder bei der Haltung: Kann es für uns selbstverständlicher werden, dass eine Kuratorin im Rollstuhl sitzt? Kann es für uns selbstverständlicher werden, dass wir eine Leiterin des Bereichs *Deutsch als Fremdsprache* ha-

---
4 Die Schauspielerin heißt Sheri Hagen.
5 Fotodatenbank für Redaktionen, Medienmacher*innen und Blogger*innen und alle Interessierte, die für ihre Arbeit Bilder fernab von Klischees suchen: https://gesellschaftsbilder.de/.

ben, die nicht weiß ist. Kann Vielfalt in den oberen Hierarchieebenen im Kultur- und Bildungsbereich selbstverständlich sein? Das sind die Themen. Und die Leute, die diese Selbstverständlichkeit repräsentieren, gibt es alle. Kann es für uns dauerhaft selbstverständlicher werden, dass wir in Talk-Runden Expert*innen für Landwirtschaft oder für Nachhaltigkeit haben, die nicht herkunftsdeutsch gelesen werden?[6] Oder laden wir diese Leute weiterhin immer nur als Terrorismusexpert*innen oder als Integrationsexpert*innen ein? Wir sind in dem Moment einen Schritt weiter, wenn eine Bibliothek, auch auf Leitungsebene, von Menschen repräsentiert wird, die nicht einer heteronormativen weißen Mehrheitsgesellschaft entsprechen.

Julia Hauck: Es soll also im Prinzip um eine Form der Normalisierung gehen. In unserer Bibliothek haben wir vor kurzem selber Bildmaterial erstellt und *echte* Besucher*innen als Models engagiert. Wir haben quasi die *normalen* Fotos zum neuen Standort oder dem neuen Jugendbereich in Angriff genommen. Dafür wurden aber nicht wieder die Auszubildenden oder Mitarbeiter*innen genommen, sondern auch mal ein Mädchen mit chinesisch-deutschen Eltern, die dann aber eben nicht wieder Deutsch lernend gezeigt wird, sondern für den Jugendbereich werben soll. Es sollten Bilder entstehen, die Jugendliche ansprechen – egal welchen Herkunftshintergrunds oder Aussehens. Das ist natürlich nur ein erster Schritt, aber zumindest gibt es nun im internen Bild-Pool diversere Bilder. Wenn das von den Kolleg*innen dann weiter eingebracht und mitgedacht wird, ist es vielleicht ein Anfang. Aber auch das ist natürlich eine Haltungsfrage.

Prasanna Oommen: Ja, das ist eine Haltungsfrage. Ich glaube schon, dass so etwas wichtig ist, aber das Thema ist ein bisschen tricky. Das stell ich auch in meiner Arbeit immer wieder fest. Auf der einen Seite wollen wir eine Selbstverständlichkeit, Sie sagen Normalität, also *the new normal* oder *unity in diversity*, wie in Kanada propagiert. Es gibt aber auch einen Zwischenschritt dabei: Wir wollen parallel dazu auch die Anerkennung der Zusatzkompetenzen von Menschen, die keinen herkunftsdeutschen Hintergrund haben. Das heißt, wir kommen nie richtig weiter, wenn wir die Herkunft gar nicht mehr thematisieren. Sondern es geht im Grunde immer um die Frage: Wer spricht wie über was und wer fragt wie?

Deswegen bringe ich immer das Thema der pluralen Identität in diese Diskussion ein und frage: Können wir es schaffen, Menschen in unsere Institution einzubinden, deren Deutschsein wir nicht in Frage stellen und deren zusätzliche

---

[6] Expertendatenbank und Recherchetool für Medienschaffende: www.vielfaltfinder.de/Vielfalt finder.

Kompetenzen und Wissen wir gleichzeitig würdigen? Können wir jemanden vielleicht berufsbegleitend qualifizieren? Es fehlen oft ja einfach Mentor*innen oder die Netzwerke. Aber wir brauchen dieses Wissen. Man sollte das offen thematisieren und sagen: „Deine Mehrsprachigkeit, deine Expertise, deine Schlüsselfunktion, deine Brückenfunktion zu den Communitys ist für unsere Institution so wichtig." Wenn man das wertschätzt, hat man eine ganz andere Möglichkeit, zukünftige *Role Models* in der Institution aufzubauen. Ich bin im Rahmen meiner Medienvergangenheit Mentorin bei den *Neuen Deutschen Medienmacher*innen*. Und ich kann meiner Mentee vermitteln, dass sie sich Netzwerke aufbauen kann, ohne zwingend aus einem privilegierten Elternhaus zu kommen. Ich kann das als Vorbild vermitteln und dadurch ermutigen.

Und ich kann auch vermitteln, dass es nicht funktioniert, nur aktivistisch zu argumentieren, sondern, dass ich auch die Perspektive derjenigen in den Machtfunktionen verstehen muss, weil es eben auch nicht um Exklusion von ihnen geht. Es ist enorm wichtig, die Positionen nicht untereinander auszuspielen. Ich finde in diesen Debatten, auch zum Beispiel über Gendergerechtigkeit oder das Gendersternchen, geht es immer darum, zu fragen: Was kann unser gemeinsames Ziel dabei sein? Das gemeinsame Ziel sollte sein, Selbstverständlichkeiten zu etablieren.

Julia Hauck: Das Gendersternchen ist oftmals ein Politikum in vielen Institutionen und bekommt m. E. auch manchmal ein bisschen zu viel Aufmerksamkeit. Eigentlich sollte es darum gehen, welche Haltung hinter der Entscheidung steht, möglichst inklusiv zu kommunizieren. Es hilft auch nicht, nur das Sternchen zu verwenden, sondern man sollte auch mit den Menschen reden, die es betrifft. Allein eine Vorgabe zu machen, dass so *die neue Sprache* ist, reicht am Ende nicht.

Prasanna Oommen: Im Moment nutzen das auch ganz viele Stadtverwaltungen nicht. Ich lebe auch in einer Stadt, in der die Stadtverwaltung sich nicht danach richtet. Das heißt, die Institutionen, die momentan *360°*-Agent*innen haben, haben ein Problem in Köln, wenn sie ihre Kommunikation ändern wollen. Da kommen sie am Presseamt der Stadt nicht vorbei. Das Argument für Veränderung ist hier immer wieder die Selbstverständlichkeit. Ich musste mich da auch herantasten und habe viel von meinen jungen Kolleg*innen gelernt. Am Anfang hat es mich ehrlicherweise auch genervt, aber durch Diskussionen konnte ich dann verstehen, warum die jungen Frauen in meinem Team das Gendern wichtig fanden. Mittlerweile kann ich gar keinen Text mehr ohne Gendersternchen schreiben – einfach aus Gewohnheit. Das ist wie mit der Rechtschreibreform damals: Wir müssen uns an Dinge gewöhnen. Und das unterschätzen wir. Wir diskutieren das so lange platt, bis wir nicht mehr darüber reden, warum es eigentlich so schwer ist, Dinge zu ändern. Und dann geht es nur noch um Macht, aber nicht mehr um die Sache.

Julia Hauck: Da kann ich kurz einhaken. Es gibt in der Linguistik die Unterscheidung zwischen präskriptiver und deskriptiver Grammatik. Ich bin für den deskriptiven Ansatz, weil m. E. Sprache die Welt beschreibt und was nicht beschrieben wird, das gibt es nicht – vereinfacht gesagt. Durch das Gendern wird einfach deutlich gemacht, wo etwas fehlt, auch im Denken. Und ich glaube, dass eigentlich die Diskussion über diesen Fakt das Wichtigere ist, um irgendwann vielleicht in der Realität zu einer Gleichberechtigung zu kommen. Dass man das überhaupt einmal zeigt und zur Debatte stellt. Und dann über das Dahinter-Liegende sprechen kann. Die Sprache ist letztlich ein Mittel, um diese Themen immer wieder aufzubringen. Ich glaube, das muss man auch immer wieder mitdenken bei den Political Correctness-Debatten, wenn es darum geht, was man angeblich alles nicht mehr sagen darf. Es stellt sich die Frage: Wer ist *man*? Wer bestimmt jetzt, wie Sprache ist?

Prasanna Oommen: Ich glaube auch, dass diese Dinge leider sehr eng zusammen hängen. Nichtsdestotrotz kann man sich nicht davor verkriechen und sagen: „Ich kann als kleines Rädchen in der Institution sowieso nichts machen." Wenn wir zurück zur Öffentlichkeitsarbeit gehen, dann glaube ich, dass eine Sensibilisierung für Öffentlichkeitsarbeiter*innen unerlässlich in diesen Zeiten ist. Und zwar auch, um zu schlichten, um die Mitarbeiter*innen zu stärken. Sie stehen wirklich zwischen den Stühlen. Was sich immer wieder in unseren Seminaren herausstellt, ist, dass diese Gräben, auch zwischen den Agent*innen und den Öffentlichkeitsarbeiter*innen, sehr viel damit zu tun haben, dass die einzelnen Persönlichkeiten nicht um die Situation und die Bedarfe der jeweilig anderen wissen. Wenn man einen Zehn-Punkte-Plan hätte, dann würde es auch darum gehen, die Öffentlichkeitsarbeit gemeinsam mit der Leitungsebene zu sensibilisieren und zu stärken.

Was das für einen Mehrwert für die Gewinnung von sogenannten neuen Zielgruppen hat, kann man an den Good Practices im internationalen Vergleich sehen, z. B. in London in den Tate-Museen oder in skandinavischen Institutionen. Sie müssen noch einmal zurück zum eigentlichen Auftrag. Das eine ist die institutionelle Perspektive, die die/der Öffentlichkeitsarbeiter*in vertreten muss. Das ist auch richtig, aber es darf sich nicht verselbstständigen. Die/der Öffentlichkeitsarbeiter*in hat auch die Verpflichtung, die Geschäftsführung im Zweifelsfall zu beraten. Diese Beratungsfunktion haben nun in 39 Institutionen die *360°*-Agent*innen, aber eigentlich auch jede*r, der/die eine verantwortliche Funktion in einer Institution innehat. Ich beobachte oft, dass diese Beratungsnotwendigkeit in den Hierarchien irgendwann verloren geht. Aber der Begriff agile Organisation bedeutet, dass ein Wissenstransfer in beide Richtungen funktioniert.

Julia Hauck: Also ich kann mir vorstellen, dass einige Kolleg*innen, gerade auch in den kleinen Bibliotheken sagen: „Wir haben aber nur 30 Mitarbeiter*innen. Es ist nachvollziehbar, den großen Ansatz zu diskutieren und auch auf die Organisation zu schauen, auf die Netzwerkarbeit, und dass eine Analyse wichtig ist. Aber letztlich ist das alltägliche Geschäft im Moment unser Problem und wir haben unsere Vorgaben."

Prasanna Oommen: Das Argument höre ich häufig. Aber: Wir schauen uns immer an, wie groß oder klein ist die Institution und wo steht sie. An welchen Stellschrauben kann man drehen? Man kommt am bereichsübergreifenden Arbeiten nicht vorbei. Es muss andere Jour Fixes geben, ein anderes Programm. Da gehört die Öffentlichkeitsarbeit früh hinein. Das gilt für konfessionelle Einrichtungen, Bildungseinrichtungen genauso wie für Kultureinrichtungen. Wenn ich jemanden als Moderation oder Podiumsgäst*in für Veranstaltungen einlade, egal wie klein ich bin, muss ich einen Plan haben, was dabei zu berücksichtigen ist. Es muss Leitfäden geben, die in einer Institution gemeinsam geschrieben werden sollten. Jede Institution sollte ihre eigenen Festlegungen haben. Ich halte überhaupt nichts davon, diese Dinge auf Landes- oder kommunaler Ebene zu vermitteln. Man kann sich aber natürlich an anderen Organisationen, wie Ki-Wit[7] oder Diversity Arts Culture[8], orientieren, sich Impulse holen und dann sagen: Was passt davon für uns?

Sich auf das Alltagsgeschäft zurückzuziehen, ist der Tod einer Institution in 20 Jahren. Das kann ich als Unternehmerin auch nicht. Wir müssen uns Pausen verordnen – in der Sommerpause oder in den nicht so starken Monaten, in denen wir in Klausur gehen, um unser Programm anders aufzustellen. Das kann auch in einer Gruppe von nur fünf Kolleg*innen passieren. Dann kann das flexible Kommunikationskonzept der Öffentlichkeitsarbeit auf Grundlage eines Leitbildes oder einer Strategie entstehen. Wenn die Institution nämlich keine Strategie hat, wie soll eine Öffentlichkeitsarbeit Kommunikationsziele daraus entwickeln? Wie soll sie einen Zeitplan einhalten oder Meilensteine planen? Das geht nicht. Das heißt, diejenigen, die Programm machen, müssen gemeinsam mit der Leitungsebene planen. Und sie müssen auch gemeinsam mit der Institution erarbeiten, wo sie hinwollen, wen sie erreichen wollen, welches Programm gemacht werden soll und was als relevant erachtet wird. Dann ist die

---

7 Kompetenzverbund Kulturelle Integration und Wissenstransfer: www.kiwit.org.
8 Diversity Arts Culture. Berliner Projektbüro für Diversitätsentwicklung. https://diversity-arts-culture.berlin/.

Öffentlichkeitsarbeit aufgefordert, Vorschläge zu entwickeln, mit welchen Maßnahmen das erreicht werden kann. Das ist sehr operativ – gerade zum Thema Ressourcen und Alltagsgeschäft.

Julia Hauck: Was ich auch wichtig finde, sind Herausforderungen durch Hate Speech und Social Media. Es gibt auch Fälle, wo Veranstaltungen durchgeführt wurden, die einigen Menschen in der Stadtgesellschaft nicht gefallen haben. Und wenn es wirklich so ist, dass der Bereich Öffentlichkeitsarbeit eine Vorreiterrolle einnimmt, sei es mit gendersensibler Sprache oder eben in Kombination mit dem Programm, müssen diese dann auch mit der Gegenwehr umgehen. Sie sind zumeist die ersten, die über die öffentlichen Kanäle für die vertretene Haltung angegriffen werden. Es ist nicht nur wichtig, dass sensibilisiert wird, sondern dass auch die komplette Organisation dahinter stehen muss, um solche Dinge aufzufangen.

Prasanna Oommen: Da nehme ich sehr klar die Haltung ein, dass das eine Führung übernehmen muss. Da hat auch die Öffentlichkeitsarbeit wenige Möglichkeiten. Sie können das zwar steuern und sich proaktiv damit beschäftigen: Welche Vorgehensweise gibt es, wenn so etwas kommt? Wie monitoren wir unsere Social-Media-Kanäle? Aber die Leitungsebene muss eine Empfehlung für die Öffentlichkeitsarbeit geben, wie reagiert werden soll und sie muss für hundertprozentige Rückendeckung stehen. Man kann nicht genug darüber sprechen, wie sehr der psychische Druck Opfer von Hate Speech[9] belastet. Da braucht es uneingeschränkte Solidarität, damit die Menschen sich nicht komplett zurückziehen. Generell gilt aber auch: Social Media kann man eben nur mit den entsprechenden personellen Ressourcen umsetzen, sonst wird das Arbeiten komplett entgrenzt.

Dann gibt es ein mehrstufiges System, über das man sich bei den Medienmacher*innen oder einschlägigen Anwält*innen informieren kann. Teilweise gibt es mittlerweile Beratungsstellen und Fördermittel dafür. Es muss ganz klar sein, welche Antworten gegeben werden, wann nicht mehr geantwortet wird, wann rechtliche Schritte eingeleitet werden und wann Polizeischutz notwendig wird. Das sind diese Stufen, die alle durchdekliniert sind. Da sollte man sich regelmäßig auf den neuesten Stand bringen. Die Neuen Deutschen Medienmacher*innen bieten auch immer wieder digitale Veranstaltungen dazu an.

Julia Hauck: Die Bibliotheken befinden sich ja allgemein in vielen Änderungsprozessen, auch hin zum Dritten Ort. Vielerorts gibt es neue Angebote, auch was Partizipation angeht. Hier spielt m. E. das Konzept der Diversität perfekt

---

9 https://no-hate-speech.de/.

hinein. Es ist also der richtige Moment für Veränderungen. Bibliotheken müssen sich dem digitalen Zeitalter stellen und auch ihre Relevanz für die und in der Stadtgesellschaft festigen. Sie sind prädestiniert dafür, unterschiedliche Menschen anzusprechen – gerade auch mit sogenannten „niedrigschwelligen" Angeboten und kleineren Formaten. Innovation ist essenziell, da sich die Arbeit und die Art der Veranstaltungen, wie klassische Lesungen, verändern.

Prasanna Oommen: Auf jeden Fall. Wir sind oft zu behäbig, um uns auszutauschen, auch institutionsübergreifend. Wichtig ist, wie oben erwähnt, die Haltung in der Institution und dieses Recht der Gesamtgesellschaft, sich in den Institutionen bilden zu dürfen. Das ist das, was man manchmal in Erinnerung rufen muss.

Weiterführende Literatur

Allgemeine Erklärung der Menschenrechte, (1948) (UN-Vollversammlung). https://www.un.org/depts/german/menschenrechte/aemr.pdf (15.6.2021).

Bußmann, H., Gerstner-Link, C. & Lauffer, H. (Hrsg.). (2008). Lexikon der Sprachwissenschaft: mit 14 Tabellen (4., durchges. und bibliogr. erg. Aufl.). Kröner.

Cordonier, J., della Croce, C., Menghini, M., (2019). Kulturelle Teilhabe: ein Handbuch. Nationaler Kulturdialog (Hrsg.).

El-Mafaalani, A. (2020). Mythos Bildung: die ungerechte Gesellschaft, ihr Bildungssystem und seine Zukunft (1. Aufl.). Kiepenheuer & Witsch.

Fahrun, H., Zimmermann, N.-E. & Skowron, E. (2015). Initiativen-Kochbuch, Engagement selbst gemacht, Einstieg ins Projektmanagement: Ein Handbuch des Theodor-Heuss-Kollegs.

brand1. Wirtschaftsmagazin. (2017). Strategie.

Gümüşay, K. (2020a). Sprache und Sein (1. Aufl.). Hanser Berlin in der Carl Hanser Verlag.

Gümüşay, K. (2020b). Die Sprachkäfige öffnen. Gedanken zur Bedeutung von „freier Rede". APuZ, 12–13/2020, S. 4–7.

Neue Deutsche Medienmacher*innen. (2018). Voll im Bild. Workshop für diskriminierungsarme Berichterstattung. https://www.neuemedienmacher.de/wp-content/uploads/2019/05/Voll-im-Bild-Workshopdokumentation.pdf (15.6.2021).

IQ Fachstelle Interkulturelle Kompetenzentwicklung und Antidiskriminierung. (2019). Veranstaltungen planen und durchführen. Diversity-sensibel – Nachhaltig – Inklusiv.

Goethe Universität Frankfurt am Main. (2016). Handlungsempfehlungen für eine diversitätssensible Mediensprache. https://www.uni-frankfurt.de/66760835/Diversitaetssensible-Mediensprache.pdf (15.6.2021).

Hotze, S. (2020). Die Nutzung von inklusiver Sprache in der Online-Kommunikation von Bibliotheken. In Berliner Handreichungen zur Bibliotheks- und Informationswissenschaft: Bd. Heft 459. https://edoc.hu-berlin.de/bitstream/handle/18452/22591/BHR459-Hotze.pdf?sequence=1&isAllowed=y (15.6.2021).

Antidiskriminierungsbüro Köln. (2013). Sprache schafft Wirklichkeit. Glossar und Checkliste zum Leitfaden für einen rassismuskritischen Sprachgebrauch. https://www.oegg.de/wp-content/uploads/2019/12/Glossar_web.pdf (15.6.2021).

Julia Hauck
Eine für alle?! Leichte Sprache als Alternative zur Mehrsprachigkeit

Kurzbeschreibung	Leichte Sprache ist eine Sonderform des Standarddeutschen, welche durch einen einfachen Satzbau und reduzierten Wortschatz besonders leicht verständlich ist. Leichte Sprache wurde von und mit Menschen mit Behinderung entwickelt, um den Zugang zu Informationen zu erleichtern und damit Teilhabe zu ermöglichen.
Zielgruppe	– Menschen mit geistiger Behinderung – Menschen mit Hör- oder Sehbehinderung – Menschen mit Aphasie – Ältere mit beginnender Demenz – Funktionale Analphabeten – Menschen mit geringen Deutschkenntnissen
Anwendungsgebiete	– Informationsmaterialien in/über die Bibliothek – Öffentlichkeitsarbeit, externe Kommunikation – Führungen & Veranstaltungen – Bestandsaufbau: Easy Reader
Kritik	– Vereinfachung/Verkürzung des Inhalts – Stigmatisierung von Zielgruppen – Vorwurf inkorrekter Rechtschreibung und Grammatik

Abb. 21: Übersicht zum Thema „Leichte Sprache"

Im Positionspapier von dbv und CILIP zum Thema „Bibliotheken und die Diversität in der Gesellschaft" (2011) wird von Bibliotheken gefordert, sich an der „Vielfalt und den Bedürfnissen der Einwohnerinnen und Einwohner der Kommune" zu orientieren sowie deren „Kenntnisse, Interessen sowie Anforderungen" einzubeziehen. Diese Forderungen bezogen sich damals „insbesondere auf in jüngster Zeit angekommene Migranten, Flüchtlinge und Asylbewerber, lokal, national und international nur vorübergehend sesshafte Personen sowie ethnische Minderheiten". Gemeint ist hier eine interkulturelle Bibliotheksarbeit, die ihren Fokus auf Menschen mit (familiärer) Migrationserfahrung und seit 2015 vermehrt direkt auf Geflüchtete in Deutschland legt. Im Mittelpunkt stehen mehrsprachige Materialien/Informationen sowie der Bestandsaufbau von Literatur in verschiedenen Sprachen (vgl. Deutscher Bibliotheksverband e. V., 2017). Hermann Rösch (2013, S. 13) verweist diesbezüglich auf Medienangebote in verschiedenen Muttersprachen und Veranstaltungen zur Herkunftskultur, Sprachkurse und andere Medien zum Deutschlernen sowie Material zur sogenannten „deutschen Gesellschaft und Kultur". Zum einen sollen Menschen dabei unterstützt werden, ihre Deutschkenntnisse zu verbessern. Zum anderen sollen Mehrsprachigkeit und kulturelle Vielfalt wertschätzend in die Angebote der Bibliothek integriert werden.

Doch wie lässt sich dieser Anspruch in der Realität umsetzen?[1] Nimmt man beispielsweise Jena als eine durchschnittliche kleine Großstadt (etwas weniger als 110 000 Einwohner*innen) im Osten Deutschlands mit lediglich 14 % Menschen mit Migrationshintergrund (Migrationsbericht Jena, 2019), so werden neben Deutsch auch geschätzt mindestens 20 verschiedene Muttersprachen gesprochen. Setzt man die sprachliche und informationelle Teilhabe aller Menschen als Ziel, so müsste die dort ansässige Ernst-Abbe-Bücherei Jena Informationsangebote und Medien in zig Sprachen vorrätig haben. Die personellen, finanziellen oder auch räumlichen Ressourcen für Übersetzungsleistungen und mehrsprachigen Bestand sind jedoch begrenzt, sodass nicht alle (potenziellen) Nutzer*innen gleichermaßen in (einer) ihrer Muttersprachen angesprochen werden können.

Beschränkt man sich gezwungenermaßen auf die zahlenmäßige Top Ten der (angenommenen) Muttersprachen-Gruppen in Jena, so bleibt immerhin noch die Aufgabe, Arabisch, Chinesisch, Russisch, Englisch/Hindi, Persisch, Ukrainisch, Italienisch, Kurdisch, Vietnamesisch und Rumänisch anzubieten. Dabei sind die Schul-/Weltsprachen Französisch, Spanisch und Portugiesisch noch nicht inkludiert. Die sprachliche Vielfalt der Stadtgesellschaft stellt eine Bibliothek – in Jena und auch anderenorts – vor eine Herkules-Aufgabe: Wie ermöglichen wir mit unseren Ressourcen allen, wirklich allen, einen gerechten Zugang zu Informationen sowie adäquate Medien-Angebote?

Hier hilft es, einen Schritt zurückzugehen: Deutsch ist offiziell Amtssprache in der Verwaltung der Bundesrepublik (§ 23 BVwVfG) und so kommt man bei Behörden, Bildungseinrichtungen und im Alltag nicht umher, mündlich und schriftlich in deutscher Sprache zu kommunizieren. Hier sind Menschen, die geringe Deutschkenntnisse vorweisen, im Nachteil. Doch dies ist bei Weitem kein Alleinstellungsmerkmal von Geflüchteten, Ausländer*innen oder Menschen mit Migrationshintergrund. Auch Menschen mit sogenannten körperlichen und geistigen Behinderungen und/oder schweren Erkrankungen ringen seit Jahrzehnten um sprachliche Teilhabe am gesellschaftlichen Dasein. „Deutsche

---

[1] Leichte Sprache ist Teil einer Strategie der inklusiven Sprache in Bibliotheken, deren Ziel es ist, auf vielfältige Weise kommunikative Barrieren für diverse Zielgruppen abzubauen (vgl. Hotze, 2021).

Sprache, schwere Sprache" gilt für deutlich mehr Menschen, als Otto-Normal-Verbraucher*in traditionell in den Sinn kommen. Ein zeitgemäßes Mittel, um kommunikative Teilhabe zu ermöglichen, ist das Konzept der Leichten Sprache:

> Leichte Sprache wurde ursprünglich von Selbstvertreterinnen und Selbstvertretern entwickelt, die sich als Menschen mit Lernschwierigkeiten beschreiben. Die Idee bestand zunächst darin, speziell dieser Zielgruppe Zugang zu wichtigen Informationen zu verschaffen. Dabei ging es auf der Zielebene unter anderem darum, mittels Leichter Sprache die eigenen Rechte besser zu kennen, um sie wirkungsvoll vertreten zu können und somit ein Instrument der Selbstvertretung zur Verfügung zu haben. (Seitz, 2014, S. 4)

Die Zielgruppen

Der Ursprung der Leichten Sprache geht auf die amerikanische Organisation *People First* zurück, die sich seit Mitte der 1970er-Jahre für die Belange von Menschen mit Behinderung einsetzt und in den Neunzigern die Idee des *Easy Read* entwickelte. In Deutschland veröffentlichte der Verein *Mensch zuerst* ab 2001 zwei Wörterbücher zur Leichten Sprache. 2006 folgte die Etablierung des *Netzwerks Leichte Sprache* (vgl. Kellermann, 2014). Wie viele Menschen in der Bundesrepublik Schwierigkeiten beim Verständnis von geschriebener Sprache haben, ist schwer zu erfassen:

> Denn Literalität ist relational. Die Anforderungen an Schriftsprachlichkeit sind historisch und kulturell variabel. Sie haben sich in den vergangenen Jahren insbesondere durch die Verbreitung digital verarbeiteter Schrift deutlich erhöht. Der gesellschaftliche Wandel kann somit als ein Bedingungsfaktor des funktionalen Analphabetismus beschrieben werden. (Nickel, 2014, S. 27)

Die LEO-Studie 2018 (Grotlueschen et al., 2018) der Universität Hamburg, die vom Bundesministerium für Bildung und Forschung gefördert wurde, zeigt, dass rund 6,2 Millionen Erwachsene in Deutschland nur eine geringe Literalität vorweisen. Damit gelten rund 12,1 % der Deutsch sprechenden Bevölkerung zwischen 18 und 64 Jahren als sogenannte funktionale Analphabeten[2]. Laut der

---

[2] „Funktionaler Analphabetismus ist gegeben, wenn die schriftsprachlichen Kompetenzen von Erwachsenen niedriger sind als diejenigen, die minimal erforderlich sind und als selbstverständlich vorausgesetzt werden, um den jeweiligen gesellschaftlichen Anforderungen gerecht zu werden. [...] Dies ist gegenwärtig zu erwarten, wenn eine Person nicht in der Lage ist, aus einem einfachen Text eine oder mehrere direkt enthaltene Informationen sinnerfassend zu lesen und/oder sich beim Schreiben auf einem vergleichbaren Kompetenzniveau befindet." (Egloff et al., 2011, S. 14 f.). In der LEO-Studie (Grotlueschen et al., 2018, S. 5) wird empfohlen, eher den Begriff „geringe Literalität" bzw. „gering literalisierte Erwachsene" zu nutzen.

Studie können 4,4 % der Bevölkerung maximal Wörter, aber keine Sätze lesen. Weitere acht Prozent können nur kurze Sätze, aber keine gesamten Texte erfassen. Neben diesen funktionalen Analphabeten gibt es außerdem eine große Gruppe an Menschen, die erhebliche Probleme beim Schreiben und Lesen haben, d. h. deren verschriftlichter Wortschatz Grundschulniveau ähnelt. Dies trifft laut der LEO-Studie auf ganze 10,6 Millionen erwachsene Menschen (20,5 %) in Deutschland zu.

Hier zeigt sich, dass der Einsatz von Leichter Sprache nicht nur einer kleinen Minderheit dient: Knapp ein Drittel (32,6 %) der deutschen Bevölkerung kann nicht richtig lesen oder schreiben. Zwar machen Personen, die Deutsch als Zweitsprache gelernt haben, einen großen Anteil (47,4 %) davon aus, jedoch sind über die Hälfte (52,6 %) der Betroffenen Deutsch-Muttersprachler*innen.

Die Vielfalt derer, die von Leichter Sprache profitieren, ist groß (vgl. Stefanowitsch, 2014): Sowohl Menschen mit Lernbehinderungen/-einschränkungen und anderen kognitiven Einschränkungen wie auch Menschen, deren Muttersprache nicht Deutsch ist – einschließlich Gebärdender – gehören dazu. Aber auch älteren Menschen mit beginnender Demenz kann Leichte Sprache helfen. Ausführliche Informationen zu den einzelnen Zielgruppen finden sich in den Beschreibungen von Ursula Bredel und Christiane Maaß (2015, S. 40 ff.). Für die einen dient Leichte Sprache als Kommunikationsmodus Nr. 1 und für die anderen als Brücke, um den Übergang zur Standard-Schriftsprache zu begleiten. Zudem hilft Leichte Sprache sekundär auch den Mittler*innen, die mit den sogenannten Zielgruppen arbeiten, leben und/oder interagieren. Dazu zählen im weitesten Sinne auch die Mitarbeitenden in Öffentlichen Bibliotheken, um adäquate Medien bereitzustellen und mit diesen Nutzer*innen möglichst barrierefrei kommunizieren zu können.

Die Regeln

Für Leichte Sprache gibt es unterschiedliche Regelwerke und Empfehlungen: Das *Netzwerk Leichte Sprache* hat beispielsweise 17 essenzielle Regeln aus der Praxis heraus entwickelt (Bredel & Maaß, 2015, S. 30–31). Eine umfassende Zusammenfassung der verschiedenen Regeln sowie Hinweise für eine leichte Lesbarkeit finden sich im Ratgeber des Bundesministeriums für Arbeit und Soziales in Zusammenarbeit mit dem *Netzwerk Leichte Sprache* (Leichte Sprache. Ein Ratgeber., 2014):

- Benutzen Sie einfache Wörter, z. B. „erlauben" statt „genehmigen".
- Benutzen Sie Wörter, die etwas genau beschreiben, z. B. „Bus und Bahn" statt „öffentlicher Nahverkehr".
- Benutzen Sie bekannte Wörter. Verzichten Sie auf Fach-Wörter und Fremd-Wörter, z. B. „Arbeits-Gruppe" statt „Workshop".
- Benutzen Sie immer die gleichen Wörter für die gleichen Dinge, z. B. immer „Tablette" statt auch mal „Pille".
- Benutzen Sie kurze Wörter, z. B. „Bus" statt „Omnibus".
- Verzichten Sie auf Abkürzungen, z. B. „das heißt" statt „d. h.".
- Benutzen Sie Verben, z. B. „Wir wählen morgen." statt „Die Wahl ist morgen."
- Benutzen Sie aktive Wörter, z. B. „Wir wählen morgen." statt „Morgen wird gewählt."
- Vermeiden Sie den Genitiv, z. B. „das Haus vom Lehrer" statt „des Lehrers Haus".
- Vermeiden Sie den Konjunktiv, z. B. „Es regnet vielleicht." statt „Es könnte regnen."
- Benutzen Sie positive Sprache, z. B. „Ich bin krank." statt „Ich bin nicht gesund."
- Vermeiden Sie Redewendungen und bildliche Sprache, z. B. „schlechte Eltern" statt „Rabeneltern".
- Schreiben Sie Zahlen so, wie die meisten Menschen sie kennen, z. B. „9" statt „IX".
- Vermeiden Sie alte Jahreszahlen, z. B. „vor mehr als 100 Jahren" statt „1765".
- Vermeiden Sie hohe Zahlen und Prozentzahlen, z. B. „viele Menschen" statt „13 432 Menschen".
- Schreiben Sie Zahlen als Ziffern, z. B. „5 Frauen" statt „fünf Frauen".
- Vermeiden Sie Sonderzeichen, z. B. „und" statt „&".
- Schreiben Sie kurze Sätze. Machen Sie in jedem Satz nur eine Aussage, z. B. „Ich kann Ihnen helfen. Sagen Sie mir: Was wünschen Sie?" statt „Wenn Sie mir sagen, was Sie wünschen, kann ich Ihnen helfen."
- Benutzen Sie einen einfachen Satzbau, z. B. „Wir fahren zusammen in den Urlaub." statt „Zusammen fahren wir in den Urlaub."
- Am Anfang vom Satz dürfen auch stehen: oder, wenn, weil, und, aber.
- Sprechen Sie die Leser*in persönlich an: „Sie dürfen morgen wählen." statt „Morgen ist die Wahl."
- Benutzen Sie die Anrede „Sie".
- Vermeiden Sie Fragen im Text – als Überschrift sind sie aber sinnvoll.

- Benutzen Sie eine einfache serifenlose Schrift mit mindestens Schriftgröße 14.
- Lassen Sie genügend Abstand zwischen den Zeilen.
- Schreiben Sie immer linksbündig.
- Schreiben Sie jeden neuen Satz in eine neue Zeile.
- Trennen Sie keine Wörter am Ende einer Zeile.
- Machen Sie viele Absätze und Überschriften.
- Heben Sie wichtige Dinge hervor – am besten fett markiert, nicht kursiv oder unterstrichen.
- Benutzen Sie dunkle Schrift und helles Papier.
- Benutzen Sie dickes, mattes Papier.
- Benutzen Sie (scharfe und klare) Bilder – aber nicht als Hintergrund.

Unterschiedliche Ansichten existieren zum Thema Gliederung von langen Wörtern, ob nun durch einen Bindestrich oder Mediopunkt (Bredel & Maaß, 2015, S. 65), wie „Bibliotheks-ausweis" versus „Bibliotheks•ausweis". Oft wird die zweite Variante mit Mediopunkt bevorzugt, da sie als Sonderform nicht entgegen der Regeln des Standarddeutschen läuft. Der Mediopunkt signalisiert eindeutig die Verwendung von Leichter Sprache, wohingegen der Bindestrich im Standarddeutschen anderen Regeln folgt („Benutzer-ausweis" vs. „Benutzer-Ausweis"). Der Bindestrich macht eher da Sinn, wo er ohnehin im Standarddeutschen vorkommt, z. B. „DVD-Regal" (Bredel & Maaß, 2015, S. 134).

Ursula Bredel und Christiane Maaß (2015) stellen in ihrem Werk zur Leichten Sprache detailliert vor, wie das Übersetzen in Leichte Sprache gelingen kann und welche Fragen vorab zu klären sind. Neben den gängigen Regeln finden sich dort auch Tipps für die konkrete Übersetzungsstrategie: Um einzuschätzen, welche Wörter auch mit weniger Sprachkenntnissen verstanden werden, empfehlen sie beispielsweise auf *duden.de*, die Häufigkeit der Wörter zu prüfen (Bredel & Maaß, 2015, S. 106). Zum Thema gendergerechte Sprache wird empfohlen, abzuwägen, ob andere Regeln damit unterlaufen werden (Bredel & Maaß, 2015, S. 124 f.). Statt zu schreiben „Lehrer und Lehrerinnen" ist ihre Empfehlung, am Anfang darauf hinzuweisen: „Im Text stehen immer nur Wörter für Männer. Dann kann man den Text leichter lesen." (Bredel & Maaß, 2015, S. 127) Auch auf das Layout wird eingegangen: Beispielsweise wird eine serifenlose Schrift in mindestens Größe 14 empfohlen. Als goldene Regel für die Bilderauswahl empfehlen Bredel und Maaß (2015): „Wählen Sie nur Bilder mit klaren Aussagen und eindeutigem Text-Bild-Bezug […]." (S. 204) Kellermann (2014) fügt hinzu: „Farben sind eher sparsam einzusetzen. Einfache Illustrationen sind besser als Fotos, auf denen zu viele Details zu sehen sind." (S. 7)

Als wichtiges Qualitätsmerkmal gilt, die Texte in Leichter Sprache durch Vertreter*innen der primären Zielgruppe prüfen zu lassen: Das *Logo Leichte Sprache* zertifiziert nur solche Übersetzungen, bei denen eine Gegenprüfung stattgefunden hat (vgl. Mammel, 2018, S. 201). Es gibt unterdes noch weitere Qualitätssiegel und Zertifizierungen für Leichte Sprache: So vergibt die Universität Hildesheim ein „wissenschaftlich geprüftes" Urteil zur jeweiligen Übersetzung, wobei der Verein *Inclusion Europe* nach einer Prüfung durch Vertreter*innen der Zielgruppe das bekannteste Siegel „Leichte Sprache" vergibt (Bredel & Maaß, 2015, S. 71 f.).

Einfache Sprache

Im Gegensatz zur Leichten Sprache gibt es kein einheitliches Regelwerk für Einfache Sprache (Kellermann, 2014). Im Prinzip bildet sie das gesamte Spektrum zwischen Leichter Sprache und Standardsprache ab (Bredel & Maaß, 2015, S. 244). Je nach Adressat*innen-Kreis muss also entschieden werden, welche Vereinfachungen sinnvoll und verständlich sind.

Ziel der Einfachen wie auch der Leichten Sprache ist es, einen Text leichter lesbar zu machen – aber ohne den Inhalt zu verändern. Im Unterschied zur Leichten Sprache ist bei Einfacher Sprache die Verwendung von Nebensätzen möglich (Kellermann, 2014). Sämtliche Alltagsbegriffe werden als bekannt angenommen, Fremdwörter aber möglichst vermieden. Es muss nicht zwingend nach jedem Satz ein Absatz folgen, aber die Übersichtlichkeit des Textes sollte gewährleistet werden. Einfache Sprache erfordert mehr Lesekompetenz und ist daher für viele Personen ein Mittel, um Sachverhalte verständlich zu vermitteln (vgl. Kellermann, 2014). Einfache Sprache ist also flexibler als Leichte Sprache und dabei vielseitig einsetzbar (Bredel & Maaß, 2015, S. 244). Gudrun Kellermann (2014) verweist auf die tragende Rolle der Bibliotheken für die Verbreitung des Konzepts:

> Der Motor für Einfache Sprache waren neben gesetzgebenden Institutionen vor allem Verbände aus dem Bibliotheks- und Verlagswesen. 1992 wurde die Leser Charta verabschiedet, die das Recht auf Lesen verankert und dessen Bedeutung für die Teilhabe an der Gesellschaft heraushebt. (S. 8)

1999 veröffentlichte die IFLA Richtlinien für sogenanntes Easy-Reader-Material (Thornback, 1999). Ohnehin sei der Erfolg der Medien(-verlage) in Leichter Sprache grundlegend auf die Bibliotheken als Hauptkund*innen angewiesen, so die Autor*innen der Richtlinie; zum einen finanziell, was die Verkaufszahlen angeht, zum anderen auch in den Bemühungen, genau diese Menschen zum Lesen zu bringen, die eigentlich Schwierigkeiten damit haben. Als Erfolgsfaktoren werden in der Richtlinie genannt: Netzwerkarbeit mit (Institutionen der) Zielgruppen inklusive einer Bedarfsanalyse für die (potenzielle) Nutzer*innenschaft. Auch die Aus- und Fortbildung der Bibliotheksmitarbeiter*innen ist wichtig sowie ein*e oder mehrere speziell geschulte Lektor*innen für den Bereich. Außerdem sollten die Medien in der Bibliothek leicht auffindbar und eindeutig markiert werden (Thornback, 1999).[3] Wichtig in der individuellen Beratung ist laut der Richtlinien auch:

> Nicht alles Easy-Reader-Material kann jeden Leser in allen Zielgruppen ansprechen. Für ein erfolgreiches Leseerlebnis sind das persönliche Interesse und die Erfahrungen des Lesers fast genauso wichtig wie die Lesbarkeit und die Verständlichkeit des Textes. (IFLA, 1999)

Kritik und Fazit

Öffentliche Bibliotheken stehen vor der Herausforderung, wie sie kulturelle und Bildungsteilhabe auch für Menschen mit geringer Lese- und Schreibkompetenz in Deutsch ermöglichen können. Mammel (2018) schreibt dazu:

> Dies wird über die Bereitstellung eines Buchbestandes in Leichter/Einfacher Sprache hinausgehen müssen: Schriftverkehr/Mahnschreiben bis hin zu Bibliothekssatzungen und Bibliotheksführern in leicht verständlicher Sprache, entsprechende Veranstaltungen oder Sprachkurse bieten hier ein zukunftsträchtiges Aufgabenfeld. (S. 203)

Blickt man auf die Herausforderungen, die mit dem Gebrauch mehrsprachiger Kommunikationsmittel und einem vielsprachigen Bestandsaufbau einhergehen, so bietet Leichte Sprache eine gute Alternative für Bibliotheken. Menschen, deren Muttersprache nicht Deutsch ist, bekommen so die Möglichkeit, Texte einfacher zu verstehen. Allerdings kann Leichte Sprache m. E. nicht als Ersatz für Mehrsprachigkeit dienen, sondern als Ergänzung. Das Angebot von mehrsprachigen Medien und Texten dient nicht allein dem besseren Verständnis, sondern letztlich auch einem respektvollem Umgang mit den sprachlichen Ressourcen der Nutzer*innen. Eine diversitätssensible Ansprache bzw. Kommunikation in der (evtl. zweiten) Herkunftssprache wird oft als wertschätzend und ein „deutliches Willkommen" gewertet (Allmanritter, 2017, S. 290 f.). Außerdem ist

---

[3] Allerdings kann genau das auch für einige Leser*innen zur Barriere werden, wenn sie sich nicht als auf Leichte Sprache angewiesen „outen" wollen oder den Easy-Readern ein verstaubtes Image anwohnt.

zu beachten, dass viele Menschen mit Migrationshintergrund fließend mehrsprachig sind. Das heißt, sie sind nicht auf Leichte Sprache angewiesen und eine automatische Ansprache zum Thema Easy Reader o. Ä. ist unangebracht. Statt diskriminierende Vorurteile zu verfestigen, muss sensibel über einen respektvollen Umgang reflektiert werden. Das gilt auch, wenn Menschen in die Bibliothek kommen, die (noch) gar kein Deutsch können – denn dann hilft auch keine Leichte Sprache. Dabei ist nicht nur an Geflüchtete zu denken, sondern auch an bspw. Gastwissenschaftler*innen, Tourist*innen oder Austauschschüler*innen.

Das Spannungsfeld zwischen Wertschätzung und Stigmatisierung beschreibt Seitz (2014) wie folgt:

> Leichte Sprache, das wird hier deutlich, sorgt somit einerseits für Teilhabe, geht aber mit der Zuschreibung an das Gegenüber einher, auf Leichte Sprache angewiesen zu sein und unterstellt damit ein Defizit. Beides gewinnbringend zusammenzuführen und mit Wertschätzung zu unterlegen, etwa über selbstdifferenzierende Texte, stellt derzeit noch ein konzeptionelles Desiderat dar. (S. 4)

Bei aller Euphorie über den vielfältigen Nutzen der Leichten Sprache als Kommunikationsform, muss man jedoch auch ihre Grenzen beachten (Seitz, 2014, S. 5): Es kann nicht alles eins-zu-eins wie in der Standardsprache ausgedrückt werden. Oftmals sind eine starke Reduktion und wenig Varianz bei den Formulierungen notwendig. Die Schwierigkeit der Leichten Sprache liegt darin, „komplexe Zusammenhänge in klaren Worten und kurzen Sätzen auszudrücken, ohne dass der Sinn verstellt wird oder möglicherweise bevormundend wirkt" (Seitz, 2014, S. 5). Es handelt sich um eine anspruchsvolle didaktische Arbeit, um das möglichst professionelle Übersetzen von Standardsprache in eine in sich schlüssige, klare und verständliche neue Form.

Gerade in Bibliotheken finden sich unzählige Möglichkeiten, Leichte Sprache zu nutzen und anzubieten: von der Benutzer*innenordnung über die Beschilderung im Haus, die Website, bei Einladungen zu Veranstaltungen, wie auch bei Formularen für die Anmeldung oder in Mahnbriefen. In der Ernst-Abbe-Bücherei Jena wurden im Rahmen des *360°*-Programms eine Weiterbildung zum Thema organisiert und im Nachgang einige Übersetzungen in Leichte oder Einfache Sprache durchgeführt, bspw. für Informationen zur Benutzer*innenordnung das Angebot von „Schnupperausweisen" und Informationsflyer zu den interkulturellen Angeboten der Bibliothek. Eine kritische Auseinandersetzung mit Fachjargon, Beratungssprache und sonstiger Kommunikation in der Bibliothek soll auch in der Ernst-Abbe-Bücherei Jena stetig fortgesetzt werden.

Wichtig für den konkreten Einsatz: Die verantwortlichen Mitarbeitenden müssen ausreichend geschult werden (und üben, üben sowie üben). Dabei bleibt die Rücksprache mit Expert*innen essenziell. Größere Veröffentlichungen sollten möglichst in Zusammenarbeit mit Vertreter*innen der jeweiligen Zielgruppe erstellt werden. Der Dialog in der Kommunikation mit den Nutzer*innen der Bibliothek bleibt – ob schwere oder leichte Sprache – ohnehin essenziell für eine gute Bibliotheksarbeit.

Literaturverweise

Aichele, V. (2014). Leichte Sprache: Ein Schlüssel zur „Enthinderung" und Inklusion. In Politik und Zeitgeschichte, 9–11. S. 19–25.

Allmanritter, V. (2017). Audience Development in der Migrationsgesellschaft: neue Strategien für Kulturinstitutionen. Transcript.

Bredel, U. & Maaß, C. (2015). Leichte Sprache: theoretische Grundlagen, Orientierung für die Praxis. Duden Verlag.

Bibliotheksportal. (o. J.). Interkulturelle Bibliotheksarbeit. https://bibliotheksportal.de/ressourcen/management/zielgruppen/interkulturelle-bibliothek/ (10.8.2021).

Bundesministerium für Arbeit und Soziales in Zusammenarbeit mit dem Netzwerk Leichte Sprache. (2014). Leichte Sprache. Ein Ratgeber. https://www.gemeinsam-einfach-machen.de/SharedDocs/Downloads/DE/AS/UN_BRK/LS_EinRatgeber.pdf;jsessionid=D4239D769F02F55CEBDC040FD1091500.2_cid508?__blob=publicationFile&v=4 (14.2.2021).

Deutscher Bibliotheksverband e. V. (2011). Bibliotheken und die Diversität in der Gesellschaft. Positionspapier von dbv und CILIP. Berlin. https://www.bibliotheksverband.de/fileadmin/user_upload/Kommissionen/Kom_IntBib/Stellungnahme_dbv-cilip_Interkulturelle_Bibliotheksarbeit.pdf (4.9.2020).

Deutscher Bibliotheksverband e. V. (2017, 5. April). *Bibliotheksportal: Interkulturelle Bibliothek* (Bibliotheksportal). https://bibliotheksportal.de/ressourcen/management/zielgruppen/interkulturelle-bibliothek (14.6.2021).

Egloff, B., Grosche, M., Hubertus, P. & Rüsseler, J. (2011). Funktionaler Analphabetismus im Erwachsenenalter: eine Definition. In Projektträger im Deutschen Zentrum für Luft- und Raumfahrt e. V. (Hrsg.), Zielgruppen in Alphabetisierung und Grundbildung Erwachsener. Bestimmung, Verortung, Ansprache: wbv, S. 11–31.

Fachstelle Interkulturelle Öffnung, AWO Regionalverband Mitte-West-Thüringen e. V. (2017). Leichte Sprache. Eine Handreichung für die Praxis. http://www.fs-ikoe.de/neue-handreichung-leichte-sprache/ (10.8.2020).

Grotlüschen, A., Buddeberg, K. u. a. (2019). LEO 2018 – Leben mit geringer Literalität. Pressebroschüre. Hamburg 2019. https://www.bmbf.de/files/2019-05-07%20leo-Presseheft_2019-Vers10.pdf (8.9.2020).

Hotze, S. (2021). Inklusive Sprache in der Online-Kommunikation von Bibliotheken. In BuB, 02–03. S. 98–101.

International Federation of Library Associations and Institutions (übers. Antje Cockrill). (1999). Richtlinien für Easy-Reader-Material. Den Haag: IFLA Zentrale. https://archive.ifla.org/VII/s9/nd1/iflapr-57g.pdf (4.9.2020).

Kellermann, G. (2014). Leichte und Einfache Sprache: Versuch einer Definition. In Aus Politik und Zeitgeschichte, 9–11, S. 7–10.
Mammel, D. (2018). Einfach Lesen! Inklusion und Teilhabe mit Leichter Sprache. In Buch und Bibliothek, 70, S. 200–205.
Nickel, S. (2014). Funktionaler Analphabetismus: Hintergründe eines aktuellen gesellschaftlichen Phänomens. In Aus Politik und Zeitgeschichte, 9–11, S. 26–32.
Rösch, H. (2013). Öffentliche Bibliotheken und ihre Umwelt. In Handbuch Bestandsmanagement in Öffentlichen Bibliotheken. Gantert, K. & Junger, U. (Hrsg.), München: De Gruyter, S. 7–25.
Seitz, S. (2014). Leichte Sprache? Keine einfache Sache. In Aus Politik und Zeitgeschichte, 9–11, S. 3–6.
Stefanowitsch, A. (2014). Leichte Sprache, komplexe Wirklichkeit. In Aus Politik und Zeitgeschichte, 9–1, S. 11–18.
Verwaltungsverfahrensgesetz. (2019). Bundesrepublik Deutschland. In der Fassung der Bekanntmachung vom 23.01.2003 (BGBl. I S. 102) zuletzt geändert durch Gesetz vom 21.06.2019 (BGBl. I S. 846) m. W. v. 01.11.2019

Weiterführende Literatur

Institutionen und Organisationen

Das *Netzwerk Leichte Sprache e. V.* gibt es seit 2006. Der Verein verbindet deutschsprachige Prüfer*innen und Übersetzer*innen aus fünf Ländern. Mehr Informationen unter: *www.leichte-sprache.org*
Eine wissenschaftliche Perspektive bietet die *Forschungsstelle Leichte Sprache* der Universität Hildesheim. Mehr Informationen unter: *www.uni-hildesheim.de/leichtesprache*
Weitere Materialien und Tipps stellt das *Büro für Leichte Sprache der Lebenshilfe Bremen e. V.* – inkl. eines Bilder-Katalogs. Mehr Informationen unter: *https://lebenshilfe-bremen.de/angebote/buero-fuer-leichte-sprache/*
Die Initiative *Mensch zuerst* des *Netzwerk People First Deutschland e. V.* bietet weitere Informationen. Mehr Informationen unter: *www.menschzuerst.de*

Wörterbücher

Hurraki.de ist ein Online-Lexikon in Leichter Sprache. Hier gibt es freie, kostenlose und zur Weiterverbreitung gedachte Einträge in Leichter Sprache.
Außerdem gibt es das Wörterbuch Leichte Sprache der Bundesvereinigung Lebenshilfe e. V. Dieses ist abrufbar unter: www.lebenshilfe.de/de/leichte-sprache/woerterbuch/
Hilfreich ist auch das Wörterbuch des NDR auf der Homepage des Senders. Mehr Informationen unter: https://www.ndr.de/fernsehen/barrierefreie_angebote/leichte_sprache/Woerterbuch-in-Leichter-Sprache,hintstartseite100.html

Verlage

Der *Spaß am Lesen*-Verlag in Münster bietet diverse Bücher sowie die Zeitung *Klar & Deutlich*. Auf der Seite *www.einfachebuecher.de* kann man Bücher in Leichter Sprache (A1/A2) und in Einfacher Sprache (A2/B1) bestellen.
Der *Passanten Verlag* verlegt Literatur in Einfacher Sprache.
Auch im *Beltz-Verlag* werden Lesetexte in Einfacher Sprache veröffentlicht, unter anderem auch für Kinder. Mehr Informationen unter: *superlesbar.de*
Edition Naundob aus Berlin ist ein weiterer Verlag in dem Bereich. Mehr Informationen unter *www.naundob.de*
Außerdem gibt es die *Leichter Lesen*-Reihe des Ravensburger Verlags mit Geschichten für Kinder in Leichter Sprache.

Sonstiges

In der *Bibliothek des Instituts für Menschenrechte* finden sich viele Materialien und Links. Mehr Informationen unter: institut-fuer-menschenrechte.de/unsere-bibliothek/
Das Bundesministerium für Arbeit und Soziales hat zusammen mit dem Klett-MINT-Verlag Publikationen zu Themen rund um Sozialpolitik in Leichter Sprache und Gebärdensprache erstellt. Mehr Informationen unter: sozialpolitik.com
Zudem gibt es die *Nachrichten des Deutschlandfunks in Leichter Sprache. Mehr Informationen unter:* nachrichtenleicht.de
Alles rund um *Politik in Einfacher Sprache* bieten Hefte und Hörbücher der *Bundeszentrale für Politische Bildung*. Mehr Informationen unter: bpb.de/shop/lernen/einfach-politik/
Interessant sind auch Projekte in/von Bibliotheken, wie beispielsweise die *LEA Leseclubs – Lesen Einmal Anders, die bereits* in ganz Deutschland stattfinden. Mehr Informationen unter: http://www.kubus-ev.de/lea-leseklub/klubs-deutschlandweit.html

Teil V: **Perspektivisch planen**

Sarah Hergenröther

Der digitale Dritte Ort? Diversitätsentwicklung im virtuellen Raum – ein Werkstattbericht

Das Jahr 2020 stellte in jeder Hinsicht eine Herausforderung für die Diversitätsentwicklung bei der *Münchner Stadtbibliothek* dar. Mit dem pandemiebedingten Lockdown im Frühjahr 2020, der zum Herunterfahren des öffentlichen Lebens und damit auch zur Schließung der Bibliothek führte, ergab sich eine vollkommen neue Fragestellung: Wie entwickelt man die Struktur einer Bibliothek mit dem Ziel, ein diverseres Publikum zu erreichen, wenn dieses keinen Zugang mehr zu den Räumlichkeiten hat? Der Anspruch von Bibliotheken, ein Dritter Ort in der Stadtgesellschaft zu sein (Barth, 2015), wurde in der Pandemie auf eine harte Probe gestellt. Auch beim Veranstaltungsprogramm stand die Münchner Stadtbibliothek plötzlich vor ganz neuen Herausforderungen. Durch den Wegfall der Präsenzveranstaltungen in der Zeit von März bis in den Frühsommer fiel das wichtigste Vermittlungsangebot weg; es musste umgedacht werden. Irgendwo zwischen Hardware und Software, Bildübertragung und Audiospur sollte trotz Rauschen und Standbildern zusätzlich noch die Diversitätsentwicklung verortet werden. In einer Zeit, in der der normale Bibliotheksalltag an seine Grenzen stieß, waren die Voraussetzungen für Maßnahmen zur Diversitätsentwicklung so schlecht wie nie. Welche Chancen hat ein oft (zu Unrecht) als „Sahnehäubchen" empfundenes Thema wie *Diversität* in einer Krise, wenn sich ohnehin die Frage nach der Daseins-Berechtigung einer Bibliothek stellt, die phasenweise keinen realen Ort für Kund*innen mehr bieten und durch den Wegfall des Präsenzbestands nur noch einen virtuellen Bestand zur Ausleihe vorhalten kann? Veränderung ist immer schwierig und mit Widerständen verbunden. In einem Betrieb, der sich in einem permanenten Krisenmodus befindet, ist dies praktisch unmöglich – eigentlich. Und doch taten sich durch die Digitalisierung plötzlich Nischen auf, die bislang verborgen geblieben waren. Denn natürlich erfüllen kulturelle Einrichtungen – allen voran die Öffentlichen Bibliotheken – in Zeiten wie diesen enorm wichtige Funktionen: das Aushandeln gesellschaftlichen Miteinanders und politischer Themen während der Krise, Ablenkung im Lockdown und, wenn es das Infektionsgeschehen zuließ, das Angebot eines Zufluchtsortes aus den eigenen vier Wänden. Die Vision der Münchner Stadtbibliothek, ein Ort für alle zu sein, war in dieser Situation, in der viele Orte nicht mehr zugänglich waren, ein wichtigeres Ziel denn je. Damit eröffnete sich auch eine große Chance, das Thema *Diversität* zu platzieren.

Digitaler Outreach

Um zumindest virtuell ein Dritter Ort zu sein und den Zugang zu den digitalen Medien weiter zu ermöglichen, öffnete die Münchner Stadtbibliothek am 23. März 2020 online die Türen für alle. Für drei Monate wurde ein digitales, kostenfreies Abo angeboten. Die Nutzer*innen hatten so die Möglichkeit, auf rund 80 000 Medien zum Download und zum Streamen zuzugreifen sowie Datenbankangebote wie *eLearning*, *Tigerbooks*, *Statista*, *Munzinger*, *digibib* etc. zu nutzen. Das Abo fand, wie erwartet, großen Zulauf unter der Münchner Bevölkerung. Rund 9 500 Personen nahmen die Möglichkeit des digitalen Zugangs wahr, 3 100 davon blieben der Münchner Stadtbibliothek auch nach dem Ende der Laufzeit erhalten und wechselten zur regulären Mitgliedschaft über. Dennoch konnten wichtige Zielgruppen plötzlich nicht mehr erreicht werden, bspw. bezüglich der Nutzung fremdsprachiger Medien. Der in den Bibliotheken verfügbare Fremdsprachenbestand der Münchner Stadtbibliothek wird seit 2017 von einer eigens dafür zuständigen Lektorin kontinuierlich ausgebaut. Hier liegt der Schwerpunkt auf dem belletristischen Printbestand, der ein Sprachenportfolio mit 14 verschiedenen Sprachen, darunter Arabisch, Kurdisch, Persisch, Kroatisch umfasst, sowie mehrsprachige Kinderbücher. Für das digitale Bestandspendant, die Leseplattform *OverDrive*, werden dagegen ausschließlich englischsprachige Medien eingekauft. Aufgrund der Lizenzsituation und der eingeschränkten Angebotsbreite bei *OverDrive* wurde ein über eine zusätzliche Fremdsprache hinausgehender Bestand bisher nicht aufgebaut. Aus Erfahrung der Münchner Stadtbibliothek fungiert Englisch bei den digitalen Medien der Münchner Stadtbibliothek als die meist genutzte Fremd- und Zweitsprache für eine größtmögliche Leser*innen- und Hörer*innenschaft. Unter *normalen* Bedingungen ergänzen sich der sprachlich sehr ausdifferenzierte Printbestand sowie der englischsprachige digitale Bestand sinnvoll und setzen verschiedene Akzente. Im Zuge der Schließung der Bibliotheksräume entstand nun jedoch eine Angebotslücke.

Die Münchner Bürger*innen konnten im Bereich Magazine/Zeitungen teilweise auf das Angebot des *Pressreader*, der Publikationen aus mehr als 120 Ländern weltweit bereithält, ausweichen. Im Bereich Audio war die Nutzung der fremdsprachigen Hörbuchplattform *NAXOS Spoken Word Library* möglich, die neben englischen auch französische, spanische und portugiesische Hörbücher anbietet. Trotz dieser Alternativen bildeten die virtuell bei der Münchner Stadtbibliothek verfügbaren Angebote nicht das breite Sprachenangebot des Printbestands ab.

Unter erschwerten Bedingungen wurden in der Folge neue Wege gesucht, den Kontakt nach außen zu knüpfen und die durch die Corona-Pandemie entstandenen Lücken im Bestandsangebot zu füllen. Mehr als zuvor versorgten Newsletter, die Social-Media-Kanäle und Artikel auf dem bibliothekseigenen Blog die Kund*innen mit Informationen: „Vor Ort können wir aktuell nicht mit Ihnen plaudern und diskutieren, Sie nicht beraten und unterstützen. Also machen wir das online" (Münchner Stadtbibliothek, 2020a), war die Ankündigung über den Newsletter im April 2020. Um der mehrsprachigen Bevölkerung in München trotz Lücken im digitalen Bestand einen möglichst guten Service anzubieten, hob ein Blog-Artikel die digitalen englischen Titel für Kinder hervor und informierte über Plattformen im Netz, die mehrsprachige Kinderliteratur anbieten. Der Blog-Artikel wurde sowohl über das Netzwerk *Münchner Migrantenorganisationen (MORGEN e. V.)* gestreut als auch in verschiedenen *Facebook*-Communitys wie *Latinos in Munich, International Parents in Munich, Arabs in Munich* u. v. a. m. zusammen mit einem Hinweis auf den Pressreader und das dreimonatige kostenfreie digitale Abonnement gepostet. Die Kommentare und Likes aus den Facebook-Communitys zeigten, dass wir mit der Initiative einen Nerv trafen.

Neben *Facebook, Twitter* und *Instagram* bot sich in der Zeit des Lockdown, aber auch, als wieder eingeschränkt geöffnet werden konnte, vor allem der Blog als optimales Kommunikations- und Vernetzungsmedium an. Über den sogenannten *BlogSlam* wurde versucht, immer wieder neue Zielgruppen anzusprechen und Themen sichtbar zu machen. Den Start machte Ende März 2020 der *BlogSlam Stadtkultur im Shutdown* unter dem *#kulturslammuc*, bei dem die Münchner Stadtbibliothek zusammen mit anderen Kultureinrichtungen in kurzen Texten darüber reflektierte, wie trotz des Shutdown der gesellschaftliche Auftrag erfüllt werden kann (Münchner Stadtbibliothek, 2020b). Im April folgte die Bibliotheksvernetzung *#wirbibliotheken*, die sich der Frage widmete: „Wie können wir auch ohne den realen Ort Bibliothek für unsere Nutzer*innen da sein? Wie können wir sie unterstützen in dieser seltsamen Zeit?" (Münchner Stadtbibliothek, 2020c)

Gemeinsam neues Wissen schaffen, gemeinsam erinnern

Im Herbst 2020 lud die Spezialbibliothek Monacensia im Hildebrandhaus unter dem *#femaleheritage* zum *BlogSlam Frauen und Erinnerungskultur* ein. Interessierte jeder Altersgruppe und Vertreter*innen von großen wie kleinen GLAM-Institutionen[1] waren überregional dazu aufgerufen, Literaturgeschichte gemeinsam weiter zu erzählen (Münchner Stadtbibliothek, 2020d). Mit überwältigender Resonanz: Etwa 200 Beiträge Texte, Podcasts, Briefe wurden zugeschickt, wobei sich die Autor*innen teilweise untereinander vernetzten. Wikipedia-Artikel entstanden und, was noch erstaunlicher war: Viele, die zuvor noch nie einen Text fürs Netz geschrieben hatten, beteiligten sich. Damit die Beiträge ansprechend und gut lesbar sind, wurden die Schreibenden von den Mitarbeiter*innen der Monacensia individuell per E-Mail und Telefon betreut und erhielten eine oft mehrstündige medienpädagogische Beratung, die in Zeiten von Social Distancing und eingeschränkter Kund*innenkontakte eine hohe soziale Nähe herstellte.

Der *BlogSlam* stellt den Auftakt für ein mehrjähriges Kulturerbe-Projekt dar, das als interdisziplinäres und ergebnisoffenes Vorhaben angelegt ist und sich mit Archivlücken und Erinnerungskultur unter Diversitätsaspekten beschäftigt. Im Rahmen des *BlogSlams* stand die Suche nach verschollenem Wissen über politisch und literarisch wirkende Frauen im Vordergrund. Damit knüpft die Monacensia direkt an ihren Auftrag an, denn sie trägt den Beinamen Das literarische Gedächtnis der Stadt. Was heißt das? Zunächst bedeutet es, dass die Monacensia mit ihrer ständig wachsenden Sammlung von Vor- und Nachlässen sowie Konvoluten renommierter Schriftsteller*innen sowie bedeutender Volkssänger*innen und Kabarettist*innen die individuellen Erinnerungen dieser Schreibenden und Kunstschaffenden bewahrt. Das Literaturarchiv bildet so die literarische Chronik einer bestimmten Zeit und mannigfaltiger Lebenswirklichkeiten in München ab. Im Zusammenspiel mit dem Bestand der dort angesiedelten München-Bibliothek wird allen interessierten Besucher*innen eine Grundlage geboten, immer wieder neue Erkenntnisse über die Stadt, die Gesellschaft, die Welt und vielleicht sogar sich selbst zu gewinnen. Der Beiname *Das literarische Gedächtnis der Stadt* ist für die Monacensia also weniger Schmuck als konkreter öffentlicher Auftrag in Sachen Erinnerungskultur, Kulturgüterschutz und Bildung. Das Kulturerbe-Projekt *#femaleheritage* setzt dort an, wo durch Sammlungslücken Wissen fehlt und es keine sichtbaren Spuren gibt: Literatur ge-

---

1 GLAM steht für Galleries, Libraries, Archives and Museums.

schrieben von Frauen bzw. literarische Beschreibungen von weiblich geprägten Lebenswelten im weitesten Sinne.

Mit dem *BlogSlam* Frauen und Erinnerungskultur wurde erstmalig das Anliegen realisiert, neben Kulturinstitutionen auch Bürger*innen in die Reflexion einzubinden und im Sinne einer offenen Wissensgesellschaft einzuladen, Lücken aufzuspüren und sie bestenfalls mit dem eigenen Erfahrungsschatz zu füllen. Der *BlogSlam* war lediglich der Auftakt für ein Gesamtprojekt. Es soll in den kommenden Monaten in einzelnen Veranstaltungsprojekten in den verschiedenen Stadtteilbibliotheken der Münchner Stadtbibliothek weiterentwickelt werden und sich im Sinne einer gelebten Erinnerungskultur verselbstständigen. Die mit dem *BlogSlam #femaleheritage* gemachten Erfahrungen können zukünftig dann auch auf andere, für Diversitätsentwicklung relevante Themenbereiche und Zielgruppen übertragen werden.

Gemeinsam den Bestand entwickeln – mit digitaler Beteiligung

Eine weitere während des Lockdown durchgeführte Blog-Aktion ging mit ihrem Aufruf zur Beteiligung noch weiter und versuchte digitale Partizipation anzustoßen, die auf Bestandsanalyse und -entwicklung abzielte. Anlässlich des *8. Deutschen Diversity-Tages* im Mai 2020 waren die Münchner*innen dazu aufgerufen, der Münchner Stadtbibliothek Medien zu empfehlen, die Diversität abbilden. Sie wurden gefragt:

> Welche Bücher, in denen Vielfalt abgebildet wird, habt ihr gelesen oder mit euren Kindern angeschaut? Welche Held*innen haben euch besonders beeindruckt? Mit welchen Geschichten könnt ihr euch identifizieren? Wo werden alternative Familien- und Lebenskonzepte abgebildet und wo wird Menschen eine Stimme gegeben, die in der Gesellschaft und in der Literatur oft überhört werden? (Münchner Stadtbibliothek, 2020e)

Neben dem Ziel, „unsichtbare" Held*innen und Geschichten sichtbar zu machen, zielte der Aufruf zum *BlogSlam* ganz konkret auf eine Erweiterung des diversitätssensiblen Bestands ab. Beworben über die städtischen Querschnittstellen[2], *MORGEN e.V.* und andere Einrichtungen aus dem Migrationsbereich erreichte die Münchner Stadtbibliothek in der Folge 128 Titeleinsendungen. Da-

---

2 Gleichstellungsstelle für Frauen (GST), Koordinierungsstelle zur Gleichstellung von LGBTIQ* (KGL), Stelle für interkulturelle Arbeit, Koordinierungsbüro zur Umsetzung der UN-Behindertenrechtskonvention.

bei zeigte sich, dass die Mehrzahl der Medientipps bereits im Bestand war. Von den 48 noch nicht vorhandenen Titeln wurden alle Medien bestellt, deren Bezug möglich war. Zusätzlich zu den Medientipps wurden über die Kommentarfunktion des Blogs auch Wünsche bezüglich der Beflaggung der Bibliothek mit der Regenbogenfahne sowie zu mehr Literatur mit Held*innen of Color eingereicht. Einige – aufgrund der vielen Einsendungen –, jedoch nicht alle Medientipps, stellte der Blog der Münchner Stadtbibliothek im Detail vor. Neben Sachbüchern über interkulturelle Themen, Coming-out und Feminismus wurden Romane mit BIPoC- oder LGBTIQ+-Held*innen empfohlen sowie Kinderbücher, die sich mit dem Aufwachsen in Regenbogenfamilien, Migration, der Verortung als muslimisches Mädchen in der Gesellschaft und mit feministischen Rollenbildern auseinandersetzen. Eine spannende Erkenntnis war, dass sich insbesondere die LGBTIQ+-Community von dem Aufruf angesprochen fühlte. Über die *KGL* angeschrieben, leiteten die Akteur*innen der Szene den Aufruf weiter und sammelten in ihren Einrichtungen ganze Titellisten. Aus dem Migrationsbereich kamen eher weniger Zusendungen, was zeigt, dass hier die Zielgruppenansprachen und Kooperationen noch wesentlich erweitert werden müssen. Die Erkenntnisse zur Reichweite der *BlogSlams* sowie zur Quantität und Art der Rückmeldungen geben einen Aufschluss darüber, ob sich die Interessen einzelner Zielgruppen bereits im Bestand abbilden oder noch Nachholbedarf besteht. Natürlich handelt es sich bei den Rückmeldungen immer nur um Einzelmeinungen, allerdings lassen auch individuelle Wünsche Rückschlüsse zu, die für die zukünftige Ausrichtung des Bestands der Münchner Stadtbibliothek richtungsweisend sein können.

Die Entscheidung über digitale Formate wie den Blog, Einzelpersonen und Communitys an der Diversifizierung des Bestands zu beteiligen, war zwar aus der Not heraus geboren. Wenn der direkte Kontakt nicht möglich ist und alles virtuell abläuft, ist eine andere als eine digitale Beteiligung schlicht nicht möglich. Es zeigte sich allerdings bald, dass dieser Ansatz nicht nur pragmatisch, sondern als Erfahrung hilfreich ist, um die Partizipation bei der Münchner Stadtbibliothek weiter auszubauen. Partizipation ist oft mit Befürchtungen belegt und bewegt sich daher in vielen Fällen im Bereich der Scheinbeteiligung (Tokenism), indem Zielgruppen angehört, befragt oder beschwichtigt werden, nicht jedoch auf strukturelle Veränderungen einwirken können (Gaber, 2019, S. 188–201). In ihrem Aufsatz zu Partizipation in Bibliotheken begründen Karsten Schuldt und Rudolf Mumenthaler das Zögern, Bürger*innen weitreichend Räume für Partizipation zu öffnen, mit der möglichen Sorge, dass diese sich bzw. ihre Strategie in der Konsequenz grundsätzlich verändern würden müssen und in der Folge Fehler gemacht würden. „Aber: Fehler werden auch so gemacht. [...] Partizipation heisst tatsächlich nicht, dass Dinge fehlerfrei funktionieren [oder die tatsächliche Meinung der Befragten erfasst wird, der man nur noch folgen müsste], es heisst aber, Fehler gemeinsam zu machen und gemeinsam aus ihnen zu lernen." (Schuldt & Mummenthaler, 2017)

Auch bei der Münchner Stadtbibliothek ist dieses Zögern spürbar. Eine Einladung von Communitys in die Räume der Bibliothek mit dem Ziel, sie an der Auswahl von Medien oder der Gestaltung der Bibliotheksräume zu beteiligen, ist zwar erwünscht, jedoch auch mit Vorbehalten belegt. Denn die Personen, die zu einem Beteiligungsformat kommen, stellen immer nur einen Ausschnitt dar. Sie sprechen nicht für alle und sind daher nicht repräsentativ. Auch stellt sich die Frage, wie man damit umgeht, wenn nicht alle bei der Beteiligung geäußerten Wünsche umsetzbar sind. Wie ist beispielsweise echte Beteiligung mit der Entscheidungshoheit des Lektorats, der Einkaufspolitik oder den vorhandenen Bezugsquellen in Einklang zu bringen?

Eine erste unverfängliche Annäherung an strukturelle Beteiligung bot der digitale Aufruf zur Diversifizierung des Bestands über den *BlogSlam*. Die prinzipielle Möglichkeit der Teilhabe aller, die auf das Blog aufmerksam werden, ist niederschwellig und beschränkt die Beteiligung nicht auf einzelne, ausgewählte Personen. Die Sorge, die Erwartungshaltung der Beteiligten nicht erfüllen zu können, erwies sich als unbegründet. Tatsächlich zeigte sich, dass der *BlogSlam* bei den Beteiligten ausschließlich positiv aufgenommen wurde und auch die Erklärung für nicht angeschaffte Titel nicht zu Enttäuschung führte.[3]

Digitales Kamingespräch – Programmanalyse im virtuellen Raum

Anknüpfend an diese positive Erfahrung fand im Winter 2020 eine weitere digitale Beteiligungsveranstaltung statt, die einen anderen Ansatz verfolgte: Zusammen mit Vertreter*innen der Vereine *Arbeitskreis Panafrikanismus e. V.*, *Yalla Arabi – Förderung der arabischen Sprache und Kultur*, *Farhang – Afghanischer Kultur- und Bildungsverein e. V.*, des *Migrationsbeirats* und einem Vertreter der bosnischsprachigen Community wurde über das Programm der Münchner Stadtbibliothek diskutiert. Der Teilnehmer*innenkreis fand sich in Zusammenarbeit mit dem Netzwerk *MORGEN e. V.*, der Fokus lag auf Menschen mit Migrationsbiografien aus der ersten Migrant*innengeneration. Ganz klar handelte es sich hier nur um einen kleinen und nicht repräsentativen Ausschnitt der Ziel-

---

3 Einige Titel konnten nicht beschafft werden, da sie nicht mehr verlegt wurden oder über unsere Bezugsquellen nicht zu erwerben waren.

gruppe. Die Entscheidung zugunsten einer Fokusgruppe diente dem Ziel, in einen intensiven Austausch zu treten, der eher einen Beratungscharakter hat. Um ein kritisches Feedback zu erhalten, ist es wichtig, einen Begegnungsraum außerhalb der Institution, über die gesprochen wird, zu schaffen und den Austausch durch eine Person zu begleiten, die die Institution zwar kennt und für sie spricht, aber nicht als Programmverantwortliche wahrgenommen wird. Eine Video-Konferenz bietet hier einen optimalen, geschützten Rahmen zum offenen Austausch.

Für die Durchführung der Fokusgruppe schalteten sich alle Teilnehmenden sowie die *360°-Agentin* aus ihrem Zuhause dem Videocall zu, sodass die Diskussion die Atmosphäre eines Kamingesprächs hatte. Zur Vorbereitung erhielten alle Teilnehmenden drei Programmhefte der Münchner Stadtbibliothek, die das Veranstaltungsangebot jeweils eines Quartals abbilden. Sie enthielten u. a. Veranstaltungen anlässlich des *Internationalen Tags der Muttersprache*, der *Internationalen Wochen gegen Rassismus*, internationale Filmreihen sowie das *Interkulturelle Märchenfest*. Den Programmheften wurden vier Leitfragen für die Online-Diskussion beigelegt:
- Gibt es genügend Veranstaltungen, die die Interessen von Migrant*innen/BIPoC abbilden?
- Reichen die Bildungs- und fremdsprachigen Angebote aus?
- Braucht es mehr rassismuskritische Veranstaltungen?
- Ist die Art und Weise, wie Veranstaltungen kommuniziert werden, ansprechend?

Insgesamt wurde während des Gesprächs viel Lob für das vielfältige Programm der Münchner Stadtbibliothek ausgesprochen, das verschiedenste Interessen abdecke und sich mit spezifischen Bildungs- und fremdsprachigen Angeboten explizit an Migrant*innen wende. Trotz des großen und qualitativ hochwertigen Angebots wurde jedoch „noch viel Luft nach oben" attestiert. Neben Rückmeldungen zur grafischen Aufbereitung, bei der insbesondere bemängelt wurde, dass die abgebildeten Personen auf den Fotos des Programmhefts zu *weiß* seien und nicht die gesellschaftliche Realität zeigen, wurde angemerkt:

Die Perspektive sei insgesamt zu Deutsch/eurozentrisch. Bei der Diskussion von Themen und Konzepten fehle ein Blick über den Tellerrand sowie die migrantische Perspektive.

Die Bibliothek solle aus den Schlagzeilen gefallene Ereignisse beleuchten, um den Leerstellen der Medien etwas entgegenzusetzen: Wie hat sich der „*Arabische Frühling*" entwickelt? Wie geht es den Rohingya heute? Und wie hat sich inzwischen die Situation im Irak entwickelt?

Weitere geäußerte Aspekte waren: die Anschaffung von Büchern und Sichtbarmachung von BIPoC-Autor*innen; Durchführung von diskriminierungs- und rassismuskritischen Workshops zum Aufbrechen der *weißen* Dominanzkultur; Erarbeitung spezifischer Veranstaltungen für Jugendliche of Color zwischen 15 und 25 Jahren (unter deren Beteiligung) und mehr Queere Themen im Programm.

Ganz deutlich zeigte sich durch diese Rückmeldungen, dass die Münchner Stadtbibliothek ihre Perspektiven erweitern muss. Wie die meisten Kultureinrichtungen ist auch sie eine sehr *weiße* Institution mit *weißem* Personal und in der Folge einem *weißen* Programm. Es braucht insgesamt mehr multiperspektivische Veranstaltungen, die den Blick weiten, den gesellschaftlich dominierenden Diskurs hinterfragen und ergänzen. Besonders von Bedeutung sind diskriminierungs- und rassismuskritische Perspektiven.

Die virtuelle Fokusgruppe hat gezeigt, dass der Austausch mit einer kleinen Gruppe von BIPoC-Expert*innen übergreifende Erkenntnisse bringen kann, um Programmarbeit grundsätzlich anders zu denken, nämlich partizipativ. Klar ist jedoch, dass es sich hier noch immer um eine Vorform der Partizipation handelt, die eher als Beratung zu sehen ist. Durch ihre Perspektiven helfen die Teilnehmenden dabei, das Programm und damit die Angebotsqualität der Münchner Stadtbibibliothek zu verbessern. Aus diesem Grund wurde entschieden, den Teilnehmenden ein Honorar zu zahlen, das den Aufwand entschädigt; dies soll auch weiterhin so gehandhabt werden.

Zukünftig werden weitere solcher Beratungsformate durchgeführt werden, um Perspektiven auch anderer Zielgruppen einzuholen und z. B. barrierefreie Programmarbeit in den Fokus zu nehmen. Die bereits jetzt gewonnenen Erkenntnisse werden in die künftigen Programmrichtlinien einfließen, in denen u. a. partizipative Ansätze und eine multiple Perspektive verankert sein müssen.

Gemeinsam Grenzen überwinden – internationale und mehrsprachige Kulturarbeit im Netz

Von Ende März bis in den Frühsommer 2020 hinein durfte in der Münchner Stadtbibliothek nicht vor Live-Publikum veranstaltet werden, alles konnte nur noch digital stattfinden. Erfahrungen bezüglich rein digitaler Veranstaltungskonzepte gab es bis dahin kaum, die entsprechende Software musste erst angeschafft und der Ablauf bei Live-Streams erprobt werden. Für Mai 2020 war in der Monacensia im Hildebrandhaus der Auftakt für eine Veranstaltungsreihe mit dem Autor*innenkollektiv Meet your Neighbours unter dem Titel *Mynchen* geplant. Ausgangsfrage war: Wie blicken Kunst und Literatur auf die Stadt? Aus vielstimmigen Perspektiven sollte die neue Diskussionsreihe stadt- und gesellschaftspolitische Themen in den Blick nehmen. Die auferlegte Schließung verschob die Pläne zunächst. Die Frage nach der Perspektive der Kunst auf Stadt und Gesellschaft war angesichts der Pandemie und der damit verbundenen gesellschaftlichen Diskussionen jedoch erst recht dringend geworden.

Es entstand die Idee, den durch die Corona-Pandemie gesetzten Grenzen eine länderübergreifende Text- und Medienarbeit gegenüberzustellen. Die Potenziale des digitalen Raums sollten genutzt werden, um geografische Grenzen, Barrieren und Distanzen zu überwinden und verschiedene Perspektiven auf die Pandemie abzubilden. Unter dem Motto *Wir in der Zukunft* setzten sich im Mai und Juni 2020 acht internationale und lokale Künstler*innen und Autor*innen mit dem Virus und seinen Auswirkungen auf die Gesellschaft auseinander. In vier Tandems traten sie in einen vielstimmigen digitalen Dialog zu den Fragen: Welche neuen Visionen ergeben sich angesichts der Corona-Pandemie für unsere Gesellschaft? Und wie verändert sich damit der Blick auf gesellschaftliche Themen? Die Ergebnisse der Arbeit in den Tandems wurden im Blog der Münchner Stadtbibliothek präsentiert. Um möglichst viele Menschen mit den Texten und Beiträgen zu erreichen und ganz bewusst ein mehrsprachiges Format zu etablieren, wurden alle Beiträge sowohl in deutscher Sprache als auch in der jeweiligen Herkunftssprache der Autor*innen bzw. Künstler*innen publiziert.

Transatlantischer Briefwechsel: Globalisierung, Seuchen und Umweltschutz

In ihrem *Transatlantischen Briefwechsel: Globalisierung, Seuchen und Umweltschutz* tauschte sich das erste Autorinnentandem, die in München lebende Übersetzerin und Autorin Silke Kleemann mit der argentinischen Schriftstellerin Gabriela Cabezón Cámara, über die aktuelle Situation in ihren jeweiligen Heimatländern aus (Cabezón Cámara & Kleemann, 2020). Gabriela Cabezón Cámara wurde mit ihrer Romantrilogie rund um *La virgen cabeza* bekannt und ist heute eine der führenden feministischen Stimmen in der lateinamerikanischen Literatur. Ihr letzter Roman *Las aventuras de la China Iron*, eine queere Variante des argentinischen Nationalepos *Martín Fierro*, schaffte es 2020 in der englischen Übersetzung auf die Shortlist für den International Booker Prize 2020.

Der Briefwechsel zur Pandemie führt die Unterschiede zwischen Deutschland und Argentinien vor Augen. Während Silke Kleemann mehr von Wünschen und Visionen in Deutschland spricht, einem Land, dem es relativ gut geht, deckt Gabriela Cabezón Cámara schonungslos die Missstände in Argentinien auf: Korruption und Kapitalismus zehren das Land aus, zerstören die Umwelt und vergrößern die Kluft zwischen Reich und Arm. Im Zentrum des Briefwechsels steht der Wunsch nach Gemeinschaft: „In den kleinen Dingen können wir alle etwas tun und viele positive Infektionsketten der Freundlichkeit und der Mitmenschlichkeit starten." (Cabezón Cámara & Kleemann, 2020)

Corona im Iran

Der Iran gehörte zu den im Frühjahr 2020 von der Corona-Pandemie mit am schwersten getroffenen Ländern (sueddeutsche.de, 24.02.20). Im zweiten Tandem setzten sich Ayeda Alavie und Martin Pflanzer in dem Film *41 Minuten Iran* mit der Frage nach der Zukunft des Landes auseinander (Alavie & Pflanzer, 2020). Die Übersetzerin und Autorin zahlreicher literarischer Texte für Kinder und Jugendliche, Ayeda Alavie, verließ ihre Heimat Iran vor zwanzig Jahren und lebt seitdem in Deutschland. Zuletzt erschien von ihr der Kurzgeschichtenband *Ein Bild von mir*. Gemeinsam mit dem in Rumänien geborenen Filmemacher und Verleger Martin Pflanzer begab sich Ayeda Alavie auf Spurensuche in ihrer ehemaligen Heimat. Es entstand ein bewegender Film über die Seuchen der Vergangenheit und der Gegenwart, über religiösen Fanatismus, Korruption, Trauer, aber auch: Hoffnung. Der deutsch-persische Film ist im Blog und auf dem *YouTube*-Kanal der Münchner Stadtbibliothek verfügbar.

Ein Corona-Königreich in der Zukunft

Im dritten Tandem von *Wir in der Zukunft* steht Corona im Fokus serbokroatisch-deutscher Literatur. Jovan Nikolić und Denijen Pauljević schicken die Leser*innen in *Ein Corona-Königreich in der Zukunft: Notenblätter, Bierkrüge und ein gestohlener Traktor* auf eine rasante literarische Fahrt mit unbekanntem Ende (Nikolić & Pauljević, 2020). Der Schriftsteller, Journalist und Songwriter Jovan Nikolić stammt ursprünglich aus Belgrad und ist einer der bedeutendsten Vertreter zeitgenössischer Roma-Literatur. Seit seiner Emigration 1999 lebt er in Deutschland. Der ebenfalls aus Belgrad kommende Denijen Pauljević flüchtete während der Jugoslawien-Kriege nach Deutschland. Er schreibt Prosa und szenische Texte für Theater und Film. Mit dem Blick der Literatur nähern sich die beiden Autoren der Corona-Pandemie aus ungewohnter Perspektive und geben neue Denkanstöße. Die literarischen Texte sind auf Deutsch und auf Serbokroatisch im Blog verfügbar und erhielten große Resonanz. So wurde der Text von Denijen Pauljević für das *Polip-Festival* in Pristina ins Englische übersetzt, Jovan Nikolićs Text wurde im Magazin *Nevipe* des *Rom e. V.*[4] veröffentlicht.

Literatur im Austausch: Isolierte Körper – neue Räume

Im vierten und letzten Tandem schrieben die Münchner Schriftstellerin Sandra Hoffmann und die bildende Künstlerin Claudia Haberkern jede für sich und dennoch gemeinsam über ihre Erfahrungen mit den während der Corona-Pandemie verhängten Ausgangsbeschränkungen in Deutschland und Italien: Im Frühjahr 2020 wurden in Deutschland und in Italien, wie in vielen anderen europäischen Ländern, Ausgangssperren und -beschränkungen verhängt. Während in den Krankenhäusern Menschen in völliger Isolation um ihr Leben kämpften, sangen und tanzten zahlreiche andere auf ihren Balkonen gegen die Angst und die Einsamkeit an. „Aus dem Nichts, wurde im März dieses Jahres jedes italienische Haus eine Insel. Jeder Arbeitsplatz, jedes Auto auf der Straße, jede in der Einkaufsschlange stehende Person." (Haberkern & Hoffmann, 2020)

Sandra Hoffmann schreibt für *DIE ZEIT*, den *Bayerischen Rundfunk* und den *Südwestrundfunk*. Sie hat bisher fünf Romane und ein Jugendbuch veröffentlicht und zahlreiche Preise und Stipendien erhalten. Claudia Haberkern gelangte über Körpertheater und Performance Art zur Bildhauerei und Bildenden Kunst. Ihre Arbeiten sind filigrane Transformationen, sie übersetzen Natur in Kunst. Seit 1990 lebt und arbeitet sie im Piemont, Italien. In ihren literarischen Texten beschreiben Sandra Hoffmann und Claudia Haberkern das Gefühl der Isolation, das sich von der Wohnung bis zum eigenen Körper hin verengt. Mit ihrer Sprache öffnen sie neue Räume, heraus aus der Enge der Isolation.

Die multiperspektivischen Beiträge zu *Wir in der Zukunft* gehören zu den 2020 am meisten gelesenen Artikeln auf dem Blog der Münchner Stadtbibliothek. Das Projekt zeigt das Potenzial der internationalen Kulturarbeit im digitalen Raum. Um auch jenem Publikum Zugang zu den Texten und Filmen zu ermöglichen, das sich nicht zu den *Digital Natives* zählt, wurden die Arbeitsergebnisse der Tandems nach der Wiedereröffnung der Monacensia dort an einer öffentlich zugänglichen Medienstation präsentiert. Künftig wird die Monacensia den digitalen Raum weiterhin nutzen, um sich international mit

---

4 Vereinigung für die Verständigung von Rom (Roma und Sinti) und Nicht Rom e. V.: https://www.romev.de/.

Künstler*innen, Institutionen und Communitys zu vernetzen und sich so aus diversen und vielstimmigen Perspektiven heraus auszutauschen und weiterzuentwickeln.

Gemeinsam Perspektiven tauschen – das Podium und der Live-Chat

Nach der ersten Phase der Orientierung und dem Experimentieren auf dem Blog begann die Münchner Stadtbibliothek, interaktive, virtuelle Veranstaltungen wie Lesungen, Autor*innengespräche, Diskussionsveranstaltungen usw. durchzuführen. Je nach Grad der Einschränkung des öffentlichen Lebens wurden sie als reine Video-Konferenz mit Zuschaltung von Publikum über ein Konferenz-Tool, als Live-Podium mit Streaming über *YouTube* oder als gestreamte Präsenzveranstaltung mit Publikum durchgeführt. Auch hier zeigte sich, dass die Rezeption weit über die übliche Reichweite von Veranstaltungen hinausging. So verfolgten 138 Personen die Diskussion *Die Welt ist bunter als binär*, die in der Reihe *Kontrovers* als Streaming lief. Christine Knödler (Journalistin und Literaturkritikerin) und Frank Griesheimer (freier Lektor) kuratieren die Debattenreihe zu Literatur für junge Leser*innen. In der Folge am 17. November 2020 fragten sie:

> Welche Formen geschlechtlicher Identität, die früher unbeachtet oder tabuisiert waren, finden heute gesellschaftliche Anerkennung? Gilt das auch im Kinder- und Jugendbuch? Finden hier Diversität und Gleichberechtigung statt oder doch eher Ausgrenzung und Diskriminierung? Welchen Beitrag kann und muss die Literatur für junge Leser*innen leisten, die in einer Welt aufwachsen, in der binäre Geschlechterkategorien nicht mehr greifen? (Münchner Stadtbibliothek, 2020)

Zusammen mit den Gastgebenden diskutierten die Jugendbuchautorin Moira Frank sowie der Journalist und Autor Nils Pickert die Bücher: *Der Katze ist es ganz egal* (Orghandl, 2020), *Papierklavier* (Steinkellner, 2020) und *Bus 57. Eine wahre Geschichte* (Slater, 2020). Besonders eindrücklich war dabei der von der Münchner Stadtbibliothek parallel moderierte Live-Chat, der es den Zuschauenden ermöglichte, aktiv an dem Format teilzunehmen. Gepostete Regenbogenflaggen, Bewertungen des Gesagten aus der eigenen Perspektive und hier und da die Bitte um mehr transgendergerechte Sprache zeigten, dass viele Zuschauende sich der LGBTIQ+-Community zuordneten. Dies wurde durch die Kommentare sichtbar und vermittelte das Gefühl eines gemeinsamen Austausches über LGBTIQ+-Thematiken, wie er in einer Präsenzveranstaltung nur in Ansätzen möglich wäre. Die Anonymität des Chats führte zu persönlichen Statements, die das Erleben der in den Romanen beschriebenen Figuren spiegelten, deren Gefühle kommentierten oder Äußerungen vom Podium einordneten. Die Diskussion fand dadurch auch jenseits des Podiums mit der Zielgruppe statt, die im Fokus der Literatur stand, was der Veranstaltung eine große Wirkung verlieh. Nach Ausstrahlung des Beitrags wurde das Video auf dem *YouTube*-Kanal der Münchner Stadtbibliothek vielfach angeklickt. Mit insgesamt 530 Views[5] erreichte die Veranstaltung in ihrer digitalen Form eine vielfach höhere Rezeption als eine durchschnittliche Präsenzveranstaltung der Münchner Stadtbibliothek, was unter anderem daran liegt, dass sie unabhängig von dem Zeitpunkt der Durchführung der Veranstaltung jederzeit online nachgeschaut werden kann.

Gemeinsam den Raum gestalten?

Die Erfahrung mit der Digitalisierung von Veranstaltungen hat jedoch auch gezeigt, dass digitale Formate da an ihre Grenzen stoßen, wo sie nicht der reinen Vermittlung von Wissen, Themen und Medien dienen, sondern der soziale Aspekt im Fokus steht. Seit 2013 findet jährlich das Interkulturelle Märchenfest in Kooperation mit dem Netzwerk *MORGEN e. V.* statt. Für einen Tag verwandelt sich die *Stadtbibliothek am Gasteig* in einen multikulturellen und mehrsprachigen Ort, an dem ca. 1500 Besucher*innen die von migrantischen Vereinen in Form von kleinen Theaterstücken, interaktiven Lesungen und Performances präsentierten Märchen aus aller Welt verfolgen. Da das Fest, bei dem es aufgrund der vielen Kinder jeder Altersstufe immer laut und quirlig zugeht, 2020 nicht als Präsenzveranstaltung durchgeführt werden konnte, wurden die Märchendarbietungen der sich beteiligenden Gruppen ohne Publikum aufgezeichnet und als Videos produziert. Es entstanden 24 Videos mit Märchen in bulgarischer, chinesischer, deutscher, französischer, kurdischer, persischer, polnischer und portugiesischer Sprache; auf Lingala, Medumba, Rumänisch, Russisch, Serbisch, Spanisch, Slowakisch, Thai, Tibetisch, Tschechisch und Uigurisch. Sie wurden vom 1. bis zum 24. Dezember als mehrsprachiger Adventskalender nach und nach auf dem *YouTube*-Kanal der Münchner Stadtbibliothek und dem *YouTube*-Kanal von *MORGEN e. V.* eingestellt. Insgesamt erreichten die 24 Märchenvideos auf dem Kanal der Stadtbibliothek in der Summe knapp 1250 Views[6] und damit annähernd die Besuchszahl der Präsenzveranstaltungen

---

5 https://youtu.be/A9BwwIKOeOo (zuletzt abgerufen am 05.01.21).
6 https://www.youtube.com/user/Infoprofis/featured (zuletzt abgerufen am 05.01.21).

der vergangenen Jahre. Anders auf dem *Youtube*-Kanal von *MORGEN e. V.*: Dort liegt die gesamte Klickzahl bei 4 433[7]. Mit zusammen über 5 000 Views wurden auch die Beiträge des *Interkulturellen Märchenfests* damit um ein Vielfaches mehr rezipiert als bei einer rein analogen Veranstaltung in den Bibliotheksräumen. Allerdings spielte in den vergangenen Jahren für den Erfolg und die Wahrnehmung des *Interkulturellen Märchenfests* noch etwas anderes eine entscheidende Rolle: die Einnahme und Gestaltung des Orts Bibliothek, der sich durch Inszenierungen in Nischen, auf Flächen und in Räumen zur Bühne und zum Raum für Vernetzung und Austausch wandelte. Der an diesem Tag geltende Code[8] in den Räumen der Münchner Stadtbibliothek wurde allein von migrantischen Communitys bestimmt und gefeiert. Dieser auf sichtbare Teilhabe ausgerichtete Effekt kann im digitalen Raum nicht reproduziert werden. Die Bedeutung, die das *Interkulturelle Märchenfest* für die migrantischen Communitys in München als soziales Ereignis verbunden mit eigener Sichtbarkeit und Gestaltungsmöglichkeiten im öffentlichen Raum hat, kann mit der Veröffentlichung der Märchenvideos nicht erreicht werden. Dennoch hatte die Umsetzung als digitales Format einen anderen Mehrwert für die beteiligten Gruppen: Ihre mit viel Liebe und Kreativität entwickelten Theaterstücke und Performances sind in professionell produzierten Videos festgehalten und bleiben anders als in vergangenen Jahren über die einmalige Vorführung hinaus sichtbar.

Digitale Formate als Chance für die Personalentwicklung

Für die Schulung der Mitarbeiter*innen stellten sich die Kontaktbeschränkungen in gewisser Weise als Chance heraus. Die Münchner Stadtbibliothek ist eine große Einrichtung: Mit über 30 Standorten sind die Mitarbeiter*innen in der ganzen Stadt verteilt. Für einzelne Kolleg*innen kann die Teilnahme an einer Fortbildung mit einer Fahrtzeit von bis zu zwei Stunden hin und zurück verbunden sein. Was für digitale Veranstaltungsarbeit gilt, betrifft auch virtuelle Fortbildungsmaßnahmen: Durch die Digitalisierung von Formaten konnte die Reichweite erhöht werden. Dies zeigte sich an einem Format, das ursprünglich als informeller Austausch zum Thema *Diversität in der Kinder- und Jugendlitera-*

---

[7] https://www.youtube.com/c/MORGENeVNetzwerk/videos (zuletzt abgerufen am 11.01.21).
[8] Code meint hier die Art und Weise, wie der Ort aufgrund von Hausordnungen, den Vorgaben von Mitarbeitenden oder den Erwartungen lernender und lesender Besucher*innen gestaltet wird.

tur geplant war, dann jedoch als digitale Fortbildung umgesetzt wurde. Bis zum Ende der Laufzeit des *360°-Projektes* bei der Münchner Stadtbibliothek wird der Kinder- und Jugendbestand im Hinblick auf diversitätssensible Medien analysiert werden. In diesem Kontext wünschten sich Mitarbeiter*innen eine Sensibilisierung zu rassismuskritischer Literatur. Es konnten zwei Referentinnen gewonnen werden, die eine Online-Fortbildung zu diesem Thema entwickelten. In der zweistündigen Fortbildung *Wann es beginnt … Racial Diversity im Kinder- und Jugendbuch. Schwarze Perspektiven auf Selbst, Gesellschaft und Welt* schilderten sie aus einer sehr persönlichen Sicht, was die Abwesenheit von Schwarzen Held*innen für Kinder of Color bedeutet und wo Rassismus im Kinderbuch anfängt. Zusätzlich gaben sie Handlungsempfehlungen für die Arbeit in Bibliotheken. Um Fragen und Diskussion zu ermöglichen, wurde die Zahl der Teilnehmenden begrenzt und die Fortbildung zwei Mal wiederholt. Der zeitliche Abstand zwischen den Wiederholungsterminen führte dazu, dass die Mitarbeitenden in ihren Teams über die Fortbildung berichteten und andere auf die Inhalte neugierig machten. Insgesamt nahmen ca. 70 Personen aus allen Bereichen und Hierarchiestufen teil. Ein Grund für den großen Zulauf war neben dem tollen Konzept des digitalen Formats und den persönlichen Einblicken der Referentinnen der niederschwellige Zugang aus der jeweiligen Bibliothek bzw. dem Homeoffice. Die Fortbildung wurde inzwischen auch in drei weiteren *360°*-Bibliotheken, in Heilbronn, Jena und Wismar angeboten, die sich zu einer gemeinsamen virtuellen Durchführung entschlossen.

Tonstörungen und andere virtuelle Barrieren

Die große Reichweite ist ein Argument dafür, auch zukünftig digitale Schulungen durchzuführen. Dieses Format stößt jedoch an seine Grenzen, wenn es darum geht zwischen den Teilnehmenden einen Austausch anzustoßen. Zwar wurde bei der Münchner Stadtbibliothek mit einem digitalen Visionsprozess samt World Café mit ca. 80 Teilnehmenden sehr erfolgreich experimentiert. Wenn bei Fortbildungen jedoch über persönliches Erleben, die eigene Rolle und die passive bzw. aktive Erfahrung mit Diskriminierung und Rassismus gesprochen wird, ist eine digitale Umsetzung heikel. Bildruckeln, Tonstörungen, die eingeschränkt wahrnehmbare Mimik bzw. Stimmung des Gegenübers erschweren den Austausch und sprechen eher gegen ein digitales Format. Nur in einem sehr kleinen Kreis, der genug Raum für Gefühle und die Gestaltung eines wertschätzenden Dialoges und damit eines sicheren Raumes lässt, ist eine solche Fortbildung im Online-Format vorstellbar. Eine Annäherung wurde mit der

Durchführung eines digitalen Diversitätstrainings versucht, das den Fokus auf Wissensvermittlung und Denkanstöße setzte und das persönliche Erleben nicht in den Mittelpunkt stellte. Das ganztägige Training richtete sich an die neuen Auszubildenden der Münchner Stadtbibliothek. Mehrere lange Pausen und interaktive Online-Elemente, wie Break Out Sessions und die Arbeit mit einem virtuellen Whiteboard sowie Offline-Elemente strukturierten den Tag. Die besondere Herausforderung und Bereicherung lag darin, eine gehörlose Teilnehmerin über zugeschaltete Gebärdensprachdolmetscher*innen so in das digitale Format zu holen, dass eine gleichwertige Teilhabe möglich wurde. Dabei zeigte sich schon im Vorfeld, dass sich die digitalen Konferenzlösungen in ihrer Barrierefreiheit unterscheiden. Nicht jede Plattform bietet an, Bildausschnitte einzelner Teilnehmenden festzupinnen, was jedoch für gehörlose Menschen elementar ist, um immer einen guten Blick auf die Gebärdensprachdolmetscher*innen zu haben. Das Problem kann damit gelöst werden, dass sich gehörlose und gebärdende Teilnehmer*innen über ein zweites Endgerät und eine zweite Plattform miteinander verbinden und für sich dadurch einen parallelen Konferenzraum eröffnen.

Eine weitere Herausforderung ist, dass jede Form von visueller Interaktion innerhalb des Konferenzraums (z. B. animierte Präsentationen, eingebettete Videos) oder die gemeinsame Erarbeitung von Inhalten auf einer Webseite außerhalb des Konferenzraums dazu führen kann, dass gehörlose Teilnehmende den Anschluss verlieren. Sie müssen sich entscheiden, ob sie der Darstellung folgen oder den Dolmetschenden. In dem Diversitätstraining trat dieser Fall ein, als auf einem virtuellen Whiteboard durch die Verteilung von Rollen und anhand von Fragen die Privilegien bzw. Barrieren sichtbar gemacht wurden, die Menschen mit verschiedenen Voraussetzungen im Alltag haben. Am Ende gelang es jedoch, alle Teilnehmenden bei der Übung mitzunehmen und entsprechend einzubinden.

Insgesamt stellte das Diversitätstraining in jeder Hinsicht eine Bereicherung dar. Nicht hören oder aufgrund von technischen Ausfällen nicht sehen zu können, getrennte Ton-Bild-Spuren und Schwierigkeiten beim Zugriff auf digitales Schulungsmaterial machten unterschiedliche Zugangsvoraussetzungen sichtbar, konnten auf der Metaebene reflektiert werden und führten dazu, dass Privilegierung und Barrieren nicht nur abstrakt diskutiert, sondern erfahren wurden. Die aus der Fortbildung gewonnenen Erkenntnisse sind in der Folge in einen Leitfaden zu inklusiver Veranstaltungsarbeit eingeflossen, der Mitarbeitenden bei der Münchner Stadtbibliothek dabei helfen soll, interne oder externe digitale Veranstaltungen unter Inklusionsaspekten zu planen und durchzuführen.

Lektionen aus einem bewegten Jahr

Die durch die Pandemie im Jahr 2020 bedingten Rahmenbedingungen für die Arbeitsweise der Münchner Stadtbibliothek führten dazu, dass etablierte Arbeitsprozesse digital gedacht werden mussten, was sowohl Herausforderung als auch Chance bedeutete. Digitale Formate haben ihre Tücken und diese können insbesondere jene treffen, auf die Diversitätsentwicklung abzielt: Kein Internetzugang oder nicht ausreichende Datenbandbreite beim eigenen Internetanschluss, fehlende Endgeräte oder Erfahrung mit ihnen und Sprachbarrieren oder eine noch nicht ausreichende Barrierefreiheit der Formate können ein Hemmnis sein. So sind in Sammelunterkünften und Wohnheimeinrichtungen lebende Menschen ohne WLAN oder mobile Daten-Flatrate genauso von der Teilhabe an einem digitalen Programm sowie an virtueller Partizipation ausgeschlossen, wie Menschen, die nicht mit den technischen Möglichkeiten der heutigen Generation aufgewachsen sind und sich in der virtuellen Welt nur schwer zurechtfinden. Dennoch lohnt es sich, auch nach der Corona-Pandemie manche Formate weiterhin digital zu denken. Virtuelle Interaktionen mit dem Publikum über den Blog bieten bspw. eine niederschwellige Form der Beteiligung, die einfach durchzuführen ist und dennoch Erkenntnisse liefert. Zugleich bietet sich der digitale Raum als geschützter Rahmen für einen ersten offenen Austausch an, der später vor Ort weitergeführt und vertieft werden kann. Auch Elemente der digitalen Veranstaltungsarbeit sollten nach der Corona-Pandemie beibehalten werden, um durch hybride Formen als Präsenzveranstaltung mit Internetstreaming mehr Teilhabemöglichkeiten anzubieten und neue Zielgruppen zu erreichen. Die grenzüberschreitende Erarbeitung von Inhalten wie bei den Blog-Texten zu *Wir in der Zukunft* zeigt, welche Möglichkeiten virtueller Kulturarbeit innewohnen.

Ein besonderer Zugewinn im Rahmen diversitätsorientierter Programmarbeit ist auch der Einsatz eines Live-Chats bei interaktiven Veranstaltungen, denn dieser kann zu einem unmittelbaren Austausch zwischen Podium und Publikum sowie den Zusehenden untereinander führen, eine zusätzliche Ebene der Informationsvermittlung eröffnen und die Sichtbarkeit von Zielgruppen und deren Belange erhöhen. Der niederschwelligere Zugang für das Publikum, der von räumlichen Verortungen losgelöst ist, ermöglicht zudem oft eine einfachere Teilhabe an Formaten und führt in der Folge zu einer großen Reichweite von Veranstaltungen. Beworben über Newsletter, Social Media und E-Mail sind diversitätssensible Veranstaltungen somit oft nur einen Klick von den Rezipierenden entfernt. Zielgruppen, die bei der Diversitätsentwicklung im Fokus stehen und die Münchner Stadtbibliothek noch nicht als ihren Ort ansehen, können gut erreicht und für den Besuch von digitalen Veranstaltungen gewonnen werden. Über diesen Zugang wird im Idealfall auch die Lust am Besuch von Präsenzveranstaltungen geweckt. Gleichzeitig können Menschen, die aufgrund von Mobilitätseinschränkungen die Räume der Bibliothek nicht aufsuchen, am Programm partizipieren. Es muss hier jedoch auch weiter versucht werden, Barrieren abzubauen, indem bspw. mehr Gebärdensprachdolmetschende eingesetzt werden. Bei einem ersten Versuch mit der digitalen Zuschaltung einer Dolmetscherin zu einer Veranstaltung der Münchner Stadtbibliothek im Dezember 2020 zeigte sich, dass das eingeblendete Bild zu klein war. Zuschriften von gehörlosen Zuschauer*innen wiesen darauf hin, dass hier noch nachgebessert werden müsse.

Die auf Fortbildungen und Schulungen bezogenen Beobachtungen liefern ähnliche Ergebnisse, so erreichen diese Formate in ihrer digitalen Form aufgrund wegfallender Fahrtwege eine größere Reichweite, was insbesondere in einem so großen System wie der Münchner Stadtbibliothek von Vorteil ist. Sie können somit auch zukünftig Anreize für den Besuch von diversitätsorientierten Fortbildungen bieten und noch mehr dazu genutzt werden, einrichtungsübergreifend das Personal zu schulen sowie zwischen Kultureinrichtungen einen Austausch zum Thema *Diversität* anzustoßen, wie es bspw. im Rahmen der Schulung *Wann es beginnt ... Racial Diversity im Kinder- und Jugendbuch. Schwarze Perspektiven auf Selbst, Gesellschaft und Welt* geschieht.

Um allen Mitarbeitenden eine Teilhabe zu ermöglichen und sie trotz unterschiedlicher Voraussetzungen und IT-Kenntnisse einzubeziehen, gilt es, allen entsprechende Technik bereitzustellen bzw. bei der Nutzung privater Geräte behilflich zu sein. Peer-to-peer-Hilfestellungen, aber auch gezielte Unterstützung jener, die weniger mit virtuellen Lösungen vertraut sind, müssen ausgebaut werden, um nicht nur digitale Möglichkeiten und Räume zu öffnen, sondern auch zu deren Betreten zu ermutigen. Dies ist ein noch andauernder Prozess, der aber die Voraussetzung für ein erfolgreiches Weiterbestehen digitaler Fortbildungsangebote bildet. Vorerst können durch die Kombination von Präsenz- und digitalen Formaten die Vorteile beider Formate genutzt und somit kann für alle Bedürfnisse ein Angebot gemacht werden.

Es bleibt noch viel zu tun, um die Diversitätsentwicklung der Münchner Stadtbibliothek weiter voranzutreiben. Nicht nur bei der Beteiligung des Publikums gilt, dass Fehlermachen dazugehört, um eine Weiterentwicklung zu ermöglichen. In den von der Pandemie geprägten Monaten, in denen nichts war, wie gewohnt, haben die Mitarbeiter*innen der Münchner Stadtbibliothek gemeinsam *Neuland* beschritten, gelernt, zu experimentieren, auszuloten und auszuprobieren. Somit gelang es trotz aller Widrigkeiten zwischen Hardware und Software, Bildübertragung und Audiospur, trotz Rauschens und Standbildern die Diversitätsentwicklung voranzubringen und wertvolle Erfahrungen zu sammeln, die in die Zukunft weisen.

Literaturverweise

Alavie, A. & Pflanzer, M. (2020). Corona im Iran: Ein Film von Ayeda Alavie und Martin Pflanzer. #WirinderZukunft – Tandem 2/4. https://blog.muenchner-stadtbibliothek.de/corona-im-iran-ein-film-von-ayeda-alavie-und-martin-pflanzer-wirinderzukunft/ (24.4.2021).

Barth, R. (2015). Die Bibliothek als Dritter Ort. In BuB-Heft 07/2015. https://b-u-b.de/die-bibliothek-als-dritter-ort/ (24.4.2021).

Cabezón Cámara, G. & Kleemann, S. (2020). Transatlantischer Briefwechsel: Globalisierung, Seuchen und Umweltschutz. #wirinderZukunft – Tandem 1/4. https://blog.muenchner-stadtbibliothek.de/transatlantischer-briefwechsel-globalisierung-seuchen-und-umweltschutz-wirinderzukunft-tandem-1-4/ (24.4.2021).

Gaber, J. (2019). Building „A Ladder of Citizen Participation", Journal of the American Planning Association, 85:3, 188–201, S. 189. https://www.researchgate.net/publication/334078940_Building_A_Ladder_of_Citizen_Participation_Sherry_Arnstein_Citizen_Participation_and_Model_Cities (24.4.2021).

Haberkern, C. & Hoffmann, S. (2020). Literatur im Austausch: Isolierte Körper – Neue Räume. #WirinderZukunft – Tandem 4/4. https://blog.muenchner-stadtbibliothek.de/literatur-im-austausch-isolierte-koerper-neue-raeume-wirinderzukunft-tandem-4-4/ (24.4.2021).

Münchner Stadtbibliothek. (2020, 17. November). Die Welt ist bunter als binär. https://www.muenchner-stadtbibliothek.de/veranstaltungen/details/die-welt-ist-bunter-als-binaer-3249 (17.11.2020).

Münchner Stadtbibliothek. (2020a). Newsletter vom 2.4.2020. https://archive.newsletter2go.com/?n2g=n3sog57b-5bk8qzir-hbnycmr6-8ttnzb6b-r5b (24.4.2020).

Münchner Stadtbibliothek. (2020b). #kulturslammuc. Gerade jetzt! https://blog.muenchner-stadtbibliothek.de/category/stadtkultur/kulturslammuc/ (24.4.2021).

Münchner Stadtbibliothek. (2020c) #wirbibliotheken. Vernetzungsaktion für Bibliotheken vom 27. April bis … https://blog.muenchner-stadtbibliothek.de/wirbibliotheken/ (24.4.2021).

Münchner Stadtbibliothek. (2020d). Frauen und Erinnerungskultur – Blogparade #femaleheritage. https://blog.muenchner-stadtbibliothek.de/frauen-und-erinnerungskultur-blogparade-femaleheritage/ (24.4.2021).

Münchner Stadtbibliothek. (2020e). Für mehr Vielfalt in der Bibliothek! #DiverseBibliothek. https://blog.muenchner-stadtbibliothek.de/fuer-mehr-vielfalt-in-der-bibliothek/ (24.4.2021).

Nikolić, J. & Pauljević, D. (2020). Ein Corona-Königreich in der Zukunft: Notenblätter, Bierkrüge und ein gestohlener Traktor. #WirinderZukunft – Tandem 3/4. https://blog.muenchner-stadtbibliothek.de/ein-corona-koenigreich-in-der-zukunft-notenblaetter-bierkruege-und-ein-gestohlener-traktor-wirinderzukunft-tandem-3-4/ (24.4.2021).

Orghandl, F. (2020). Der Katze ist es ganz egal. Illustrationen von Theresa Strozyk. Klett Kinderbuch Verlag GmbH.

Schuldt, K. & Mumenthaler, R. (2017). Partizipation in Bibliotheken. Ein Experiment, eine Collage In LIBREAS. Library Ideas, 32. https://edoc.hu-berlin.de/bitstream/handle/18452/19855/schuldt_mumenthaler.pdf?sequence=1 (24.4.2021).
Slater, D. (2020). Bus 57. Eine wahre Geschichte. Loewe.
Steinkellner, E. (2020). Papierklavier. Illustrationen von Anna Gusella. Beltz & Gelberg.
Sueddeutsche.de (2020, 24. Februar). Iran nach China offenbar am schwersten betroffen. https://www.sueddeutsche.de/politik/coronavirus-iran-1.4816294 (24.4.2021).

Dan Thy Nguyen
Wege in die menschliche Institution: Über Transformation und Handlungsvakuum

Seit einigen Jahren, insbesondere nach dem Ausruf der „postmigrantischen Gesellschaft" durch intellektuelle Vertreter*innen und Vorreiter*innen wie z. B. Naika Foroutan[1] und Shermin Langhoff[2], steht die „Diversifizierung" im Fokus unterschiedlicher Kultureinrichtungen. Dabei wird scheinbar ein Wunsch nach einer umfassenden Umstrukturierung evident, wenn, wie z. B. im *360°*-Programm der Kulturstiftung des Bundes, Veränderungsprozesse von Institutionen in den Bereichen Programmgestaltung, Publikumsakquirierung und Personalmanagement angestoßen werden sollen.

Dieses Bedürfnis erscheint in einer Zeit, in der Kultureinrichtungen durch Mangel an Repräsentanz, Machtmissbrauch, Sexismus- und Rassismusvorfälle regelmäßig bundesweit in den Zeitungen auffallen. Die jüngsten Ereignisse am Theater an der Parkaue (Schaper, 2019), am Düsseldorfer Schauspielhaus (WDR, 2021), am Maxim Gorki (Vollmer, 2021) und anderen Institutionen reihen sich mittlerweile in eine Vielzahl von Vorfällen ein, die auf unterschiedlichste Art und Weise, gelinde gesagt, bedenklich sind und tiefe Einblicke in die Arbeitsatmosphären, Krisen- und Kommunikationsmanagements und hierarchischen Machtstrukturen dieser Einrichtungen zulassen.

Betrachtet man aber die Diversifizierungsprozesse alleine, wird noch ein anderes Problem deutlich: Bei allem zu begrüßenden Willen nach Repräsentationen scheint oftmals vergessen, dass diese Prozesse notwendig geworden sind, weil sie mindestens seit Gründung der Bundesrepublik vor fast einem dreiviertel Jahrhundert nicht angetastet wurden. Mehr als siebzig Jahre mussten vergehen, bis Institutionen in der zweiten Dekade des 21. Jahrhunderts auf die Idee kamen, dass sie scheinbar nur eine sogenannte privilegierte *weiße* Mehrheitsgesellschaft, und gleichzeitig darin nur spezielle Milieus, repräsentieren. Mehr als siebzig Jahre mussten vergehen, bis verstanden wurde, dass große Teile der Bevölkerung in Kulturinstitutionen schlichtweg vergessen worden sind

---

[1] Naika Foroutan ist Politik- und Sozialwissenschaftlerin und hat mit ihrer Monographie „Die postmigrantische Gesellschaft" einen wesentlichen Beitrag für den bundesdeutschen Diskurs geschaffen. (Foroutan, 2019)

[2] Shermin Langhoff hat in ihrer Zeit als Intendantin des Ballhaus Naunynstraße ihr Theater als „postmigrantisch" bezeichnet. Mit ihrem Erfolg hat sie den Begriff „postmigrantisch" populär gemacht. Nachzulesen ist dies, unter anderem, in einem Interview für die Bundeszentrale für politische Bildung (BPB, 2011)

und z. B. Black, Indigenous und People of Color (BIPoC) wenig bis gar keine Möglichkeiten hatten, in diesen Häusern zu arbeiten. Mehr als siebzig Jahre wurde nicht an einer gemeinschaftlichen kulturellen Identität gearbeitet, welche die Kulturlandschaft, die sozialen Prozesse und eine gemeinsame Geschichtsauffassung umfasst, sondern es scheint, dass eine mehrheitsgesellschaftliche *weiße* Norm das Fundament von Kunst- und Kulturinstitutionen bildet. Diese Erkenntnis ist dahingehend schmerzhaft, weil gerade Kunst und Kultur nach 1945 als Garant einer demokratischen Ordnung verstanden wurden, in der die Würde eines jeden Menschen unantastbar ist, jede*r das Recht auf die freie Entfaltung ihrer*seiner Persönlichkeit und jede*r ein elementares Recht auf Chancengleichheit hat. Bedeutet es also, dass Diversifizierung von Institutionen eventuell nur die konsequente und bisher verschlafene Anwendung des eigenen Grundgesetzes ist? Oder ist sie Sinnbild einer transformatorischen und demographischen Revolution unserer Gesellschaft? Wahrscheinlich ist sie mindestens beides gleichzeitig.

In dieser Gemengelage von unterschiedlichen Fragestellungen, Konfliktlinien, Aufarbeitungsprozessen und Transformationen kommt noch eine hochpolitische, stellenweise emotional geführte Debatte hinzu, welche mittlerweile medial immer häufiger öffentlich wird: Auf der einen Seite stehen Menschen, wie der ehemalige Präsident des Deutschen Bundestages Wolfgang Thierse, welche die Rufe nach Gleichberechtigung als Identitätspolitik bezeichnen und behaupten, dass genau diese Appelle zu Cancel Culture führten und zur Spaltung und Verrohung der Gesellschaft. Zeitgleich wird der Ruf nach mehr Repräsentationen als ein Ausdruck von Partikularinteressen empfunden, welche sich nicht mit dem Willen einer sogenannten Gesamtgesellschaft deckt, wobei wahrscheinlich noch definiert werden müsste, wer zu der Gesamtgesellschaft dazu gehört. Auf der anderen Seite positioniert sich eine Vielzahl von Intellektuellen, Künstler*innen und Aktivist*innen, welche gerade die „*weiße* Mehrheitsgesellschaft" als Konzept der kulturellen Norm massiv kritisieren und Repräsentationen als Ausdruck einer sich schon längst veränderten Gesellschaft ansehen.

Es ist also klar: Die schiere Herausforderung eines Handlungsvakuums, das fast ein ganzes Jahrhundert umfasst, die massiven und komplexen Managementprozesse, welche alle wirklich tiefgreifende Transformationen innehaben, stehen diametral Organisationsprozessen gegenüber, die fordern, dass innerhalb von wenigen Jahren die moderne, diverse Kultureinrichtung des 21. Jahrhunderts entstehen soll. Dabei muss man noch beachten, dass wir hier nur eine strukturelle und materialistische Ebene der noch jungen Bundesrepublik betrachten. Der ideologische Boden von z. B. Klassismus und Rassismus ist natürlich wesentlich älter.

Die Lage ist also höchstkomplex – und innerhalb dieser Grundsituation mit den unterschiedlichen verzahnten Prozessen stellt sich hier die Frage, wie viel Zeit und wie viele Ressourcen man braucht, um die Diversifizierung von Institutionen mit all der damit verbundenen Aufarbeitung auf struktureller und ideologischer Ebene zu gestalten. Bzw. da Gesellschaft kontinuierlich im Wandel ist: Braucht es eventuell nicht eine tiefgreifende und kontinuierliche Implementierung dieser Prozesse in die DNA von Institutionen, so nach dem Motto: Egal, wie weit wir gehen, wir sind nie fertig, denn Gesellschaft ist fortwährendes Werden?

Wenn dem so wäre, dann bedeutete die Diversifizierung von Institutionen eine vollständige Transformation ebendieser auf allen Ebenen. Und zwar mit dem Eingeständnis, dass es nie wieder eine Rückkehr zum alten Status Quo geben kann, denn dieser war eigentlich ein Ausdruck eines Handlungs- und demokratischen Gleichberechtigungsmangels. Damit ist Diversifizierung ein revolutionär gestalteter Transformationsprozess, der sich als eine Organisation von Reformen maskiert. Und sie muss deshalb revolutionär sein, weil die Reformen seit Dekaden verschlafen wurden.

Und während eigentlich eine Revolution notwendig ist, sucht man nach geeigneten Instrumenten, in der Hoffnung, damit schnelle Veränderungen herbeizuführen. Eines dieser Instrumente ist die Quote. Aber können diese Probleme durch eine, überspitzt gesagt, „Migrant*innenquote", d. h. durch das allmähliche Einstellen von z. B. Menschen mit Migrationsgeschichte oder BIPoC, gelöst werden?

Diese Herangehensweise kann nur eine Methode eines ganzen Kataloges von Strategien sein, denn die Quote übersieht einige Punkte, die hier nur lückenhaft präsentiert werden sollen:
– Diversifizierung ist ein intersektionaler Prozess. Migrationsgeschichte oder direkte bzw. indirekte Migrationserfahrung sind nur einige wenige Aspekte von Diversität. Zum Beispiel werden die Aspekte der Klasse bzw. des Milieus, unter vielen anderen, völlig außer Acht gelassen. Außerdem werden in der gesamten Debatte um Gleichberechtigung häufig Menschen mit Behinderung übersehen. Hier zeigen sich deutlich herauskristallisierende Kämpfe von Communities und Gruppen, die selbst noch an gemeinschaftlichen und solidarischen Wirkmechanismen arbeiten müssen.
– Die ersten Menschen, die aufgrund eines Diversifizierungsprozesses in die Institutionen kommen, treffen auf historisch gewachsene und homogen genormte Strukturen. Auch wenn die Institution selbst Transformationsprozesse für moralisch als wichtig empfindet, bedeutet es nicht, dass es ihr bewusst ist, wie hochkomplex diese Prozesse auf Ebenen u. a. des Teamaufbaus, der internen Kommunikation, der im Arbeitsprozess entstehenden

Konflikte, des Agenda-Settings, des Aufbrechens von Machtstrukturen, etc. sind. Auch wenn Diversifizierungsprozesse für die Demokratisierung und das friedliche Zusammenleben, meiner Meinung nach, langfristig von enormer Wichtigkeit sind, sind die Prozesse, die damit einhergehen, kurz- und mittelfristig nicht unbedingt friedlich geführt. Ein Aufeinandertreffen von unterschiedlichen Positionierungen und Perspektiven kann regelmäßig und kontinuierlich zu Konflikten führen. Da die homogene Arbeitskultur einer sogenannten *weißen* Norm durch ein jahrzehntelanges Handlungsvakuum noch keine Mediationsstrategien einer gleichberechtigten, diversen und solidarischen Institution erlernt hat, sind Probleme und Konflikte strukturell vorprogrammiert.

- Diese Konflikte werden jedoch meistens auf den Rücken derjenigen Menschen ausgetragen, die als sogenannte Pionier*innen der Diversifizierung in die Einrichtungen stoßen. Sie selbst sind Subjekte, die einerseits die Transformationsprozesse qua ihres Arbeitsauftrages verkörpern und durchführen müssen, sind aber gleichzeitig Auslöser*innen und Moderator*innen von ebendiesen Prozessen und den damit einhergehenden Auseinandersetzungen. Zusätzlich müssen sie regelmäßig Aushandlungsorte repräsentieren, die Kompromisse für Institution und Community-Prozesse darstellen und sie müssen die Emotionalität und die Dimensionen von Hoffnungen auffangen, die durch das jahrzehntelange Handlungsvakuum ausgelöst, auf unterschiedlichen Ebenen aufbrechen. Diese schiere Massivität an Verantwortung, Ambivalenz von Macht und Position kann mittel- und langfristig für einzelne Menschen überfordernd sein und Institutionen und Förderprogramme müssen darüber nachdenken, wie sie diese Aufgabengebiete auf unterschiedliche Schultern delegieren können. Die Diversifizierungsprozesse einer Einrichtung werden daher zu stark strukturell maschinell gedacht, so, als müsste man nur an einigen Schrauben drehen, um sie für die Demografie und Demokratie des 21. Jahrhunderts fit zu machen. Jedoch sprechen wir eigentlich von einer Vielzahl von komplexen organischen Prozessen, die zur Umgestaltung der Einrichtung und Einrichtungskultur führen. Und dies braucht einen ganzen Katalog von Strategien des kommunikativen Handelns und Gestaltens.
- Im Wesentlichen fehlt eine legitimierende und immanente Vision von Diversität in Einrichtungen: Alle in der Institution müssen den für ihr Arbeiten wichtigen Sinn verstehen und warum es nicht nur demokratisch für die Einrichtung bedeutsam ist, einen solchen Aufwand zu betreiben, sondern gleichzeitig für sie persönlich. Denn aus der Perspektive des Hauses und der Angestellten erscheint sonst die Diversifizierung eher als eine zusätzliche Belastung. Aufgrund der ohnehin schon oftmals desolaten Lagen von

Kunst- und Kultureinrichtungen sind bereits überforderte und überarbeitete Menschen verständlicherweise nicht gewillt, Transformation „on top" zu gestalten, insbesondere, wenn sie nicht verstehen, was für einen Vorteil es für sie bringt. Die Diversität muss daher unbedingt von einer strukturellen Debatte auch auf eine idealistische gehoben werden.

Neben all diesen Punkten ist aber noch nicht beantwortet, ob die diverse Institution per se die moralisch bessere bzw. demokratisch solidarischere Einrichtung ist. Gerade das Beispiel des Maxim Gorki Theaters macht deutlich, dass die *diverse Institution* noch nicht *die menschliche* repräsentiert. Dies ist natürlich klar, da z. B. Black und People of Color qua Geburt nicht per se bessere Menschen sind. Das ist absurd. Letztendlich muss aber vielleicht die Frage gestellt werden, ob im Sinne der Gleichberechtigung nicht die Diversität ein Zwischenziel repräsentiert und das endgültige Vorhaben aber die menschliche Einrichtung im 21. Jahrhundert ist.

Literaturverweise

Bundeszentrale für politische Bildung (2011). Die Herkunft spielt keine Rolle – „Postmigrantisches" Theater im Ballhaus Naunynstraße | bpb. bpb.de. https://www.bpb.de/gesellschaft/bildung/kulturelle-bildung/60135/interview-mit-shermin-langhoff (13.6.21).

Foroutan, N. (2019). Die postmigrantische Gesellschaft: ein Versprechen der pluralen Demokratie. Transcript.

Schaper, R. (2019). Von wegen divers. https://www.tagesspiegel.de/kultur/rassismus-im-theater-von-wegen-divers/24517420.html (13.6.21).

Thiel, T. (2021). Identitätspolitik: Schuld ist kein Schicksal. FAZ NET. https://www.faz.net/aktuell/feuilleton/uni-muenster-wolfgang-thierse-untermauert-kritik-an-identitaetspolitik-17306843.html (13.6.21).

Vollmer, A. (2021). Machtmissbrauch im Theater: Der Teufel ist das System. FAZ.NET. https://www.faz.net/aktuell/feuilleton/buehne-und-konzert/vorwuerfe-gegen-das-berliner-maxim-gorki-theater-17330587.html (13.6.21).

WDR (2021). Rassismusvorwürfe am Düsseldorfer Schauspielhaus beschäftigen Politik. https://www1.wdr.de/nachrichten/rheinland/rassismusvorwuerfe-schauspielhaus-duesseldorf-100.html (13.6.21).

Julia Hauck & Sylvia Linneberg
Diversität als Selbstverständnis: Die Zukunft der Bibliotheken als Orte des gesellschaftlichen Diskurses

> Öffentliche Bibliotheken sind Orte der Begegnung und Plattformen für Aktivitäten der Bürger*innen. Sie stehen für Vielfalt und Inklusion. Durch ihre vielfältige Programm- und Veranstaltungsarbeit wie Lesungen, Workshops oder Diskussionen sind sie essenziell für das kulturelle Leben in vielen Kommunen. (dbv, 2021a, S. 9)

Mit diesem Postulat macht das *Strategiepapier Öffentliche Bibliothek 2025* des *dbv* deutlich, wo die Entwicklung der Einrichtungen zukünftig hinführen kann und muss. Diversität sollte kein schmückendes Beiwerk sein, sondern im Selbstverständnis der Bibliotheken verankert. Auch die Rolle der Personalentwicklung in Bibliotheken wird im dbv-Papier (2021a) hervorgehoben: „Eine größere Diversität des Personalkörpers, zum Beispiel in Ausbildung und Herkunft, kann auf den vielfältigen gesellschaftlichen Wandel besser eingehen." (S. 12) In diesem Zusammenhang steht auch das althergekommene Berufsbild der Bibliotheksmitarbeiter*innen auf dem Prüfstand. Die diversen Fähigkeiten und Lebensläufe der potentiellen Nachwuchskräfte müssen einbezogen werden. Vielfalt darf nicht nur wertgeschätzt, sondern muss auch gezielt gefördert werden. Dabei ist es wichtig zu verstehen, welche Mechanismen der Ausgrenzung und Diskriminierung dem strukturell entgegenwirken. Bei der Arbeit in der Bibliothek geht es nicht allein darum, die Medien bzw. den Bestand zu hegen und zu pflegen, sondern mit den Besucher*innen in Kontakt zu treten, neue Formen der Partizipation zu ermöglichen und die Arbeit in der Bibliothek als Katalysator gesellschaftlich-demokratischer Teilhabe zu verstehen.

Die Beiträge des Sammelbandes werfen Schlaglichter auf die Gelingensbedingungen Diversitätsorientierter Öffnung und der damit einhergehenden Herausforderungen. Es wird deutlich, dass eine ernst gemeinte Veränderungspolitik die Bereiche Personal, Programm und Publikum umfassen muss. Letztlich sind nicht nur Leitung und Mitarbeiter*innen gefragt, sondern das System Bibliothek als Ganzes muss sich den gesellschaftlichen Entwicklungen stellen. Die Veränderungen betreffen als Querschnittsthema alle Hierarchieebenen.

So aufreibend und anstrengend ein solcher Veränderungsprozess auch sein mag, so gewinnbringend ist das Ergebnis: Bibliotheken bleiben ein Ort für die –

sich stetig verändernde – (Stadt-)Gesellschaft. Sie reflektieren den Wandel[1] und bestehen als kommunale Öffentliche Einrichtungen – mit dem Anspruch, den Bürger*innen Teilhabe, Bildung und Kultur zu ermöglichen (Elfering, 2020). Dabei ist es an der Zeit, die Idee einer „interkulturellen Bibliothek" zugunsten eines intersektionalen Ansatzes von Diversität zu verwerfen – wie nunmehr auch die Umbenennung der entsprechenden Kommission beim dbv bestätigt (dbv, 2021c). Mit der Abwendung von Konzepten wie Interkultur und Integration werden Stereotype über vermeintlich fremde Kulturen aufgebrochen, der Zielgruppen-Begriff grundlegend hinterfragt und neue Perspektiven eröffnet. Menschen sind vielfältig und komplex. Rassismus, Diskriminierung und Benachteiligung sind tief in unseren Strukturen verankert – und keine Einzelfälle (Anti-Diskriminierungsstelle des Bundes, 2017).

Krisen und Konflikte

Die Veränderungsprozesse hin zur Diversitätssensiblen Öffnung erfordern eine stetige Selbstreflexion und -kritik. Nicht selten fällt es schwer, sich die eigenen Vorurteile einzugestehen und strukturelle Privilegien zu erkennen und zu hinterfragen. Zumeist sind Öffentliche Bibliotheken heute durch eine relativ homogene Personalstruktur geprägt. Es finden sich „gläserne Decken" und oftmals wird auf sogenannte diverse Zielgruppen defizitär „herab" geblickt. Kommen dann Menschen von innen und/oder außen, die grundlegende Strukturen sowie persönliche Identitäten hinterfragen und (neue) Teilhabemöglichkeiten einfordern, entstehen unweigerlich Konflikte.

Oft sehen sich die Mitarbeitenden, die den Prozess innerhalb einer Einrichtung voranbringen wollen, mit deutlichem Widerstand durch die Leitung und/oder Kolleg*innen konfrontiert. Hier sollte man sich nicht scheuen, Coaching, Supervision oder Mediation in Anspruch zu nehmen. Gerade für die Mitarbeitenden, die Diskriminierung erfahren, haben die Arbeitgeber*innen eine besondere Verantwortung. Ein klares Beschwerdemanagement sollte hier zu kompetenten Ansprechpersonen oder auch Beratungsstellen führen. Präventiv können Empowerment-Trainings und andere sichere Räume eine große Rolle spielen. Die mit Veränderung einhergehenden Konflikte und Hindernisse sind trotz aller negativen Begleiterscheinungen ein gutes Zeichen. Diese Kontroversen und Debatten gehören zur Öffnung dazu, wie Aladin El-Mafaalani (2019) feststellt:

---

[1] Ohnehin bezieht sich das nicht nur auf Veränderungen der stadtgesellschaftlichen Strukturen, sondern auch auf den Medien(nutzungs)wandel oder andere tiefgreifende Veränderungen.

> Solange wir Komplexität und Konflikte negativ konnotieren, spielen alternative Fakten und gefühlte Realitäten eine immer größere Rolle. Vielmehr erfordern die gesteigerte Komplexität der Gesellschaft und das zunehmende Konfliktpotenzial einen Perspektivwechsel. Der Kitt, der die offene Gesellschaft zusammenhält, bildet sich aus Konflikten und dem konstruktiven Umgang mit ihnen. (S. 45)

Um die Entwicklung von Integrationsprozessen und damit auch den Fragen der Identitätspolitik in der Bundesrepublik nachzuspüren, bedient er sich folgender Metaphorik:

> Die erste Einwanderergeneration ist noch vergleichsweise bescheiden und fleißig, beansprucht nicht volle Zugehörigkeit und Teilhabe. Sie sitzt überwiegend auf dem Boden beziehungsweise an Katzentischen. Die ersten Nachkommen beginnen sich an den Tisch zu setzen und bemühen sich um einen guten Platz und ein Stück des Kuchens. Nach einer länger andauernden Phase der Integration geht es dann nicht mehr nur um ein Stück des bestehenden Kuchens, sondern auch darum, welcher Kuchen auf den Tisch kommt. (El-Mafaalani, 2019, S. 42)

Jetzt ist die Zeit, um zu diskutieren, zu streiten und Kompromisse zu finden. Diskriminierung und Rassismus müssen öffentlich thematisiert und Strategien gefunden werden, um strukturelle Benachteiligung abzubauen. Nur so kann eine demokratische Gesellschaft funktionieren und das Auseinanderdriften von Gruppen in verfeindete Lager aufgehalten werden. Nicht nur in Deutschland herrscht eine zunehmend polarisierte und aggressive gesellschaftliche Atmosphäre, auch in anderen Ländern verschärft sich der Ton. Als literarisches Beispiel sei hier auf das Gedicht *The Hill We Climb* von Amanda Gorman (2021) verwiesen, durch welches die Lyrikerin die zerrissene US-amerikanische Gesellschaft bei der Inauguration von Joe Biden als Präsident 2021 zu versöhnen suchte.[2]

Neben einem oft aufgeheizten Klima der (nicht-)öffentlichen Debatten um Identitäten, Leitkultur, Gendergerechtigkeit usw., verschärft sich seit Beginn der Corona-Pandemie 2020 die Situation für eine Vielzahl von Menschen (Fratzscher, 2020). Auch für die Öffentlichen Bibliotheken ist der Zugang durch die lang anhaltenden Einschränkungen problematisch (Thiele & Klagge, 2020). Oftmals werden gerade Besucher*innen ausgeschlossen, die ohnehin mit Barrieren kämpfen: Für wohnungslose Menschen ist kein Aufenthalt möglich, komplizierte Formulierungen in der Kommunikation verhindern den Zugang zu Informa-

---

[2] „We are striving to forge our union with purpose. To compose a country committed to all cultures, colors, characters and conditions of man. And so we lift our gaze, not to what stands between us, but what stands before us. We close the divide because we know to put our future first, we must first put our differences aside. [...] For there is always light, if only we're brave enough to see it. If only we're brave enough to be it." (Gorman, 2021)

tionen für Nicht-Muttersprachler*innen und die digitalen Angebote sowie Kontaktnachverfolgungs-Apps schließen Menschen ohne Zugang zu Technik und das Wissen darum aus.

Auch das Konzept der Bibliothek als Dritter Ort sowie partizipative Formate stehen vor großen Herausforderungen. Wie kann eine Bibliothek als Ort der Begegnung und des Austauschs funktionieren, wenn physische Kontakte nicht möglich sind? So konstatieren Katja Thiele und Britta Klagge (2020, S. 47): „Der in den letzten Jahren viel gepriesene dritte Ort scheint angesichts der Corona-Krise in den Hintergrund zu rücken und die Bibliothek als physischer Ort wird wieder auf das Verleihen von Medien reduziert." Viele Einrichtungen sind sich der Problematik alltäglich bewusst und versuchen durch vielfältige Angebote gegenzusteuern (Thiele & Klagge, 2020; dbv, 2021b). Auch die Stadtgeografin Melike Peterson (2020) sieht die Bibliotheken aufgrund der Pandemie-Einschränkungen in ihren essentiellen Aufgaben bedroht. Gleichzeitig macht die Krise jedoch auch deutlich, warum und wie gerade Öffentliche Bibliotheken zur Grundversorgung der Bürger*innen beitragen:

> Und Corona zeigt, wie schützenswert insbesondere Bibliotheken sind. Bibliotheken sind wichtige Orte des Zusammenlebens und der Öffentlichkeit, denn sie erfüllen zentrale Funktionen im Gewebe jeder Stadtgesellschaft: Sie sind Orte der Begegnung zwischen Menschen unterschiedlicher Herkunft und Gesinnung. Sie sind Orte der Bildung und des Lernens, wichtig gerade für Menschen, die sonst keinen Zugang zu einem Computer oder Bildungsmöglichkeiten haben. Und sie sind Orte des Aufenthalts, in denen man Zeit verbringen kann, auch ohne Geld auszugeben. Welche Krisen auch kommen, Bibliotheken helfen uns, sie zu überstehen. (Peterson, 2020)

Auch neue und alte Netzwerke werden vor eine Zerreißprobe gestellt: So sind viele MSO und Initiativen ehrenamtlich tätig, d. h. die Mitarbeit stellt für viele eine zusätzliche Belastung in der Krise dar. Die ehrenamtlichen Kontakte der Bibliotheken leiden unter der Distanz: individuell, aber auch kollektiv durch die erschwerte Kontaktpflege. Die Krise verschärft die Ungleichheit der Gesellschaft (Bundeszentrale für politische Bildung, 2021). Auch die Situation von Migrant*innen in Deutschland bleibt schwierig (Bendel et al., 2021)[3]. Zudem wurden 2020 fast 80 Prozent mehr Fälle bei der Anti-Diskriminierungsstelle des Bundes registriert als in den Vorjahren (Bundesregierung, 2021)[4]. Es bedarf zukünftig einiger Anstrengungen, um diese negativen Konsequenzen abzufedern.

---

3 So beschreiben Petra Bendel et al. (2021) drei Szenarien für die Entwicklung bis 2030: 1) „Die Exklusionsgesellschaft: Germans First", 2) „Die utilitaristische Gesellschaft: Deutschlands neue Gastarbeiter:innen" und 3) „Die teilhabeorientierte Gesellschaft: Stärker als Viren" (S. 4 f.)

4 „2020 zählte die Antidiskriminierungsstelle 1 904 Anfragen, die in direktem Bezug zur Pandemie standen. Vor allem rassistische Übergriffe gegen als asiatisch wahrgenommene Men-

Die langfristigen Folgen der Pandemie für Gesellschaft, Bildung, Kultur und Bibliotheken sind ohnehin auch Ende 2021 noch nicht absehbar.

Verstetigung & Nachhaltigkeit

Neben den im Sammelband bereits vorgestellten Maßnahmen gibt es noch zahlreiche andere Möglichkeiten, die Diversitätsorientierte Öffnung in Bibliotheken voranzutreiben. Im Zwischenfazit zum Programm *360°* wird eine Vielzahl von nachhaltigen Maßnahmen für die Diversitätsorientierte Öffnung genannt (vgl. Kulturstiftung des Bundes, 2021):

1. Zielvereinbarungen und Aufnahme von Diversitätskompetenzen in die Anforderungsprofile der Leitungen von Kulturinstitutionen,
2. Etablierung und Verstetigung der Stellen von Diversitätsagent*innen in den Kulturinstitutionen,
3. Sicherung von finanziellen, personellen und zeitlichen Ressourcen,
4. Entwicklung von Ausbildungsprofilen und Qualifizierungsangeboten,
5. Nachwuchsförderung,
6. Etablierung spartenspezifischer Netzwerke,
7. Kooperation mit Akteur*innen und Communitys aus der migrantischen und postmigrantischen Stadtgesellschaft,
8. Einrichtung von Beratungsstellen.

Im Bereich Personal können dies die Erstellung oder Überarbeitung neuer Leitfäden, Wertekodizes und Antidiskriminierungsklauseln oder auch die Gründung einer innerbetrieblichen Beschwerdestelle sein. Für die Verstetigung und Verankerung der Öffnung benötigt es eine Person innerhalb der Einrichtung, die als Diversitätsbeauftragte*r nach innen und außen fungiert. Die Veränderung der Strukturen kann und darf jedoch nicht an einer Person allein fest gemacht werden und Strukturen müssen personen-ungebunden aufgebaut werden und funktionieren.

Im Bereich Publikum kann die diversitätssensible Neubesetzung von Beiräten, Freundeskreisen usw., eine diversitätssensible Hausordnung oder auch eine professionelle (Nicht-)Besucher*innenforschung den Prozess befördern. Für Öffentliche Bibliotheken sind zudem Leit- und Orientierungssysteme sowie die sogenannten aufsuchenden oder mobilen Angebote essentiell, um Barrieren abzubauen. Die Vernetzung innerhalb der Stadtgesellschaft kann durch die ge-

---

schen prägten den Beginn der Pandemie. Auch wurde chronisch kranken Menschen und jenen in hohem Alter beispielsweise die Arbeit im Homeoffice verwehrt." (Bundesregierung, 2021) meinsame Ausformulierung von Kooperationsvereinbarungen auf Augenhöhe unterstützt werden.

Um das Programm zu diversifizieren, ist der Aus- und Aufbau eines fremd-/mehrsprachigen Bestandes[5] sowie die Anschaffung vielfaltssensibler Kinder- und Jugendmedien notwendig. Hier ist die Einbindung verschiedener Interessensvertretungen für eine Diversitätsorientierte Öffnung wichtig. Weiteres Potenzial bietet die Entwicklung von Angeboten in Gebärdensprache oder Braille sowie für Menschen mit speziellen Einschränkungen, wie z. B. Autismus/Asperger. Bibliotheksarbeit sollte sich nicht nur auf einige Kernzielgruppen konzentrieren, sondern vielfältige Besucher*innen in den Blick nehmen. So spielen Klassismus, Sexismus, antiasiatischer oder antimuslimischer Rassismus, Altersdiskriminierung u. v. m. ebenso eine Rolle, wenn es um die Diversifizierung des Bestandes oder des Veranstaltungsprogramms geht.

Für eine nachhaltige Entwicklung Öffentlicher Bibliotheken sind überregionale Netzwerke von Vorteil, in denen ein Austausch zu Maßnahmen, Herausforderungen und Möglichkeiten stattfinden kann.[6] Insgesamt muss ein Umdenken stattfinden: Rein quantitative Erfolgskriterien für den Prozess anwenden zu wollen, geht oft an der Realität vorbei, da langfristige Effekte angestrebt werden.

Diversität ernsthaft zu fördern und zu fordern, bedarf einer Kraftanstrengung aller Beteiligten, um die Veränderungen der (Stadt-)Gesellschaft aufzugreifen und das Zusammenleben, -lernen und -wachsen positiv zu gestalten. Öffentliche Bibliotheken müssen sich von innen heraus wandeln. Sie sind Plattformen, um für eine gerechtere Informations- und Wissensgesellschaft einzustehen. Sie können ein Ort sein, an dem ein*e jede*r „sein" kann; ein Raum, um sich einzubringen und den Horizont zu erweitern. Diversitätsentwicklung ist eine einmalige Chance für die Zukunft der Bibliotheken. „Bibliotheken sind ein wichtiger Motor für Chancengerechtigkeit in einer vielfältigen Gesellschaft. Keine andere Einrichtung erreicht mit ihren niederschwelligen Angeboten so viele unterschiedliche Zielgruppen wie Bibliotheken", lautet es in der Pressemitteilung des dbv zur Gründung der Kommission „Bibliotheken und Diversität" (dbv, 2021c). Die zentralen Fragen und damit verbundenen Aufgaben für Öffentliche Bibliotheken sind: Wie wollen wir in Zukunft zusammenleben? Wie kann auf eine gerechte Teilhabe ohne Barrieren und Diskriminierung hingearbeitet werden? Und vor allem: Was können und müssen Öffentliche Bibliotheken dafür leisten?

---

[5] Auch die Verlage müssen sich bewegen und Bibliotheken können hier ihren Einfluss nutzen.
[6] Mittlerweile finden sich einige Initiativen in den Bibliotheksnetzwerken, wie Veranstaltungen der AG Barrierefreiheit des dbv.

Der vorliegende Sammelband zeigt beispielhaft, welche ersten Schritte zur Veränderung notwendig sind. Wie zukünftig eine Diversitätssensible Bibliothek gestaltet werden kann, ist die zentrale Frage für das Weiterbestehen der Bibliotheken als Öffentliche Einrichtungen der (Stadt-)Gesellschaft. In diesem Sinne muss auch die kulturpolitische Ausrichtung der Kommunen und Institutionen neu verhandelt werden. Mancherorts finden sich dafür bereits erfolgsversprechende Initiativen, wie bspw. in Hamburg, wo sich derzeit ein Netzwerk für Diversität in Kultur und Kultureller Bildung formiert (www.nediku.de).[7]

Letztendlich bleibt die Diversitätsorientierte Öffnung ein Prozess, dessen Maßnahmen und Ziele immer wieder hinterfragt, neu justiert und ausgebaut werden müssen. Ob im kleinen Team oder auf höchster Hierarchieebene: Es sind alle gefragt. Packen wir es an!

Literaturverweise

Antidiskriminierungsstelle des Bundes und der in ihrem Zuständigkeitsbereich betroffenen Beauftragten der Bundesregierung und des Deutschen Bundestages. (2017). Diskriminierung in Deutschland – Dritter Gemeinsamer Bericht der Antidiskriminierungsstelle des Bundes und der in ihrem Zuständigkeitsbereich betroffenen Beauftragten der Bundesregierung und des Deutschen Bundestages. http://www.antidiskriminierungsstelle.de/SharedDocs/Downloads/DE/publikationen/BT_Bericht/Gemeinsamer_Bericht_dritter_2017.pdf (1.4.2021).

Bendel, P., Bekyol, Y. und Marlene Leisenheimer. (2021). Auswirkungen und Szenarien für Migration und Integration während und nach der COVID-19 Pandemie. MFI Erlangen. https://www.covid-integration.fau.de/files/2021/04/studie_covid19-integration_fau.pdf (1.4.2021).

Bundesregierung. (2021, November 5). Jahresbericht der Antidiskriminierungsstelle. https://www.bundesregierung.de/breg-de/suche/mehr-aufmerksamkeit-gegen-diskriminierung-1913048 (1.4.2021).

Bundeszentrale für politische Bildung. (2021). Datenreport 2021. Ein Sozialbericht für die Bundesrepublik Deutschland. Statistisches Bundesamt (Destatis), Wissenschaftszentrum Berlin für Sozialforschung (WZB), Bundesinstitut für Bevölkerungsforschung (BiB). https://www.wzb.eu/system/files/docs/sv/k/dr2021_0.pdf (1.4.2021).

---

[7] Akteur*innen aus Vereinen, Verbänden, Zusammenschlüssen und Institutionen wie auch Einzelpersonen aus der Stadtteilkultur, den darstellenden Künsten, der freien Theaterszene, der Kinder- und Jugendkultur und des Globalen Lernens haben sich darin zusammengeschlossen. Das „Netzwerk der Netzwerke" fordert u. a. die öffentliche Finanzierung von Prozessbegleitungs- und Qualifizierungsmaßnahmen, um in der gesamten Hamburger Kulturszene Strategien zur diversitätsorientierten Öffnung auf den Weg zu bringen.

dbv. (2021a). Öffentliche Bibliothek 2025: Leitlinien für die Entwicklung der Öffentlichen Bibliotheken. https://www.bibliotheksverband.de/fileadmin/user_upload/DBV/publikationen/Positionspapier_%C3%96B_2025_FINAL_WEB.pdf (1.4.2021).

dbv. (2021b). Spotlight Corona. Bibliotheksportal. https://bibliotheksportal.de/spotlight-corona (1.4.2021).

dbv. (2021c, Mai 18). Diversity-Tag 2021: Bibliotheken, Orte der kulturellen Vielfalt und Toleranz [Pressemitteilung]. https://www.bibliotheksverband.de/dbv/presse/presse-details/archive/2021/may/article/bibliotheken-orte-der-kulturellen-vielfalt-und-toleranz.html?tx_ttnews[day]=18&cHash=c538ad574fd56b9aa1698745e1c16cd4 (1.4.2021).

Elfering, M. (17.5.2021). Bibliotheken und Bildungschancen – Wie Zugang zu Wissen das Leben verändert. In Zeitfragen. Deutschlandfunk Kultur. https://www.deutschlandfunkkultur.de/bibliotheken-und-bildungschancen-wie-zugang-zu-wissen-das.976.de.html?dram:article_id=497338 (1.4.2021).

El-Mafaalani, A. (2019). Alle an einem Tisch. Zwischen Teilhabe und Diskriminierung. In Politik und Zeitgeschichte, 9–11(Identitätspolitik), S. 41–45.

Fratzscher, M. (2020, Dezember). Nicht das Virus ist ungerecht. Zeit Online. https://www.zeit.de/wirtschaft/2020-12/soziale-ungerechtigkeit-pandemie-coronavirus-arbeit-gesundheitssytem-hilfsprogramm (1.4.2021).

Gorman, A. W. (2021). The Hill We Climb: An Inaugural Poem for the Country.

Kulturstiftung des Bundes. (2021). Diversität als Zukunftsfaktor. Empfehlungen für eine nachhaltige Diversitätsentwicklung in Kulturinstitutionen aus dem Programm 360° – Fonds für Kulturen der neuen Stadtgesellschaft. https://www.kulturstiftung-des-bundes.de/fileadmin/user_upload/download/download/360/210511_KSB_360Grad_Positionspapier_A4_finale_Version.pdf (1.4.2021).

Petersen, M. (2020, September 23). Bibliotheken und Corona – Zerbrechliche Orte des öffentlichen Raums. In Politischer Feuilleton. Deutschlandfunk Kultur. https://www.deutschlandfunkkultur.de/bibliotheken-und-corona-zerbrechliche-orte-des.1005.de.html?dram:article_id=484533 (1.4.2021).

Thiele, K., & Klagge, B. (2020). Öffentliche Bibliotheken als dritte Orte und Bildungsgerechtigkeit in Zeiten von Covid-19. Bibliothek Forschung und Praxis, 44(3), 552–559. https://doi.org/10.1515/bfp-2020-2023 (1.4.2021).

Über die Autor*innen

María del Carmen Orbegoso Alvarez ist eine peruanische Pädagogin mit Erfahrung in Projektentwicklung für Menschenrechte und die Bekämpfung der Armut durch Community-Arbeit. Ende 2005 zog sie nach Berlin, wo sie ihren Master in Public Policy an der Hertie School of Governance abschloss. Zusammen mit anderen Frauen hat sie 2011 den Verein MaMis en Movimiento e. V. gegründet, der sich mit Mehrsprachigkeit als Grundlage für die politische Partizipation von Migrant*innen beschäftigt. Seit 2019 ist sie Co-Leiterin einer neuen Initiative: MigrArte Peru. Derzeit leitet sie Migra Up!, einen Teil der interkulturellen Öffnung des Bezirks Pankow. Dieses Projekt zielt darauf ab, die Migrant*innenorganisationen durch die Förderung und Entwicklung von Fachvernetzung, Fortbildung und Beratung und die politische Lobbyarbeit mit der lokalen öffentlichen Verwaltung zu stärken.

Melisa Bel Adasme ist Projektmanagerin für Interkulturelle Bibliotheksarbeit und Diversity Management bei der Stadtbibliothek Köln. Sie konzipiert und steuert den diversitätsorientierten Öffnungsprozess im Rahmen des Programms *360° – Fonds für Kulturen der neuen Stadtgesellschaft* der Kulturstiftung des Bundes. Sie studierte Soziologie mit Schwerpunkt Migration, Gender und Partizipation in Frankfurt am Main. Zuvor war sie als wissenschaftliche Mitarbeiterin in einem sozialwissenschaftlichen Forschungsinstitut mit den Themen Migration, bürgerschaftliches Engagement und Partizipation beschäftigt. Darüber hinaus ist sie als Lehrbeauftragte im Bereich Gender und Diversity tätig.

Tina Echterdiek leitet die Zentralbibliothek der Stadtbibliothek Bremen seit 2008, ist ausgebildete Diversity-Multiplikatorin und arbeitet derzeit auch als Trainerin im Ausbildungsleitungsteam Interkultururelle Öffnung und Diversity der *wisoak* Bremen. Sie studierte Literaturwissenschaft, Germanistik und Philosophie, ist ausgebildete Buchhändlerin und hat Berufserfahrung als Filialleiterin im Buchhandel sowie in der Unternehmenskommunikation. Ein Fokus ihrer Arbeit bei der Stadtbibliothek Bremen liegt auf dem Dialog und der Teilhabe – wie fühlen sich vielfältige Menschen willkommen und wertgeschätzt, wie kommen sie miteinander ins Gespräch? Wie erleichtern wir ihnen Zugänge zu Informationen? Wie unterstützen wir sie bei ihrer Lebensgestaltung?

Shorouk El Hariry is an Egyptian writer and social scientist residing in Hamburg. She received her BA degree in Journalism from Cairo University and holds an MA degree in Journalism, Media, and Globalization (Aarhus University, the Danish School of Media and Journalism, and Universität Hamburg). Her research experience includes media studies, democratization, and human rights in the Arab world, and she has been part of the "Global History of Technology 1850–2000" research project at the Technische Universität Darmstadt since 2017. She is Co-Founder of Beyn Collective, an all-female interdisciplinary collective at the intersection of arts and research. Since August 2020, she has been an *Agentin für interkulturelle Öffnung* at the Bücherhallen Hamburg.

Shorouk El Hariry ist eine Ägyptische Autor*in und Sozialwissenschaftler*in aus Hamburg. Sie studierte Journalismus in Kairo und absolvierte einen Master in „Journalism, Media, and Globalization" in Aarhus und Hamburg. Ihre Forschungsschwerpunkte umfassen Medienwissenschaften, Demokratisierungstherorien und Menschenrechte in der arabischen Welt. Sie war zudem als Mitarbeitende im Forschungsprojekt „Global History of Technology 1850–2000" an der Technischen Universität Darmstadt tätig. El Hariry ist Mitbegründer*in des Beyn Collective, einem ausschließlich aus Frauen bestehenden interdisziplinären Kollektiv an der Schnittstelle zwischen Kunst und Forschung. Seit August 2020 ist sie Agentin für interkulturelle Öffnung bei den Bücherhallen Hamburg.

Denise Farag steuert den diversitätsorientierten Öffnungsprozess in der Stadtbibliothek Heilbronn. Sie hat International Business and Management mit Schwerpunkt Veränderungsmanagement in Osnabrück und Interkulturelle Studien sowie Arabisch in Heilbronn und Kairo studiert. Anschließend arbeitete sie als Projektkoordinatorin in unterschiedlichen Bereichen, darunter im Reise-/ Buch- und Bildungsbereich in Kairo und Deutschland sowie in einem Projekt zur Beratung von Personalverantwortlichen und Geflüchteten. Außerdem qualifizierte sie sich zuletzt berufsbegleitend zur systemischen Organisationsentwicklerin. Besonders spannend sind für sie Querschnittsfragen und -themen sowie gesellschaftliche und organisationale Strukturen und Prozesse.

Ruth Hartmann war von 2018–2021 Diversity-Managerin an der Stadtbibliothek Bremen, hat Politikwissenschaften in Bonn und Arabisch in Damaskus studiert. Sie war mehr als zehn Jahre in Beirut und Kairo im Bildungs- und Projektmanagement tätig. Seit ihrer Rückkehr nach Deutschland liegt ihr Fokus auf der strategischen Arbeit und der Begleitung von interkulturellen bzw. diversitätsorientierten Öffnungsprozessen. Ruth Hartmann ist zertifizierte systemische Organisationsentwicklerin und Trainerin für Interkulturelle Kompetenz und Diversity. Ihr besonderes Interesse gilt der Schnittstelle von systemischer Haltung und kulturell geprägten Formen von Zusammenarbeit, Rollenverständnis und Führung.

Julia Hauck ist seit 2019 Agentin für Diversität und interkulturelle Bibliotheksarbeit an der Ernst-Abbe-Bücherei Jena. Sie studierte bis 2011 an der Friedrich-Schiller-Universität Jena und der University of Wales Anglistik/Amerikanistik und Medienwissenschaft. Sie wurde 2016 an der Universität Erfurt im Bereich Kommunikationswissenschaften promoviert und war bis 2019 als Geschäftsführerin von *REFUGIO Thüringen – Psychosoziales Zentrum für Flüchtlinge* tätig.

Sarah Hergenröther studierte Theaterwissenschaften und Nahostwissenschaften in München, Sevilla und London. Nach ihrem Studium begann sie im Migrationsbereich zu arbeiten, zuerst bei einer Relocation Agentur, dann als Projektleitung für Resettlement beim Münchner Flüchtlingsrat. 2015 wechselte sie zur Landeshauptstadt München, wo sie am städtischen Gesamtplan zur Integration von Flüchtlingen mitwirkte. Sarah Hergenröther ist zertifizierte Mediatorin und absolvierte eine Weiterbildung zur interkulturellen Trainerin und Beraterin. Aufgewachsen in Deutschland und Kolumbien setzt sie sich seit den 1980er Jahren mit durch Migration bedingten Brüchen, Third Culture und Identität aus weißer Perspektive auseinander.

Christina Jahn ist seit 2013 als Fachangestellte für Medien- und Informationsdienste in der Stadtbibliothek Heilbronn tätig. Erst als Auszubildende und seit 2017 im Fachbereich Erwachsene und lebenslanges Lernen ist sie federführend für die Kanäle der Sozialen Medien aktiv. 2018 absolvierte sie eine Ausbildung als NLP Practitioner. Diversität wurde im Laufe des Programms *360° – Fonds für Kulturen der neuen Stadtgesellschaft* in der Stadtbibliothek Heilbronn sowohl privat als auch beruflich zu einem ihrer wichtigsten Kernthemen.

Leslie Kuo ist Designerin, Bibliothekarin und Person of Color. Als Kind eingewanderter Akademiker*innen wuchs sie in den USA auf und ist seit 2005 selbst Migrantin in Deutschland. Sie studierte an der Yale University und der Humboldt-Universität zu Berlin und ist heute 360°-Agentin für Diversitätsorientierte Öffnung an der Stadtbibliothek Pankow sowie Mitkoordinatorin der Fachgruppe Inklusive Angebote im Verbund Öffentlicher Bibliotheken Berlins.

Sylvia Linneberg ist Kultur-und Umweltwissenschaftlerin, Interkulturelle Trainerin und NaturSpielpädagogin. Beruflich bewegt sie sich entlang der Schnittstellen von Kultur, Umwelt, Nachhaltigkeit und Diversität. Sie arbeitete in Umweltbildungsprojekten in deutschen und französischen Nationalparks und begleitete in Norddeutschland ein Projekt zur Bildung für nachhaltige Entwicklung an Schulen. Bei einer Jugendaustauschorganisation organisierte sie internationale Begegnungen u. a. zum interreligiösen Dialog. In diesem Rahmen lernte sie Konzepte des freiwilligen und bürgerschaftlichen Engagements und der Jugendarbeit in Europa, Nordafrika, Nord- und Südamerika und Asien kennen. In einem Hamburger Stadtteilkulturzentrum war sie verantwortlich für die kulturellen Bildungsangebote für Kinder und Jugendliche. Seit 2019 begleitet sie die Bücherhallen Hamburg im Rahmen des *360°*-Programms beim Prozess der diversitätsorientierten Öffnung.

Dan Thy Nguyen ist freier Theaterregisseur, Schauspieler, Schriftsteller und Sänger in Hamburg. Er arbeitete an diversen Produktionen u. a. auf Kampnagel, dem Mousonturm Frankfurt, der Freien Akademie der Künste Hamburg und an der Deutschen Kammerphilharmonie Bremen. 2014 entwickelte und produzierte er das Theaterstück „Sonnenblumenhaus" über das Pogrom von Rostock-Lichtenhagen, welches 2015 in seiner Hörspielversion die „Hörnixe" gewonnen hat. Seit 2015 tourt er durch verschiedene Städte in Deutschland mit seiner Lecture-Performance „Denken was Tomorrow", welches sich mit der Flucht seiner eigenen Familie als geflüchtete Boat People beschäftigt. Seit 2020 leitet er mit seiner Produktionsfirma Studio Marshmallow das Hamburger Festival „fluctoplasma – 96h Kunst Diskurs Diversität".

Prasanna Oommen arbeitet seit 20 Jahren als Moderatorin (deutsch/englisch), Öffentlichkeitsarbeiterin/Referentin in den Bereichen Kultur, Bildung, Gesellschaft und Medien/Digitalisierung. Sie ist ausgebildete Tänzerin und war als Tanzvermittlerin in der Jugend- und Erwachsenenbildung tätig. Prasanna Oommen ist aktives Mitglied bei den Neuen deutschen Medienmacher*innen und engagiert sich hier als Mentorin im Mentoring@Ruhrgebiet. Das bundesweite Journalist*innen-Netzwerk setzt sich für gute Berichterstattung und vielfältiges Medienpersonal inklusive gezielter Nachwuchsförderung ein.

Bahareh Sharifi ist Programmleitung von Diversity Arts Culture, einer Konzeptions- und Beratungsstelle für Diversitätsentwicklung im Berliner Kulturbetrieb. Zudem arbeitet sie zu (post)migrantischer und diasporischer Bewegungsgeschichte. Zuvor war sie als Diversitätsbeauftragte für den Berliner Projektfonds Kulturelle Bildung sowie kuratorisch unter anderem für Kulturprojekte Berlin (Interventionen 2016 & 2017), das Maxim Gorki Theater (Diskursreihe „Berlin Calling") und das Deutsche Hygiene-Museum Dresden tätig. Sie war Teil des Organisations- und Kurationsteams der Konferenz „Vernetzt euch! Strategien und Visionen für eine diskriminierungskritische Kunst- und Kulturszene" (2015).

Anni Steinhagen ist derzeit als Referentin für Interkulturelle Öffnung für die Diversity-Arbeit der Bibliothek sowie des Museums, Theaters und Archivs der Hansestadt Wismar zuständig. Zuvor war sie für die internationale Promotionsberatung und das Welcome Service Centre der Friedrich-Schiller-Universität Jena tätig. Neben ihrem Studium der interkulturellen Wirtschafts-/Medien-Kommunikation und Kulturgeschichte in Jena und Rom hat sie bereits langjährige Erfahrungen als Moderatorin und Redakteurin im Radio-, Fernseh- und Theaterbereich. Heute lebt sie mit ihren zwei Kindern wieder in ihrer norddeutschen Heimatstadt.

Register

360°-Programm 4

Aktion 227
Alternative zum Migrationshintergrund 193
Analyse 243
Anti-Bias-Ansatz 173
Arbeitsgruppe 102, 108
Aufsuchende Kulturarbeit 236

Barrierefrei kommunizieren 250
Barrieren 174, 238
Being a diversity worker 51
Beratung 93, 167
Berufsorientierung 148, 151–153
Beteiligung 21
Betriebspraktika 151, 154
Bibliotheksarbeit mit Jugendlichen 185, 186
Bildsprache 239
BIPoC 21
Black Lives Matter 227
Blog 263
BlogSlam 263
Brückenfunktion 241
Buch 22

Chancengleichheit 6
Coming Out 51
Community 235, 236
Corona 263

Das literarische Gedächtnis 264
Dialog 230
Die Welt ist bunter als binär 273
Digitale Formate 236
Digitaler Outreach 262
Digitales Kamingespräch 267
Diskriminierung 9, 160
Diskriminierungssensible Sprache 11
Diversität 1
Diversitätsorientierte Öffentlichkeitsarbeit 233
Diversitätsorientierte Öffnung 2, 8, 87
Diversitätssensibel 239
Diversitätssensible Medien 276

Diversity Labor 104, 227
Diversity-AG 107
Diversity-Multiplikator*innen 162
Dritter Ort 292

Easy Reader 255
Einfache Sprache 253
Empowerment 22, 214

FaMI-Ausbildung 147, 153, 155
Fokusgruppe 268
Fortbildung 171

Geflüchtete 209
Gendern 242
gendersensible Sprache 12
Gendersternchen 241
Good Practices 242
Grassroots Level 59

Haltung 180, 236, 239, 244
Hate Speech 244
Hidden Champions 238

Identity 57
Innovation 245
Integration 210
interkulturell 8
Interkulturelles Märchenfest 274
Intersektionalität 6

Jugendliche 22
Jugendliche mit Einwanderungsgeschichte 147, 148
Jugendliche mit Migrationshintergrund 185, 190, 193

Kinder 22
Kinderbuch 27
Kommunikation 233
Kommunikationskonzept 243
Kommunikationsmittel 238
Kooperation 221

Kooperationsvertrag 44
Krisen und Konflikte 290
Kultur 235
Kulturelle Bildung 235
kulturelle Bürgerschaft 52
Kulturerbe-Projekt 264
Länderübergreifende Text- und Medienarbeit 270

Leichte Sprache 237, 247
Leitbild 119, 120, 234
Leseförderung 209
Lesekompetenz 22
Literalität 249
Live Chat 273
Lockdown 261
Lyrik 219

Macht 242
Märchentage 42
Medien 24
Meet your Neighbours 270
Mehrheitsgesellschaft 240
Mehrsprachigkeit 238, 241, 247
Mensch mit Migrationshintergrund 11
Migra Up! 41
Migrant 55
Migrant*innenselbstorganisationen 41
Migrationshintergrund 191, 192, 195
Monacensia im Hildebrandhaus 264
MSO 41
Multiperspektivische Veranstaltungen 269
Multiplikator*innen 178, 236

Nachhaltigkeit 48, 111, 236, 293
Nachwuchsförderung 156
Netzwerkarbeit 243
Netzwerke 43, 241
Nicht-Besucher*innen 234, 235

Öffnungsprozess 98
Organisation 121
Organisationsentwicklung 87, 89, 238
Orte des gesellschaftlichen Diskurses 289

Pandemie 261
Partizipation 21, 41, 42, 123, 187–189, 209, 213, 219
Partizipation der Belegschaft 89
Partizipation Jugendlicher 187, 189
Partizipatives und diversitätsorientiertes Jugendprogramm 195, 196
Partizipatives, medienpädagogisches Workshopangebot 197, 201
People of Color 12
Personalentwicklung 116
Personalgewinnung 131
Perspektiven erweitern 269
Plurale Identität 240
Political Correctness 239, 242
Projekt-Umfeld-Analyse 94

Querschnittsthema 87, 167

Rassismus 9, 21
Repräsentation 23
Rollen 93

Scheinbeteiligung 266
Schnupperpraktika 151, 152
Schreibwerkstatt 209, 211
Schulungsreihe 162
Schwarze Perspektiven auf Selbst, Gesellschaft und Welt 276
Sensibilisierung 101, 168
Social Media 227, 244, 263
Soziogramm 95
Sprache 233, 239, 242
Stadtteilbezogene Arbeit 185, 197
Stammpublikum 234
Stereotype 239
Street-Research 236

Teilhabe 21
Tokenism 239

Veränderungsprozess 90
Vermittlungsformat 237
Vermittlungsformate für Deutsch 236
Virtuelle Barrieren 276
Vorurteile 235

weiß 240
Weißsein 24
Widerstand 99
Wir in der Zukunft 270

Zielgruppen 224, 234, 235
Zivilgesellschaft 237

Printed in the USA
CPSIA information can be obtained
at www.ICGtesting.com
LVHW091941121023
760844LV00004B/60

9 783111 356709